退役军人工作创新发展

100例

退役军人事务部机关党委（人事司） 编

人民出版社

责任编辑:宫　共
封面设计:源　源

图书在版编目(CIP)数据

退役军人工作创新发展100例/退役军人事务部机关党委(人事司)编. —北京:人民出版社,2021.4
ISBN 978-7-01-023153-2

Ⅰ.①退…　Ⅱ.①退…　Ⅲ.①退役-军人-就业-案例-中国　Ⅳ.①E263

中国版本图书馆CIP数据核字(2021)第011073号

退役军人工作创新发展100例
TUIYI JUNREN GONGZUO CHUANGXIN FAZHAN 100 LI

退役军人事务部机关党委(人事司)　编

人民出版社 出版发行
(100706　北京市东城区隆福寺街99号)

北京汇林印务有限公司印刷　新华书店经销

2021年4月第1版　2021年4月北京第1次印刷
开本:710毫米×1000毫米 1/16　印张:30.25　字数:460千字

ISBN 978-7-01-023153-2　定价:76.00元

邮购地址 100706　北京市东城区隆福寺街99号
人民东方图书销售中心　电话 (010)65250042　65289539

目　录

思想政治和权益维护

发展规划与信息化

移交安置

就业创业

军休服务管理

双拥优抚

褒扬纪念

退役军人服务保障

退役军人作用发挥

体系队伍建设

思想政治和权益维护

创建平台　真情服务　有效化解矛盾纠纷

——天津市红桥区创新退役军人法律服务新途径

一、背景情况

为切实维护退役军人合法权益，推进退役军人事务领域治理体系和治理能力现代化，天津市红桥区退役军人事务局、红桥区关爱退役军人协会会同红桥区司法局成立区退役军人法律服务工作站，不断探索实践新时代退役军人法律服务新途径。

2019 年 8 月 1 日，以区退役军人服务中心和各街道司法所为依托，红桥区退役军人法律服务工作站正式挂牌成立，下设 1 个退役军人事务人民调

2019 年 8 月 1 日，红桥区退役军人法律服务工作站正式挂牌成立

2019 年 8 月 1 日，红桥区退役军人事务局举行退役军人法律服务工作站授牌启动大会，聘请公职律师执业律师组成区“战友”律师志愿服务团，聘用兼职人民调解员组成区“老兵”调解室

2019 年 11 月 29 日，红桥区法律服务站会同红桥区司法局，开展了“弘扬宪法精神 · 推进国家治理体系和治理能力现代化——红桥区 2019 年 12 · 4 宪法进军营主题日活动”，现场解答法律问题，宣传法律知识

红桥区法律服务站为全区退役军人提供法律宣传、人民调解、法律援助等高效便捷的“家门口”法律服务。图为红桥区退役军人事务人民调解委员会工作人员对来访者进行政策解答

解委员会、1 个“战友”律师志愿服务团和 11 个“老兵”调解室，为广大退役军人提供高效、便捷、优质、精准的法律服务，切实维护退役军人和其他优抚对象的合法权益，全力维护社会和谐稳定。

二、主要做法

坚持法治思维，科学分析研判，结合实际找准工作切入点，创造性地提出递进式“四导”工作法，真情实意地做好退役军人法律服务工作。

“劝导”入手，导之以情，“开导”分析，导之以理，用心捂热咨询来访人。认真听取来访老兵咨询的问题和反映的诉求，让来访的老兵有回家的感受，体验到家的温暖。作为军人，他们曾在不同时期为了祖国的安宁和人民的幸福付出了自己的努力，奉献了青春年华，面对老兵们的咨询和诉求，工作人员坚持从感情交流开始，从劝导情绪入手。例如，一位转业干部张某，现在 69 岁，从企业单位退休近十年，退休时按病退办理了退休手续，因听说有退役军人拿到了 10 万元补偿，称单位当初没有按照相关文件精神为自己办理退休手续，并且遭到了单位领导粗暴接待，心中有怨难平。工作人员认真倾听，通过热情的交流与关怀缓解其情绪，用情来劝导，用心来交流。

在几个小时的沟通中工作人员了解到该同志为自己的“诉求”与其他类似情况的人员多年走访市、区及北京相关部门，看到有人拿钱了心中不平衡。调解工作以法律、政策为准则、为底线，工作中以劝导、情感为切入点，用心来服务其合理诉求部分，协调相关部门和单位在政策范围内给予困难帮扶，使其万分感动，对区政府、退役军人局及辖区街道办事处表示感谢，表示“是你们帮助我解决了家庭的一些实际问题，我心里痛快了，也不想再到各部门上访了。”

“疏导、引导”递进，导之以法、导之有方，坚持法治思维调解。在劝导、开导当事人的基础上进一步疏导其情绪。在导之以理的前提下，分析其诉求的合理性、时效性。在接待工作中确有极少数人存在着依赖心理，无论多少年前的事，无论什么事，都想通过退役军人事务局来解决。随着我国国力的不断增强，改善民生的帮扶力度加大，法律、法规的不断完善，极少数诉求者以为有了利益所求的依据，实际上法律的原则一般是“法不溯及既往”，在接待中注意掌握时效性，积极对咨询来访者进行情绪和心理疏导，导之以法，认真研判，针对合理部分，帮助其分析找出解决方法，明示要依法、依规、依政策解决。有理不在声高，喊闹不是解决问题的办法，对其不合理的诉求，明示出不合理的原因，积极正面引导。任何单位和个人都要遵守法律、法规、政策，任何人都不能超越法律、法规、政策办事，不给其留下想象空间，造成无休止的乱投诉、乱上访甚至缠访，积极引导走正常的途径，并告知乱访、缠访、无理访要承担的法律后果，为其提供必要的法律知识。在接待退役军人马某时，了解到其在独资企业打工已有十多年，单位没有为其缴纳养老、医疗保险。工作人员为其疏导情绪的同时，向其宣传相关政策，告知任何单位用工超过 6 个月都要为员工交纳规定的养老保险，医疗保险单位、个人均按比例承担，这属于国家强制性要求。工作人员帮助其分析解决的方法和途径，首先找单位讲明情况要求单位按比例交纳保险，其次本人可到劳动仲裁部门申请仲裁，仲裁下达裁决书 15 日内单位仍不执行的，可向人民法院提起诉讼。通过递进式的“四导”工作法，引导其依法维权，做到“导之以法，导之有方”，维护社会的和谐稳定。

三、经验启示

通过开展一系列的法律服务工作，我们感到退役军人事务调解工作是有别于其他调解工作的，有其自身的特殊性。一是要加强政策学习，提高服务水平。适时组织“战友”律师志愿服务团和人民调解员认真学习退役军人相关政策文件，深刻理解文件精神，在接待中做到手中有粮，心中不慌，提升运用政策的水平和能力。二是要健全机制体制，夯实体系建设。认真学习新时代“枫桥经验”，充分发挥好各街道司法所和“老兵”调解室的地域优势，积极开展法律咨询、法制宣传、调解纠纷等服务，为广大退役军人提供“家门口”式服务。三是要带着感情做工作，建立沟通基础。注意与前来咨询、求助、来访的退役军人老兵交流感情、拉近距离，与他们交心、交友，让他们感到回家的温暖，把我们当成自己的好兄弟、好朋友，建立彼此的相互信任。四是要注重发挥退役军人律师作用。选聘政治素质高、业务本领强，热心为退役军人服务的“退役军人律师”，充分发挥其政治思想硬、组织纪律强、专业素质高、工作作风好，与退役军人共同语言多、军队情结深的优势，助力做好退役军人服务保障工作。

供稿：天津市红桥区退役军人事务局

四大抓手助推　共享尊崇荣光

——河北省邯郸市扎实推进退役军人荣誉体系建设

邯郸是革命老区、红色沃土，爱国拥军优良传统薪火相传，连续八次荣获“全国双拥模范城”，十二次荣获“省级双拥模范城”。进入新时代，如何贯彻落实好习总书记“让军人成为全社会尊崇的职业”指示要求，让每名军人军属和退役军人时时处处都能感受到尊崇和关爱，是一个新的课题。为此，邯郸市退役军人事务局在做好常规优抚工作的基础上，扎实开展荣誉体系建设，有力提升退役军人的荣誉感和获得感。

一、背景情况

退役军人为国防和军队建设作出了重要贡献，是中国特色社会主义建设的重要力量。加强退役军人荣誉体系建设是营造尊崇氛围、形成尊爱风尚的有效载体。习近平总书记指出，要推进军人荣誉体系建设，培养有灵魂、有本事、有血性、有品德的新时代革命军人。孙绍骋部长要求构建退役军人荣誉激励体系，坚持精神激励与物质保障并重，褒扬彰显退役军人为党、国家和人民牺牲奉献的精神风范和价值导向。落实习总书记和部主要领导指示精神，邯郸市局强化宣传、典型引领、双拥助推，全面加强荣誉体系建设，扭转人们思想认知，让退役军人重获军人荣誉，重拾社会尊崇。基本思路是：着眼退役军人所盼、军人所思、军属所需，将退役军人工作从解困帮扶型逐步向褒扬激励型转变，在做好送喜报、挂光荣牌、发优待证、走访慰问等常规工作基础上，注重从宣传激励、典型选树、示范引领、社会拥军四个方面推动，提高退役军人的荣誉感、获得感和使命感，引导广大退役军人积极投身经济社会建设、建功新时代。

二、主要做法

（一）四级共建荣誉室（馆）、荣誉墙（栏）。榜样的力量是无穷的。邯郸市局在市、县、乡、村四级公共场所和人流密集区域，建立退役军人荣誉室、荣誉墙，树立榜样，宣传典型，激励带动退役军人珍视荣誉，砥砺担当。目前，全市已建成荣誉室（馆）、荣誉墙（栏）830个，展览人物事迹2880个，其中，永年区、魏县、广平等县（区）建设了退役军人荣誉主题公园。今年该局又下发《邯郸市退役军人荣誉室（馆）、荣誉墙（栏）提升建设工作方案》，对展区设置、场地设置、创意设计等方面进行提升改造。

（二）创办电视专栏和微信矩阵。邯郸市局联合邯郸广播电视台制作播出《永不褪色》电视栏目，自2019年5月13日在邯郸科教频道开播以来，每周一期，每期一名退役军人故事，已播出52期。《永不褪色》电视栏目让退役军人的故事走进千家万户，有力地诠释了退役军人身上忠诚果敢的担当精神、执着苦干的奋斗精神、朴实无华的奉献精神，并通过“邯郸退役军人事务局”官方微信公众号、邯郸新闻网、今日头条等新媒体对外发布，扩大

邯郸市《永不褪色》栏目摄制组正在拍摄

邯郸市《永不褪色》栏目推出一周年访谈特别节目

邯郸市退役军人风采展示活动

宣传覆盖面。同时，该局在全省率先建立市县乡三级退役军人微信矩阵，引导动员全市26.8万名退役军人加入微信矩阵，日常为退役军人提供就业帮扶、政策资讯、技能培训、法律援助等方面服务，解决他们的烦心事、闹心事，不断提升广大退役军人幸福指数。

（三）自下而上开展风采展示活动。一个典型就是一面旗帜。一年来邯郸市、县、乡自下而上逐级组织开展退役军人风采展示活动200余场。成功举办全市“创新创业心向党，建功奉献新时代”退役军人风采展示活动，10名优秀退役军人用朴素的话语、感人的事迹、真挚的情感讲述他们在平凡岗位上不平凡的故事，他们的军人作风、军人精神感染着现场观众。从中推选出优秀退役军人李文章、曹振锋荣获“全国模范退役军人”称号，牛怀生、李延亮等9人荣获“全省优秀退役军人”称号。2020年该局拓展风采展示内容，并于“八一”前组织开展“忆初心使命·书家国情怀”书画摄影作品展活动，分批组织“进机关、进社区、进学校、进军营”展览，通过书画摄影作品展示广大退役军人决战决胜全面小康社会实践的精神风貌和“挺身逆行、奋勇抗疫”的军人本色。

（四）率先创建拥军联盟和拥军小镇。为军人军属、退役军人提供优质优惠服务是加强荣誉体系建设的重要方面。为此，邯郸市本级和20个县（市、区）在全省率先建成拥军联盟。它涵盖各行各业，遍布大街小巷，小到理发馆、洗衣店、小餐馆，大到商场、医院、银行、宾馆，目前成员单位2000余家。它们立足行业特点，为军人军属和退役军人提供各种优惠服务，有的“现役军人免费入住，退役军人打折优惠”，有的“现役军人子女

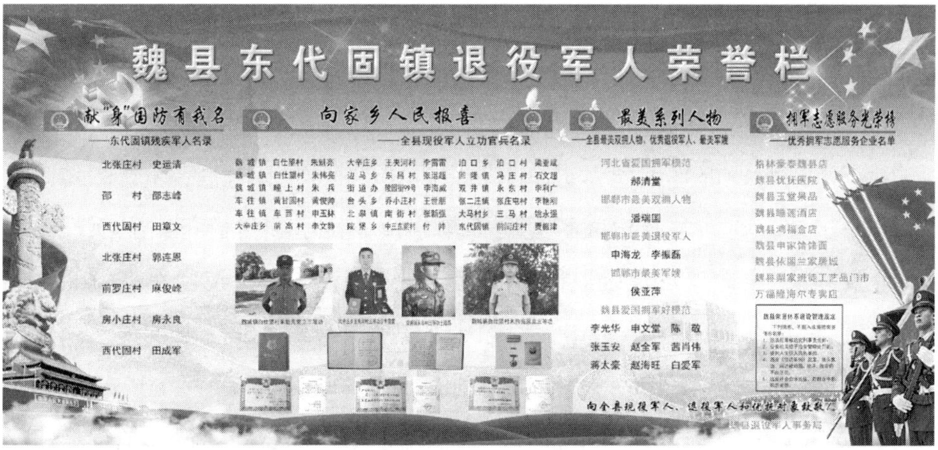

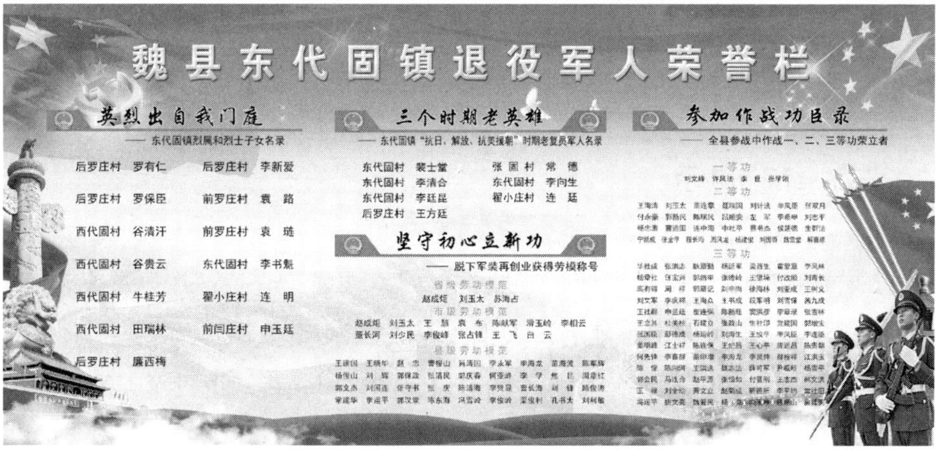

邯郸市魏县退役军人荣誉栏

免保教费、退役军人子女优惠 10%”，有的“现役军人租车 5 天内一律免费”，有的“军人军属及退役军人实行体检五折优惠”，有的“现役军人免费理发、退役军人五折优惠”，也有的“免费为现役军人及军属提供法律咨询服务及法律援助”等，让军人军属和退役军人时时处处体会到尊崇、享受到荣光。中央军委政治工作部苗华主任对邯郸市做法给予肯定批示。新华社内参、《人民日报》、退役军人事务部网站、中国双拥等中央媒体纷纷刊发邯郸拥军联盟做法。2019 年河北省双拥办主任会在邯郸召开，将建设拥军联盟列为评选国家、省双拥模范城（县）的必要条件。2020 年，邯郸拥军联盟在确保真实的基础上，继续大力发展成员单位和拥军服务站，强力推进“百业万家”工程，成员单位要发展10000家以上。开启“智慧拥军”新模式，大力发展邯郸“拥军联盟”APP、微信矩阵、微信公众号，让拥军联盟服务更加方便、快捷、精准，把“拥军联盟成员单位”的牌子打造成商家的“金字招牌”。同时，邯郸市局引进军创联合科技产业集团，投资10.6亿元，占地2000多亩，在涉县建设太行爱国拥军小镇，目前项目已备案立项，一期工程已经开工。该项目建设退役军人就业创业培训中心、退役军人就业创业研究院、退役军人康养服务中心、爱国拥军博物馆、河北省退役军人荣誉馆等设施，将通过系统平台APP，把全市“社会拥军联盟”与小镇联成一张网，打造覆盖吃、穿、住、用、行、学、医、养等领域的综合性平台。建成后，将成为全国退役军人＋爱国拥军产业＋军民融合发展的创新“样板”，直接带动1500多名退役军人就业创业。

三、经验启示

（一）提升了退役军人荣誉感获得感。荣誉墙荣誉栏、风采展示活动、《永不褪色》、爱国拥军小镇为广大退役军人展示风采、建功立业提供了平台，在社会上营造了崇军爱军拥军的深厚氛围。引领带动退役军人提升荣誉感，激励他们建功新时代。许多现役军人表示：“我们到了邯郸，军人的荣誉感会油然而生，回部队后一定好好练兵备战，否则对不起邯郸人民对军人的尊崇与厚待。”

（二）铆足了实干创业的劲头。在众多典型优秀人物引领下，广大退役军人充分发扬部队爱岗敬业的优良传统，全身心投入到各自工作岗位中，冲锋在前、开拓奋进。退役女兵刘俊玲成立了会计服务公司，为85家企业开展会计服务，5名员工全部是军队退役人员。退役士官胡彦与战友王庆峰一起创办了河北雨后春笋教育咨询有限公司，共培训5万余人次，带动32名退役军人就业。退役军人惠敬通创办了邱县李大姐民间手工艺品有限公司，年收入30万元，带动20名退役军人实现就业。

（三）激发了朔风逆行的精神。新冠肺炎疫情发生以来，邯郸市退役军人积极请战，主动投身疫情防控工作。全市收到了退役军人个人请战、集体请战等各类请战书 1080 余份，自发组成抗疫小分队、临时党支部等 617 个，奋战在防控一线的退役军人 29800 余人，覆盖全市所有农村、社区。全市退役军人系统和爱国拥军人士共捐款捐物 1296 万元。成安县邮政公司退役军人张耀富，热心公益事业，经常为身患重病的困难人员、贫困大学生、灾区等募集捐款，累计募集捐款数十万元。百乐苑社区退役军人于焕芝，已经 85 岁高龄，仍然每天到社区医疗室、健康小屋为大家义务服务，多次为行动不方便的居民下胃管、插尿管，打针输液更是常事，还经常自掏腰包为病人买药，为社区群众奉献自己的力量。

（四）确保了退役军人群体稳定。通过系列荣誉体系建设，使广大退役军人荣誉感、获得感进一步增强，政治素质进一步提高，思想更加稳定。该局引导市、县、乡工作人员在荣誉室里接访特定上访人，使他们在思想上有所触动，达到一种“你本来就很好、我一直说你好、你怎好意思不好”的效果，使上访人转变思想观念，向优秀退役军人看齐，息诉罢访，退役军人群体大局稳定。

供稿：河北省邯郸市退役军人事务局

辽宁省退役军人事务厅“厅长信箱”及时为九旬老兵排忧解难

一、背景情况

为更好地听取广大退役军人意见建议，及时稳妥回应退役军人诉求，强化门户网站“厅长信箱”专栏管理，辽宁省退役军人事务厅制定了《网站厅长信箱管理办法（试行）》，将问题归类整理，让各部门对口认领，研究解决方法、指定责任人、明确完成时限，并建立督办台账，及时跟踪了解回复情况，及时挂账销号，随时接受监督，提高服务质量。

二、主要做法

因从外地搬到辽宁沈阳居住，93岁退役军人朱云龙的在乡老复员军人生活补助金发放遇到问题，令老人十分忧心。2020年4月下旬，老人通过辽宁省退役军人事务厅“厅长信箱”写信咨询，后经辽宁省退役军人事务厅与内蒙古自治区退役军人事务厅协调，问题得以顺利解决。为表达自己的感激之情，老人写下一封热情洋溢的感谢信：“谢谢你们对一名老兵的关爱与呵护，也对你们的努力和敬业精神由衷赞赏。”

朱云龙1949年2月加入东北野战军，参加过解放战争，享受在乡老复员军人生活补助待遇。2019年之前，朱云龙的补助金由内蒙古呼伦贝尔市莫力达瓦旗发放。他迁到沈阳市苏家屯区居住后，由于未及时办理抚恤关系转移手续，从2019年1月起一直未领取到生活补助金。因不了解相关政策，朱云龙试着给辽宁省退役军人事务厅“厅长信箱”写信咨询。网上有呼声，网下有回应。很快，辽宁省退役军人事务厅工作人员就向老人了解有关情况，之后联系了内蒙古自治区退役军人事务厅。原来，2019年起莫力达瓦旗改变了补助金发放形式，由于朱云龙户口迁移，原来的户籍被注销，导致补助金未及时发放。因朱云龙年事已高，行动不便，莫力达瓦旗退役军人相关部门决定特事特办，全额补发老人抚恤关系转移前的生活补助金，待抚恤关系转移后，由辽宁省退役军人事务部门接续发放。“没想到一则帖子引起上下关注，问题这么快就得到解决”，两省三级退役军人事务部门的认真工作态度让朱云龙感动不已，“工作人员一次次联系我和家人，帮我们协调解决，让我感到很温暖，也感受到社会对老兵的尊重与关爱。”

三、经验启示

习近平总书记曾强调指出：“各级党政机关和领导干部要学会通过网络走群众路线。”网络时代群众路线怎么走？对于退役军人事务部门来说，用好“网络+退役军人服务”是管用的一招。辽宁省退役军人事务厅积极转变创新工作方式方法，“让信息多跑路，让老兵少跑腿”，使网络成为了解民意、体察兵情的重要途径，对于广泛听取意见建议，不断提升服务退役军人质量水平具有重要意义。

供稿：辽宁省退役军人事务厅

浙江省绍兴市创新发展新时代“枫桥经验”完善退役军人服务保障体系

绍兴市柯桥区是全国经济强区，也是绍兴兵员大区，共有2万余名退役军人、约1300名现役军人及其家属群体。如何关爱好、发挥好这支队伍，是深化新时代“双拥共建”的一项重要内容，更是推进基层治理现代化的一大重要课题。近年来，我们认真贯彻落实中央和省、市的决策部署，坚持和发展新时代“枫桥经验”，加快退役军人服务保障体系建设，以“最多跑一次”改革为牵引、“新时代枫桥式退役军人服务站”建设为抓手，高标准完善退役军人服务保障体系建设，持续提升退役军人的归宿感、获得感和幸福感，广大退役军人在助力柯桥高质量发展的新征程中展现了新风采、实现了新作为。

一、背景情况

2018年10月，柯桥区委、区政府和区人武部按照“尊重退役军人、增进感情交流、解决实际问题”的理念，在漓渚镇开展镇级退役军人服务站建设试点，积极探索基层涉军维稳新路子，打造令现役安心、退役开心、军属暖心、社会热心的三级服务保障体系。柯桥区走出来了一条以“一帮一，手拉手，不忘初心跟党走”为灵魂的退役军人服务管理新路子，有效化解退役军人信访难题，努力将退役军人转化为巩固基层政权的新生力量。

2019年4月，绍兴市委、市政府以及绍兴军分区及时总结柯桥区的试点经验，认真贯彻落实退役军人服务保障体系建设各项规定，按照硬件设施标准化、服务管理集成化、自助互助一体化的要求，深化实践“新时代”枫桥经验，积极打造“人员全覆盖、服务全流程”的退役军人服务管理新模式。

2019 年以来，柯桥区退役军人实现上访零记录，应征青年报名参军人数大幅增长。2019 年 11 月 21 日，退役军人事务部孙绍骋部长调研我区退役军人工作时给予了充分肯定。

二、主要做法

坚定正确政治方向，高标准贯彻落实习近平总书记关于退役军人工作的重要指示和党中央决策部署，以退役军人为中心，高标准落实“五有”“全覆盖”要求，学习运用新时代“枫桥经验”，围绕“服务不缺位、保障全覆盖、尊崇有氛围、引领建新功”的目标，建立健全服务保障体系，加快提升退役军人事务领域治理能力和服务保障水平。

（一）高站位谋划，做到“一面旗”领方向。我们始终坚持把新时代“枫桥经验”同做好退役军人工作有机融合，突出“党建引领”这个灵魂。一是选好组织“领头雁”。由镇街人武部长、村（居、社区）书记、优秀退役军人担任退役军人服务站主要负责人，各级党委集体研究决定有关重大事项，确保退役军人服务站高效运行。二是做到支部“全覆盖”。全区 16 个镇街均成立退伍军人返乡党支部，全面纳入基层党建管理考核，同步同频开展“五星 3A”创建、“不忘初心、牢记使命”主题教育等，基本解决了退役军人党员没人管的问题，确保退役军人党员教育管理覆盖到位、规范有序、精准有效。三是吹响党员“先锋号”。激发退役军人党员的模范带头作用，在这次新冠肺炎疫情防控中，全区 3300 余名退役军人踊跃奉献，尤其是退役军人党员主动请缨奋战在“疫”线，捐款 82 万元、捐赠口罩等防护物品 16 万只，成立应急队、志愿队 97 支，排查检测道路小区卡口 1.82 万人次、18 万辆车次，真正践行了“若有战、召必回”的军人誓言。

（二）高标准建设，做到“一体化”同推进。我们按照“工作有人干、办事有经费、活动有场所、诉求有渠道、解困有平台”的要求，高标准建成区、镇、村三级服务保障体系。一是明确场所建设标准。大力推行“标准化+”建设模式，区镇两级累计投入1700万元，建成集办事、服务、接待、征兵、宣传、活动等功能于一体的退役军人服务中心（站），努力营造“家”的氛围。二是明确人员配备标准。按照服务对象1500人以下、1500—3000人、3000人以上三个档次，依次配备1—3名事业编制人员，并从优秀退役军人中招聘编外专职人员，充分发挥他们的“主人翁”意识。三是明确经费保障标准。切实增强资金保障力度，区财政对服务对象1000人以下的以5万元/年的标准给予保障，1000人以上的人均50元/年的标准给予保障。

（三）高效率服务，做到“一站式”全办理。将“最多跑一次”理念厚

便民服务中心设立军人“绿色通道”

开展“最美退役军人”表彰暨金融机构支持退役军人创业活动

退役军人返乡党支部开展主题教育活动

退役军人积极投身抗疫阻击战

植于办事全过程，创新推出退役军人“全生命周期”一站式改革，为其提供全流程一站式服务。一是按“一件事”整合事项。把军人全生命周期中多个不同阶段的事务，整合为若干个“一件事”，重塑办理流程，实现全周期办理。通过梳理一张清单、构建“一件事”集成、推出一批“服务包”、探索一套运行模式、形成一个服务保障闭环，编织一个不断延伸、持续扩容、逐步优化的服务事项目录。整合确定应征入伍、部队服役、退役返乡、就业创业、抚恤优待五个周期阶段所涉及的73个军人服务事项，并梳理制作“一件事”办事指南或流程图。二是在“一个库”归集信息。开发建设军人全生命周期综合信息数据库（柯桥区退役军人信息管理服务平台），将登记录入、共享获取等多途径所得信息，优化处理敏感内容后，实时归集于“一个库”，需要时可调取军人特长、荣誉、资质、证照、家庭关系、就业状况等全生命周期信息，还可以进行有效的信息需求匹配，并智能生成区域内退役军人大数据平台。三是进“一扇门”办理事项。全区已建成1个区级退役军人服务中心、16个镇（街道）退役军人服务站、295个村（社区）退役军人服务站，其中镇街退役军人服务站已建成从青少年国防教育、适龄青年登记入伍、现役军人跟踪服务到退役军人返乡服务的一站式综合性服务平台，军人军属、烈士遗属在“家门口”就能享受政务服务、就业帮扶、困难救助等一系列服务。

退役军人事务部党组书记、部长孙绍骋来柯桥区调研

（四）高水平管理，做到“一揽子情”解决。围绕“让军人成为全社会尊崇的职业”这一目标，用心用情推进退役军人常态化、精细化管理，切实提升退役军人的荣誉感和成就感。一是畅通信息渠道。建立现役军人、退役军人、残疾军人、烈士遗属等信息库和特色服务卡，所有诉求问题直接通过基层治理“四平台”予以跟踪协调解决，特别是针对退役军人优抚安置等特殊诉求，建立应急联动机制，在政策允许范围内及时帮助解决。二是强化职业帮扶。推出个性化帮扶措施，搭建培训就业创业等平台，如钱清街道搭建军企联姻平台，与联合村镇银行共同开展“5＋3”帮扶计划；柯岩街道主动对接凤凰产业园相关基地，为复转军人进行再就业培训，已组织培训14场次，受训600多人。三是造浓崇军氛围。积极开展“最美退役军人”“优秀退役军人”系列评选活动，挖掘选树百余名先进典型，加大表彰宣传力度，全社会尊崇、关心退役军人的氛围日益浓厚。

三、经验启示

新形势下，如何实现“新时代枫桥式退役军人服务站”建设的新进步，更好地发挥三级服务保障体系的重要作用，无疑是我们工作中的一项重要课题。我们必须着眼于解决好“最后一公里”的问题，采取积极措施、夯实体系建设，将退役军人服务站打造成团结、服务、帮助退役军人实现自我价值的新平台、主阵地，从而在服务保障区域治理现代化中发挥更大作用。

（一）以人为本，保障全覆盖

始终以退役军人为中心，坚持问题导向，对现有资源进行优化整合、长效保障。各级各部门各司其职，同向发力，共建共育，确保各项建设落到实处。同时注重发挥社会群众性组织、关爱退役军人协会、退役军人关爱基金和退役军人志愿组织的作用，更大力度调动社会力量参与退役军人工作的积极性。始终坚持整体推进和重点突破相统一，既立足当前，又着眼长远，推动建设工作行稳致远。

（二）以事为要，服务不缺位

聚焦服务事项，探索闭环管理模式，强化退役军人服务保障。整合所有基层站所力量，借助网格化管理制度优势，在退役军人全生命周期“一站办理”、全流程审批“一网速办”、全天候服务“一机智办”、全社会联动“一体帮办”全面落实“服务不缺位”的基础上，以同步走访落实“保障全覆盖”，充分发挥全科网格管理优势，同步落实退役军人“六必访”机制，实现“服务送上门、反馈零时差、保障全覆盖”。

（三）以求为基，创新无止境

我们从事的是开疆拓土的事业，必须一切以满足退役军人需求为基础，不断激发实践创新这个内生动力，创造性地抓好贯彻落实。我们要始终贯彻“基本＋特色”“硬件＋软件”的工作要求和思路，不断为退役军人服务站建设工作赋予新思想、融入新内涵、注入新元素，更好地推动退役军人工作长足发展。

下一步，我们将持续传承创新“枫桥经验”，推动服务再升级，不断开创柯桥退役军人工作新局面，为退役军人事务工作领域作出更多贡献、将“枫桥退役军人服务站”打造成“重要窗口”的窗口。

供稿：浙江省绍兴市柯桥区退役军人事务局

念好“九字经” 搭好“连心桥”

——构建完善新时代新福建退役军人信访工作新机制

福建省退役军人事务厅将退役军人信访工作新机制归结为：念好“时度效、点线面、情理法”的“九字经”，搭好与退役军人沟通联系的“连心桥”，创新退役军人信访化解机制、责任机制、疏导机制。此项工作作为省退役军人事务厅的创新举措参加2019年省政府绩效考核改革创新项目评比，在省直机关监管服务类单位中取得第7名的好成绩，并被省政府办公厅作为优秀案例列入汇编材料。

一、背景情况

退役军人是党和国家的宝贵财富，他们为国家和国防建设做出过重要贡献，理应受到尊崇优待。但由于各种原因，在部分退役军人中还存在诸多难以解决的历史遗留问题。退役军人信访工作一度面临严峻挑战，给退役军人的信访稳定工作带来很大的压力。

如何破解退役军人信访难题，成为我省退役军人事务系统成立后的一项紧迫任务。为此，我们积极应用“破局思维”，按照中央和省委、省政府的统一部署，认真贯彻落实中办、国办、军委办《关于做好退役军人信访工作的意见》，紧密结合我省实际，坚持以退役军人为中心理念，认真梳理现行的相关政策制度措施，聚焦“减存量、防增量、遏变量”，逐步构建职责明晰、部门联动，机制健全、渠道畅通，程序规范、运转高效的新福建退役军人信访工作体系，以点带面有力地推动部分退役军人信访稳定形势持续向好。

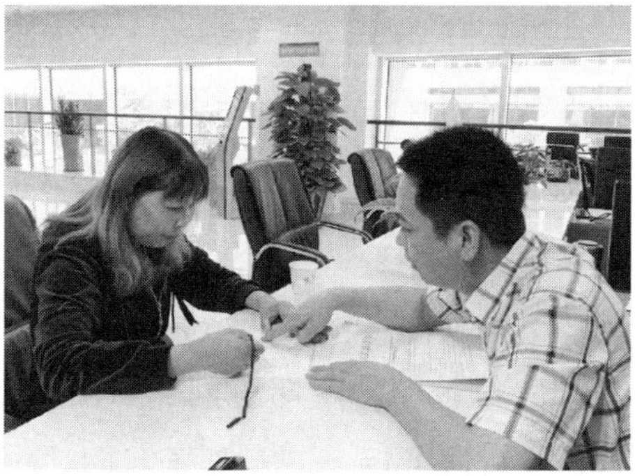

福州市退役军人服务中心工作人员面对面为来访退役军人家属做政策解释

二、主要做法

（一）坚持全时空，注重“时度效”，突出把握时机。着重把握“全国全省‘两会’、清明祭扫、‘八一’、国庆”等重要敏感时机，坚持一个节点一个方案，把风险期转化为做好工作的机遇期。对突出矛盾问题，因人施策，精准处置，确保既不乱开政策口子、也不开空头支票，又力所能及帮助解决实际困难和问题，以服务管理的精度准度力度，实现维护稳定的效果效能效率。

宁德市退役军人事务局开展“零距离接触 面对面谈心”活动，有效促进矛盾化解

（二）坚持全领域，注重“点线面”，突出把握联动。退役军人群体众多、分布广泛，需要动员各级各部门以及其他社会组织，凝聚起做好退役军人工作的强大力量。注重落实好职能部门和属地管理责任，以部门和属地责任的落实，健全完善一级抓一级、层层抓落实的责任链条，同时加强上下、左右协调联动，既分工明确，又密切配合，有效地形成整体合力。尤其是突出重

泉州市退役军人事务局发挥省市县三级上下联动机制，组织干部与服务对象结对子、交朋友，主动上门帮助解决实际困难

点人员教育管理，全省建立330个服务管理工作组，平时主动沟通联系，结对子、交朋友，重要敏感时期着重做好教育管理，以重点人员的稳控来带动群体的稳定，从而保持全省总体态势平稳。

（三）坚持心贴心，注重“情理法”，突出把握温度。通过政策落实和帮扶解困一体推进，在落实好相关政策基础上，对生活确有困难的，及时开展好应急救助、定期慰问、扶持就业等有效帮扶举措，责任到人，跟踪管理，实现服务保障“一阵子”向“一辈子”转变；通过深入开展向老英雄张富清、全国最美退役军人林上斗等先进典型学习宣传，激发退役军人的荣誉感和自豪感，履行好思想政治工作使命要求；通过法制引导、权益维护，引导依法依规反映诉求，强化法制观念。

三、经验启示

通过念好“九字经”，我们对广大退役军人动之以情、晓之以理、明之以法，让他们充分感受到服务管理的情怀、质感和温度，引导退役军人听党话跟党走的思想政治工作基础不断夯实，退役军人的获得感、归属感和幸福感稳步提升。

一是在工作理念上，我们深感退役军人曾经为国站岗、为民放哨，理应成为我们的亲人。他们有诉求，我们要倾听；他们有困难，我们要帮助。在信访实践中，我们把退役军人的来信当家书、把退役军人的上访当作送上门的群众工作、宣传工作，不回避不推诿不对立，满腔热忱为退役军人服务。

二是在方式方法上，我们注重政治引领，发挥退役军人中党员比例高的优势，在日常接访中着力激发他们的荣誉感和责任感，促进退役军人在思想上退役不褪色、离军不离党；注重一人一策、综合施策，对退役军人的信访诉求，具体问题具体分析。有些问题一时无法全部解决，就先部分解决；这个问题解决不了，就着力解决别的问题；有些诉求确实不能满足，也要解释清楚，寻求理解，努力以我们的辛苦换来他们的满意。

三是在载体平台上，我们着力丰富信访途径与渠道，线上线下并行，开门接访与基层走访、主动下访并行，带头在全系统弘扬“四下基层”优良作风，将苗头隐患化解在早、化解在小、化解在基层。

2019 年国庆期间，我省退役军人上访人数大幅度下降。新机制的大胆实践、勇于探索得到了省委领导的充分肯定，省信访联席会议和省委深改办也给予刊发推广。下一步，我们将认真贯彻落实十九届四中全会、五中全会以及省委十届九次全会精神，继续创新落实退役军人信访工作新机制，持续推进退役军人事务领域治理体系和治理能力现代化。

供稿：福建省退役军人事务厅

江西省吉安市用心用情用力做好退役军人信访稳定工作

吉安市是革命老区，也是优抚和兵源大市，全市目前已采集退役军人和优抚对象信息11.4万余人，退役军人群体庞大，涉军信访稳定工作一直是全市各级党委、政府关注的重点。

一、背景情况

2018年12月19日，吉安市退役军人事务局正式挂牌成立，实现了在全省设区市中“第一个批复组建、第一个挂牌成立、第一个集中办公”，机构组建走在全省前列。按照习近平总书记“五有”目标和全覆盖要求，高标准打造退役军人服务保障体系，全市3118个退役军人服务中心（站）已全部建立，覆盖率100%。一年多来，全市退役军人事务系统坚持以习近平新时代中国特色社会主义思想为指导，深入贯彻落实习近平总书记关于退役军人工作的系列重要论述，坚持以退役军人为中心，将思想和行动统一到中央有关部署要求上来，增强“四个意识”、坚定“四个自信”、做到“两个维护”，认真贯彻上级一系列部署要求，压实责任、多措并举、标本兼治，以高度的政治责任感和务实的工作作风，全心全意维护退役军人合法权益，有效传递了党和政府对广大退役军人的关心关爱，全市退役军人领域信访形势保持了平稳可控、持续向好的良好态势，圆满完成了全国“两会”、清明祭英烈、八一、军运会、国庆和十九届四中全会期间安保维稳任务，获全省退役军人领域治理能力创新奖。

二、主要做法

（一）提高政治站位，用“心”做好信访稳定工作

1. 不忘初心，启动部署早。2019 年 12 月，率先在全省挂牌组建退役军人事务机构并迅速投入运转，超前谋划部署、超前研判形势、超前防范风险，实现了退役军人信访稳定工作不断、标准不降、力度不减。同时，市委、市政府印发《关于进一步做好全市退役军人信访稳定工作的实施方案》，加强对退役军人服务管理和信访稳定工作的组织领导和指挥调度。

2. 领导关心，推动层次高。同步成立退役军人事务工作领导小组，多次召开专题会议研究部署退役军人信访稳定工作，市领导全年先后就涉军信访稳定工作作出 67 次批示，并定期接待、批阅退役军人来信来访，亲自推动解决疑难复杂信访事项；常态化开展领导干部“大接访”活动，各县（市、区）党委政府一把手主动接访、带案下访，有效将涉军信访问题处理在萌芽、化解在基层。

3. 部门齐心，制度机制实。先后出台了《处置规模性来市赴省进京集体访应急工作预案》《重要敏感时期安全稳定风险防范应对工作方案》《关于成立应急处置工作领导小组和应急处突队的通知》等，加强部门沟通协作，坚持重大问题会商，形成了“情报共享、研判共商、联合共处”协调联动机制；其他各部门主动担当履职，形成各司其职、通力协作的良好局面。

退役老兵送锦旗表达感谢

（二）增强思想引领，用“情”唱响退役军人主旋律

1. 交流情感，传递党的关怀。结合“退役军人矛盾问题攻坚化解

年”“矛盾化解大走访”“退役军人走访月”等活动，组织走访慰问退役军人各类对象，通过同饮一壶茶、同围一张桌、同坐一条凳、同谈一席话，拉家常、谈思想、聊发展、送温暖，引导他们感党恩、听党话、跟党走。仅2019年，市、县、乡三级主要领导共走访退役军人1100余人次，全市为116名新中国成立前参加革命的老战士、伤残军人颁发了“建国70周年”纪念章，解困帮扶退役军人341人，累计发放慰问金2.86亿元，《慰问信》17.8万份，年画24.1万余份，发送短信20余万条，通过多层次、全覆盖的走访慰问，营造出了关心爱护退役军人的浓厚政治氛围、社会氛围、舆论氛围。

2. 追忆情怀，彰显军人风采。各地普遍在春节、八一和国庆期间召开了座谈会、恳谈会、茶话会，举办了军地篮球赛、棋牌赛，有的还组建了退役军人合唱团，活动时注意将重点骨干人员吸纳其中，通过畅聊军旅往事、追忆峥嵘岁月、丰富文体生活等途径，引导他们将思想和行动转移到各类积极健康的文体活动中来。强化典型示范引领，在吉安电视台、《井冈山报》开设“老兵风采”专栏，组织开展巡回事迹报告会，加大对“全国模范退役军人”陈豪文，江西“最美退役军人”段仁芳、蒋新东、许伍峰和其他20余名优秀退役军人的宣传，打造出了有特色、有影响、有亮点的红色井冈优秀老兵方阵，凝聚起满满的正能量，激励着全市广大退役军人见贤思齐，争当退伍不褪色、退役不褪志先进典型。

主动入村走访了解服务对象困难、需求

3. 重现情境，营造家的温馨。结合退役军人服务保障体系建设，重点抓好信访接待场所建设。目前，全市3118个退役军人服务中心（站）均结合本地特点，通过张贴全军英模画像、优秀退役军人海报，征集军旅用品设置文化墙、光荣榜、陈列馆，挖掘自身红色资源优势和本地退役军人故事等做法，让来访退役军人有“归队”和“回家”的感觉，引导广大退役军人自觉服从大局听从指挥，做维护社会稳定的表率。

（三）坚持结果导向，用“力”维护社会大局和谐稳定

1. 力发末端夯基础。坚持重心下移、关口前移，市、县、乡、村四级退役军人机构均敞开大门热情接待，认真听取退役军人诉求，帮助退役军人落实政策、解难济困，带着责任、带着感情为退役军人服务；注重畅通“阳光信访”渠道，及时联通了退役军人信访系统、市长手机信箱、市长热线、民生通道等，高效办理了国家、省、市各类转交办件，真正做到“件件有着落、事事有回音”，切实依法维护退役军人合法权益，先后多批退役军人送来锦旗或表扬信，信访工作得到了老兵们的充分肯定。

2. 力求精准解难题。高标准开展“退役军人矛盾问题攻坚化解年”活动，按照“一人一策”“一案一册”要求，落实领导包案，建立台账、挂账销号；注重原则性与灵活性相结合，引入人大代表、政协委员、律师、心理医生等第三方多元参与，推动一批历史遗留问题得到解决。目前，部、省挂账督办的6件信访件全部化解到位，市本级梳理排查的涉军重点信访事项251件，按照“三到位一处理”原则全部妥善化解。

3. 力保稳定促和谐。按照“北京不去、南昌不进、吉安不来、本地不聚、网上不炒”工作标准，坚持底线思维，加强预警研判，强化属地管理，落实应急措施，做到急事急报、特事特报、大事快报，对扬言滋事或大规模聚集等重要信息，第一时间核查处理，快速反应、妥善处置。2020年以来，全年我市无一老兵到京缠访闹访，赴昌涉军信访人员数量较往年也明显减少，全市退役军人领域始终平稳可控。

三、经验启示

一是必须坚持聚焦职责，提高站位。要提高思想认识，旗帜鲜明讲政治，对照党中央的要求和广大退役军人的期盼，聚焦退役军人事务部门工作职责定位，把做好退役军人信访工作上升到事关军队建设、事关党的执政根基、事关社会和谐稳定的重要政治任务来思考、谋划和推进。

二是必须坚持创新方式，形成合力。要积极创新群众工作方法、解决信访突出问题，积极探索多样化的方法，主动引入担任非领导职务的干部、党代表、人大代表、政协委员、律师、心理咨询师、专家学者、社会志愿者、农村“五老”等社会力量参与信访工作，按照“坚持群众路线、增强群众观念、增进群众感情”的要求，切实提高联系服务群众的能力和水平。

三是必须坚持依法依规，严守底线。接访处访，既要用心用情，热情接待、耐心解释、温馨服务、增进认同，更要坚持在法制轨道上开展工作，按照政策法规回应广大退役军人诉求，贯彻落实党中央、国务院决策部署的政策措施，引导退役军人尊法守法，依法依规依程序反映问题、表达诉求。

四是必须坚持担当落实，转变作风。要强化为民服务意识，第一时间听取群众呼声，第一时间掌握信访动态，第一时间化解矛盾纠纷，坚持“精准施策、精细服务、精益落实”的工作方法，按照“属地管理”“谁主管、谁负责”和“一岗双责”的原则，重心下移、关口前移，及时化解矛盾，就地解决问题，做到小事不出村，大事不出乡，难事不出县。全力维护退役军人合法权益，确保全市退役军人领域和谐稳定。

供稿：江西省吉安市退役军人事务局

践行“3＋1”工作法　河南省深化“信阳模式”全面提升退役军人服务保障水平

信阳是革命红城、发展绿城，作为“大别山精神”的诞生地、发源地，素来有着拥军优属、拥政爱民的优良传统和政治优势。2017年，信阳各级法院维护现役军人合法权益的“信阳模式”写入最高法院“两会”工作报告，并在全国法院系统推广。11月6日，省涉军维权领导小组在郑州召开会议，贯彻中部战区和7省市涉军维权第二次联席会议精神，省委常委、政法委书记、省涉军维权工作领导小组组长甘荣坤出席会议并作重要讲话，要求各级党委政府再接再厉，把做好新时代涉军维权工作作为政治之举、强军之举、大爱之举，保持定力、守法有为，推动全省涉军维权工作再上新台阶。信阳市将维护退役军人合法权益作为切入点，深化拓展涉军维权“信阳模式”成果，探索形成“3＋1”工作法，将服务对象从现役军人向退役军人一体延伸，将维权手段从单一司法维权向司法手段与行政手段并重推进，有效牵引带动全市退役军人服务保障水平整体提升。

一、建立一个机制，依靠组织破冰解难

一是及时健全组织领导。紧跟省委步伐，成立市委退役军人事务工作领导小组，搞好顶层设计、思想引领，统领全局、协调各方；在市委退役军人事务工作领导小组的领导下，成立市政府主要领导任召集人，市委市政府相关机构、信阳军分区、市中级人民法院为成员单位的退役军人事务工作联

席会议机构，根据需要召开会议、协调工作，交办信访事项，解决遗留问题，从而把党政同责落地落实。

二是注重依靠组织力量。印发市委退役军人事务工作领导小组及办公室《工作规则》，对机构设置、职责任务、会议召开等作出明确要求；领导小组办公室和市退役军人事务局认真履行职能，努力担当出谋划策的“参谋者”、承上启下的“联络者”、协调落实的“督导者”角色，定期梳理全市退役军人工作中的重大问题上报取得党委政府支持，及时沟通协调取得业务部门主动配合，监督督导政策决策落实到位，从而把部门主责落地落实。

三是着力构建长效机制。建立市委退役军人事务工作领导小组成员单位联络群，各组成单位办公室主任任联络员，第一时间通报工作信息、掌握工作进度、处理工作难题；6 名市退役军人事务工作联席会议召集人、副召集人每月指定 1 人轮值，根据工作需要牵头听取退役军人工作相关情况汇报，视情召集召开会议，研究处理重大事项。2019 年以来，先后 4 次召开市退役军人事务工作联席会议，研究解决退役士兵安置、“两费”发放、“两险”接续等历史遗留问题，共解决邮政、联通等垂管单位 45 名退役士兵重新上岗，补发“两费”欠额 1499 万余元，“两险”接续扎实推进。

二、用好一套机构，发挥服务保障体系作用

着眼思想引领、政治建家，把各级服务中心建成党和政府联系广大退役军人的情感之家、温暖之家、服务保障之家，从增强“三感”着手，充分发挥服务保障体系作用，确保“把好事办好办实”。

一是增强服务人员的归属感。研究下发《关于加快推进退役军人服务保障体系建设的实施方案（试行）》，盯紧机构编制、人员、办公场所落实，召开县区、管理区开发区局长座谈会，广泛开展“做好退役军人工作大家谈”活动，不断增强做好本职工作的责任感紧迫感使命感。截至 2019 年全市乡镇以上专职在编工作人员 542 人，村（社区）兼职工作人员 3428 人，落实经费 1061 万余元、办公场所近 10 万平方米，确保全市所有退役军人服

务中心（站）个个有场所、事事有人管，各项业务正常展开。

二是增强退役军人的信赖感。要求各退役军人服务中心（站）成立第一天、到位第一人，就下到乡镇、村（社区）走街串巷搞好宣传，通报中央成立基层退役军人服务保障机构有关情况；梳理制作涵盖优抚褒扬、退役安置等6大类19项61个具体内容的《信阳市退役军人服务保障清单》，发放《信阳市退役军人政策明白卡》1万余份；建立退役军人信息库，工作人员逐个问询，统计退役军人基本信息，做到服务对象情况“一口清”。落实厅（局）长挂牌督办和局长接访制度，把处理信访作为基本工作抓手，中心受理、科室办理，局长带头、全员参与，提高办结质量。

三是增强军人职业的荣誉感。坚持“五到”走访慰问，坚持“四个一”接待来访，让退役军人从走进服务中心起就有一种家的归属感。坚持扩大就业帮扶力度，先后3次举办退役军人专场招聘会，为退役军人提供6000多个就业岗位，其中1693名退役军人达成就业意向。全市全年悬挂光荣牌18.9万块、发放新中国成立70周年纪念章353枚，并隆重召开首届“十大最美退役军人”表彰会，不断提升退役军人在社会的影响力。

三、紧抓一批单位，落实部门政治责任

注重发挥各级党组织的主体作用，形成退役军人事务“一起抓、一起做”的工作局面。

一是明确主体责任。按照“属地管理、分级负责”“谁主管谁负责”的原则，厘清各级政府机构、企事业单位党组需要落实的政治责任，主动认领任务、严格落实政策、妥善处理矛盾，把本地方本部门本系统退役军人接收安置好、培养教育好、使用发展好。印发《关于进一步加强市管管理区、开发区和市直单位退役军人服务保障体系建设的通知》，比照退役军人服务中心（站）建设标准，全市管理区、开发区、市（县区）政府部门和企事业单位相应成立退役军人服务中心（室），做到有职责要求、有专（兼）职人员、有办公场所、有工作计划。共建立以市公安局、市联通公司、军工三五八厂

等为代表的政府机构、企事业单位服务站986个，全面展开退役军人服务保障工作。

二是“三位一体”督导。将退役军人工作开展列入党委、政府督导检查内容，坚持与中心工作同部署、同检查、同考核，形成党委统揽、政府督导、部门联动的督导检查体系。联合市委市政府督导部门，每半年对各部门各单位落实退役安置、优抚褒扬、权益维护等专项政策落实进行“回头看”，对工作严重滞后、造成不良影响的，坚决不留情面、点名通报，限期抓好整改。

三是严格奖惩落实。坚持把督导检查结果纳入各级年度目标考核体系，纳入领导干部政绩考核范围，与单位文明建设、平安创建直接挂钩，对优先优待政策落实不到位、单位接收安置走形变样、所属人员群体上访、缠访闹访并造成严重后果的，单位取消或不得评为文明单位，平安创建评为不合格，领导干部不得评优评先。

四、运用一种力量，用好司法手段维权

注重把为退役军人提供法律援助作为重要事项突出出来，在行政手段无法或不便进行权益维护的时候，发挥涉军维权“信阳模式”优势，运用好

2019年3月14日退役军人事务部实地调研信阳涉军维权模式

2019 年 11 月 19 日河南省现役退役军人一体化维权工作信阳现场观摩会

法律力量进行兜底保障。

一是常态提供法律咨询。在市县退役军人服务中心设立法律服务室，与司法机构签订合作协议，聘请资深律师担任法律顾问，采取定时和不定时服务相结合的方式，为退役军人提供法律咨询。2020 年，市局与信阳市卓扬法律咨询有限公司签署合同，律师每周两次到市退役军人服务中心值班，现场解答退役军人涉法问题；对有关情况不清楚、无法提供清晰法律解释的，还可跟律师预约上门服务。

二是无偿提供法律援助。针对有关退役军人的非诉事项，协调法律机构无条件介入调节，帮助指导解决。针对已进入仲裁或诉讼的案件，帮助协调律师跟踪指导，免费提供法律指导。

三是司法维权兜底保障。协调市中级人民法院下发《关于深化涉军维权工作的意见》，坚持“十项机制”、做实“十个结合”，实现退役军人规范化、制度化维权。2018 年以来，信阳市共办理退役军人涉法事项 147 件，案件调解率、一审服判息诉率分别达到 86%、92%，人民群众满意度 100%。

供稿：河南省信阳市退役军人事务局

湖北坚持四抓四确保　深入推进
国家机关工作人员持有伤残证情况清查工作

一、背景情况

为汲取有的国家机关工作人员违规持有伤残证腐败问题的教训，湖北省退役军人事务厅在湖北省纪委监委的直接领导和精心指导下，从2019年6月起，集中组织开展了全省国家机关工作人员持有伤残证情况清查工作（以下简称“清查工作”），共发现问题502个，其中：清退违规审核审批、涉嫌编造事实和理由造假等不符合持证条件人员17人，对涉嫌违规持证及审核审批人员等56人给予批评教育、书面检查和诫勉谈话处理，其他均属于评残档案资料不全或档案丢失问题。在整改中，对持有伤残证人员全部重新进行了伤残鉴定，其中60人提高伤残等级，占比5.7%；357人降低伤残等级，占比34.1%；31人取消伤残等级，占比2.9%。按现行抚恤标准测算，此次清查每年为国家节省抚恤金共计591.08万元。及时纠正了伤残等级审核审批中存在的违规违纪问题，规范了伤残评定工作程序，确保了国家抚恤政策精准落实，切实维护了社会公平正义，取得了较好政治效果和社会效果。

二、主要做法

（一）抓组织领导，确保清查工作按规范程序扎实推进。一是迅速成立全省清查工作领导小组。由厅长任组长，相关厅党组成员任副组长，省纪委监委驻厅纪检监察组、厅拥军优抚处相关工作人员为成员。清查工作领导小组定期听取清查工作情况汇报，在关键阶段和重大问题上，及时召开会议研究工作推进措施，指导相关地方抓好工作落实。各市、州、县（市、区）比照省里做法相应成立了清查工作领导小组，切实加强对清查工作的领导。二是及时制定清查工作方案。湖北省退役军人事务厅经过认真调研、仔细分析，制定了清查工作方案，整个清查工作分自查自纠、重点抽查、整改问责、建章立制四个阶段进行，每个阶段明确目标任务和工作要求，确保环环相扣、层层递进。三是精心组织动员部署。2019 年 7 月 8—12 日，湖北省退役军人事务厅举办全省退役军人事务工作专题研讨班，对清查工作进行了动员部署，要求各地严格按照时间节点有序推进。

（二）抓学习培训，确保清查工作按政策法规精准实施。一是针对各地工作存在的进度不平衡、标准不统一等问题，省退役军人事务厅于 2019 年 9 月 5 日举办清查工作培训班，培训班上介绍了部分县市的经验做法，部署了下一阶段工作重点，明确了方法措施和工作要求。二是学习考察内蒙古自治区专项清理经验做法，进一步统一思想认识，明确工作方向，为全面深入推进清查工作打下了良好基础。三是全面梳理新中国成立以来各个时期国家机关工作人员评残政策，制定下发《湖北省国家机关工作人员持有伤残证情况清查工作有关问题处理指导意见》，指导各地依规依政策开展清查工作。

（三）抓问题督办，确保清查工作按时间节点落实落地。一是开展重点抽查。湖北省退役军人事务厅会同省纪委监委第四监督检查室组成了抽查组，对 5 个市州、10 个县（区）开展清查工作情况进行了抽查，及时指出问题，明确要求，督促相关地方严格按照时间节点推进清查工作。二是全程指导督办伤残等级复查鉴定工作。湖北省退役军人事务厅于 2019 年 6 月 21 日组织召开省残疾军人残情鉴定小组廉政工作会议，清查工作领导小组相关领导到会提出廉政要求，全程跟进重点指导督办全省伤残等级复查鉴定工作。三是组织重点督办。2019 年 10 月份，省清查工作领导小组对抽查和工作掌握发现整改落实不到位的地市（州），进行了重点督办，确保清查各项工作落实落地。

（四）抓关键环节，确保清查工作按质量标准取得实效。一是集中组织开展伤残档案和伤残等级复审工作。在市、县两级组织伤残档案核查和市级伤残等级鉴定的基础上，湖北省退役军人事务厅抽调骨干，对全省国家机关工作人员伤残档案和医疗鉴定档案进行集中审查，对全省 13 个市、州伤残等级鉴定情况进行指导督办，会同市级伤残等级鉴定机构对 181 名申诉人员伤残等级进行复审确认，及时纠正了市级伤残鉴定中存在的问题。二是分类处理问题线索。根据职责范围，经梳理分析研判，向省纪委监委呈报了 58 件问题线索，向市、州、省直管市、神农架林区集中交办了 444 件问题线索，组织对各地交办问题线索逐件核查，对发现问题及时督促整改。三是依法依规调整伤残等级。各地统一按湖北省退役军人事务厅印发的指导意见，规范工作流程，最终确认伤残等级后，省退役军人事务厅依据《伤残抚恤管理办法》等法规政策规定，对伤残等级变化人员进行了伤残等级和抚恤待遇调整，并下达《伤残等级调整通知书》。

三、经验启示

（一）领导重视是做好清查工作的坚强保证。湖北省委常委、省纪委书记、省监委主任王立山高度重视清查工作，多次作出批示指示，并亲自听取清查工作进展情况汇报，为清查工作把脉定向。湖北省纪委常委邵志祥具体指导、强力推动，省纪委监委第四监督检查室全程参与指导督办，为开展清查工作增添了动力、坚定了信心。湖北省退役军人事务厅党组多次召开专题会议，研究制定相关工作措施；厅党组书记、厅长亲自谋划、亲自部署、亲自推动，多次召集清查工作专班研究解决具体问题；厅党组成员、驻厅纪检监察组组长始终坚持在清查工作一线，靠前指挥，抓部署、抓督办、抓各项工作落实落地。各级领导的高度重视和示范引领，全省各级上下齐心、攻坚克难，为清查工作顺利开展提供了坚强保证。

（二）精心组织是做好清查工作的有力保障。解决国家机关工作人员伤残等级评定工作几十年沉淀的诸多历史遗留问题，异常复杂。湖北省退役军人事务厅从抓制定方案精心谋划、学习培训提能、抓关键环节着力推动、抓“牛鼻子”执纪问责着手，从档案审查、伤残等级复查鉴定、问题线索核查处理着力，将依法依规依政策、精心组织落实到清查工作的每一个具体环节，全力推动，为清查工作顺利开展提供了强有力的保障。

（三）实事求是是做好清查工作的基本遵循。为积极稳妥推进清查工作，湖北省各级退役军人事务部门工作人员本着实事求是的原则，主动上门讲清清查工作的重大意义，讲解各个时期相关政策依据，做好服务保障和思想疏导工作；注意依据清查工作方案要求，对每一个环节进行指导，注重从重点抽查中发现共性和个性问题，依据政策法规整改推进；通过对各个时期评残政策及伤残等级评定标准梳理分析，研究解决问题的有效方法，特别是对本系统存在问题不避短、不遮掩，坚持“一把尺子”量到底，对事不对人，依法处理，重点突破，以点带面推进整体工作落实见效，为清查工作顺利开展提供了基本遵循。

（四）部门协同是做好清查工作的有效方法。此次清查工作不是一项简单的业务工作，而是一项反腐败专项行动，是一项政治任务。正是有湖北省纪委监委坚强领导，各级纪检监察机关、派驻纪检监察组、卫健及其他相关部门大力支持帮助，协同配合，才确保了清查工作有序展开、圆满完成，取得良好的政治、社会和法纪效果。

供稿：湖北省退役军人事务厅

坚定正确政治方向　凝聚社会资源力量
营造尊崇军人良好社会氛围

——陕西省退役军人事务厅宣传工作的实践与思考

退役军人工作政治性强，涉及千家万户、联系着方方面面，牵动着上上下下，中央关心、部队关切、社会关注。抓好退役军人宣传思想工作有利于及时传达中央决策部署和关怀厚爱，有利于及时解疑释惑、统一思想认识，有利于协调各方积极因素、汇聚各方智慧力量、共同推进退役军人工作。因此，做好退役军人工作必须牢牢把握正确的政治方向和舆论导向，既要扎扎实实做，也要理直气壮说。

一、背景情况

2019 年，我厅在退役军人事务部网站、官微、《中国退役军人》杂志、杂志官微等发表稿件 87 篇，位居全国第 4 位，在全国退役军人宣传思想工作会议上进行了经验交流发言，得到退役军人事务部的充分肯定。厅官方微信公众号目前用户 4 万余人，推送全省各类图文资讯 700 余条，总阅读量 210 万余次。其中 10 万 + 以上阅读稿件 2 篇，1 万 + 以上阅读 21 篇，阅读量在全国退役军人事务部门微信订阅号中排第 2 位。建立了厅官方抖音号，发布抖音原创视频 48 条，累计浏览人数共计 1054 万次，其中自然浏览量过 200 万 + 的 1 条，自然浏览量过 150 万 + 的 2 条，自然浏览量过 100 万 + 的 3 条。军休文艺会演、书画摄影作品展 5G 直播观看人数均超 100 万。编印

4期《退役军人杂志》，在全国退役军人就业创业工作会议和全国公文处理工作培训会上赠阅给各省代表，引起强烈反响。建立了全省退役军人事务系统宣传联络群和省退役军人事务厅宣传媒体联络群，各市区每天踊跃编发宣传信息，媒体积极转发退役军人工作信息，在全社会营造了“关心国防、热爱部队、尊崇军人、敬重英雄”的良好氛围。

二、主要做法

（一）上接天线、下接地气，切实增强宣传思想工作政治性

1. 突出习近平总书记关于退役军人工作重要论述的思想引领，加强宣传力度。在习近平总书记对张富清同志先进事迹作出重要批示后，组织家乡代表看望慰问，拍摄学习张富清同志宣传片，并作为“不忘初心、牢记使命”主题教育的教育片，召开学习张富清同志座谈会等，不断挖掘张富清同志精神，让学有榜样、学有标杆蔚然成风。

2. 以退役军人所思所盼为重点，宣传好政策、助推重点工作落实。组织宣传力量及时发现总结好经验、好做法，相互学习、比学赶超，有力地促进了服务体系建设进度质量。在部分退役军人社会保险接续、退役军人高职扩招等重点工作上，利用新媒体传播面广、传播力快的优势，集中时间，高密度、高强度开展系列宣传，助推工作取得实效，让广大退役军人及优抚对象感受到党中央和习近平总书记的关心关怀。

（二）统揽左右、融合发展，切实增强宣传思想工作创新性

1. 注重协同，用好行政资源，让参与者出彩。在全省性会议中，我们邀请省委编办、省农业农村厅、鄠邑区等单位进行发言，立标杆、做宣传；与省委宣传部、省军区政治工作局联合开展“最美退役军人”评选，举办庆“八一”暨“最美退役军人”颁奖晚会，邀请主办单位联合颁奖，让他们找到做好退役军人工作的感觉。联合省教育厅、省人社厅等单位开展3场退役军人工作新闻发布会；联合西安美术学院、省文联，举办首届退役军人书画摄影作品展，提高退役军人工作黏度，形成促进退役军人宣传思想工作的

合力。

2. 统筹力量，用好市场资源，让专业的人干专业的事。通过政府购买服务的方式，运维官方微信公众号和抖音号，采用市场化手段，创办《陕西退役军人》杂志，让专业机构、专业人员提供专业服务。运用大数据，确定发布时间频次，增强受众面。

（三）把控前后、注重过程，切实增强宣传思想工作人文性

1. 做足功课、严密方案，全过程全方位宣传。每一项工作活动，明确宣传重点，策划事前、事中、事后方案，在退役军人返乡工作中，前期印制发放政策宣传单；当天派出宣传小分队登车采访、现场回访、亲朋约访，反映退役士兵返乡感受；活动结束后，编辑推送主流媒体、自媒体广泛宣传、营造氛围，让返乡退役军人体会到荣誉感、尊崇感、幸福感。

2. 注重服务意识、体现人文关怀、增强工作温度。聚焦一线退役军人，聚焦退役军人先进事迹，在点滴平凡中深度挖掘、原创报道。在常态化悬挂光荣牌、就业创业培训、高职扩招、颁授烈士光荣证、走访慰问等活动时，利用图文、视频直播等方式，记录退役军人温馨感人瞬间，让思想教育、工作宣传在润物无声中入脑入心。

（四）联动内外、提升质量，切实增强宣传思想工作整体性

1. 强化干部宣传能力培养。树立人人都是宣传员的导向，厅党组会、厅务会研究的重大工作、重要活动要求配套宣传方案，让宣传成为总结工作、提炼经验的过程。举办全省退役军人传播力建设培训班，邀请一线记者从选题采访、编辑摄影、版面设计等方面手把手、面对面进行实操性培训。建立全省退役军人通讯员工作群，为深度报道退役军

人工作提供有价值、有分量的新闻线索。

2. 注重外部宣传资源整合。加大研究、总结规律，联合西北大学开展退役军人工作传播力建设课题研究。加强与各媒体互动联系，厅领导与陕西日报社、新华社陕西分社等机构座谈合作，重大活动全媒体宣传，打造了退役军人宣传工作矩阵。

三、经验启示

1. 做好退役军人宣传思想工作必须坚定正确的政治方向。要提高政治站位，坚持党的领导，把宣传舆论阵地牢牢把握在党的手中。

2. 做好退役军人宣传思想工作必须准确把握定位。要把退役军人宣传思想工作作为退役军人整体工作的重要方面，是前端性、重点性、主动性工作，充分认识退役军人宣传思想工作的重要地位和作用。

3. 做好退役军人宣传思想工作必须融合发展。要充分调动社会各界的力量，畅通退役军人系统上下、左右联系渠道，大力推进媒体融合发展，构建互联共享、便捷高效、纵向到底、横向到边的“大宣传”格局。

4. 做好退役军人宣传思想工作必须善于创新。要让宣传产品接地气，在坚持“内容为王”的基础上，创新表达形式、展现方式，把退役军人新闻做出彩，把退役军人故事讲出味，使“有意义”的新闻“有意思”、“有深度”的故事“有温度”。

供稿：陕西省退役军人事务厅

选树典型弘扬正能量　创新宣传引领尊重退役军人新风尚

——“甘肃银行杯·陇原最美退役军人”选树活动

为深入贯彻习近平总书记关于做好退役军人工作的重要论述精神，中共甘肃省委宣传部和甘肃省退役军人事务厅从2019年开始开展“甘肃银行杯·陇原最美退役军人”选树活动，大力营造全社会尊崇军人、关爱退役军人的浓厚氛围，充分发挥先进典型的示范引领作用，受到社会各界广泛好评。

一、背景情况

近年来，我省每年有上千名现役军人脱下军装、退出现役，积极投身经济建设和社会发展事业，成为各个行业的生力军，是我省社会主义建设事业的宝贵财富。其中涌现出的一大批具代表性、有影响力的先进典型，更为引导广大退役军人就业创业、奉献社会起到很好的示范带动作用。为了认真贯彻落实党中央决策部署和省委省政府的指示要求，切实把习近平总书记“维护退役军人合法权益，让军人成为全社会尊崇的职业”重要论述落到实处，努力营造全社会拥军、爱军、尊军的良好氛围，使军人及其优抚对象能够有更多获得感和幸福感。通过在全省范围内广泛开展“陇原最美退役军人”选树活动，推出一批积极响应党的号召、在地方经济社会建设各个领域取得明显成就、做出突出贡献的优秀退役军人典型，充分展示退役军人永葆本色、奋发图强的优秀品质和良好精神风貌，教育引导广大退役军人倍加珍惜荣誉、积极投身国家建设，培育立足岗位做贡献、建功立业新时代，激励广大干部群众学习典型、争当典型，为决胜全面建成小康社会和建设幸福美好新甘肃，实现中华民族伟大复兴的中国梦提供强大精神动力。

二、主要做法

（一）高度重视，强化组织领导。省退役军人事务厅联合省委宣传部印发《通知》，对“陇原最美退役军人”的组织、推荐条件、上报和宣传工作提出具体要求，由相关部门代表、专家学者、媒体代表、退役军人代表等组成的评选工作小组，负责推荐人选的遴选工作。各地建立本地区退役军人先进典型推选、宣传和表彰制度，搭建平台，形成了系统性、层次性和持续性退役军人先进典型选树宣传工作机制。

（二）规范程序，确保先进典型经得起检验。“陇原最美退役军人”的评选分为广泛发动、基层推荐、确定人选、媒体公示、公开发布五个阶段。

1. 广泛发动。各级各部门动员广大群众和退役军人积极参与，采取组织推荐、群众举荐等方式，广泛征集线索材料，深入挖掘身边退役军人立足本职、干事创业的感人事迹，举办一系列富有仪式感的活动，推动“陇原最美退役军人”选树活动进农村、进企业、进机关、进社区、进军营、进网站，唱响主旋律，弘扬正能量。

2. 基层推荐。按照富有先进性、典型性和代表性的原则，兼顾不同类别、不同行业退役军人，各地各单位择优上报推荐人选及相关事迹材料。在推荐过程中严格依据评选标准对拟推荐的候选人进行筛选把关，按照征求所在单位、乡镇（街道）、村（社区）意见，党员和公职人员征求纪检监察、组织人事和公安部门意见，从事经营活动的征求公安、生态环境、应急管理、市场监管、税务等相关部门意见的程序进行政治审查，并在当地主要媒体上进行为期一周的集中公示。

3. 确定人选。由“陇原最美退役军人”评选工作小组综合各地各单位推荐上报情况进行考核审查，遴选确定20名政治合格、品德良好、实绩突出、群众认可、无违纪违法行为的“陇原最美退役军人”。

4. 媒体公示。对确定的“陇原最美退役军人”人选在省级主流媒体上进行为期一周的公示，听取群众意见，接受广泛监督。

5. 公开发布。联合省委宣传部举行“陇原最美退役军人”颁奖晚会，邀请省委省政府主要领导参加，对“陇原最美退役军人”进行通报表彰。

（三）多措并举，营造浓厚舆论氛围。一是举办“陇原最美退役军人”先进事迹报告会，开展“陇原最美退役军人”进农村、进企业、进机关、进社区、进军营等活动，进一步掀起学习先进、争当先进的浓厚氛围。二是做好集中宣传。各级党委宣传部门和退役军人事务部门积极联系主要新闻媒体对选树活动进行广泛报道，大力宣传“陇原最美退役军人”先进事迹，全面报道活动动态、典型故事，形成舆论宣传声势。充分运用活媒体，将典型事迹通过网站、微信公众号、新闻客户端等向社会推出，扩大活动吸引力、感染力、影响力和

覆盖面。三是强化学习实践。各地各部门围绕学习宣传“陇原最美退役军人”主题，结合实际开展形式多样的实践活动。灵活运用故事会、演讲会、报告会、交流会等多种形式，讲感人故事、谈学习心得、话使命责任，发挥先进典型示范引领作用，使广大群众和退役军人不断从“全国最美退役军人”“陇原最美退役军人”身上汲取营养。

三、经验启示

（一）紧贴时代主旋律，传递榜样力量。先进典型是引领退役军人队伍的一面旗帜，是做好退役军人思想政治工作的有力抓手。我省评选的“陇原最美退役军人”范围涉及带领困难群众脱贫致富的帮扶干部、自主创业热心公益事业的退役军人、退伍不褪色的军队离退休老干部、军工产业的技术尖兵等，呈现了鲜明的时代特征，对各个领域的退役军人具有示范引领作用。

（二）政银合作，强化活动保障。省退役军人事务厅与甘肃银行签署冠名协议，由甘肃银行对选树活动进行赞助，为活动开展奠定了坚实基础。同时，省退役军人事务厅通过购买服务的方式，公开竞标、择优采用，委托具有相关资质的传媒文化公司承办活动媒体宣传、颁奖晚会等筹备相关工作，为把活动打造成可持续、反响好、品牌化提供有力的宣传保障。

（三）建立健全机制，关心关爱先进典型。注重把学习宣传先进典型的热情转化为持续关注关怀先进典型的实际行动，通过走访慰问先进典型家庭，重点关注年龄大、贡献大、事迹突出的先进典型，详细了解他们生产生活中的实际状况，对生活确有困难要进行重点帮扶。建立常态化关怀机制，让先进典型受礼遇、得关爱，时刻感受到党和政府的关心和温暖，不断提高先进典型的自豪感和荣誉感。

供稿：甘肃省退役军人事务厅

甘肃省张掖市发挥资源优势　传承红色基因
用红西路军精神引领退役军人思想政治工作

近年来，张掖市深入挖掘红色教育资源，拓宽红色基因传承渠道，坚持以红西路军精神引领退役军人思想政治工作，激励他们不忘初心，永葆本色，砥砺奋进，展现退役军人英勇顽强、敢于担当、奋发有为的精神风貌。

一、背景情况

张掖曾是红西路军浴血奋战过的地方，境内至今保留着2万余将士兵出祁连、鏖战山永、转战甘州、苦战临泽、攻克高台、石窝分兵等46处革命遗址遗迹，6000余烈士长眠在张掖大地上。先辈先烈们惊天地、泣鬼神的河西征战史，凝练起“信念坚定、对党忠诚，坚忍不拔、不怕牺牲，威武不屈、百折不挠”的红西路军精神。

2019年8月，习近平总书记视察高台中国工农红军西路军纪念馆时指出：“西路军不畏艰险、浴血奋战的英雄主义气概，为党为人民英勇献身的精神，同长征精神一脉相承，是中国共产党人红色基因和中华民族宝贵精神财富的重要组成部分。”“要讲好党的故事，讲好红军的故事，讲好西路军的故事，把红色基因传承好。”

二、主要做法

（一）用红色资源文化占领退役军人思想政治工作的“主阵地”。积极整合全市红色资源，坚持以点带面，连点成线，打造特色鲜明的红色文化基地。一是加快红色纪念设施建设。市委市政府出台《关于促进红色文化旅游融合发展意见》，以高台县中国工农红军西路军纪念馆为统领，将临泽战役、石窝会议、高金城烈士纪念馆及汪家墩、犁园口、三道柳沟等32处战斗遗址纳入总体规划，多方筹措资金1850余万元，用于纪念设施修缮、改造项目，形成红色教育阵地全覆盖格局。二是深入挖掘红色优势资源。多方收集红西路军征战史料，整理编印《中国工农红军西路军将士名录》《中国工农红军西路军回忆录选集》《党和人民群众营救西路军》《中国工农红军西路军将士纪念文集》《董振堂传》《红西路军史话》等资料30多本。计划年内创作《高金城》《祁连壮歌》等书稿，编撰《张掖烈士英名录》，制作《张掖市烈士纪念设施图册》，将红色资料统一配发到基层退役军人服务中心（站），为开展退役军人思想政治工作提供鲜活教材。三是注重培养宣讲骨干队伍。以培养“三员”（红色故事讲解员、红色教育小教员、红色线路引导员）为目标，吸纳退役军人义务讲解员56名，为前来参观瞻仰群众服务。依托市红西路军精神研究学会，采取专家授学、观摩见学、集中研学、竞赛促学等，狠抓宣讲骨干能力素质提升，涌现出了石琳、李菲菲等国家级、省级优秀讲解员。坚持红西路军精神进党政机关、部队、学校、社区、退役军人群体“五进入”活动，让红西路军精神永驻心间。

（二）用红色载体平台催生退役军人思想政治工作的“内动力”。广泛开展爱国主义教育、革命传统教育、国防科普教育，营造缅怀英烈、尊崇英烈的良好氛围。一是突出红色教育的时效性。充分利用清明、国庆、烈士公祭日等重大节日，先后组织退役军人1万多人次到烈士纪念场馆，开展“传承红军精神、争当红军传人”主题活动。结合离退休干部、自主择业干部、政府安排工作退役士兵年度适应性培训，赴各纪念场馆，开展“不忘先烈、砥砺奋进、再立新功”主题活动。新兵入伍前、退役老兵集中报到后，县区统一组织到就近红西路军纪念场所，祭奠英烈，接受教育，让红西路军精神薪火相传、历久弥新。二是强化红色教育的渗透力。针对各县区所辖乡镇境内均分布有红西路军将士征战遗迹的实际，坚持把传播红西路军精神与党建工作相结合、把事迹宣讲与随机教育相结合、把发扬优良传统与弘扬正能量相结合，广泛组织“红军先烈在身边、精神传承谁来担、退役军人理当先”大讨论，开展“红军故事宣讲会”“红军精神微课堂”，用好退役军人微信群，推送红色故事、发布缅怀感言，增强红色教育的经常性和实效性。三是展现红色教育的时代感。在门户网站设立“张掖英烈”专栏，指导10个县级以上烈士纪念设施建成微信公众号，率先在全省建成中国工农红军西路军烈士纪念馆等3个网上VR实景纪念馆，仅清明节期间，网上祭扫就达53.6万人次，退役军人励志留言5.3万条。在退役军人群体广泛开展“缅怀先烈伟绩·传承英烈精神”主题征文活动，发挥基层退役军人服务中心（站）作用，开展英烈故事宣讲、书画展等追思纪念活动。疫情防控期间，发布《红军将士血染大漠，我替烈士亲属代为祭扫》倡议书，先后为135位烈士亲属提供免费代为祭扫服务，告慰烈士英灵。

（三）用红色基因传承把握退役军人思想政治工作的“主旋律”。积极适应时代发展新趋势，找准红色教育与时代发展的结合点，探索传承红色基因新渠道。一是以尊崇功臣英模推进红色基因传承。注重挖掘培树身边的退役军人典型，为新时代退役军人注入更为充沛的“红色基因”。组织开展“践行红西路军精神暨首届金张掖最美退役军人”表彰选树活动，邀请10名解放战争、抗美援朝退役老兵代表同台谈感想、话军魂。组织对印对越自卫战战斗功臣组成“红色基因代代传宣讲团”，集中宣讲红军故事，激发大家践行红色基因的自觉性。新冠肺炎疫情防控以来，退役军人纷纷争做红色基因传承人，涌现出驰援雷神山医院工地建设的郭飞小分队、身患绝症但毅然为防疫捐款的张磊以及4对“父子兵”、3对“夫妻兵”、13支“应急迷彩队”“退役军人志愿服务队”等一大批防疫抗疫的退役军人典型，无怨无悔诠释着红色基因的强大生命力。二是以褒扬关爱激励红色基因传承。重大节日，对参加解放战争、抗美援朝、剿匪平叛、自卫反击战退役军人和烈士遗属“五必慰问”，对各个时代的功臣模范、战斗英雄、行业精英“三必走访”，体现党和政府的关切关怀。结合抗美援朝 70 周年纪念，组织“老兵访谈”，传递红色基因传承的“接力棒”。对地祭扫凭吊、寻找烈士墓茔的烈士亲属，热情周到接待，提供食宿方便，派人陪同祭扫，协助查阅史料，先后查找到 23 名烈士安葬地，为 16 名烈士后代提供相关史料，用实际行动告慰先烈英灵。三是以思想转化效果坚定红色基因传承。把弘扬红西路军精神渗透到信访人员思想转化工作的全过程，在市、县区退役军人服务中心循环展播红西路军浴血奋战的文艺作品和退役军人典型宣传短片，在信访接待室摆放红西路军资料典籍，悬挂红西路军宣传画，用红西路军精神引导感化他们，依规依法促进退役军人矛盾问题有效化解，实现了全市退役军人群体总体稳定的工作目标。

三、经验启示

工作中我们感到，必须把传承红色基因、强化红色教育作为退役军人思想政治工作不可或缺的重要元素，积极挖掘红色教育资源，不断拓展红色教育渠道，才能赋予红色基因新的时代特色，焕发出新的生命力。

（一）必须从红色文化旅游融合发展上谋划，提升纪念设施建设层次。既要注重发挥红色纪念设施的育人功能，推进爱国主义和革命传统教育大众化、常态化，也要突出红色文化旅游在社会效益，做好项目开发，调动各类社会主体、社会组织参与共建，形成红色文化教育与红色旅游发展相互促进、良性循环的良好局面。

（二）必须从完善红色纪念设施功能上着力，拓展红色文化教育功能。无论时代如何发展，教育永远是红色纪念设施建设的主要功能。在红色纪念设施的建设管理中，必须要强化教育纪念功能，体现时代精神。在烈士英雄事迹中提炼顺应时代要求的精神，架起历史与现实的桥梁，用先辈先烈大无畏的革命英雄主义精神来教育、感化和引领包括退役军人在内的社会大众。

（三）必须从拓展红色教育形式渠道上创新，顺应当前时代发展形势。现代社会发展日新月异，这给红色教育工作提出了新的课题。必须加强信息化建设，通过网络传播扩大红色基因传承的覆盖面，通过引进社会资源增强红色教育的影响力，通过形式各样的活动增强褒扬纪念活动的互动性，不断抢抓机遇，积极探索，推进红色基因传承永不断续。

供稿：甘肃省张掖市退役军人事务局

“枫桥经验”真诚服务 维护保障合法权益

——宁夏回族自治区中宁县退役军人事务局思想政治和权益维护案例

党的十九大决定，组建退役军人事务部，是以习近平同志为核心的党中央着眼党和国家事业全局作出的重大战略决策，对于加强退役军人管理服务保障，激励他们为社会主义现代化建设贡献聪明才智，激发广大官兵昂扬士气，吸引优秀人才投身国防军队建设，汇聚实现强军梦、强国梦的磅礴力量，具有重大深远意义。2018 年 4 月 16 日国家退役军人事务部成立，2018 年 11 月 15 日，宁夏回族自治区退役军人事务厅挂牌成立，2018 年 12 月 5 日，中宁县退役军人事务局挂牌成立，从上到下坚决贯彻党中央、国务院决策部署，加快机构改革和职能整合，建立健全集中统一、职责清晰的退役军人管理保障体制，开创新时代退役军人工作新局面。

一、背景情况

中宁县现有退役军人、军烈属、军属 5929 人。其中：退役军人 4834 人，军烈属 98 人、军属 997 人。享受优抚金的各类重点优抚对象 1011 人，参战涉核人员 61 人，60 周岁以上农村籍退役士兵 815 人。目前已建成 1 个县级服务中心，12 个乡镇、146 个村级退役军人服务站，县服务中心配备 4 名事业编制、每个乡镇配备 1 名正式事业编制人员、1—2 名政府购买服务人员，村党支部书记兼任村服务站站长。过去的一年，我局全新组建犹如一张白纸，但一年来，我局坚持以习近平新时代中国特色社会主义思想为指导，深入学习贯彻习近平总书记重要指示精神，在县委、县政府领导下，全局上下克服困难，求真务实、真抓实干，边组建机构边推进工作，各项工作平稳起步、有序推进，其中在思想政治和权益维护方面取得了比较明显的成效。

二、典型案例

协调联动　妥善化解于斌安置问题

真诚服务　优先解决陈绪存住房问题

主动作为　合理解决张俊池拖欠工资问题

（一）协调联动，妥善化解“三跨三分离”典型案例。转业安置问题一直是部分退役士兵信访的重点，由于历史的原因，造成他们没有安置成功，一直在家待业，未能按政策享受转业安置待遇，故而出现多次上访，甚至出现越级访现象。针对这类问题，中宁县委、县政府高度重视，制定出台了《关于解决遗留问题，维护退役军人合法权益的实施意见》，依法依规妥善化解。于斌属符合政府安置的退役军人，中宁县将其安置到农业局下属企业，由于各种原因没有上班，没有及时按政策享受转业安置待遇，在自治区信联办的牵头协调下，中宁县与金凤区共同依法依规积极化解，妥善解决了于斌的信访诉求，信访当事人非常满意，表示自己将发挥党员的先锋模范作用，协助政府做好其他退役军人的工作，并主动提出与县委县政府主要领导合影留念。

自治区领导作出批示，中宁县成功化解于斌类“三跨三分离”转业安置遗留问题，为全区解决类似信访遗留问题探索了方法路径，要求全区各市县学习推广。

（二）主动作为，合理解决“拖欠工资待遇”典型案例。由于历史原因，少数军转干部存在拖欠工资待遇现象。为了深入贯彻习近平总书记关于退役军人工作重要论述精神，让军人成为全社会尊崇的职业，我们要真正把好事办好办实。针对这类历史遗留问题，我局不推不拖，主动作为，靠前服务，认真核实，合理解决。对张俊池反映拖欠军转干部工资及其他待遇的信访件，我局积极与相关单位对接，进行认真调查核实，提出化解方案提请县政府召开了专题会，解决了张俊池 2015 年以来安置单位欠发工资和生活困难补助 96596.17 元，做到一次性化解并息诉罢访。事后本人多次打来电话致谢，甚至还要亲自登门致谢，考虑到他本人身体原因行动不便，我局婉言谢绝。他说：“你们真是我们退役军人的娘家人。”

（三）真诚服务，倾力落实“老有所居”。在 2019 年新年贺词中，习近平总书记特别强调“要关爱退役军人，他们为保家卫国作出了贡献”。当下，关爱少数生活困难、体弱多病的退役军人，拷问我们的社会良知。这些年来，党和政府以及社会各界给予他们诸多关爱，成为一股暖流。作为我们新组建退役军人事务局，必须求真务实、真抓实干，不能让他们流血流汗再流泪，真正让这一群体生活得更有质量、更有尊严，更好地融入社会，这也将让我们的社会更加和谐美好！伤残军人陈绪存家中无人照顾，自己病情反复无常，生活不能自理，为方便亲人照顾生活起居，请求申请一套公租房。局党组高度重视，专题召开会议研究部署，认真核实排查，制定详细措施，落实工作实效。情系老兵、真诚服务！ 8 月 23 日，上访人陈绪存申请公租房一事落实到位。又如伤残军人张兴汉因家庭不和，离家出走，无处居住。我局积极对接协调已落实本人居住于中宁县太阳城养老中心。他们入住后多次打来电话激动不已，热泪盈眶，特地到退役军人事务局表示感谢，并说：“退役军人之家就是我们的娘家，真是想退役军人之所想，急退役军人之所急，解退役军人之所忧，实实在在能为退役军人办实事、解难题。”

三、经验启示

一是学习推广新时代“枫桥经验”，建立健全退役军人服务保障体系，真正打通退役军人服务保障“最后一公里”。按照国家退役军人事务部关于开展“思想政治教育工作年”和“基层基础基本建设年”活动的部署要求，学习推广新时代“枫桥经验”，扎实开展全国示范型退役军人服务中心（站）创建，在提高退役军人服务管理工作精细化水平上下功夫，建立完善服务体系，扎实做好退役军人安置就业、保险接续、困难帮扶、优待抚恤和信息采集、悬挂光荣牌等重点工作，用心用情用力做好退役军人管理服务工作，解决政策落实、服务保障的“最后一公里”，让军人成为全社会尊崇的职业，真正把退役军人服务中心（站）建成退役军人之家。

二是不忘初心牢记使命，用心用情优抚解困。牢牢把握“让军人成为全社会尊崇的职业”的目标要求，坚持以退役军人为中心的发展理念，以退役军人对美好生活的向往为工作目标，想退役军人之所想，急退役军人之所急，解退役军人之所忧，带着感情、温度责任做好退役军人各项工作，严格按照全国示范型服务站创建标准，落实“六个一”“五到位”“六必访”等工作，真正做到退役军人的事情件件有着落、事事有回音，多角度全方位解决和回应退役军人利益诉求，不断提升退役军人的幸福指数，真正把退役军人服务站（中心）打造成提供服务、搞好保障的“桥头堡”，解决问题、化解矛盾的“稳压器”，联系对象、凝聚人心的“吸铁石”。

三是全力维护保障退役军人合法权益，切实增强退役军人的荣誉感归属感获得感。退役军人是党和国家的宝贵财富，党中央对退役军人高度重视，作为我们退役军人事务系统始终坚持把退役军人放在心中最高位置，政策落实全覆盖，优抚解困全覆盖，依法依规解决各类诉求，“严管+厚爱”同向发力，把维护退役军人合法权益作为践行习近平总书记关于做好退役军人工作一系列重要指示批示精神的具体行动，解决好他们的“后顾之忧”“发展之难”“生活之困”，切实增强退役军人的荣誉感、归属感、获得感。

供稿：中宁县退役军人事务局

发展规划与信息化

创新数据平台建设　强化政策资金监管
推动全区退役军人服务精准高效

——北京市密云区创新建立全资金监管及退役军人精准服务体系

一、背景情况

密云是北京市生态涵养区，常住人口近48万，退役军人群体1.6万余人。作为北京最重要的生态屏障和水源保护地，为了守护首都人民的一盆净水，密云长期以来将保水、护水、改善生态环境作为全区的首要工作，取得了骄人成绩的同时也在经济发展上付出了较重的代价，每年都需要市政府提供大量的财政转移支付来支撑全区的财政支出。

2019年3月18日，密云区退役军人事务局成立，正式承接了原归属区民政局管理的各类退役军人业务，开始负责相关预算申报、资金发放和资金监管。随着机构改革的深入，退役军人业务需求出现了大幅提升，资金规模逐渐加大，涉及内容越发广泛。一方面是日渐增加的资金需求，另一方面区政府财政资金不足，在此情况下密云区政府依旧在资金保障方面不打折扣，为退役军人工作全力提供保障。作为服务退役军人的政府职能部门，资金使用是否规范、资金发放是否准时高效、覆盖人群是否全面精准成为密云区退役军人事务局最重视和关心的问题之一。只有将财政资金管好、用好，才能不辜负党委、政府和人民群众对退役军人工作的信任。

财政资金得到保障，但庞大的资金量其实也对密云区退役军人事务局财务内控管理提出了更加全面和严格的要求，以往单纯的手工记账与发放已经不能满足业务需求。为了适应业务内容广、数据量大的情况，密云区退役军人事务局对预算、财务共享等多方面进行权衡，保障自身持续健康发展，对财务内控管理做了创新改革，推动信息化建设实现财务监管精准高效。2019 年 6 月完成退役军人的相关资金统发、医疗费二次报销电子结算等信息历史数据迁移完成，资金发放使用退役军人资金监管信息平台进行。2020 年，密云区退役军人事务局在保障好退役军人资金监管信息平台延续性运维工作的基础上，还将进一步创新拓展，扩大资金发放范围，在密云区退役军人资金监管信息平台上试点实施财务内控管理系统，管理密云区各类优抚对象及事业单位的各项资金支出情况。

二、主要做法

（一）搭建精准帮扶信息平台

通过建设精准帮扶信息平台，密云区退役军人事务局将能够充分了解每一位退役军人的家庭、生活、工作情况，摸清困难退役军人群体底数。通过初始台账数据整合——入户调研需求采集——系统分析人工评定——帮扶

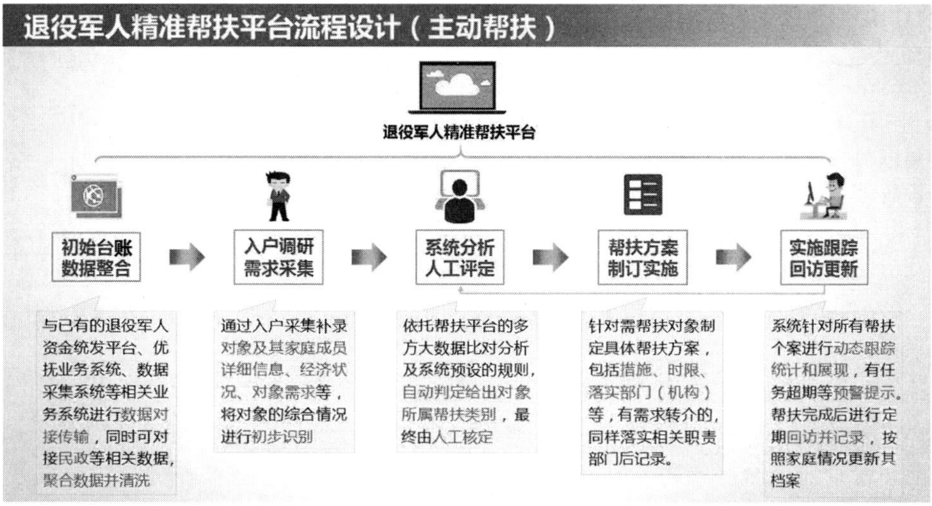

构建精准帮扶信息平台工作流程

方案制定实施——实施跟踪回访更新这一完整的工作流程，实现精准帮扶工作闭环管理。使退役军人救助帮扶工作由原来困难退役军人自己申请转变为退役军人事务部门主动发现，让困难退役军人更加及时地得到救助，让困难退役军人帮扶解困各项审批政策更加高效精准。

（二）推动互联网+大数据收集管理

密云区退役军人事务局通过推进信息化建设，对已有的退役军人资金统发平台、优抚业务系统、数据采集系统等相关业务系统进行数据对接传输和整合，通过入户采集对象及其家庭成员详细信息、经济状况、享受待遇情况和服务需求等，将人员对象的综合情况进行初步识别，掌握困难退役军人家庭对救助、社保、医保、住房、抚恤优待、就业安置需求，在系统中进行全面反映，同时针对所有帮扶个案进行动态跟踪统计和展现，并对任务超期等进行预警提示。通过完整的退役军人信息数据库“动态跟踪+定期回访”实现方便、快捷、全覆盖服务，利用数字化建设为退役军人培训、就业、创业提供精准服务。

局领导听取精准帮扶系统建设情况

技术服务商与密云区退役军人事务局财务科工作人员开展财务内控系统建设研讨

（三）实施资金内控监管+银政直连专线

密云区退役军人事务局通过资金内控监管信息平台配合银政直连专线将各类资金统一发放至民政一卡通，实现了对伤残人员、在乡复员军人、带病回乡人员、持证烈属等15类资金的发放监管。2020年还将在现有基础上，将安置就业资金、义务兵优待金、医疗费二次报销电子结算等资金发放以及政策合规性监管、实名稽核、账户稽核等内容纳入平台管理。届时，密云区将形成全市首个资金发放监管全覆盖的电子化管理模式。

（四）建立财务内控管理系统

功能包括对局本级及事业单位全部资金的财政预算管理、指标管理、用款计划管理、支出报销管理、合同管理等，方便本局局领导及各归口管理单位了解各自预算支出进度和计划，提高财政资金支出进度考核督办效率。此外，把各类合同、上会文件、费用发票等全部进行电子化管理，将本局整体业务操作和业务流程规范化、信息化，更好地防范各类经济活动的风险。

三、经验启示

（一）提高工作效率，变被动为主动

实现了财政资金统发信息化，不仅是资金发放环节的变化，还使各级基层服务单位从繁重的资金发放工作中脱离出来，提高工作效率，减少工作误差，更好地服务于退役军人及其他优抚对象。同时，丰富的日志数据也为未来监管检查审计提供了基础资料，使得政府公平、公正的形象得到良好的提升。主要实施效果体现在如下几个方面：资金统一发放及时准确，账目清晰；无须现场领取现金，安全高效；资金发放审批流程及发放效率明显加快。大数据比对防止了误发、多发、吃空饷等问题。及时关注了发放对象的新开户以及变更审批、差异复核及时准确，强化了监督管理职能，加大了对资金使用的监管力度，提高了专项资金运行的安全性、规范性和有效性，做到了最大限度地实现好、维护好人民群众的根本利益。

（二）完善数据库建设，助力精准服务

精准帮扶信息平台涵盖户籍、救助、社保、医保、住房、抚恤优待、就业安置和主要诉求等多项内容，全面反映各类对象的综合情况，形成完整的退役军人信息数据库，根据数据可以针对需帮扶对象制定具体帮扶方案，落实帮扶项目，跟踪服务到底，打通了精准帮抚“最后一公里”。全区退役军人及其他优抚对象信息采集、医疗报销等工作，充分利用现有信息资源，利用大数据、移动互联和地理信息等信息技术，为退役军人提供精准便捷服务。为退役军人打造了满意的民心工程、廉洁工程、示范工程，切切实实地为退役军人服务提高了保障水平。

（三）规范财务内控管理，确保资源有效整合

规范性的财务内控管理制度，使业务相关人员摒弃了固有思想，树立了全新的会计管理与内控思想，积极发挥了主观能动性。清晰划分所有岗位人员实际所要完成的具体工作任务，严格遵循不相容职务相分离原则，建立以信息化为抓手的业务流程。财务内控信息化管理，不仅仅是建立单位财务内控信息化建设的制度，而且还将制定的相关制度落到实处，在科学方法及实践理论的支撑下合理地规划了财务内控信息化系统建设，实现了信息、管理等数据的有效对接，确保了资源的有效整合。

供稿：北京市密云区退役军人事务局

新华社智库助力江苏省研究“十四五”全省退役军人事业发展规划

一、背景情况

根据《退役军人事务部关于做好“十四五”退役军人事业发展规划编制工作的通知》和《省发展改革委关于做好“十四五”规划编制》等文件要求，贯彻落实全省“十四五”规划编制工作会议精神，我厅组织开展退役军人事业发展“十四五”规划的编制工作。“十四五”规划是我省退役军人系统转隶组建后第一部规划，事关未来五年全省退役军人事业发展大局和我厅的工作全局。但退役军人系统转隶组建时间短，组建前业务管理分散，制度不够完善，规划编制工作基础薄弱，人才缺乏，要编制出一份高质量的全省“十四五”退役军人事业发展规划，需借助外部力量，集中各方智慧，才能有效完成。为此，我厅与新华社智库江苏中心开展深入合作，扎实推进“十四五”规划编制相关研究起草工作。

二、主要做法

为加强“十四五”规划工作的组织领导，我厅成立了“十四五”规划工作领导小组，厅长任领导小组组长，副厅长任副组长，领导小组成员由各处室、直属单位主要负责同志组成。领导小组办公室设在规划财务处，各处室、直属单位安排相关人员为办公室成员，参与规划研究起草等有关工作。与新华社智库江苏中心关于“十四五”规划的合作研究由领导小组办公室负责落实，规划财务处牵头协调，分四步实施：一是确定“1+n”课题，一个综合课题研究规划总体设计和思路，若干专项课题研究各业务领域重大问题。二是开展重大问题研究，总结工作，提出目标任务、发展思路和政策举措等，统一组织，各处室和直属单位分工负责。三是经综合讨论研究，提出全省退役军人事业发展“十四五”规划基本思路。四是起草全省退役军人事业发展“十四五”规划。

新华社智库江苏中心组织专项课题组，中心研发总监为课题组组长，配备专业分析师2人为课题组成员，邀请省内相关领域顶级专家为顾问，负责统筹推动“江苏省‘十四五’退役军人工作现状、挑战及思路”研究。课题组将以全球视野与国家智库思维，依托新华社80多年的丰富积淀和高素质的专业人才，运用遍布全球的多渠道、多功能、多层次、多手段的信息采集体系，通过实地调研、核心领导及部门座谈、专家组研讨等形式，研发形成课题报告。报告深入系统梳理总结江苏全省“十三五”退役军人工作情况，提炼重要成就，查找主要问题；提出全省“十四五”退役军人工作面临的机遇、挑战，以及目标任务、实现路径等，助力江苏省退役军人事务厅全面提升“十四五”工作质效。

目前全省退役军人事业发展“十四五”规划基本思路（征求意见稿）已形成，并经厅“十四五”规划工作领导小组办公室会议、全省退役军人事务系统座谈会审议通过。征求意见稿修改完善后将反馈省发改委。下步工作重点将转入“十四五”规划起草工作。

三、经验启示

新华社是国家通讯社和首批国家高端智库建设单位，新华社智库是新华社旗下核心骨干企业，是新华社在经济信息领域全力打造的“国家队”，也是新华社履行国家智库职能、提供经济智库服务的市场化主体。新华社智库助力退役军人事业发展“十四五”规划工作研究，有助于我厅做好退役军人事务各项工作，展现江苏在全国退役军人工作上的担当、特色与贡献。

供稿：江苏省退役军人事务厅

湖北省创新“五个一”实现退役军人信息动态采集管理运用

根据退役军人事务部关于退役军人基础信息建档立卡的工作部署，湖北省退役军人事务厅高度重视，统筹安排，开拓创新。启动仅一个多月，顺利完成了信息系统开发与测试、运行功能更新与完善、数据采集试点与分析运用等阶段预期目标，初步显现了信息采集建档立卡的效率和效益。

一、背景简介

做好退役军人和其他优抚对象基础信息建档立卡工作，建立精准可靠的“一人一档”电子台账，是准确、快捷掌握服务对象现状及困难需求，实现精准决策、精准施策、精准服务的重要前提。按照退役军人事务部的统一安排部署，结合“基层基础基本建设年”活动要求，针对新冠肺炎疫情防控的特殊情况，为了方便服务对象填报采集信息，便捷提取应用基础信息，湖北顺应大数据发展趋势，充分利用当前的优质资源和先进技术，在2018年信息大采集工作基础上，积极着手以信息化手段开展建档立卡工作，着力破解现场填表、手工录入带来的耗时长、效率低、易出错以及变动信息更新、数据查询运用等方面的不足，为优质高效服务退役军人提供强有力的平台和工具。

二、主要做法

湖北实行从需求规划、采集更新到决策服务、统计运用的“全周期管理”。研究制定《退役军人建档立卡工作实施方案》和《湖北省退役军人基础信息建档立卡和数据库管理实施办法（试行)》，明确了“制度设计规范化，信息采集系统化，动态更新常态化，一人一档精准化，信息管理专人化，支撑服务精细化”的工作目标及实施路径，对工作内容、采集方式、运作流程等事项做出了规范要求，分解各级任务，压实各级责任，实现建档立卡“五个一”目标。

（一）建立一人一号一卡一档的个人台账。以公民身份证号码作为建档立卡账号，为每一位本地户籍的退役军人和其他优抚对象建立个人台账。这个伴随一生的固定账号，也将为以后对接社保、民政等其他系统起到简化促进作用。建档立卡内容包括不变动信息和可变动信息。已采集不变动的退役军人基础信息直接列入一人一档，如姓名、性别、出生年月、入伍及退役时间等。可变动信息包括已采集的、未采集的和以后工作需要可增加的内容，如现联系方式、现家庭住址、婚姻状况、现就业或创业状况、参加保险和社会救助状况、困难需求帮助、参加社会活动情况、受表彰情况等。信息采集完成后，村（社区)、乡镇（街道）退役军人服务站分别建立一人一档纸质和电子台账。省厅重点通过数据库后台与2018年国家大采集及各业务处室已采集信息进行比对、整合、修正，对各部门上报的退役军人基础信息进行抽查检验，跟进整改，形成一人一卡一台账的电子信息档案，确保各项信息要素的完整性、一致性、精准性，为实现“一对一”精准服务提供信息数据支持。

（二）开发一套智能化信息采集运用系统。经过对系统流程定义、需求分析进行论证，依托湖北省退役军人系统信息化“1123”工程技术优势，在很短的时间，自主研发了退役军人和其他优抚对象动态信息采集系统，改现场采集为移动终端采集，改表格式统计为电子数据统计，涉及信息采集内容涵盖12大项、24小项，随即在宜昌、恩施各选一个点迅速完成了系统测试。通过多方征求省厅各业务处室和基层退役军人事务机构及服务对象意见，不断完善系统服务需求，逐步细化改进各地在信息采集过程中提出的内容和系统运行问题。下一步将添置系统建设所需资源，更新账户填报功能和统计分析功能，加快实现依托省级退役军人智能云大数据中心集中向服务对象群发推送消息（短信）目标，加快实现按省市县乡村五级权限任意查询、反馈信息、统计分析的目标。

（三）一套常态化动态采集机制。信息采集坚持“三个确保”（确保不漏一人、确保信息准确、确保工作所需）原则，建立动态信息常态化采集工作机制。系统逐级推送个人账号到服务对象移动终端，进入湖北省退役军人事务厅公众微信号登录系统后主动填报，实现信息的采集；对未及时填报的服务对象，要主动采取电话、微信或登门等方式进行补充采集。每月对辖区退役军人发生变动的基础信息集中更新一次，确保内容精准、信息常新、掌握及时。首次信息采集选定宜昌市、恩施州两地试点探路，及时总结经验，完善工作机制，迅速在全省动员培训，全面铺开。采集过程中，省厅专门安排2名同志负责各类业务和系统技术问题的线上实时解答，及时指导帮助处理问题；同时，将各地任务完成情况纳入年度退役军人事务工作考核指标，每日通报采集进度3项指标。首次信息采集开局良好，初见成效。两个试点已于2019年4月30日前完成首次采集填报。截至5月31日，全省共计推送账号数165万个，推送率占比退役军人总人数95%；服务对象填报数162万人，填报率93%。与2018年信息大采集相比，效率显著提升。

（四）一套靶向化运用体系。加强第一手信息数据运用，定期分类统计、比对分析、综合报告，确保底数清，方向明，为党委、政府加强退役军人工作领导决策提供重要依据。目前宜昌、恩施已经提交了基于新开发信息系统采集数据、针对退役军人就业创业工作现状出炉的综合分析报告，在统计分析运用方面做了成功尝试。按照“一人一策”“一案一册”建档立卡，为各级实行精准施策，开展退役军人“一对一”精准化联系、精细化服务提供基础保障。疫情期间，湖北通过省级退役军人和其他优抚对象动态信息采集系统，及时动态掌握退役军人现状变动状况、困难需求等信息，精准做好退役军人就业创业工作和困难帮扶工作。第一时间主动掌握退役军人就业创业、参加技能项目培训等选择意向及需求，主动服务就业，建立线上招聘平台，及时为受疫情防控影响的退役军人提供市场信息。已帮助9000多名退役军人实现就业。第一时间掌握疫情期间退役军人在生活、医疗、教育、住房及其他困难需求情况，主动上门救助帮扶。第一时间掌握退役军人欠缴断缴养老保险、医疗保险情况，通过政策推送，推动了保险接续政策落实到位。在信息采集过程中，黄冈市局发现一名退役军人符合保险接续条件，但本人并不知情，便主动向他宣讲有关政策，让他及时到服务中心申报登记。

（五）组合一支精干化工作队伍。湖北省厅自启动退役军人建档立卡工作以来，厅长周振武亲自部署，副厅长刘德胜牵头主抓，1名处长具体负责，省退役军人服务中心和厅信息中心5名同志组成联合工作专班，负责全省信息建档立卡工作的统筹协调、管理指导和信息采集系统的建设与维护。市州各级退役军人事务机构迅速行动，整合人员、力量和资源，明确1名分管领导或负责人，指定1名系统管理员，分级负责建档立卡工作运转落实。其中市、县两级负责跟进督导、信息统计分析、汇总上报，乡镇（街道）负责信息采集指导和落实，村（社区）负责信息采集、建立台账的具体实施，全省上下形成强劲工作推动力。

三、经验启示

湖北省信息建档立卡建设取得一定成效，得益于系统上下始终坚持“以退役军人为中心”的正确理念指引，得益于领导层面高度重视、超前思维和对人财物的有力保障支持。

（一）强有力的组织保障是关键。“三分技术，七分管理”。信息建档立卡工作面向所有的退役军人和其他优抚对象，涉及五级服务体系内部方方面面的协调运作，系统的平稳运行、日常维护管理、数据库的性能优化，是一项工作量大、技术要求高、资金投入大的综合型工程。因此，需要建立稳定的组织体系，把它当作系统工程来抓，才能保障建档立卡工作顺利进行。

（二）科学合理规划是前提。退役军人建档立卡工作谋划定位要高，在策划项目方案时要有前瞻性。理想的状况是，信息系统从一开始建设就应该按照国家的相关标准，建立在统一的数据基础之上，保持一致的数据结构；要考虑到将来的适应性维护，便于升级扩展；要构建数据安全机制，保证信息的安全和数据存储的安全。

（三）现代科学技术手段是保障。必须充分依靠现代化管理手段为退役军人服务加速助力，充分利用大数据、云计算、人工智能、区块链等科技手段，在获取信息方面发挥作用，加大退役军人基础信息精准采集、常态更新力度。必须加强退役军人第一手基础信息数据的充分应用，为科学决策提供高效便捷的解决方案，进一步推动退役军人事务上新台阶。

退役军人和其他优抚对象信息建档立卡工作仍在不断摸索中，还存在着和其他信息系统的数据融合等问题，需要全省各地各部门“上下一盘棋”，推动建档立卡工作的完善、发展和规范，推动管理手段和模式的不断创新，努力提升管理水平更加高效、便捷、精准，服务好广大退役军人和其他优抚对象。

供稿：湖北省退役军人事务厅

一个“系统”打通退役军人服务保障“最后一公里”

——湖南省永州市江永县退役军人工作创新案例

“通过这个系统，输入我的名字和身份证号就能查看关于我的所有信息。如果发现信息有误，还可以及时更新。而且我有什么建议都可以在这个系统描述反映，他们在后台就能看到解决，真是太方便了。这个系统让我有了家的感觉……”日前，江永县退役军人武立江来到县退役军人服务中心办完事后，该中心工作人员给他介绍了“江永县退役军人大家庭管理服务信息系统”，并现场教会他怎样操作，让他直呼有了“家”的感觉。

一、背景情况

2020年新冠肺炎疫情暴发后，为加强退役军人服务站管理，减少人员聚集，提高办事效率，更好地服务军人军属、退役军人和其他优抚对象，江永县退役军人事务局党组迅速研究决定开发一套便捷有效的网上办公系统，依托微信公众号平台，打造了“退役军人大家庭”县、乡、村一体化信息服务管理系统。该套系统将着力解决服务保障“最后一公里”问题，基层服务中心（站）通过建立移动数据终端，实现数据采集实时更新、远程维权和服务点对点沟通，为精准管理、科学决策提供有力支撑。

“由于新冠肺炎疫情的影响，很多退役军人没办法来局里咨询信息、办理事情，我便萌发了开发一套线上办理系统的想法。虽然系统开发的过程充满艰辛，为了尽快开发出来，开发团队连续几天奋战到深夜一两点，前后也投入了二三十万，但是每次看到退役军人通过‘大家庭’表达诉求，工作人员第一时间给予回复解决后，我觉得这一切都是十分值得的。”江永县退役军人服务中心主任高攀欣慰地说道。

二、主要做法

“患脑梗，需经常吃药，请求给予困难救助。”2020 年 4 月 1 日，居住在江永县千家峒瑶族乡井玉村的退役军人蒋某某通过“大家庭”系统表达了自己的诉求。

“申请困难援助需提供以下资料：1. 户口簿、身份证，退役军人和其他优抚对象抚恤优待等证件及复印件；2. 填写《湖南省退役军人和其他优抚对象困难援助申请审批表》；3. 重病住院结算单，或意外事故赔偿协议、灾害受损评估报告等佐证材料；4. 以书面的形式向当地村（社区）退役军人服务部门提出申请。”江永县退役军人服务中心工作人员第一时间进行回复，告知其需准备的材料，有效避免了多跑路的情况发生。通过网上业务咨询和网上答复，避免疫情防控期间来访对象聚集，防止病毒交叉传染的现象发生。系统运行以来，已成功解决退役军人和其他优抚对象诉求近 60 件。

“江永县退役军人大家庭管理服务信息系统”界面简洁，操作简单，保密性强。每个辖区内的退役军人都可通过自己专有的账号密码在手机上随时登陆，查看自己的基本信息，对有误的信息自行更正。对于不能自己更改的部分信息也可通过系统进行反馈，县退役军人服务中心工作人员会第一时间获悉并依法更正。

三、经验启示

在“江永县退役军人大家庭管理服务信息系统”里，每个退役军人都有一个属于自己的电子档案，里面详细记录了其个人基本信息、家庭成员

走访记录

情况以及工作人员走访记录，大大加强了与退役军人和其他优抚对象的互动及联系。同时，该系统还对接了县信访系统，可随时了解退役军人的信访诉求记录，可有效帮助工作人员解决其后续诉求。通过“大家庭”系统，江永县退役军人事务局对下属各乡镇、村服务站下达文件的保密程度有了显著提高。通过系统还可以实时追踪事项的办理进度，还嵌入了业务系统，可以全程跟踪督办相关业务，大大提高了办事效率。

做好退役军人服务保障工作，关乎国防和军队建设、经济社会发展、政治安全和社会稳定。江永县退役军人事务局以走在前列的高度自觉，锐意改革创新、注重统筹发展、坚持依法推进，用心用情做好退役军人服务，高水平推进退役军人事务领域治理现代化，不断提升服务保障退役军人的能力和水平。

据了解，该系统分为PC端和手机移动端，现已成功导入退役军人、军属基础数据5000多条。全县各乡镇、村（社区）已在培训推广使用该系统。下一步，该局将会进一步完善系统开发与运用，加强网络安全建设以及后续开发方向工作。着重完善信息采集认证、就业安置、军人优抚、档案管理等方面内容，全力加强退役军人服务保障体系建设，有效维护军人军属合法权益。

供稿：湖南省永州市江永县退役军人事务局

甘肃省退役军人事务厅建成并使用全国首个数字版政策法规汇编库

一、背景情况

退役军人事务工作的政策法规比较分散，特别是时代较为久远的文件资料难以查找，不利于新组建的退役军人事务部门查询使用和依法开展工作。2019 年 1 月，甘肃省退役军人事务厅组建伊始，从构建完备的退役军人事务政策法规体系入手，紧盯基础性工作，针对退役军人事务法规政策分散、缺乏系统性和完整性的实际，组织专门力量，开展退役军人政策法规库建设工作并在全国率先建成并使用数字版政策法规汇编库。

二、主要做法

一是基础政策做到应收尽收。在厅领导的高度重视和有力指导下，启动建库后，厅政策法规处指定专人负责，集中人员、时间和力量，采取发函咨询、网上查找、收集汇编等多种途径，全面梳理出从新中国成立以来到退役军人事务部成立前（1978—2018）40 年间、涉及退役军人和其他优抚对象的主要政策法规 586 件。为切实确保政策法规汇编质量，全面参考了退役军人事务部网站发布的政策法规，省民政厅、省人社厅编印的部分政策法规汇编，并按照国务院、民政部、人社部和省政府、省民政厅、省人社厅 2016 年发布的规范性文件清理结果公告，对其中已经废止的文件进行了标

甘肃省退役军人事务厅建成并使用全国首个数字版政策法规汇编库

注，确保政策文件汇编的完整性和有效性。考虑到各项政策的延续性，以及特定时期部分阶段性政策与特定人群、特定事项的关联性，在搜集整理过程中，力争做到应收尽收、能收尽收，为今后研究退役军人及优抚对象的政策演变以及处理有关历史遗留问题提供了重要史料和依据。

二是数字转换实现高效查询。在前期政策法规汇编基本定稿的基础上，借助科技手段，从 2019 年 4 月起，在全国退役军人系统率先启动了数字版政策法规汇编库软件系统开发工作，通过将政策法规文件以电子版形式进行汇总和存储，实现数据的高效检索、管理和利用。9 月底前，电子版政策法规汇编库的系统开发、软件配置和数据挂接等工作全部完成。厅政策法规处向全省退役军人部门分配用户账号 530 个。汇编库以政策类别为经，以业务范畴为纬，对现行和失效的政策法规全部予以囊括，收录了目前能收集到的、可以公开的 200 多件政策法规，形成电子版数据 5000 多页，还预设了补充、更新和完善功能。通过全面系统整合，进一步分门别类，化整为零，达到了存储方便、查询快捷、服务高效的目的，对于形成完备的退役军人事务政策法规体系，着力提升法治服务保障能力意义重大。

三是选汇并行方便使用检索。在开发建设数字版汇编库的同时，为方便对退役军人政策法规的日常使用和临时检索，又专门编辑印刷了纸质版“退役军人及优抚对象政策法规汇编”，纸质版只收录重要的、与当前工作紧密关联的政策法规。纸质版提供了未收录文件的目录。涉密文件均未在汇编中收录，但提供文件名称、文号和印发日期，以便查找使用。《退役军人事务工作法规政策选编》和《2018 年度退役军人事务工作政策法规汇编》首次印刷 2500 多册，已发放到县级退役军人事务部门和服务中心，为依法高效开展退役军人服务工作提供了保障。

三、经验启示

一是要不等不靠，主动作为。对新中国成立以来到退役军人事务部成立前 40 年间、涉及退役军人的全部政策法规分门别类进行梳理，其工作量和难度之大可想而知。但甘肃省退役军人事务厅把摸清政策法规底数作为前期“搭架子、铺摊子”的重要一环，边组建机构边开展工作，边推动运行边梳理政策，“磨刀不误砍柴工”，各项工作同步推进，相互促进，收到了良好效果。

二是要找准方向，顺势而为。及时借上力。2018 年底，退役军人事务部明确要尽早开展退役军人工作法律法规政策全面清理工作，并将其列为“家底工程”重点推进。甘肃省退役军人事务厅及时把握大势，谋在前、预在先，率先启动了政策法规汇编工作，也得到了退役军人事务部的大力支持和肯定。善于借外力。退役军人事务工作有基础、有传承，原来由人社、民政等部门承担的移交安置、优待抚恤、褒扬纪念等职能任务，都有一定基础，通过虚心请教、协调沟通，既得到了平行厅局的理解、帮助和支持，也少走了许多弯路。依托科技力。通过发散思维、开阔视野，在形成纸质版本的同时，考虑到日常办公以电脑为主的实际，想法转换存储方式，将原有介质的政策法规通过扫描、录入等方式，形成电子版本数据库，既方便存储，也方便查询，更便于更新完善，切实提高了工作效率，提升了服务效能。

三是要问题导向，大有可为。退役军人事务工作政治要求高，涉及的政策法规制度等政策性强、时代特征明显，任由其散落各处，适必造成底数不清、难以查询等问题，阻碍业务工作依法规范高效开展，成为绕不开的瓶颈问题；作为机构改革中唯一新组建部门，对原有政策法规进行梳理清理，摸清底数、盘点家底，是一项基础性工作，非做不可，迟做不如早做。因此，甘肃省退役军人事务厅在刚组建完成、刚开展工作之初，就组织专门力量对政策法规进行全面清理，建设政策法规汇编库，正当其时，也为推进和带动全省退役军人事务法治建设工作奠定了坚实基础。

供稿：甘肃省退役军人事务厅政策法规处

移交安置

退役士兵待安置期间天津市扎实开展“穿上军装是保卫者、脱下军装是建设者”主题教育活动

一、背景情况

天津市高度重视退役军人安置工作，市委书记李鸿忠同志多次强调，要做好接收安置工作，让新时代最可爱的人出了军营大学校大熔炉，立即走进温暖热情的社会大家庭。同时，要抓上岗前，过渡时期的教育培训，引导退役军人顺利实现穿上军装是保卫者，脱下军装是建设者，都是中国特色社会主义事业奋斗者的角色转变，这些重要指示批示精神充分体现了市委主要领导对退役军人工作的高度重视和关心支持，饱含着对退役军人的深情厚爱和殷切期望，彰显出始终以奋斗姿态建设伟大事业的强烈政治担当和崇高情怀，为我市退役军人工作指明了方向、提供了遵循。

二、主要做法

为认真贯彻落实鸿忠书记有关批示要求，市退役军人事务局从 2019 年 6 月至年底，在全市由政府安排工作退役士兵待安置期间，组织开展“穿上军装是保卫者，脱下军装是建设者，都是中国特色社会事业奋斗者”主题教育活动。

（一）提高政治站位，精心筹划展开。坚持把教育活动作为一项重要

政治任务，认真组织，强力推动。一是精心调研谋划。市退役军人事务局专门召开党组会，结合迎接新中国成立 70 周年、开展“不忘初心、牢记使命”主题教育，围绕“教育活动怎么抓、怎么推进”听取意见建议，研究制定《“穿上军装是保卫者，脱下军装是建设者，都是中国特色社会主义事业奋斗者”主题教育活动方案》。二是深入思想发动。6 月中旬，市退役军人事务局对教育活动进行动员部署，讲清目的意义、内容标准、活动要求，引导各级切实把思想行动统一到市委主要领导批示要求上来，形成层层发动、上下联动、协力推动的良好工作格局。三是压实主体责任。明确市、区退役军人事务局管思想、搞教育、抓管理的主体责任，瞄准为退役士兵“安家、安身、安心、安业”着力点，建立形势分析、问题会诊和检查讲评等 6 项制度，形成党组统揽、主官主抓、副职分管、部门合力的工作机制，确保教育活动始终有序有力开展。

（二）强化学习教育，夯实思想根基。坚持把学习教育作为首要环节和基础前提，着力在搞懂弄通、学深悟透上下功夫，帮助退役士兵不断夯实听党话跟党走的思想根基。一是抓好理论学习。结合“不忘初心，牢记使命”主题教育活动，以习近平新时代中国特色社会主义思想基础知识、系列讲话以及党纪党规为主要内容编发辅导书籍、口袋书，并采取固化时间定期学、主体内容共同学、联系实际自主学等形式，进一步打牢退役士兵退役不褪色的思想基础，始终保持坚定的理想信念。二是搞好政策宣讲。以《关于进一步加强由政府安排工作退役士兵就业安置工作的意见》《符合政府安排工作条件退役士兵服役表现量化评分暂行办法》等政策法规为主要内容，组织专业人员就退役士兵关心的问题进行答疑解惑，营造公开透明的安置氛围。三是开展专题教育。普遍开展“葆本色、守初心”专题教育，邀请王贵武、吕朝辉等退役军人先进典型以及有过从军经历的地方领导和大学教授进行辅导授课，帮助退役士兵廓清思想迷雾；开展以“迎国庆、守初心、葆本色”“谈谈军营那些事”等为主题的研讨交流，帮助退役士兵在回忆军营生活中迸发奋斗激情。

（三）狠抓日常管理，确保严守规矩。坚持预想在前、防范在先，确保退役士兵在待安置期间管理上不挂“空档”，安全上守住底线。一是强化组织观念。发放《中国共产党章程》、中国共产党党徽、党员活动手册和党建宣传材料，组织退役士兵重温入党誓词活动，引导他们增强党员意识，牢记党员身份，履行党员义务，强化离军不离党、人人都在组织管理中的思想观念。二是加强日常管理。选派专人衔接管理关系，建立联系通讯录，签订安全责任承诺书，实行离津报备制度，定期汇报个人情况，建立地方、部队、家庭“三位一体”管理模式。同时，严明纪律规矩，严格落实各项管理制度，以鲜明态度和坚定决心催生压力、焕发动力，强化知敬畏、存戒惧、守底线的高度自觉。三是积极排忧解难。针对退役士兵在待安置期间的所盼、所思、所忧、所困，市退役军人事务各级机构主动跟进、靠前工作，全面梳理国家退役军人事务部组建以来出台的文件，对其中关于退役军人待安置期间需要落实的政策和具体工作进行逐条逐项细化落实，使他们深切感受到党和国家的关怀关爱，增强获得感、荣誉感和幸福感。

（四）积极搭建平台，激发信心力量。坚持把搞好配合活动作为有效载体，在形式多样的实践课堂中注入精神动力和信心力量。一是抓好精神激励。注重发挥红色教育基地的文化熏陶作用，组织退役士兵赴周邓纪念馆、平津战役纪念馆、市烈士陵园等场所参观见学；组织观看张富清先进事迹报告会视频，学习宣传全国模范退役军人、最美退役军人先进事迹，营造“学典型、赞典型、当典型”的浓厚氛围。二是参加公益活动。组织退役士兵走进街道、社区，开展《中华人民共和国英雄烈士保护法》《天津市文明行为促进条例》宣传以及垃圾分类倡导示范等公益性活动；参与社区公共环境卫生整治、帮扶困难家庭和老人、应急救护培训等志愿者服务活动，帮助他们增强为民服务意识，真诚服务社会。三是搭建实践平台。针对退役士兵即将面对新岗位新环境，充分发挥“两中心两站”作用，积极搭建岗位实践平台，组织退役士兵到退役军人事务服务中心和社区、企事业单位协助工作，帮助他们提升工作能力，尽快融入社会，增强敢于攀登、勇立潮头、建功立业的强大信心，凝聚起奋进新时代的磅礴力量。教育活动先后被天津电视台、《天津日报》报道和刊登。

三、经验启示

开展“穿上军装是保卫者，脱下军装是建设者，都是中国特色社会主义事业奋斗者”主题教育活动，是坚持不懈用习近平新时代中国特色社会主义思想武装头脑，引领由政府安排工作退役士兵始终听党话、跟党走，争做新时代中国特色社会主义事业的奋斗者的具体举措。教育活动中，对退役士兵思想教育管理进行有益尝试，做到在实践中探索，探索中创新。一是注重把习近平总书记关于退役军人的重要指示、关心关爱，及时传递给每名退役士兵，给予他们鼓舞，使他们倍加珍惜荣誉，用实际行动回报总书记关心厚爱。二是注重加强传统教育，教育引导退役士兵传承红色基因，延续红色血脉、展示红色风采。三是注重加强“四自”教育，引导退役士兵做到“自律、自尊、自强、自立”，保持和发扬革命军人组织性、纪律性强的高度自觉，始终珍惜荣誉，维护退役军人形象，建功新时代，当好社会建设的主力军。四是注重发挥作用，通过组织学习最美退役军人先进事迹、参与公益活动，引导退役士兵争当先进典型，在

扎实开展“穿上军装是保卫者、脱下军装是建设者、都是中国特色社会主义事业奋斗者”主题教育活动

服务他人、奉献社会中，充实自己内心、体现自身价值、提升自我境界。五是重解疑释惑，紧紧围绕退役士兵不适应地方工作、市场经济要求，采取谈心谈话、教育培训等措施，积极引导退役士兵不仅做发展成果的分享者，更要做事业的奋斗者。

供稿：天津市退役军人事务局移交安置处

聚焦关键节点　填补制度空白

——山西省军地六厅局联合发文规范退役士兵待安排工作期间服务管理工作

2019年，山西省退役军人事务厅按照“以服务退役士兵为中心，以提升岗位适应能力为目标，以搞好服务保障为原则，以落实教育管理为牵引，以解决矛盾问题为导向”原则，牵头军地6部门联合出台《关于做好新时代退役士兵待安排工作期间服务管理工作的意见（试行）》，探索创新由政府安排工作退役士兵待安排工作期间服务管理机制，进一步健全规范退役士兵安置组织管理体系、工作运行体系、政策制度体系，实现了由政府安排工作退役士兵由军队到地方服务管理的无缝对接。

一、背景情况

由政府安排工作退役士兵从退出现役到回地方安置工作，待安排工作期虽然只有半年多，却是至关重要的军地转变“过渡期”、政策衔接“模糊期”、管理制度“空白期”，军地各级如何做好这期间的服务管理工作，关系到退役士兵能否尽快实现转身，关系到退役士兵合法权益能否得到有效保障，关系到总书记“把好事办好办实”的指示能否有效落实。

为此，省退役军人事务厅牵头军地多部门从5月份开始，利用安置工作“回头看”“三服务”工作等时机，多次深入基层开展专题调研，随机电话回访100余名退役士兵。在调研和接访过程中，发现各级在退役士兵待安排工作期开展教育管理和服务保障缺乏明确的政策依据，有的退役士兵生活费发放不及时，社会保险接续不畅，有的学习教育无人组织，形成“口袋党员”，长期失控失管，有的甚至形成战友维权自发组织，引发更复杂的社会问题。

2018 年，国家 10 部委联合出台《关于进一步加强由政府安排工作退役士兵就业安置工作的意见》（退役军人部发〔2018〕27 号），首次提出安置地政府负责发放生活补助，接续基本养老和医疗保险。但在对接实施层面，缺乏明确的执行规范和标准。我们感到，出台一个针对性、规范性、操作性较强的文件，显得非常迫切和必要。

为更迅速、更有效、更精准地推动新政策落地生根发挥效能，2020 年 7 月在临汾市组织新政策现场观摩培训，图为参观软件资料

各地市退役军人事务局相关工作人员现场观摩待安排工作期间退役士兵服务管理工作的组织与实施

二、主要做法

《意见》全文共分 5 个部分 16 条，分别对待遇落实、教育管理、工作要求等做出全面细致规定。一是明确了退役军人服务中心（站）主体责任和人社、财政、医保等各相关部门具体分工，将退役军人服务中心确定为参保单位，统一办理保险手续，统一发放生活补助，在制度层面消除了时间、地域差异和“等待期”，确保待安置人员合法权益及时有效维护。二是细化了党政军各级管理职能，严格落实党组织管理、请销假报备、预备役登记等各项制度。对待安排工作期间现实表现积分量化，形成“鉴定表”入个人档案，作为优先选岗的重要依据。三是依托退役军人服务中心（站）成立党组织，定期开展组织生活、学习教育、基地培训等活动，彻底解决“口袋党员”问题，使退役士兵通过党组织全面熟悉了解当地社会发展、经济形势、就业现状等情况，帮助他们不断提高社会适应能力，引导尽快实现由“军”到“民”的转变。

按照《关于做好新时代退役士兵待安排工作期间服务管理工作的意见》要求，各地市相继组织退役士兵待安排工作期间相关教育培训

三、经验启示

一是看清问题根源才能找到解题思路。退役士兵安置工作是一项政治意义重大而特殊的工作，只有加强顶层设计，构建法治思维，固化执行标准，才不会陷入“扬汤止沸”的低效率循环。为什么待安排工作期问题易发多发？为什么有的会拖几年甚至十几年得不到彻底解决？为什么有的退役士兵心生怨气说话偏激？为什么个别退役士兵思想素质和纪律观念回到地方后直线下降？经深入调研，反复论证，发现这一连串问题背后原因是多方面的，但最根本的一条就是退役士兵在待安排工作期缺乏一套统一的、明确的、具体刚性的服务管理制度。沿着这个思路，我们和相关部门研究探讨的问题愈发具体，解决问题的思路逐渐清晰。

二是“小事”不能被“忽视”。从起心动念直至《意见》出台下发，半年多过程中我们感到，一个政策，即便“开口”很小，但只要顺应指示要求，顺应军心民心，顺应改革大势，出台实施就很有实际意义。刚开始讨论的时候，有的同志认为：退役士兵待安置期本身就是一个过渡期、空白期，前前后后都有政策保障，以前怎么办，现在就怎么办，以后还可以这样办，中间有些问题是正常的，专门出台一个省级文件似乎有点“杀鸡用牛刀”。然而通过实地调研和对近年来老兵因安置问题上访情况分析，认为很多问题之所以发生，并成为历史遗留问题，很重要的一个原因就是对退役士兵待安排工作期间的教育管理疏忽，对接收单位的刚性约束不够。因此，只有实而又实，细之又细，工作标准才能精益求精。从每一个细处着手，从老兵退伍到返乡，到报到培训、再到选岗安置、单位上岗，以及上岗后的情况反馈，任何一个环节都应审视一遍，政策到不到底？服务到不到位？还有哪些突出矛盾问题？是个性的还是共性的？无论出台政策，还是改进工作方法，这些都可能成为改进退役士兵安置工作的发力点，都不应被忽略。

三是融入真情方可赢得信赖。人民军队来自人民、服务人民，又必将回归人民。在退役军人回归人民的过程中，如何打通服务保障的每一个环节，直至“最后一公里”，让每名退役军人感觉“娘家人”就在身边，是全省各级退役军人部门工作人员的初心和目标。决心再大不如力度加大，军地六个厅局联合出台文件，聚焦在“待安排工作期”这个具体节点上，进一步分解任务、规范程序、统一标准，更容易体现执行力，更便于在操作层面展现刚性，这些是每名退役军人都看得见摸得着的，也是深切认同的。在最近一次电话回访调查问卷中，136 名被访退役士兵对当地安置部门的满意率高达 97.8%。事实证明，退役士兵安置工作归根到底是人的工作，机关部门的每一次担当，每一层努力，每一个突破，都在无形中凝聚了人心、温暖了兵心。

供稿：山西省退役军人事务厅

辽宁省军地联合开展网络推送军转政策进军营活动

一、背景情况

军转安置工作环环相扣，政策宣传是开启年度军转安置工作重要一环。2020年，受新冠肺炎疫情影响，全省军转安置部门无法深入到基层部队集中开展军转政策宣讲解读，军转干部对地方接收安置政策不了解、不掌握，不能确定安置去向。为有效破解这一难题，辽宁省退役军人事务厅军转办会同辽宁省军区转业办适应形势、创新方式、主动服务，充分调动全省军转系统资源，编制《2020年辽宁省计划分配军转干部前移培训宣传手册》，变线下为线上，化被动为主动，开展“军转政策线上进军营”活动。

二、主要做法

一是精心组织编辑宣传手册。为便于广大军转干部及时了解全省省（中）直及各市计划分配军转干部安置概况及政策，3月中旬，省退役军人事务厅军转办印发了计划分配军转干部教育培训前移宣传素材，梳理了省（中）直及各市军转安置政策。各市军转安置部门据此逐一解答军转干部关心的接收条件、安置程序以及随调家属安置等热点问题。二是军地协调及时推送。4月初，省退役军人事务厅与省军区政治工作局联合开展网络推送军转政策进军营活动，由省军区转业办通过强军网转发给军队各大单位驻辽转业移交安置联络员，再由联络员传递给基层部队，实现军转政策“线上”进军营。三是开通政策咨询热线。为配合安置政策“线上”进军营活动顺利实施，省、市军转安置部门还专门开通政策咨询热线电话，为广大军转干部答疑解惑。

北部战区空军某部副教导员刘超组织所在单位几名转业干部通过强军网认真学习转业政策（任和发摄）

三、经验启示

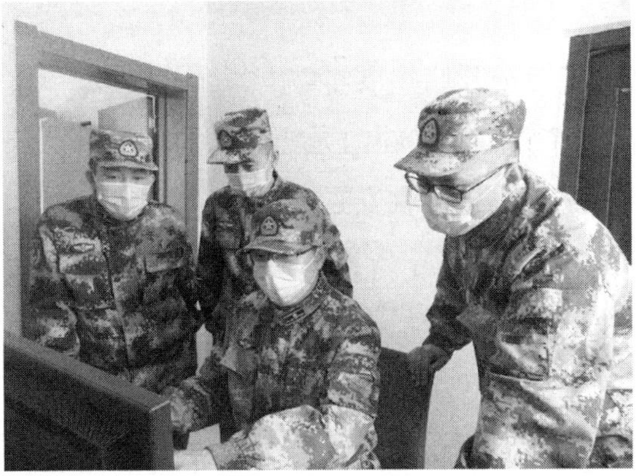

北部战区陆军某旅教导员赵金科组织所在单位几名转业干部从强军网上认真学习转业政策（马强摄）

“军转政策线上进军营”活动，改变了往年走进基层部队宣讲安置政策的传统形式，以“云培训”为出发点，突出网络“零接触”的优势，做到政策无遗漏、人人能看懂、宣传全覆盖，引导广大军转干部合理调整安置预期、准确抉择安置方式、科学选择安置去向、理性定位意向岗位，使军转干部转业不心慌、不迷茫，在人生转折点正确规划职业发展，顺利实现职业转换。

供稿：辽宁省退役军人事务厅

辽宁省沈阳市150名退役士兵走上事业单位管理岗位

一、背景情况

在2019年符合政府安排工作条件退役士兵安置工作中，沈阳市创新事业单位安置退役士兵办法，打破退役士兵以往常规安置工勤岗位工人身份界限，拿出150个事业编制工作人员管理岗位，通过专向招录考试的方式安置退役士兵。经过笔试、面试、档案考核、体检、现场选岗等相关程序，2019年12月份以来，这些退役士兵陆续走上事业单位管理岗位。

二、主要做法

一是深入调研摸情况，克服困难筹岗位。为解决事业单位安置退役士兵岗位筹集难问题，对沈阳市事业单位空编情况、安置岗位需求、退役士兵基本情况等内容进行了广泛调研，准确掌握了第一手资料。综合调研后发现，市事业单位工勤岗位基本处于饱和状态，如果继续坚持事业单位工勤岗位安置退役士兵，安置面将越来越窄乃至无法安置。同时，也发现市事业单位管理岗位和专业技术岗位工作人员尚有空编，且按照事业单位招聘考试的方式，具有大专及以上学历的退役士兵基本符合事业单位招聘考试的最低条件。最终经多方评估、反复论证，研究起草了《关于采取事业单位招录方式解决符合政府安排工作条件退役士兵安置问题的报告》，征求了25家相关单

2019 年度符合政府安排工作条件退役士兵招聘事业单位工作人员说明会

沈阳市面向 2019 年度退役士兵招聘事业单位工作人员现场选岗会

位意见，并向沈阳市委退役军人事务工作领导小组做了专题汇报。二是立足大局谋长远，创新思路定政策。沈阳市委、市政府对此事高度重视。经沈阳市委退役军人事务工作领导小组审定，2019 年，全市从符合政府安排工作条件且具有大专及以上学历的退役士兵中，定向招录事业单位管理岗位工作人员 150 名。招录岗位为：市、区县（市）、乡镇（街道）退役军人服务中心（站）专职工作人员和市属其他事业单位工作人员。这一政策的出台，受到了年度退役士兵的热烈欢迎和广泛的社会好评。2020 年开始，沈阳市每年将按不低于全市接收符合政府安排工作条件且符合事业单位招聘条件退役士兵总数的 50%，确定事业单位管理岗位招录计划。同时，根据全市事业单位中执法、应急、维稳、城管、信访、退役军人服务等岗位空缺情况，积极落实“直通式”安置方法。三是阳光安置严招考，统筹兼顾保公平。在推进政策落实过程中，为遵从事业单位招聘工作政策要求，兼顾退役士兵安置工作特色特点，主要采取了“两个融入、一个放宽”的具体办法，即：将退役士兵安置档案服役贡献考核量化积分融入考试招聘录取权重分值，将退役士兵公开选岗办法融入招聘环节，对四级军士长士官给予了放宽招聘年龄照顾。在整个招录工作过程中，市退役军人事务局与人社局、考试院等部门通力配合，确保工作平稳推进。进入 2020 年后，沈阳市将继续按照全市接收符合政府安排工作条件退役士兵总数情况，确定事业单位招录比例计划，以此解决今后一段时期内事业单位接收安置退役士兵的瓶颈问题。

三、经验启示

安置好退役士兵是尊崇军人的应有之义，也是对现役军人期盼将来能得到较好安置的积极回应。通过专向招录考试的方式安置退役士兵，打破了退役士兵以往常规安置工勤岗位工人身份界限，在直通安置、精准安置、高质量安置上取得了新突破，是做好新时代退役军人安置工作的有益尝试。

供稿：辽宁省退役军人事务厅

江苏省"退役军人就业安置率"纳入高质量发展监测评价考核指标体系

一、背景情况

根据习近平总书记指示精神和中央有关决策部署，江苏明确了"经济发展、改革开放、城乡建设、文化建设、生态环境、人民生活"六项高质量发展任务，并从2018年起建立高质量发展监测评价考核体系，纳入省委、省政府对各地各部门年度综合考核的重要内容，对各地各部门争先进位及各级领导干部履职尽责，对推动退役军人工作高质量发展，切实提升退役军人工作考核科学化、制度化和规范化水平等，都具有很强的"指挥棒"作用。

二、主要做法

高质量发展监测评价考核由省考核委员会组织，省相关部门共同参与，其中"退役军人就业安置率"由我厅（"自主就业退役军人培训后就业率"由我处）负责。监测评价考核指标体系分市、县（市、区）和城区三类，分别设27项、35项、25项，满分100分。"退役军人就业安置率"在上述三个层面指标体系中分别占3分、2分、3分。

围绕考核工作，我厅配套制定《退役军人就业安置率监测评价考核实施细则（试行）》。在比重分配上：退役军人就业安置率＝计划分配军转干部安置率 *40%＋符合政府安排工作条件退役士兵安置率 *30%＋自主就业退役军人培训后就业率 *30%。在自主就业退役军人培训后就业率中，培训与就业比重分别占 30%、70%。在对象选择上：上一年度自主就业退役军人（自主择业军转干部数取自国家下达计划，自主就业退役士兵数取自领取一次性经济补助金人数，选择复学和参加全日制学历教育的不计入总数）。在组织程序上，由各县（市、区）和城区退役军人事务局上报、市级退役军人事务局初核，省厅组织并委托相关机构，采取材料审查、电话核实或现场抽查等方式进行审核。在结果认定上：自主就业退役军人培训包括适应性培训、自主择业军转干部个性化培训、退役士兵免费学历教育和技能培训及其他由政府或退役军人事务部门安排的培训，就业包括签订劳动合同、缴纳社会保险、自主创业以及其他就业状态等。

检查结果显示，2019 年度江苏退役军人就业安置率为 98.55%，其中自主就业退役军人培训后就业率 95.15%（培训率 91.51%、就业率 96.71%）。

三、经验启示

一是各级党委、政府对退役军人工作更加重视。“退役军人就业安置率”纳入考核体系，一方面反映出省委、省政府对退役军人工作的高度重视；另一方面通过省委、省政府对各级党委、政府全年工作的打分排名，促使各级党政主要负责同志主动认领退役军人事务部门工作，推动退役军人各项政策贯彻落实。二是退役军人事务部门基层工作明显加强。各级退役军人事务部门为在考核中取得好名次，准确上报考核相关资料，对辖区内的退役军人进行了一次全方位、拉网式的调查摸底，对国家和省相关政策进行了一次全面梳理和评估，这些都为下一步工作有效开展奠定了坚实基础。三是退役军人教育培训和就业创业得到有力推动。计划分配军转干部和符合政府安排工作条件退役士兵安置工作历来受到高度重视，基本百分之百落实到位。所以自主就业退役军人培训后就业率直接决定各地排名先后，因此各地党委、政府全力贯彻落实中央和省相关政策的同时，层层加码，拿出真金白银，采取各种方法手段，只为提高培训率和就业率。

尽管此项考核取得阶段性成果，但还需进一步完善。一是要优化考核方式，让考核更加科学、更有说服力。二是要注重考核的正向激励作用，适度拉开各地分值，真正形成比学赶帮超的氛围。三是要将考核与工作推动紧密结合，考核设计不仅能推进退役军人各项工作，还要能化解各类矛盾。

供稿：江苏省退役军人事务厅

江苏省张家港市推动实施退役士兵（士官）“积分进村”工程

一、背景情况

2019年，张家港市委组织部、市退役军人事务局对村（社区）“两委”班子中的退役军人情况进行了调研排摸，发现253个村（社区）中有69个由退役士兵（士官）担任书记、主任，特别优秀的还担任了镇（区）党政领导。张家港市委组织部、市人力资源与社会保障局、市退役军人事务局联合出台《关于实施退役士兵（士官）村干部培养工程的意见》，推动实施退役士兵（士官）“积分进村”，在退役军人就业创业工作中做了有益探索。

二、主要做法

一是探索引才路子，“一项工程”开创士兵（士官）就业“新模式”。出台《关于实施退役士兵（士官）村干部培养工程的意见》，切实敞开基层建设大门，让退役军人进得来。实施周密的选拔流程，按照个人报名、资格审查、档案积分、面试选拔、体检考察、公示确定等程序进行选拔。严格监督选拔关口，按照初审、复审、校对、确认四个步骤层层审核，市纪检委全程实施监督，以公平公正当好“伯乐”，选好“千里马”。

二是打造过硬队伍，“三项举措”培育乡村振兴“排头兵”。联合江苏科技大学开办“张家港市退役军人事务教育培训学院”，组织退役军人领域社会治理体系和治理能力现代化培训班，帮助退役士兵（士官）丰富知识、拓宽视野、增长才干。加强跟班历练，安排退役士兵（士官）村干部多岗位跟班学习，全面掌握各条线政策法规、各部门业务技能，切实提升退役士兵（士官）上下沟通和为民办事能力。建立退役士兵（士官）村干部培养结对帮带制度，帮助退役士兵（士官）缩短从军人到村干部的身份转变周期，尽快融入基层工作环境，掌握基层工作方法。

三是畅通晋升渠道，“有为有位”确保退役军人“用得好”。针对性制定日常管理细则，将退役士兵（士官）村干部培养工程对象纳入日常考核管理体系。打造“党建红·军装绿”党建品牌，助力提升基层党组织政治力、组织力，激励引导退役军人村干部将抓党建与抓治理、抓服务相结合，推动基层党建与村（社区）治理深度融合。健全激励机制，畅通晋升渠道，规划成长路径，落实制度保障，调动退役士兵（士官）村干部培养对象只争朝夕、主动作为的内生动力，在广阔的基层大舞台上为退役军人就业创造出一片天地。

三、经验启示

乡村振兴是一项国家战略，更是事关广大农民福祉的大事。当前，打造一支留得住、用得上的人才队伍，正需要拓展选才、育才、用才思路，通过公开透明的方式，招聘包括退役军人在内的优秀人才，全力推进乡村振兴不断迈向深入，走出一条高质量发展之路。

退役军人是一个值得重视的“人才库”，用好这支队伍对乡村振兴非常重要。退役军人大多来自农村，他们政治素质强，纪律作风过硬，对乡村的发展和振兴有着很强的责任感。事实也证明，他们在过去的乡村发展中早已大显身手，并正在成为乡村振兴的中坚力量。面对新形势，创新用人机制，进一步用好退役军人，无疑具有很好的导向作用。

供稿：江苏省张家港市退役军人事务局

多措并举　稳中求进　高质量完成安置任务

——江西省景德镇市2019年安置工作情况

一、背景情况

景德镇不仅是闻名中外的千年古镇、世界瓷都，更是一片红色的热土，陈毅元帅在这里主持了著名的新四军瑶里改编，方志敏同志创建的红十军在这里诞生。秉承着老一辈革命家的红色基因，景德镇人民对拥军工作始终带有饱满热情，全身心支持和关爱人民军队，市委市政府坚决贯彻习近平中国特色社会主义思想和习主席关于退役军人工作重要论述，不断学习新思想、拿出新举措、探索新模式、拓展新渠道。2019年退役军人安置工作中，景德镇市认真贯彻落实党中央和江西省委省政府重要指示精神，努力提高安置工作水平，做到了风气正、亮点多、岗位好、选择广，安置质量为历年最好，达到了部队满意、退役军人满意、接收单位满意的良好效果，连续6年实现了省委、省政府提出的军转干部安置“两个保持”目标。2019年景德镇市共接收军队转业干部38人（其中，计划安置军转干部27人，自主择业军转干部11人），转业士官76人（其中1人自愿选择自谋职业），82名退役军人选岗工作全部完成，高质量完成了2019年度退役军人安置工作任务。

二、主要做法

（一）各级领导高度重视、高位推动

2019年是景德镇市退役军人事务系统揭牌亮相、开局起步的元年，市委、市政府对做好退役军人就业安置工作给予了高度重视和大力支持。市委书记钟志生同志和市长刘锋同志做出专门批示，要求不折不扣抓好上级精神贯彻落实，圆满完成安置任务。分管退役军人事务的市委常委、副市长王鸿运同志亲自督办、全程指导安置工作，亲自到县（市、区）督导安置工作落实。市委常委、常务副市长黄金龙同志主持召开安置工作部署会，下达了预安置计划，改变了被动的做法，由过去逐个单位征求意见变为直接任务交办，指令性要求有关单位以高度的政治自觉提供空编岗位，继续发扬景德镇拥军爱军优良传统，不折不扣抓好安置政策、上级精神和领导指示落实落地，保证了安置工作无障碍沟通、无缝隙协调。

2019年度景德镇市军转干部安置选岗会议现场

组织军转干部开展安置前适应性培训

（二）主动协调优质岗位、提高质量

在近几年政府机构改革编制吃紧、退役军人安置渠道变窄、安置要求不断提高的大背景下，为保证安置岗位的数量和质量，市退役军人事务局积极与编办对接空编岗位，用好用足安置政策为退役军人争取安置就业岗位。

在军官安置上，为27名计划安置的转业军官提供了43个岗位选择，其

中40个党政机关行政岗位、3个参公岗位，安置岗位达到了安置人数的1.6倍，27名军转干部100%安置在党政机关。为鼓励军转干部扎根基层再立新功，对自愿安置于景德镇市乐平市的1名技术11级军转干部被提职使用，任乡镇党委委员、人武部部长；2名正连职军转干部被提职使用，任乡镇副科实职。

士官安置上，考虑到昌江、珠山两区事业单位少，安置空间小的情况，将本应到区安置的士官纳入到市本级统筹安置。全市为76名（其中1名转业士官选择了自谋职业）符合安置条件的退役士官提供了86个全额拨款事业单位岗位，确保每一个转业士官都能选到全额拨款事业单位岗位；另外，还提供了差额拨款事业单位岗位5个，11个中央管理企业岗位，给士官选岗创造了很大的选择空间。

三、经验启示

（一）积极探索安置方式、稳中求变

检验军转安置工作成效的好坏，不仅要看是否将军转干部安置到一个好的平台，更重要的是看大家是否适合新的工作岗位，能否最大限度地发挥自身优势和特长。为此，景德镇市退役军人事务局从多方面入手，注重安置实效，突出抓好安置工作质量，逐步探索双向选择和积分选岗相结合的安置模式，积极破解单一积分选岗造成的“人岗不相适”难题，实现人力资源配置的最优化。今年，根据政策要求，针对税务系统、市委组织部、市委宣传部相关岗位专业性强、标准要求高的特点，依据上级要求和相关政策，在征求所有待安置军转干部意见后，选择在这三家单位试行双向选择。安置效果得到了部队、用人单位和全部24名计划安置市直的军转干部的充分肯定。

（二）热心提供政策指导、解难帮困

为了使全体退役军人安置称心如意，景德镇市退役军人事务局注重加强政策宣传辅导，2019年4月份利用微信平台搭建了2019年度退役军人安置群，及时让全体退役军人了解安置政策、掌握安置进度、知晓重要消息；

7月份，结合江西省统一组织的军转干部安置考试成绩和档案量化考核打分，及时将积分排名情况予以公示，接受监督，并组织军转干部和转业士官逐一签名确认，全程做到了阳光选岗、公开竞岗、择优上岗；10月份，先后两次组织全体退役军人集中学习，耐心解答安置政策、公布可供选择的安置岗位；选岗前，组织了一期退役军人岗前适应性培训，对安置单位基本情况逐一进行了介绍，提醒转业到地方工作注意的事项，引导大家树立正确的择业观，注重发挥自身的特长和优势，做出符合自身实际情况的选择。安置期间，为解决好退役军人家庭实际困难，积极与军分区沟通协调，帮助1名转业干部在9月开学之前解决了子女转学难题，在全市所有小学当中择优入学。积极为11名自主择业干部提供政策支持，对接相关企事业单位，召开专项招聘会为自主就业士兵牵线搭桥，创造就业机会。

（三）注重发挥政策优势、形成合力

军转安置工作政策性强，涉及部门多，事关军转干部的切身利益，需要各部门的相互配合。军转安置工作启动后，依据相关政策，景德镇市退役军人事务局第一时间制定了任务书、时间轴、分工表，分别向市委、市政府和相关部门进行了汇报，争取各方支持，形成工作合力。在安置过程中，景德镇市退役军人事务局注重加强与编办、人社、财政、纪检等部门的协商沟通，认真宣传军转安置政策，督办落实惠及全体退役军人的各项利好政策，形成各司其职、各负其责、齐抓共管的工作机制，推动安置工作有条不紊、规范有序展开。安置过程中还邀请了纪检部门全程监督，将安置工作每一个环节都置于阳光下运行，确保了景德镇市退役军人安置工作实现了公开公正公平。

多年来，景德镇市始终坚持把安置好退役军人作为一项政治任务来抓，整合资源、多措并举、稳中求变，继续保持和发扬退役军人安置工作的优良传统，着力构建退役军人安置的良性工作机制，极大地调动了退役军人为地方经济社会发展服务的积极性，使退役军人在千年瓷都、国际瓷都的建设中继续发光发热、贡献力量。

供稿：江西省景德镇市退役军人事务局

江西省宜春市率先开展军队转业干部、退役士官待安置期间服务管理工作

一、背景情况

宜春市是全省双拥模范城，是兵源大市，是秋收起义发源地，素有拥政爱民、拥军优属的光荣传统。一直以来，宜春市都将军队转业干部和转业士官作为重要的人才资源，作为建设美丽宜春的重要力量。2019 年的移交安置工作，宜春市的安置质量列全省第一，全市 60 名军队转业干部全部安置到公务员岗位；285 名转业士官中，283 人安置到行政事业单位，2 人安置到央企。

军队转业干部和转业士官在服役期间为国防和军队现代化建设做出了巨大的贡献和牺牲，应当受到国家和社会的尊重、优待。为深入贯彻党的十九大精神和习近平总书记关于做好退役军人工作的重要批示指示精神，创新移交安置工作思路，进一步加强军队转业干部和转业士官待安置期间服务管理工作，2019 年 7 月我市在全省率先制定和实施了《宜春市军队转业干部和转业士官待安置期间服务管理暂行办法》（以下简称“暂行办法”）。

二、主要做法

（一）突破传统思维，改善服务方式，让军队转业干部和转业士官回到地方就找到组织

以市委退役军人事务工作领导小组办公室的名义印发了《宜春市军队转业干部和转业士官待安置期间服务管理暂行办法》（宜退役军人组办字〔2019〕23号），要求全市各级党委、政府应以提高政治站位、强化政策落实、履行主体责任、提升安置质量、强化考核监督为原则，做好安置对象待安置期间服务管理工作。同时要求全市各级退役军人事务部门负责本行政区域内安置对象待安置期间服务管理工作，“安置对象”回到地方后，全市各级退役军人事务部门主动联系、主动对接，加强安置政策宣传，介绍本地区安置流程，在省厅移交档案后，准确、高效、规范完成档案审查工作，建立了全市军队转业干部和转业士官人员台账，确保人员底数清楚、档案审查完备、人员情况准确、联系方式畅通，让军队转业干部和转业士官离开部队后就找到新的组织，回到地方后就到了家。

（二）改进管理方法，推行岗前实习，让军队转业干部和转业士官脱下军装不改初心

宜春市在全省率先推行待安置期间岗位实习制度。“暂行办法”中明确，各县（市、区）党委退役军人事务工作领导小组成员单位中的党委组织部、党委编办、退役军人事务局、人社局、财政局为实习工作主要责任单位，各级党政机关事业单位为实习责任单位。各级党政机关根据本部门岗位设置、人员需求，向同级退役军人事务局申报单位实习岗位需求后，同级退役军人事务局负责汇总，并根据当年军队转业干部和转业士官人数对汇总方案进行审核和调剂，方案拟定后上报同级党委退役军人事务工作领导小组。各级退役军人事务部门应当根据本行政区域内每个安置对象的专业特长，分类建立人才台账，按照实习单位岗位人员需求，向实习单位推荐。各级党委退役军人事务工作领导小组负责审批本行政区域内安置对象实习计划，并向本行政区域内所属机关事业单位下达实习任务。各级退役军人事务局负责实习计划的具体实施，确保实习任务圆满完成。岗前实习能够帮助军队转业干部和转业士官从思想上、能力上和心理上适应新环境新任务，改善军队转业干部和转业士官知识结构，加快角色转换，实现由国防和军队建设人才向党政人才和经济社会建设人才转变，促进军队转业干部和转业士官人才资源的科学开发和合理配置，同时有助于军队转业干部和转业士官保持军人本色，做到退役不退志、退伍不褪色。

（三）优化工作流程，提升服务细节，让军队转业干部和转业士官来到新环境感受新氛围

“暂行办法”中要求，各级退役军人事务部门要提前做好资金准备，按时按月发给转业士官待安置期间生活补贴，并要求实习单位按照当地标准向实习的军队转业干部和转业士官发放误餐补贴，有集体宿舍的实习单位可以提供宿舍。

“暂行办法”中要求，各级退役军人事务部门要认真听取安置对象意见建议，开展谈心交流、帮助排忧解难，实施精细化、亲情化服务。宜春市建立了安置对象实习期间联系制度，对本行政区域内的安置对象做到了全覆盖。安置对象在机关事业单位实习结束后，由实习单位对其实习期间的工作表现出具实习鉴定表，按照实习总评优秀 5 分、良好 4 分、一般 3 分的标准计入其个人量化总评分。同时，各级党委退役军人事务工作领导小组建立了表彰奖励制度，对实习期间工作成绩突出的实习单位和安置对象进行表彰。实习期间表现突出的安置对象，根据实习单位出具的鉴定书，在安置时予以优先考虑。

三、经验启示

（一）要强化队伍建设，健全考核监督

市直率先实行军队转业干部和转业士官待安置期间服务管理暂行办法后，部分县市区退役军人事务局由于机构改革、人员配备的问题，没有立即组织开展，导致工作滞后，发展不平衡。各县市区要按照中央、省市有关要求足额配备人员，确保人员到位。要严格考核奖惩，把安置对象待安置期间服务管理工作作为退役军人事务工作专门考核内容，对考核排位后三位的县（市、区）在全市范围进行通报。

（二）要加强督查指导，严肃追责问责

部分实习责任单位对于军队转业干部和转业士官待安置期间岗前实习重视不够，没有合理安排军队转业干部和转业士官实习岗位和分工，导致实习效果打了折扣。各级党委、政府要将安置对象待安置期间服务管理工作纳入督查范围，实行责任倒查并严肃追责问责，对不作为、慢作为、乱作为问题坚决追责、严肃处理。实习单位拒绝、无故拖延执行实习计划的，由安置地党委退役军人事务工作领导小组对单位及其主要负责人予以通报批评，并责令限期改正。逾期不改的，给予相应处理。

供稿：江西省宜春市退役军人事务局

提高政治站位、主动担当作为

——山东省扛牢抓实部分退役士兵接续保险接续政治责任

为部分退役士兵接续社会保险是习近平总书记亲自部署推动的一项政治任务，是党中央围绕解决退役士兵最关心、最直接、最现实的利益问题出台的一项特殊关爱帮扶措施。山东省委、省政府坚定扛起这一政治责任，带领各级各有关部门强化使命担当，全力协同配合，扎实稳妥推进。经过一年多的努力，实现了符合条件退役士兵应补尽补，圆满完成部分退役士兵社会保险接续任务。

一、背景情况

20世纪90年代起，由于国家经济体制调整，国有企业改制，就业岗位资源紧张，大量企业职工下岗，退役士兵安置难、安置质量下降或安置后下岗失业情况比较普遍，导致部分退役士兵社会保险出现断缴、欠缴。近年来，这部分退役士兵（特别是转业志愿兵）已临近退休年龄，补缴中断的社会保险成为他们的核心信访诉求之一。习近平总书记对此高度重视，多次强调解决历史遗留问题、维护退役军人合法权益。2019年1月，中共中央办公厅、国务院办公厅印发《关于解决部分退役士兵社会保险问题的意见》的通知（厅字〔2019〕3号），为文件下发前以政府安排工作方式退出现役的退役士兵补缴基本养老保险和医疗保险。这是退役军人管理保障机构建立后，中央出台的第一个政策性文件，是党中央、国务院赋予的一项重要政治任务，也是提升退役军人管理保障水平、维护退役军人利益的重要举措。

二、主要做法

全省各级紧紧围绕“让党中央放心、让退役士兵满意”的目标，提高站位抓统筹，创新机制促落实，精准督导抓进度，加强研判保稳定。

（一）坚持先行先试、主动担当作为

2019 年 2 月，退役军人部确定在山东开展部分退役士兵保险接续试点。省委省政府高度重视，省委书记刘家义同志多次批示并现场指导，强调“省委书记、省长负总责，各级党委、政府主要负责同志亲自抓”，“工作要细、预案缜密、责任到位”；成立省市县三级扁平化指挥工作专班，时任分管省长孙立成同志任组长，全程一线靠上指挥。省委宣传部、省人社厅、财政厅、司法厅、公安厅、退役军人厅、医保局、信访局等部门，选派政治过硬、熟悉政策、精通业务、认真负责的精干人员，入驻齐河集中办公，挂图作战、反复推演，明确职责分工、制定操作流程、开展工作培训。

2019 年 2 月，山东省委书记刘家义、退役军人事务部部长孙绍骋调研退役士兵保险接续试点工作

省委、省政府召开退役士兵保险接续工作座谈会

在退役军人部指导下，邀请湖北、湖南、四川等省退役军人部门研讨交流，组织省内退役军人较多的 7 个市派员全程参与，聚焦难点问题、关键环节，研究细化对策措施和操作流程，尽快形成可复制、可推广、可借鉴的做法和范本。试点工作专班用不到20天，完成了人员摸底、资金测算、问题分析、风险评估、流程设计等基础性工作，研究细化对策措施，取得试点成功，为全国趟出了路子、总结了经验、提供了示范。退役军人部孙绍骋、方永祥等领导同志现场指导，对试点工作给予高度评价，要求各省市学习山东大事大抓的工作机制、科学高效的办理流程、有条不紊的工作方法。

（二）强化组织领导、全程高位推动

坚持"五级书记一起抓"，刘家义同志3次主持召开省委常委会、省委退役军人事务工作领导小组会议专题研究；中央公布政策后，第一时间主持召开领导小组扩大会议，16个市、136个县（市、区）党委书记和省直部门主要负责同志参加。省委退役军人事务工作领导小组办公室3次向各市党委主要负责同志通报进展情况。各级党委、政府主要负责同志履行第一责任人责任，亲自谋划部署、研究推动。

省市县成立三级工作专班，抽调674人集中办公、协力推进、督导落实。省级培训业务骨干626人，各级举办培训班191个，培训1.6万多人。省专班坚持一日一调度、一通报，3次赴各市及部分县（市、区）调研督导，编发《工作动态》17期总结各地经验做法。对少数理解把握政策有偏差，认识不高、工作应付的，主动上门解释政策和工作流程；对个别借口企业改制、经营困难、不存在劳动关系等理由，不积极履行单位缴费责任的，及时发函督促整改。

各级各部门牢固树立"一盘棋"思想，退役军人事务部门牵头，人社、医保、财政、公安、民政、司法等部门和兵役机关各司其职、密切配合、一体联动，凝聚起强大工作合力。坚持工作力量下沉，充分发挥镇街、村居、企事业单位等基层党组织作用，各级投入工作经费4200余万元，发动1.6万余人深入一线，摸底数、建台账、讲政策，面对面、心贴心服务。

（三）完善工作流程、精准精细落实

研究制定《全省退役士兵保险接续工作实施方案》《部分退役士兵保险

接续工作操作流程》，细化了摸底核查、测算经费、明确责任、宣传引导、填报申请、办理补缴等14个环节具体要求。

各级电视台、报纸、政府官网发布《公告》等4500多条，公布咨询电话183部；基层退役军人服务中心（站）放置或张贴《公告》《办理流程》28万多份，深入社区、单位发放宣传手册和“政策问答”明白纸11万多张；各类微信公众号、头条号发布相关信息2200多条，浏览量80多万人次。

充分利用退役士兵档案、户籍、入伍、安排工作手续等有关资料，变被动接收申请为主动沟通对接，对事先掌握的退役士兵信息提前录入系统，先行受理审核，分阶段校准核实，符合条件的应进全进、不漏一人，不符合条件的及时清理、确保精准。对初审通过的退役士兵身份、军龄、参保缴费情况、是否属于困难人员、单位是否无力缴费等有关情况反复核查认定。精准核查养老、医疗保险断欠缴情况，一人一册建立电子档案，留存纸质档案，确保数据精准、要件齐全，经得起检验审核。

三、经验启示

为部分退役士兵接续社会保险是基于特定历史背景出台的特殊政策，是对安置政策和社保政策的创新集成，没有先例可循。这项工作体现了帮扶援助原则，抓住了部分退役士兵历史遗留问题的“牛鼻子”，是现阶段的最优政策选项。

（一）政治引领是保障。部分退役士兵社保险接续工作政策性强、涉及群体敏感、社会关注度高，必须牢固树立“交卷”意识，大力弘扬“赶考”精神，时刻牢记这一工作的政治属性，强化政治引领。山东省“五级书记一起抓”，各级党委领导小组直接推的做法，为这项工作的顺利推进提供了坚强的政治保障。

（二）问题导向是关键。通过主动登门问需、接受电话咨询，以及专班召开业务研商会、全省工作推进会等方式，全过程注重问题发现、梳理和研究解决，先后3次制定印发《政策解释口径》，对6类、27个政策问题予以明确，供各地掌握，形成完整的政策链条，确保各项工作有遵循、易操作，不出纰漏。

（三）以退役士兵为中心是根本。坚持“线下走近服务、线上快捷办理”，带着感情和责任精准贴心服务。各地按照“条块结合、关口前移”和“一对一”服务“一站式”办理要求，主动送政策、送信息、送服务，实行申报、审核、缴费、反馈各环节全程代办，全省“委托授权”“上门服务”17.3 万多人次，让退役士兵不跑腿或少跑腿，避免了人员聚集，实现了工作效率和满意度“双提升”。

（四）底线思维是基础。各地对符合条件的退役士兵反复拉网排查，确保政策宣传全覆盖。对可能攀比上访的农村籍退役士兵、符合政府安排工作条件选择复员或自主就业的退役士兵、已自费缴纳养老保险的退役士兵等群体，耐心细致解释政策，争取理解支持。对经反复做工作，明确表示自愿放弃的，签订承诺书或留存告知本人的证明材料，确保全覆盖无遗漏、闭环管理零差错，确保了社会大局稳定、增强了政策落实效益。

供稿：山东省退役军人事务厅

拓宽渠道　人岗相适　提升军转干部安置质量

——河南省计划分配军转干部“直通车”式安置服务试点工作取得初步成效

河南省坚持军转安置工作为经济社会发展和国防军队建设服务的方针，坚持“公开透明、阳光安置、高效服务、人岗相适”的原则，按照退役军人事务部“逐步探索、试点先行、稳步推进”的总体要求，拓宽安置渠道，挖掘安置潜力，创新安置办法，扎实开展了今年在省（中）直单位和安阳、漯河、济源三市开展“直通车”式安置服务试点工作。截至2019年10月18日，全省已全部完成“直通车”式安置服务工作。

一、背景情况

2019年5月30日，退役军人事务部研究批准河南省作为探索实施“直通车”式安置服务的试点省，下发了《关于在今年计划分配河南军转干部安置工作中探索实施“直通车”式安置服务的函》。经研究并报请省军队转业干部安置工作小组批准，我省确定省直、安阳、漯河、济源为重点，在2019年的计划分配军转干部安置工作中探索实施“直通车”式安置服务。省（中）直的“直通车”式安置服务工作自9月5日开始，10月18日结束，为期43天。省（中）直52家接收单位共提供180个“直通车”岗位，军转干部报名参与902人次。省直通过“直通车”安置服务试点单位接收安置军转干部94名（其中正团职1人，副团职4人，技术9级以上专业技术干部

10人，营职及相应专业技术级54人，连职及相应专业技术级25人），占省（中）直应安置人数的35.1%，其中行政编制51个，事业编制43个。安阳市“直通车”式安置服务工作提供9个岗位，确定接收9人，占应安置人数的19.1%；漯河市“直通车”式安置服务工作提供8个岗位，确定接收6人，占应安置人数的28.2%；济源市“直通车”式安置服务工作提供11个岗位，确定接收9人，占应安置人数的60%。

2019年5月27日河南省退役军人事务厅安置服务进军营主题活动

二、主要做法

（一）深入调研论证，制定《试点工作方案》。为确保“直通车”式安置服务试点工作顺利实施，自2019年6月以来，在充分调研的基础上，结合《退役军人事务部办公厅关于2019年中央国家机关和中央企业事业单位接收安置军队转业干部有关工作的通知》要求和省（中）直单位接收安置工作实际，以《关于做好深化国防和军队改革期间军队转业干部安置工作的通知》《关于做好深化国防和军队改革期间全省军队转业干部安置工作的实施意见》为基本依据，我省起草了《省（中）直单位2019年计划分配军队转业干部“直通车”式安置服务试点工作方案》（以下简称“试点工作方案”），积极吸收采纳军地18个部门的意见建议，形成了“试点工作方案”送审稿，呈报退役军人事务部移交安置司备案。8月27日河南省军队转业干部安置工作小组召开会议，审议通过了“试点工作方案”。

（二）积极稳妥推进，拓宽军转安置渠道。一是组织省（中）直各单位人事部门负责人和省军区转业办相关领导等召开省（中）直单位计划分配军队转业干部“直通车”式安置服务试点工作座谈会，传达贯彻省军队转业干部安置工作小组会议精神，鼓励省（中）直各单位立足专业人才需求情况，使用自有编制接收安置专业能力的军队转业干部。二是宣讲学习“试点工作方案”，解读“直通车”式安置服务工作实施细则，发放《省中直单位“直通车”式安置岗位信息表》，归集省（中）直各单位专业人才岗位需求信息；通过分批发布岗位信息，完善操作细则，明确审核重点，完善工作程序；通过再宣传，有针对性地动员有参与意向而未及时参与的省（中）直单位参与进来；根据省（中）直各单位反馈的意见，延长“直通车”式安置服务工作时限，有效扩大参与范围。

（三）坚持以岗选人，确保“人岗相适”落地。为促进人岗相适，省直“直通车”式安置服务试点工作实行“二归集”“三审核”“四沟通”“八公开”的工作方法。“二归集”即归集接收单位提供的岗位信息，了解接收单位专业人才需求情况；归集军转干部报名信息，了解军转干部专业能力素质特长。“三审核”即通过省委编办审核接收单位提供的行政岗位空编情况；依据档案审核军转干部参与“直通车”式安置服务的资格；依据单位接收函和《个人确认表》，审核接收安置结果。“四沟通”即与接收单位沟通，了解专业人才需求情况，明确岗位条件要求；与军转干部沟通，详细解读政策，确认报名资格；与接收单位和军转干部双向沟通，确认接收安置结果。“八公开”即公开政策规定、公开工作方案、公开实施程序、公开接收条件、公开接收人数、公开岗位性质、公开岗位条件、公开安置结果。通过以上措施极大提升了试点工作的透明度和公信力，保证安置工作始终在阳光下健康运行。

2019年8月19日省（中）直单位计划分配军转干部“直通车”座谈会现场

（四）党政机关带头，使用空编优先选用。鼓励党政机关带头，使用空余编制优先选用军转干部。以省军队转业干部安置工作小组成员单位为主体，辐射省直各党政机关及中央驻豫单位，通过组织学习军转安置政策规定，动员省直各党政机关单位及中央驻豫单位提高政治站位，强化责任担当，把做好军转安置工作作为增强“四个意识”、坚定“四个自信”、做到“两个维护”的具体行动，作为践行初心使命的生动实践，作为支持推进国防和军队改革、助力实现强军目标的有力举措，对标对表党中央要求，高质量完成安置任务。省直“直通车”式安置服务工作试点共有39家省直党政机关及中央驻豫单位参与，占参与单位总数的75%；共拿出57个空余的行政编制岗位接收军转干部，占全部岗位的31.7%。

（五）坚持专业对口，广泛吸收专业人才。整个试点工作中，坚持“人岗相适、人事相宜”的基本原则，配合各参与单位查阅军转干部基本情况和专业特长，促进接收单位与军转干部之间的沟通了解，确保参与的单位接收到满足岗位需求的军转干部。吸收具有博士、全日制硕士研究生学历和从事警卫、飞行等特殊专业的郑州市计划分配军转干部参加“直通车”式安置服务，特别是具有博士学历的高层次人才和从事特殊专业的军转干部，不受安置去向和岗位性质限制。为保证接收单位遴选到专业对口、能力匹配、符合岗位要求的军转干部，积极配合接收单位通过《军队转业干部审批表》完成初步筛选，由接收单位统一组织笔试、面试等遴选工作。

三、经验启示

（一）以实现人岗相适为原则。“直通车”式安置服务试点工作要紧紧围绕专业对口、能力匹配、符合岗位需求、有利于干部发展的目标要求，实施精准化安置，提供精细化服务。

（二）以提升安置质量为目标。积极引导用人单位拿出空编用于军转干部安置，达到接收单位、军转干部、部队转业安置部门“三满意”的安置目标。

（三）以拓宽安置渠道为途径。“直通车”式安置服务试点工作为转业干部提供了自主选择单位的机会，也为用人单位提供了遴选吸收专业人才的平台，要有效调动双方的积极性，进一步拓宽安置渠道。

（四）以提高安置效率为抓手。“直通车”式安置服务工作提高安置效率要体现在“直通”和“快捷”两个方面，在实现军转干部和接收单位的直接对接的同时，发挥信息化办公的优势，集中分类处理数据，实现“点对点专车直达”。

供稿：河南省退役军人事务厅

坚持问题导向　积极改革创新
广东省广州市努力提升军转干部计划安置工作质效

广州市是广东省乃至全国的军队转业干部计划安置工作大市。近年来，每年安置总量逾千人，占全省的1/3，连续多年居全国省会城市第一名。2019年广州市委退役军人工作领导小组成立以来，注重积极衔接新时代国防和军队改革新要求，针对以往工作容易出现的矛盾和困难，坚持问题导向，不断改革创新，取得明显成效。全市2019年度军转干部计划安置实现无军转干部信访、无工作人员违纪、无相关人员被问责的目标，总体上做到个人、部队、接收单位三满意。广东省退役军人事务厅刊发了广州市的做法。

一、背景情况

军转干部为国防和军队建设作出过重要贡献，如何计划安置好，使他们人适其岗、人安其位、人尽其能，各级高度重视，军队高度关注，个人非常关切。广州市在去年调整改革计划安置政策办法前，存在的问题较为突出：一是部队领导举荐多，出于对优秀干部的关心爱护，想方设法向地方领导推介；二是军转干部担忧多，担心自己没被举荐、没找单位，安置不到理想的单位和职位；三是地方领导顾虑多，担心接收安置时因处理不好供需矛盾，损伤军政关系，影响军队建设，挫伤军队干部积极性；四是职能部门协调多，为确保部队、个人和接收单位三方满意，反复沟通、多方协调，工作量很大；五是廉政风险隐患多，一旦做不到高度公开公平，在部队、接收单位、安置部门都极易存在廉政风险。

习近平总书记指出，军转干部安置工作的出路在于深化改革。去年广州市退役军人事务局成立之后，针对上述矛盾问题，迅即启动“突出国防贡献、确保公平透明、力求人岗相适”的阳光安置政策改革，得到广东省退役军人事务厅和广州市委、市政府的大力支持。市委张硕辅书记在市委退役军人工作领导小组第一次会议上亲自部署、提出要求。随后，广州市加快出台新的军转安置办法，推进改革落地，仅用 2 个多月时间，全部确定 1086 名军转干部计划安置单位并完成档案移交，没有出现一例少接拒接军转干部和军转干部拒不报到的情况。

二、主要做法

一是评分选岗注重国防贡献优先，力避部队领导主动“找”。能否科学考评军转干部，合理确定安置选岗顺序，使在部队建设贡献大的干部得到优先安置，不仅军转干部关切，部队领导也十分关注。这个问题解决得好，则不需要部队领导多方举荐。为此，2019 年广东省退役军人事务厅联合省军区及时出台了科学量化军转干部国防贡献大小的考核评分办法，并优化了打分程序和标准。广州市注重充分利用该考评办法，突出团职和技术九级以上（含营以下政策性照顾对象）计划分配进市直单位的军转干部这一重点和大头，改革市安置办法，将过去的双向选择、考试考核与计划性安置相结合的办法，调整为以打分选岗为主、双向选择为辅、计划分配兜底的安置办法，把打分选岗作为第一环节，将选岗顺序、安置结果与军转干部的德才表现尤其是国防贡献密切挂钩，形成谁的国防贡献大，谁就有优先选择权的鲜明导向。特别是将考评得分、选岗顺序提前公示，使军转干部对自己所处的位置和选择空间心中有底。部队领导反映，广州这一改革，将过去以用人单位、安置部门选人为主改为转业干部个人选岗为主，人为因素少了，现在部队领导省心了、转业干部放心了、现役干部也更安心了。

二是岗位归集注重人事相适相宜，力避接收单位反复“挑”。为防止出现接收单位因担心接到的不是想要的、不是想来的，而不愿接、反复挑的问题，广州市开创性地设计了根据专业分类进行对口选岗的办法。由市军转安置工作协调小组根据各市直单位业务特点，划分为党政综合、政法综治、医疗文化教育体育、信息科学技术、城市建设生态环保、经济金融财务六大类部门，事先根据军转干部专长，分析统计出所需各类岗位总量，并组织各单位按需求计划提供安置指标。与此同时，组织军转干部根据所学所长，自行确定所属专业类别，按打分顺序进行选岗，最大限度实现安置结果的专业对口。从安置结果看，这一做法受到接收单位和军转干部的普遍欢迎。

广州市退役军人事务局杨承志局长与现场选岗军转干部交流

军转干部选岗

军转干部选岗现场

三是选择定岗注重公正公平公开，力避干部个人到处“跑”。赋分选岗、分类选岗只有在阳光下公正操作，军转干部才信服，才可以防止跑关系、找领导等非组织行为的发生。广州市安置部门注重及时建立健全相关规章制度，坚持严格按政策法规办、按规定程序办。期间，成立专项工作协调小组，多次会同驻穗部队各大单位转业办征询意见建议，共同协商同分排序、选岗特情应对等敏感事项处理办法。安置过程全方位、全流程、全时段公开，岗位指标和考核分数排名一同提前公示。先后组织3天轮流选岗会，省厅领导现场督导，部队全程参与，市退役军人事务局机关纪委和市派驻纪检监察组全程监督，并首次引入公证机关进行证据保全公证，确保安置过程阳光运行，有效规避廉政风险。事后，7名军转干部向广州市政府致感谢信，表示这种做法让军转干部上岗前不再纠结、心中踏实了。

四是工作落实注重凝聚各方共识，力避职能部门推进“难”。军转安置工作难在协调各方。为提高工作效率，广州市退役军人事务局在安置方案形成初期，及时向上级部门汇报并广泛征求军地各方意见，争取各方支持；扎实开展可行性论证和风险评估，确保顺利推进。方案印发后，召开宣讲大会，由局主要领导给军转干部、驻穗部队和市、区相关职能部门进行方案解读和现场答疑，取得各方理解认同；积极协调全市上下准确把握市委、市政府意图，迅速统一思想，互相支持配合，狠抓分工落实。由于准备充分、发动到位，各接收单位积极加强编制调配，部分市直部门还主动申请增加接收指标，各区也克服困难提供优质岗位，确保安置任务按照时间节点圆满完成，安置到公务员（参公）岗位的比例达到98.2%。为进一步提高军转安置工作的人岗相适度，2020年广州市安置部门又向省厅申请开展以打分选岗为主与“直通车”安置相结合的改革试点，努力达到部队、个人、接收单位都满意要求。

三、经验启示

广州市推进军转安置工作改革创新，能总体上实现“三满意”目标，在组织领导和统筹谋划上有些经验值得总结：一是政治站位上要坚持强国和强军相统一。军转安置是军事人才资源在社会再配置、再优化、再激励的过程，应作为政治任务和优才工程来对待。广州市委将军转安置工作作为事关广州发展、事关强军固防、事关民生福祉的要事来领导和统揽，是改革创新取得成效的重要政治组织保证。从实践看，有政治上的高站位，才有改革创新上的高质效。二是谋划设计上要坚持目标导向和问题导向相统一。广州市的安置改革之所以比较好地防止了干部怕、部队忧、单位推、协调难的问题，在于出台完善安置办法时注重强化问题意识，坚持克难攻坚，瞄准堵点、痛点、难点抓改革求创新促落实。实践证明，坚持问题导向是推进改革创新的重要法宝。三是工作落实上要坚持完善政策与规范制度相统一。广州市的改革创新举措能得到多方认同、顺利推进，很重要的一条就是建立了意见征询、解读宣传、阳光运行等一整套制度措施作保障，从而形成了工作合力、提高了落实效益。特别是注重让权力在阳光下运行，既最大限度地维护了军转干部的切身利益，又有效避免了廉政风险。四是方式方法上要坚持组织需要与个人发展相统一。广州市在安置调整改革后没有出现一例少接拒接和拒不报到的现象，主要原因在于在政策制度设计上坚持以人为本，尽可能照顾到军转干部的专业特长、个人意愿，努力实现个人识岗干事与单位用人知人相一致。可见，只有科学配置人才资源，才能促进效益发挥、华丽转身。

供稿：广州市退役军人事务局

云南省以“提速提质、既快又好”为目标牵引优质高效圆满完成军转安置任务

在云南省委、省政府的坚强领导下，在退役军人事务部的精心指导下，云南省退役军人事务厅坚持以习近平新时代中国特色社会主义思想为指导，以习近平总书记关于军队转业干部安置工作的重要指示精神为统领，增强“四个意识”、坚定“四个自信”、做到“两个维护”，强化政治担当、责任担当、使命担当，切实把军转安置工作作为关系国防和军队改革的一件大事、一项特殊政治任务摆在突出位置，不折不扣贯彻执行安置政策，以“提速提质、既快又好”为目标牵引，突出质量安置和刚性要求，用心用力用情把军转干部和随调家属接收安置好、管理服务好、培养使用好，增强其获得感、荣誉感、幸福感。2019 年，云南第 26 年在全国率先高质量完成年度军转安置任务，退役军人事务部向全国转发推广云南的经验做法。

一、背景情况

2019 年中央下达云南安置计划 800 余名，总体任务较前一年有所减少，但从客观方面分析，安置难度和压力增大，主要表现在三个方面：一是团职干部安置难的问题依然突出。2019 年，全省需要安置的团职干部有 130 余名，占计划安置总数的 16% 左右；昆明主城区需要安置的团职干部近 100 名，占计划安置总数的 20% 左右、占团职干部数的 74% 左右，这其中还不包括相应职级的专业技术干部和文职干部。尽管省委、省政府一直高度重视

团职干部安置工作，在全省范围内始终坚持“团职干部带行政编制、带非领导职数安置”这一照顾性政策，但团职干部的安置和职务安排还是面临着较大的实际困难。二是重点城市安置难度大。2001 年以来，每年到昆明市主城区安置的转业干部都保持在全省安置总量的 70% 左右，连续近 20 年的高比例、大数量接收安置转业干部，昆明地区的省市区三级机关接收空间已趋于饱和，安置压力越来越大。2019 年有近 500 名转业干部到昆明安置，占计划安置总数的 60% 以上，造成局部地区接收压力过大，加剧了供需矛盾，客观上存在安置任务重与接收空间小、安置期望高与客观实际差距大、工作标准高与协调落实难的“三大矛盾”。三是党政机关安置难度较大。近年来地方机构改革，部分改革单位撤并降改，超编人员分流，岗位大幅“缩水”。同时，通过对省级单位人员编配和转业干部比例情况摸底，绝大部分单位处于满编或超编状态，有相当一些单位转业干部占比超过 50%，最高的达 86% 左右。国家每年按照计划分配总数的一定比例给各省增加行政编制，绝大多数需要各地自行消化解决，云南省多年来 90% 左右安置到参公以上单位，尤其对军转安置量大的地市来说，编制缺口较大。随着政府机构职能改革的深入，在财政供养人员只减不增、人员编制和领导职数管理越来越严格的形势下，接收单位要求减少军转干部接收数量、改善队伍结构的呼声越来越高，把转业干部安置到公务员岗位的矛盾更加突出。

二、主要做法

（一）以“提速提质、既快又好”为目标牵引优质高效圆满完成年度军转安置任务

2019 年，云南省军转安置工作坚持以习近平新时代中国特色社会主义思想为指导，深入学习贯彻习近平总书记关于退役军人工作的重要论述，认真贯彻落实党中央、国务院的决策部署，在云南省委、省政府的坚强领导和退役军人事务部的指导支持下，紧紧围绕“提速提质、既快又好”目标，强化责任担当，创新措施办法，狠抓工作落实，取得明显成效。截至当年 10

月底，全省分3批发出了830余名计划分配军转干部、近50名随调家属的报到通知，第26年在全国率先完成年度军转安置任务，谱写了云南军转安置工作的新篇章。

1. 深入贯彻习近平总书记重要论述精神，强化站位高起点谋划

习近平总书记指出："军转安置工作十分重要，关系改革发展稳定全局和国防军队建设。各级党委和政府、军队各级组织要高度重视并满腔热情做好军转安置工作。"云南省委、省政府高度重视军转安置工作，始终把安置好军转干部作为一项特殊的政治任务摆在突出位置，采取超强举措抓紧抓实。一是加强领导高位推动。成立由省委书记任组长，省长任第一副组长，省委副书记、省政府分管领导和省军区主要领导任副组长，军地30多个部门为成员单位的省委退役军人事务工作领导小组，各地区也建立相应领导机制，全面加强组织领导，切实把军转安置工作统起来、抓起来，结合"不忘初心、牢记使命"主题教育推进落实。坚持把军转安置工作经费纳入年度财政预算，并建立自然增长机制，按中央财政补助标准1∶1配套适应性培训经费，补足进高校专项培训经费。二是摆上日程常抓常议。省委领导小组先后3次召开专题会议，学习贯彻习近平总书记关于退役军人工作重要指示批示精神，研究落实党中央国务院的决策部署；省委书记、省长多次就畅通渠道提升安置质量、加强军转干部培养使用等提出要求。省委常委会、省政府常务会专题审定军转安置工作方案和计划，明确提出"提速提质、既快又好"工作目标，即2019年全省接收的军转干部，除本人申请到企事业单位外，其他全部安置在行政或参公岗位，确保第26年在全国率先完成年度安置任务。三是压实责任末端问效。坚持把军转安置工作纳入全省年度综合考评，作为考核省级单位、州市党委政府领导班子、领导干部政绩的重要内容和评比表彰的重要条件，建立健全激励约束机制，制定出台了考评细则，成立了考评组织机构。明确各地各部门主要领导是安置工作第一责任人，严格落实工作通报、核查督办、约谈问责等制度，做到了层层压实责任、末端跟踪问效，确保领导重视到位、力量投入到位、服务保障到位、任务完成到位。

2. 军地各级同心合力密切联动协作，加快节奏高效率推进

习近平总书记指出：“军转干部是党和国家的宝贵财富，是建设中国特色社会主义的重要力量。军队干部转业到地方工作，是他们人生的重大转折，要安置好，也要使用好，继续发挥他们的作用。”云南省坚持在接收安置好的同时注重培养使用，通过营造良好氛围、强化军转培训、调动各方力量，形成工作合力提速增效。一是舆论宣传先导。广泛开展“进军营、送政策、畅安置”活动，集中宣讲37场次，参加官兵3000余人次，帮助大家进一步熟悉安置政策、找准自身定位、端正择业观念。充分发挥新闻网络媒体引导作用，邀请中央和省市的主流媒体全程参与军转培训、安置考试、公开选岗等各环节的宣传报道，实现了电视有图像、广播有声音、报刊有文字、网络有报道，在全社会营造了大力支持国防和军队改革、关心关爱军队转业干部的良好氛围。二是多措并举增效。认真摸清军转干部安置意向和专业特长，积极对接用人单位实际需求，在反复讨论研究、力求供需平衡的基础上制定了年度安置计划，最大限度做到人岗相适、人事匹配，为军转干部顺利实现工作转轨、事业转型、人生转段创造有利条件。按照“就近选班、集中管理、同步受训”的办法，在全省分6个片区开设9个班，组织800余名军转干部参加为期2个月的适应性培训，帮助大家改善知识结构、提高能力素质，加快角色转变。与5所大学座谈研讨加强和改进培训内容、方式方法，组织近180名2018年度军转干部参加为期1年的进高校专项培训。三是军地密切协作。与组织、编制、财政等有关职能部门建立常态化协商机制，梳理安置政策、机构编制等，积极推进工作开展；与接收单位之间，协商在前、计划在前、分歧消除在前，厅主要领导带队征求了40多个部门（单位）的意见建议；与驻滇部队之间，邀请负责同志一起制订政策、部署工作、解决问题，做到了思想上合心、工作上合拍、行动上合力。从年初制定工作方案到6月开始审核档案，从7月展开集中培训到10月安置任务完成，整个工作环环相扣、高效推进。

3. 切实维护军队转业干部合法权益，突出质量高标准落实

习近平总书记指出：“要坚持为经济社会发展和军队建设服务的方针，贯彻妥善安置、合理使用、人尽其才、各得其所的原则，推进退役军官安置管理保障体制机制改革和政策制度创新。”云南省坚持走既快又好的安置工作路子，认真解决好军转干部“三后”问题，努力创造军转工作惠及个人、家庭、部队和社会的综合效益。一是深入挖掘安置潜力。针对改革期间安置任务重、矛盾困难多等实际，用足用活“增加机构编制、自然减员与接收军转干部任务挂钩”“非领导职数单列、专用”“不计入同级控编减编任务控制数”等安置政策，并采取优惠措施支持军转干部到基层一线工作。2019 年，按照 130% 的比例下达了省级单位安置计划，实际接收占入昆明主城区安置总数的 70%；鼓励 12 名军转干部到边境县、民族自治县以及国家级贫困县工作。二是大力推行阳光安置。对师团职干部只考核不考试，按部队服役期间的功绩赋分；对其他干部实行考试考核，以考试成绩 40%、部队服役期间的功绩 60% 的比例折算赋分；允许接收单位在安置计划的 50% 比例内，合理设定条件选用工作需要的军转干部；坚持“五公开一监督”，即安置政策公开、安置程序公开、接收计划及条件公开、考试考核成绩公开、安置结果公开，接收社会和有关部门监督。三是树立正确安置导向。突出对师团职干部、功臣模范、长期在艰苦边远地区和特殊岗位工作的军转干部关心关爱。采取带编制、带非领导职数的办法安置师团职军转干部，昆明地区安置的近百名团职干部中 90% 在中央垂管和省级单位妥善安置，6 名团职干部在州市安排担任了实职领导职务；采取考核加分、重点推荐、倾斜照顾等措施，帮助安置了“滚雷英雄”安忠文之女、5 名现役飞行员配偶、16 名涉核岗位人员；参照原工作性质和本人意愿妥善安置 48 名随调家属，随迁子女一并办理落户和入学就读。四是探索“直通车”式安置办法。开辟特殊人才绿色通道，向省法院、省检察院直接输送通过司法考试的军转干部，支持省国家安全厅按比例优先选用人才，鼓励协调 15 家省级单位根据人才需求计划外接收安置近 30 名军转干部，提供了精准高效、方便快捷的安置服务。截至 10 月底前，全省近 30 名军转干部自愿申请到高校等企事业单位，800 多

名军转干部全部安置在行政或参公岗位，做到了军转干部、部队和接收单位“三满意”，圆满实现了“提速提质、既快又好”工作目标。

（二）“六到位”“六确保”做实做好军转干部适应性培训

云南省退役军人事务厅认真贯彻落实习近平总书记关于退役军人工作重要论述精神，坚持把做好计划分配军转干部适应性培训作为军转安置工作的重要环节，坚持“六到位”“六确保”高质量扎实开展计划分配军转干部适应性培训工作，取得了明显成效。2019年，全省共组织培训计划分配军转干部830余名，参训率99.7%、合格率100%，得到了军地各级和军转干部的一致好评。

1. 组织领导统到位，确保工作起点高。坚持把军转培训作为党的干部队伍教育培训工作重要组成部分，成立了由云南省退役军人事务厅主要领导任组长、分管领导任副组长，军地14家涉训单位（处室）负责人为组员的教育培训工作领导小组，多次召开会议进行研究部署；制定出台了《云南省2019年计划分配军队转业干部适应性培训工作实施方案》，对涉及的8个方面39项具体工作进行细化量化具体化；厅主要领导亲力亲为，做到“三个一”：开班前检查一次、开班后看望一次和一次专题辅导授课，形成了分级负责、会议决定、跟班指导、总结讲评等工作机制，推进了军转培训工作规范化、制度化、科学化建设。积极争取省委、省政府在培训经费上的支持，按中央财政划拨的标准1∶1配套相关经费，有力保证了云南军转培训工作的顺利开展。

2. 科学统筹定到位，确保教学指向准。在昆明、曲靖、玉溪、红河、保山、大理6个片区开设9个培训班，确保全省军转干部就近选班、集中管理、同步受训。在全面研究论证的基础上，将培训分为集中培训和网络学习两个阶段，安排在7月至9月实施，既充分利用了安置前空闲时间，又保证了培训成效与随后安置定位相衔接。精心设置了国情省情社情介绍、政府机构职能设置与改革情况、机关及事业单位人事管理、公务员工资制度等8大类30余门课程，既有党的十九大精神、“不忘初心、牢记使命”主题教育等党的创新理论的阐述，又有“八项规定”、党风廉政建设等方面的解读；既有云南“一带一路”、民族与文化等特色内容的介绍，又有政务礼仪、公文写作等工作技能的传授；既有安置形势政策的宣讲辅导，又有职业设计的经验交流，确保了培训指向准、落点实、成效好。

3. 师资力量配到位，确保授课质量优。注重优中选优配师资，做到“理论问题专家讲、实践问题领导讲、自身问题军转干部讲”，先后邀请重庆大学、云南大学、大理大学、省委党校等专家教授（全部为副教授职称以上教师、博士学历占73%），对国情省情以及经济社会发展等重大政治经济理论问题进行辅导；安排省委编办、省委组织部等职能部门领导，对建设服务型机关、党政机构设置与职能、工资福利、军转安置形势等现实问题进行授课；从省级、市级、基层一线三个层面，分别邀请了师职、团职和其他职务转业到地方的优秀军转干部代表谈体会、讲认识，用鲜活经验为大家答疑释惑、支招解难，进一步坚定了军转干部到地方建功立业的信心和决心，助推实现由军队到社会、军事人才到地方人才的顺利转型。

4. 形式多样落到位，确保教育方法活。教学坚持在形式上大胆创新、在载体上力求多样，以基础课程为“主课堂”，辅助开展军转政策“微讲堂”、国情省情“大扫描”、地方工作“系列谈”、知识储备“连连看”等活动，做到“课堂教学与个人自学、案例教学与情景教学、理论灌输与实地观摩、书本学习与技能培训”四个有机结合；组织以“凝心聚力，砥砺前行”为主题的拓展训练4次，依托信息产业中心、大数据中心、现代工业园区、红色教育基地和廉政教育基地等开展现场教学16次，展开体育比赛、演讲比赛、歌舞晚会等文娱活动近20场，不断促进教学成果入心入脑、解渴管用。扎实开展“优秀学员”“优秀论文”评选活动，并将培训情况作为军转干部安置后单位定职定级、核发工资的重要依据，向重点接收单位推荐，切实形成在军转培训中刻苦学习、创先争优、比学赶帮的浓厚氛围。

5. 网络教学促到位，确保培训效果佳。充分发挥网络教学信息量大、覆盖面广、交互性强、传输快捷等优势，依托云南省干部在线学习学院网络平台，建立以个人必学与自主选修、网上答题与体会交流、学习培训与考评验收相结合的网络教学培训组织模式。实行菜单式选学，设定了26门涉及党中央、国务院和云南省委、省政府重大决策等为主要内容的必学课程，开设了涵盖公共管理、市场经济、时事政治、法律法规、领导科学等内容的6类700余门选学课程，学员可在电脑和手机在线随机学习，达到规定学分者予以合格，并视同完成接收单位干部在线年度个人学习任务，不再重复参学。2019年，云南军转干部网络培训参训率达99.7%、合格率100%，已构建成为具有品牌效应、权威效应、规模效应的云南省干部网络培训典型。

6. 服务保障跟到位，确保参训热情足。高度重视军转干部在待安置期间容易出现思想焦虑、心理迷茫等问题，在各培训班实行“双班主任”管理，部队和地方各选派1名骨干全程跟训组训参训。同时，建立健全各培训班党支部和党小组，充分发挥组织功能作用，通过思想发动、谈心交流、职业规划以及典型示范等，展开经常性心理疏导；部队组织保持与军转干部的常态化沟通联系，跟踪掌握思想动态，持续做好“一对一”的思想工作，确保了军转干部心声有人听、心事有人问、心结有人解。充分发挥新闻媒体的作用，邀请云南电视台、昆明电视台、人民网、《云南日报》《春城晚报》等12家主流新闻媒体，全程参与军转培训宣传报道，云南培训的开训动员、授课实景、安置考试等情况，先后被省市两级电视台、7家中央和省级主流媒体广泛宣传报道，实现了电视有图像、广播有声音、报刊有文字、网络有报道，在全社会大力营造了关心关爱军转干部、帮助支持安置工作的良好氛围，增强了军转干部的荣誉感、幸福感和获得感。

三、经验启示

一是加强组织领导高位推动。云南省委、省政府始终把安置好军转干部作为一项特殊的政治任务摆在突出位置，采取超强举措抓紧抓实。2019年初，成立了由省委书记任组长、省长任第一副组长、省委副书记任常务副组长、省政府分管领导和省军区主要领导任副组长，30多个省级部门为成员单位的省委退役军人事务工作领导小组，构建了全新的组织领导和工作机制，为退役军人服务保障工作提供了有力组织保障。多次召开会议，学习贯彻习近平总书记重要指示精神，并专题审定军转安置工作方案，明确提出“提速提质、既快又好”的工作目标。市县相应成立由党委、政府“一把手”任领导的退役军人事务工作领导小组，切实把军转安置工作统起来。坚持把军转安置工作纳入全省年度综合考评，建立健全激励约束机制，严格落实工作通报、核查督办、约谈问责等制度，做到了层层压实责任、末端跟踪问效，确保领导重视到位、力量投入到位、服务保障到位、任务完成到位。

二是大力营造良好军转安置工作环境。我们广泛开展“进军营、送政策、畅安置”活动，集中宣讲37场次，参加官兵3000余人次，帮助大家进一步熟悉安置政策、端正择业观念，清楚自身优势，结合地方情况找准自身定位。在整个安置工作中，充分发挥新闻网络媒体引导作用，邀请中央和省市的主流媒体全程参与军转培训、安置考试、公开选岗等各环节的宣传报道，实现了军转安置工作电视有图像、广播有声音、报刊有文字、网络有报道，在全社会营造了大力支持国防和军队改革、关心关爱军转干部的良好氛围。我省是边疆民族地区，是新中国成立后历经战事最多、持续时间最长、影响最为深远的省份，也是驻军大省之一。长期以来，军政、军民之间结下的深厚情谊不断传承升华，铸就了“军爱民、民拥军、军民团结一家亲”的基石。全省各级退役军人事务部门主动作为，着力加强军地之间的密切协作，不断完善工作机制和流程。如：与组织、编制、财政等有关职能部门建立常态化协商机制，梳理安置政策、机构编制等，积极推进工作开展；与接收单位之间，协商在前、计划在前，消除分歧、达成共识。2019年厅主要领导亲力亲为，上门征求40多个部门（单位）的意见建议；与驻滇部队之间，邀请负责同志一起制订政策、部署工作、解决问题，做到了思想上合心、工作上合拍、行动上合力。从年初制定工作方案到6月开始审核档案，从7月展开集中培训到10月安置任务完成，整个工作环环相扣、高效推进，为实现“提速提质”目标提供了有力保障。

三是实行科学合理、阳光公正的分配办法。云南省严格执行中央有关军转安置的政策规定，立足全省实际，明确了采取“考试考核、阳光安置”的方式安置军转干部，分考试考核、选用选择等步骤进行。一方面，充分调动了接收单位的积极性。接收单位可以通过设置合理报名条件的办法，选用需要的军转干部人才。另一方面，搭建了公平公正、阳光透明的竞争平台。师团职干部只考核不考试，按部队服役期间的功绩赋分；营职以下和专业技术职务的军转干部实行考试考核，按安置考试成绩 40%、部队服役期间的功绩 60% 的比例折算赋分；同时，采取加分照顾的方式，突出了对功臣模范、长期在艰苦边远地区和特殊岗位工作军转干部的安置。

移交安置工作创新案例

四是充分发挥军转干部群体独特的自身优势。军人就是这个时代英雄群体之一，军转干部坚定的政治立场信念、过硬的身体素质本领、严格的组织纪律观念、无私的牺牲奉献精神、丰富的管理实践经验、较强的组织协调能力、雷厉风行的工作作风、团结协作的集体意识、忠于职守的敬业精神、吃苦耐劳的军人本色，是其参加地方工作特有优势。

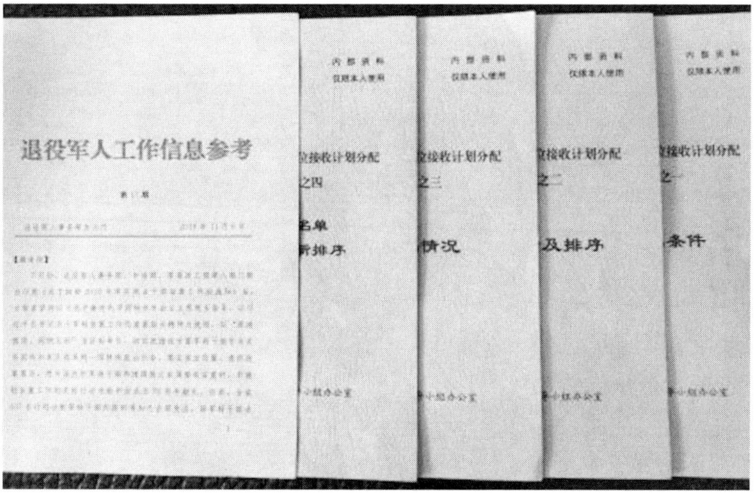

移交安置工作创新案例

五是着力加强服务保障。不断强化政治站位和服务意识，把军转干部的事当作分内之事，通过各种方式定期了解情况，及时排忧解难。加强工作汇报，积极争取党委政府更大支持，并充分发挥牵头作用，协调有关职能部门研议服务保障措施办法，努力为军转干部安置创造条件、提供便利。同时，在安置工作中，对军转干部综合成绩、安置计划、报名条件、报名和选用情况进行公示，全程接受社会各界以及纪检监察部门的监督；在培训、考试、选岗等重要环节，始终和部队转业移交部门联动协作审核把关，确保了军转干部合法权益。

供稿：云南省退役军人事务厅

大连市积极探索　倾力打造计划分配军转干部进高校专项培训特色模式

一、背景情况

探索开展计划分配军转干部进高校专项培训，是党中央关于做好深化国防和军队改革期间军转干部安置工作的重要部署，是安置好使用好军转干部的一项特殊措施和倾斜政策。2017年，大连市被确定为辽宁省首批计划分配军转干部进高校专项培训工作试点城市。大连市在探索实践中总结，在总结基础上不断创新，努力打造计划分配军转干部进高校培训特色模式，军转干部专业素质和岗位能力显著提升，成为大连市经济社会建设中的一支生力军。几年来，共有1190名学员参加了三个年度的专项培训，形成了独具特色的“大连模式”。

二、主要做法

（一）提高政治站位，高位推动专项培训工作

大连市委、市政府高度重视军转干部进高校专项培训工作，始终把这项工作作为特殊的政治任务谋划推进。工作伊始，市委、市政府主要领导召开专题会议研究部署，要求相关部门要以干部人才队伍建设战略工程的视野，严格组织，大胆探索，认真总结，创新工作，形成大连特色。市军转部门积极协调组织、教育、财政、高校等相关单位，深入探索政校合作培训军

转干部的有效形式，召开专题会议，制定工作方案，落实经费保障，出台政策措施，联合印发《关于开展计划分配军队转业干部进高校专项培训试点工作的通知》，在承训高校、培训模式、经费来源、工作责任等方面予以明确，形成工作合力，有力推动军转干部进高校专项培训工作顺利实施。

（二）积极探索实践，创新开展专项培训工作

赴全国首批试点城市考察学习先进经验，结合大连实际，首批选定大连理工大学、辽宁师范大学和东北财经大学3所学校作为承训高校。首批培训工作结束时，针对存在的教学管理、学员生活攀比、工学矛盾、知识碎片化等问题，多次组织召开部分接收单位、承训高校、教师专家、学员代表参加的座谈会，集思广益，形成共识。及时调整选派条件，根据专业对口和个人需求相结合的方式指派；探索创新培训模式，将为期一年的脱产学习调整为集中学习与岗位实训相结合的方式，在完成规定学时的基础上，继续在安置单位开展岗位实训，并要求安置单位指派岗位专业导师指导传带实训。军转干部进高校培训工作，培训时间更加灵活、专业知识更加实用、培训效能明显提升，逐步形成了“军转干部主动报，安置单位愿意送，承训高校积极培”的大连模式。

（三）严格教学管理，确保培训工作取得实效

承训高校高度重视培训工作，严格教学管理，成立了军转干部进高校培训工作领导小组，由该校副校长担任组长，并设立专项工作办公室，具体负责教学管理等相关工作。加强组织管理，分专业建班、成立临时党支部，将学员在校日常生活纳入组织管理体系；强化自我管理，成立学员生活委员会，使学员吃、住、行等方面得到良好保障，成立文体活动委员会，开展文体活动，丰富学员课余生活；建立考勤制度，采取授课录像、指纹签到等方式严格管理，军转安置部门定期进行抽检；建立考核评价机制，由安置部门与承训高校对学员考核考评，将考核结果装入档案，作为用人单位安排使用干部的重要依据。

三、经验启示

计划分配军转干部进高校培训是一项试点工作，是安置好使用好军转干部的一项特殊措施和倾斜政策。一是加大军转干部进高校政策宣传和舆论引导力度，不断优化措施办法，积极解决工学矛盾，既要解决学习问题，又要适当兼顾岗位工作，充分调动承训高校、培训学员、接收单位三方积极性。二是提升培训的精准性，按照“缺什么补什么、干什么学什么”的原则，充分挖掘本地优质高校资源，综合考量承训高校教学能力，科学设置专业课程，坚持以人为本、按需施教，尽快实现军转干部从军事人才向地方经济建设人才的转型发展。三是建立双向培训考核评估体系，既考核评估承训高校培训效能，又组织相关部门对培训学员进行培训考核评定，以考促教、以考促学，确保军转干部进高校专项培训工作取得实效。

供稿：大连市退役军人事务局

就业创业

天津市建立协调机制　强化合力共为促进职业教育和技能培训工作深入开展

一、背景情况

为深入贯彻习近平总书记关于退役军人工作的重要论述精神，认真落实国家和天津市教育培训工作有关决策部署，切实做好退役军人职业教育和技能培训工作，促进就业创业，在与市教委、市财政局、市人社局等有关部门经常开展沟通协作基础上，经市退役军人事务局和市关爱退役军人协会主要负责同志倡导推动，报市委退役军人事务工作委员会批准和市委书记李鸿忠同志同意，2019 年 10 月，由市委退役军人事务工作委员会办公室印发通知，在市教委、市财政局、市人社局、市退役军人局、市教育招生考试院、市关爱退役军人协会等 6 个部门和单位之间，建立“天津市退役军人职业教育和技能培训工作协调机制”，统筹协调、组织指导、部署实施、督促检查全市退役军人职业教育和技能培训工作，促进全市退役军人教育培训工作深入发展。

二、主要做法

（一）提高思想认识，不断强化抓好教育培训工作政治自觉。市退役军人事务局坚持以贯彻落实国家教育改革实施方案、新时代退役军人就业创业工作的意见等文件为契机，通过发送公函、对口沟通、座谈协商、定期会议等方式，学习传达党和国家关于退役军人就业创业工作决策部署、最新政策规定、全国会议精神，市委书记李鸿忠、市长张国清等市领导关于稳就业、教育培训和职业技能提升行动的批示指示，统一有关部门思想认识，提高政治站位，增强做好退役军人教育培训工作责任感和使命感。通过以市委退役军人事务工作委员会办公室名义印发《关于建立退役军人职业教育和技能培训工作协调机制的方案》，彰显市委对职能部门之间建立"工作协调机制"的重视和支持，切实增强各成员单位抓好退役军人教育培训工作的行动自觉。各成员单位坚持把退役军人职业教育和技能培训工作摆到突出位置，明确一名分管领导具体负责，对口业务处室根据工作职责，及时做好相关工作，推动退役军人教育培训政策规定和工作任务落实落地。各成员单位有关领导坚持定期联合深入教育培训机构调研视察、召开专题会议研究解决矛盾问题，加强对教育培训机构的指导、支持和鼓励，不断激发培训机构做好退役军人教育培训工作的自豪感荣誉感。

（二）加强制度建设，着力提升教育培训工作治理能力。根据退役军人教育培训工作职能和任务要求，认真研究制定市退役军人职业教育和技能培训工作协调机制《工作办法》，并提交"协调机制第一次会议"讨论通过，为切实提高全市退役军人职业教育和技能培训工作治理能力和水平，确保协调机制健康运行，提供有力制度保障。一是建立运行机制。工作办法规定：各组成单位分管负责同志为协调机制成员，各组成单位有关处室负责同志担任联络员。市退役军人事务局为牵头单位。在成员单位之间，建立定期联席会议、工作协调会议和临时会议制度。联席会议，原则上每半年召开1次，由牵头单位召集，各组成单位成员、联络员和有关负责同志参加。主要听取退役军人职业教育和技能培训工作汇报，研究解决工作中遇到的突出问题和矛盾，安排部署工作任务，明确工作要求。联席会议议定的重要事项形成会议纪要并印发相关单位。工作协调会议，由各组成单位联络员根据工作开展情况，适时组织召开工作协调会，对有关工作进行沟通协调，对工作中发现的问题进行研究并提出意见建议，推动工作落实。临时会议，遇有市领导同志指示或工作需要，各组成单位可以提出建议，由牵头单位临时召集会议。

必要时邀请其他有关部门人员参加。二是明确任务要求。“协调机制”主要工作任务是：认真贯彻落实党中央、国务院关于做好退役军人职业教育和技能培训工作部署要求，统筹协调、研究解决教育培训中的有关问题。组织指导和部署实施全市退役军人职业教育和技能培训工作，推动各部门之间沟通协作，加强政策衔接和工作对接沟通。督促检查退役军人职业教育和技能培训工作落实情况。完成市委退役军人事务工作委员会交办的其他事项。三是推动工作落实。各组成单位根据职责分工，认真组织落实联席会议议定事项，及时向牵头单位提供工作计划安排、实施方案、动态信息及需提交“协调机制”研究协调的事项等，加强跟踪督办，并将实施情况及时反馈牵头单位。

举办天津市退役军人职业技能培训基地揭牌仪式

组织召开退役军人职业教育和技能培训工作协调机制会议

（三）坚持合力共为，推动教育培训工作取得明显成效。自“协调机制”建立以来，各成员单位，以做好退役军人职业教育和技能培训工作为己任，深入开展教育培训工作调研，做到相关信息互通共享，重大问题及时会商，重点工作合力推进。同时，坚持问题导向，有针对地研究提出解决问题的方法措施，不断巩固和加强协调机制合作共为的良好运行机制，促进全市退役军人教育培训工作深入发展。一是配套政策有成果。坚持以国家最新出台的退役军人就业创业和相关教育培训政策为依据，充分发挥协调机制作用，下力做好全市退役军人相关教育培训政策的研究制定和规范完善。先后制定出台了《天津市关于促进新时代退役军人就业创业工作的实施办法》《市教委等八部门关于印发2019年落实高职百万扩招任务的九项举措的通知》《市教委　市退役军人局关于2019年开展退役军人学历提升工作的通知》《市退役军人局　市人社局关于做好退役军人就业创业工作的通知》、《市退役军人局　市人社局关于应对新冠疫情有效促进退役军人就业创业工作若干措施的通知》等文件。这些政策的出台，为全市做好退役军人就业创业和教育培训工作提供了有力的政策支撑和制度保障。二是职业技能培训有成效。首次在市级层面，明确了8个市级退役军人职业技能培训基地，先后于2019年1月份筛选15个院校49个专业、9月份筛选22个院校72个专业，分两批面向2018、2019年两个年度退役士兵发布市级职业技能培训机构和专业目录清单，供退役军人自愿选择。同时，组织指导各区认真筛选教育培训机构，列出区级目录清单，向退役军人发布。2019年，共有1170名退役军人参加各类教育培训。2020年以来，受新冠肺炎疫情影响，会同市人社局积极开展退役军人线上培训，截至4月30日，共5390人参加线上培训。三是职业教育有突破。按照国家高职百万扩招的决策部署，市退役军人局会同市教委、市教育招生考试院等部门，及时召开工作协调会议，就退役军人参加职业教育有关政策、实施方案、组织报名、身份认定等工作进行专题研究，制定贯彻落实措施。通过下发通知、微信公众号和官网发布、印发招生简章等措施，面向退役军人群体大力宣传，帮助退役军人报名参加高职扩招。2019年，两批高职扩招共录取6451名退役军人参加高职教育。四是适应性培训有实践。通过专门下发通知、召开会议部署、督导制定方案等方式，要求并指导各区组织开展退役军人适应性培训。积极协调市人社、市教委等成员单位，在就业创业形势宣讲、职业教育培训流程、帮助树立正确择业观等相关培训内容上给予有力支持，合力帮助退役军人搞好心理调适，引导正确认识自己，合理规划退役后工作生活。

三、经验启示

退役军人教育培训工作，事关退役军人稳就业工作大局，事关退役军人切身利益，政策性强、涉及领域广，离不开市委、市政府的高度重视和坚强领导，离不开退役军人事务部门的主动作为、开拓创新和强力推动，离不开各职能部门和相关单位的大力支持、协作配合。因此，我们一定站在政治和全局的高度，充分认识做好退役军人教育培训工作的重要意义，以提高退役军人就业创业竞争能力，实现高质量就业为目标，加强与相关部门、有关单位和各区的协调配合，充分发挥“退役军人职业教育和技能培训工作协调机制”作用，形成工作合力，狠抓工作落实，切实把教育培训工作抓紧抓好抓出成效。

供稿：天津市退役军人事务局就业创业处

山西省举办退役军人就业创业“云招聘”活动

一、背景情况

为抓住春节过后企业用工需求和退役军人求职的“高峰期”，及时跟进做好就业创业服务工作，2019年12月至2020年3月在全省集中开展“退役军人迎新春招聘行动”，并于12月15日与省人社厅、省军区共同举办“山西省退役军人迎新春招聘行动”启动仪式暨太原现场招聘会。疫情期间，为贯彻国务院部署和省委省政府工作要求，我们将全省“退役军人迎新春招聘行动”现场招聘会调整为网上招聘服务，率先在全国推出线上微直播招聘活动。

二、主要做法

2020年2月18日、27日、3月11—13日先后举办了5场以“求职不出门、工作送到家”为主题的退役军人网络招聘和微直播活动。累计参与招聘企业5601家，提供岗位42843个，实时在线访问34120人次，投递求职简历7万余人次，其中3800多人达成就业或面试意向，共实现就业579人。为积极响应广大退役军人就业创业需求，3月31日、4月8日分别举办了以“企业眼中的优秀退役军人”和“退役军人创业应该知道的事儿”为主题的微直播活动，向退役军人求职者传授参与直播、在线投递、求职应聘的技巧。5月11日在复工复产的关键时期，我厅再次行动，升级退役军人网络招聘服务，特推出“山西名企退役军人专场招聘微直播”活动。山西顺丰速运有限公司、山西滴滴出行科技有限公司、山西燃气工程高级技工学校、山西冲锋号教育科技有限公司、太原市三晋大厦有限公司五家企业，线上集结，发布优质岗位，介绍福利待遇，解答网友提问。据不完全统计，共有6610人次参与直播，在线发帖619条。

中央电视台对我省疫情期间开展退役军人网络招聘推进复工复产工作进行报道。

具体开展情况如下：

（一）前期准备

活动全程采用线上方式进行落地实施。依托山西省退役军人就业创业服务平台搭建网络招聘会会场，实现招聘岗位在线发布知名企业在线路演，招聘双方在线沟通、应聘结果在线反馈。

为动员组织全省各级退役军人事务部门共同做好这项工作，印发《关于开展全省退役军人在线招聘活动的通知》，要求各地加强宣传发动，引导组织广大企业和退役军人有序参与。

（二）活动开展

1. 参会报名

活动开始前，提供在线报名功能，意向参会的企业和个人可在线提交基本信息进行报名。对报名成功的企业，将安排专人对接，采集企业信息和

工作上“晋”
就业无忧
山西名企退役军人专场招聘微直播
时间：5月11日15:00-16:00

网络视频招聘会

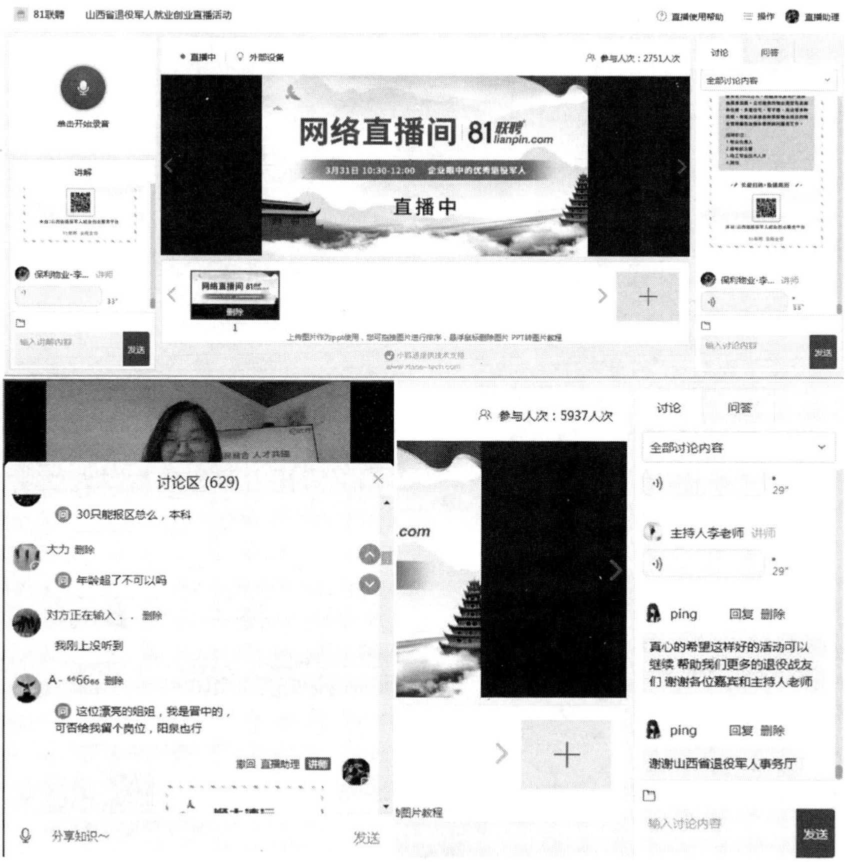

网络招聘会

招聘岗位。对报名成功的个人，在活动前一天，将通过电话方式提醒活动开始时间和参会注意事项。报名链接可在线进行分享传播，方便活动推广。

2. 在线对接、实时沟通

活动进一步完善在线求职功能。为参会企业设立在线展位，方便求职者充分了解招聘情况。为求职者提供在线简历，可在线进行投递应聘。此外，将重点拓展求职者与招聘负责人一对一在线实时沟通功能。在活动期间，求职者可通过语音、文字、图片等方式，与企业招聘负责人进行在线沟通咨询。企业招聘负责人可在线进行实时回复，实现招聘供求双方全面沟通、在线对接。

3. 直播路演（微直播）

采用线上直播方式，进行知名企业在线路演。活动期间，设立路演直播间，邀请知名企业负责人、人力资源专家与求职者在线交流，展示企业形象、招聘需求、发展前景、求职注意事项等。直播路演采用语音、文字、图片、视频等多媒体方式进行，求职者可在线观看，对路演岗位可在线投递应聘，并可在线与招聘负责人、人力资源专家进行沟通互动。

4. 投递反馈

活动中求职者进行的岗位投递应聘，将通过短信、语音电话等方式，及时反馈招聘结果。

（三）效果反馈

通过数据反映活动效果。重点监测的数据包括：参会企业数量、岗位数量、活动在线人数、活动简历投递量、线上咨询量、意向达成量。

三、经验启示

（一）创新模式

在疫情防控关键时期大力开展网络就业服务，推动复工复产，发挥网络平台优势，开辟线上招聘新模式，探索“不出门”“零接触”。实施“云招聘”“微直播”，既能有效规避人员聚集、疫情传播的风险，又能有效缓解因疫情肆虐而导致的招工难、就业难矛盾，极大地便利了退役军人与企业交流对接，使就业服务工作变得更加精准、高效。保利物业参加在线招聘收到简历 140 份，最后发出 29 份入职通知。保利物业太原公司人力资源部经理王晓宇满意地说：“这样的活动，能够为我们推荐合适的管理干部储备人员，确实很不错。”忻州退役士兵程亚峰参加了在线直播招聘，和不少参加招聘的退役士兵一样，他也有所收获。他反馈“很快就参加安弘的面试，通过了。现在就等着入职通知。”山西安弘检测公司通过 2 月 18 日微直播活动一次录用 16 名退役军人，在疫情防控期间，帮助他们有效缓解了燃眉之急。线上招聘模式是得到用人企业和退役士兵认可的。

（二）广泛征集

通过官网及时发布《关于征集用人单位参加退役军人在线招聘会的公告》，面向社会广泛告知在线招聘的内容、方式和相关要求。对报名参加在线招聘的企业，加强资格审核并进行必要的岗位筛选，切实保证招聘岗位质量。对用工需求量大、岗位匹配度高、自身形象好、社会知名度高的企业，重点邀请参加在线招聘并参加路演。

（三）增强配套

专门邀请人力资源专家、心理辅导讲师在线解答网友提问，指导帮助退役军人提高求职成功率。及时发布退役军人就业创业优惠政策等内容，提供针对性服务。开办《退役军人如何写好简历》《如何顺利通过网络面试》等网络微课程，为退役军人传授求职技巧。及时回访部分参加在线招聘的企业和退役军人，了解活动成果，听取意见建议，不断改进完善，提升服务水平。

实施“云招聘”，辅以“微直播”。这是我厅运用互联网、大数据技术，创新退役军人就业服务手段方式方法，积极应对新冠肺炎疫情影响的探索尝试。无论从模式创新、实际效果、社会影响等方面看，都走在全国前列，许多兄弟省市借鉴了我们的做法。新华社、中国军网、《中国国防报》以及《山西日报》、山西广播电视总台等媒体作了深入宣传报道，引起社会各界广泛关注。

我们将坚决贯彻落实中央和省委、省政府关于统筹推进疫情防控和稳就业的决策部署，紧紧围绕省委“四为四高两同步”总体思路和要求，狠抓各项政策措施的落实落地，全力做好退役军人就业创业工作，为决战脱贫攻坚、决胜全面建成小康社会，谱写兴晋富晋强晋的崭新篇章做出新贡献。

供稿：山西省退役军人事务厅

广泛动员社会力量　不断拓展退役军人服务保障渠道

——内蒙古自治区乌兰察布市退役军人事务局创新工作案例

乌兰察布市退役军人事务局自组建以来，针对当地大型企业少、就业岗位少、下岗失业退役士兵再就业困难、公益性岗位补贴低等实际情况，注重引入社会力量参与退役军人服务保障工作，帮助广大退役军人提升就业创业能力，拓展就业创业渠道，提高就业收入，取得了较好的效果。

一、基本情况

乌兰察布市总面积 5.45 万平方公里，辖 11 个旗县市区，户籍人口 287 万，境内有亚洲最大的朱日和陆空联合训练基地和神舟系列飞船主着陆场，战略位置十分重要。全市有退役军人和其他优抚对象 54824 人，其中重点优抚对象 9297 人，是自治区驻军单位、兵员和优抚对象较多的盟市之一。20 世纪 90 年代以来，市县两级所属企事业单位改制，绝大部分企业转制、破产，造成大量退役军人下岗失业。据不完全统计，全市下岗失业退役军人 5485 人（约占全市退役军人和优抚对象的 10%），因家庭生活困难被纳入低保的 1464 人（约占全市退役军人和优抚对象的 3%），其中绝大多数下岗失业退役军人正值“4050”再就业困难阶段，“上有老、下有小”，家庭负担沉重，生活压力大；加之乌兰察布市经济发展相对滞后，公益性岗位补贴每人每月 1440—1660 元之间，除去个人缴纳社会保险部分，发到手的 1000 多元对于维持生活也比较困难，部分退役士兵选择了向退役军人事务部门寻求援助。

二、主要做法

探索“政府+企业”模式，提高公益性岗位补贴标准。乌兰察布市退役军人事务局成立后，局党组认真分析退役军人遗留问题症结，电话邀请市本级登记上访人员代表召开座谈会听取意见，对再就业情况进行摸底核实，并完成分类统计建档立卡。在市政府的大力支持和人社部门的积极配合下，与集宁区 7 家服务型企业进行对接，按照政府将公益性岗位补助拨付企业，企业按照当地人力资源薪金标准补齐差额，就业局帮助再就业人员缴纳社会保险单位缴费部分，上岗人员月收入达到了 2800 元以上，缴纳个人承担的社会保险缴费部分后，月收入保持在 2000 元以上，基本满足了生活需要。2019 年 8 月 20 日，市退役军人事务局联合市人力资源和社会保障局，在市

2019 年度退役士兵职业技能培训班结业典礼暨就业招聘会

退役军人事务局一楼大厅举办了市本级符合政府安排工作条件下岗失业退役军人公益性岗位选岗招聘会，市本级下岗失业退役军人600余人参加选岗招聘会，至今已有138名退役军人实现再就业。

下岗失业退役军人公益性岗位选岗招聘会

探索“政府+学校”模式，提升退役军人专业技术能力。乌兰察布市企业单位少，相对稳定的就业岗位比较少，退役军人由于受专业技术和学历所限，在当地就业竞争力相对偏弱。市退役军人事务局积极与驻地电大和高级技工学校联系，每年举办退役士兵学历教育和短期技能培训，组织进行职业技能鉴定，并由学校组织退役军人专场招聘会，实现人岗对接、双向选择，进一步提升了退役军人就业竞争力。2019年对316名退役士兵进行了学历教育和短期技能培训，76人参加了职业技能鉴定考试并取得了相应的职称，举办了3场退役士兵专场招聘会，166名退役军人走上就业岗位。

探索“政府+退役军人典型”模式，拓展就业创业渠道。乌兰察布市部分退役军人在经济社会发展过程中，保持和发扬军人本色，开拓奋进，努力奋斗，取得了一定的成绩。市退役军人事务局注重发挥优秀退役军人代表的典型引路和创业孵化作用，组织召开退役军人创业典型代表经验交流会，带动退役军人积极投身就业创业大潮中。商都县华林商厦有限公司董事长、商都县不冻河生态旅游开发公司总经理王存喜，利用自己开办的公司招聘退役军人近百名，利用自己创办的祥云驾校为退役军人减免培训费用，推荐租赁出租车，解决了部分退役军人的就业岗位。集宁区政协常委、内蒙古星辰企业管理有限公司董事长、集宁和润农机装备有限公司董事长雷景斌，自主择业后创办企业，在我市成立了退役军人创业就业孵化园，积极为退役军人开展创业指导就业培训搭建平台，先后帮助50多名自主择业干部和退役士兵开展创业孵化，为70多名退役士兵解决了就业岗位，为30多名退役军人取得了不同岗位的从业资格证。在2019年自治区退役军人工作会议上，以上2名同志都被表彰为全区模范退役军人。

三、经验启示

一是要紧紧依靠党委的统一领导。退役军人服务保障工作涉及民生、就业、教育、医疗、培训、税收、社会保险等多个方面，仅凭退役军人事务局一方努力难以解决，需要多个相关部门沟通配合协调。只有在党委退役军人事务工作领导小组的统一安排部署下，各单位齐心协力、同向而行，才能取得事半功倍的效果。

二是要严格落实国家和自治区的利好政策。退役军人事务部组建以来，出台了一系列利好政策，特别是《关于加强新时代退役军人工作的意见》印发后，对指导和规范退役军人事务工作指出了明确的方向，提供了有力的政策支撑。比如解决下岗失业退役士兵再就业的公益性岗位兜底政策、社会保险接续政策、高职扩招及退役军人培训等政策，都是解决退役军人遗留问题的重大“利好”，需要我们在工作中用足用好，真正把政策落细落实。

三是要广泛动员社会力量参与退役军人工作。退役军人是国家的宝贵财富和社会主义建设的重要力量，经过军营大熔炉的历练，普遍具有很强的服从意识、奉献意识和强烈事业心、责任感，在地方经济建设和社会发展中发挥着重要作用，也普遍受到社会的尊重和企事业单位的青睐。做好退役军人服务保障工作，需要广泛动员包括退役军人在内的广大社会力量参与，通过开展就业培训、创业指导、政策解读、法律援助、平台推荐等活动，引导广大退役军人保持军人本色，适应社会竞争形势，自觉提升综合素质，主动在地方经济建设和社会发展的大潮中努力奋斗，不断创造和提升社会价值，展示退役军人风采。

供稿：内蒙古自治区乌兰察布市退役军人事务局

退役军人工作创新案例之建立黑龙江省大庆市退役军人创业孵化基地（专区）

为应对疫情加快企业复工复产，贯彻《中共黑龙江省委黑龙江人民政府黑龙江省军区关于加强新时代退役军人工作的实施意见》精神，有效促进退役军人创业，建立退役军人创业孵化基地，明确“政府投资或社会共建的创业孵化基地要设立退役军人专区，优先为退役军人创业提供经营场地，有条件的地区可专门建立退役军人孵化基地（园区），并按规定落实经营场地、水电减免、投融资、人力资源、宣传推广等优惠服务。”同时为避免政府重复建设办公场所，推进资源共享，依托人社部门管理的“大学生创业孵化基地”，创建“大庆市退役军人创业孵化基地（专区）”，该基地建成后，将进一步激发全市退役军人创业热情，引领和带动更多退役军人就业，开创新时代退役军人就业创业新局面。

一、背景情况

2020 年 4 月 30 日，大庆市退役军人创业孵化基地举行了揭牌仪式。市退役军人创业孵化基地位于高新区兴化街与新科南路交汇处，占地 4500 平方米，建筑面积 9200 平方米，可容纳创业实体企业 80 余家，为有创业意愿的退役军人提供免费经营场地、水电减免等优惠政策，基地设有工商登记、税务管理、法律咨询、会计、人力资源、社会保险、金融服务等相关创业服务窗口，主要依托大庆市大学生创业孵化中心现有设施，实现资源共享、平

揭牌仪式

参观创业孵化基地

台共建、场地共用。

二、主要做法

（一）招募退役军人创办企业入驻。基地将于近期达到入驻条件，预计首次招募 5 所退役军人创办企业，面向退役军人发布《退役军人创业孵化基地招募入驻公告》，确定招募退役军人企业类别，公布企业入驻程序，公开公正受理报名申请，组织评审委员会对企业基本情况、资料完整性、是否符合基地产业发展要求等情况进行考核评估，直至通过评审签订协议并成功入驻。

（二）提供企业孵化一站式创业服务。退役军人创办企业入驻后，将统一享受孵化基地的功能，落实基地自有政策，协调争取政府部门支持，为创业的退役军人提供集创业培训、政策指导、创业帮扶、示范引导、配套服务为一体的全方面服务，通过“培训＋孵化＋培育”的基本模式，进一步扶持入驻的退役军人自主创业。基地创业环境优越、设施齐全、功能完备，设置创业培训服务区、创业综合服务区、创业孵化区、创业成果展示区等十大功能区，能够较好地满足创业实体的需求。基地采取“培训＋孵化＋培育”模式运营，为退役军人创业提供项目申报、创业培训、项目评审、开业指导、企业孵化、出孵后跟踪服务等一站式创业服务，引进专业服务机构、聘请创业指导专家，提供政策咨询、财务管理、法律援助以及市场推广等专业指导服务。

（三）激发退役军人创业热情。对有创业要求和培训意愿的退役军人，前期开展创业意识教育、创业项目指导、企业经营管理等培训，开发理性创业思维，领悟到如何走上创业之路，多角度宣传金融扶持和税收政策支持，落实创业担保贷款政策，符合条件的退役军人及其创办的小微企业可优先办理创业担保贷款，并按有关规定享受贷款贴息，组建退役军人创业指导团队，为退役军人创业提供入门式服务。

三、经验启示

（一）用足用好政策，精准服务创业人群。以退役军人事务部和省里文件为依据，兼顾全市相关部门财政补贴、税收减免、金融服务等政策措施，认真梳理、提炼浓缩制作宣传手册、“说明书”或流程图，发放到有意愿创业的退役军人手中，宣传材料要通俗易懂、一目了然。同时要依托退役军人服务中心（站）和“退役军人之家”等载体，以及电视、网络、宣传栏和广播等媒介广泛宣传，做到退役军人了解创业相关政策、知晓政策、熟悉政策。

（二）加大创业培训力度，有效提供创业保障。引导退役军人积极投身于“大众创业、万众创新”实践，深入研究当地退役军人创业动态方向，制定适合退役军人创业培训大纲，指派专人落实退役军人专项培训计划，定期举行退役军人创业培训班，鼓励创业带动就业。研判疫情期间就业形势，跟进退役军人实际情况，针对新业态、新岗位、新需求，向有关部门提出退役军人适用的合理化创业培训政策建议，持续扩大创业供给。

（三）树立创业典型，宣传推广经验做法。广大退役军人冲锋在前、不怕辛劳、善作善成、守土有责，涌现出一大批先进创业典型，各县、区退役军人事务部门要广泛收集、精心总结当地自主创业工作中的有益做法和先进事迹，通过媒体、报刊、网络、宣传栏等形式，主动推送，广泛宣传报道，弘扬正能量，提升退役军人自豪感，营造有利于退役军人创业的良好氛围。

供稿：大庆市退役军人事务局

江苏省淮安市退役军人事务局打造“强兵兴业”工程品牌，促进退役军人就业创业

一、背景情况

淮安市目前退役军人在16万人左右，每年退役军人在2000人左右。淮安地处苏北，革命老区，经济欠发达，广大退役军人对就业需求旺盛、创业意愿强烈。为全面贯彻落实中央和省关于退役军人就业创业相关文件精神，破解淮安退役军人就业创业难题，我市精心打造“强兵兴业”工程品牌，通过创建百家市退役军人就业创业示范基地、设立退役军人就业创业指导团队、组织特色培训促进退役军人高质量就业等一系列举措，积极推进退役军人高质量就业创业，提高退役军人幸福感和获得感。

二、主要做法

（一）优化院校“供给侧”，发挥授人以渔作用。坚持市场需求导向，加快退役军人从军事技能向职业技能转变。提供学历教育套餐，为有学历提升需求的退役军人开展高职单招、成人教育和全日制学历教育，形成全覆盖、多层次、多样化的现代职业学历教育体系。推行“菜单式”“订单式”“定向式”培训，推出“13＋6”多样化培训体系，将13个省定技能培训和6个淮安新增特色培训相结合，该项举措被列入2020年市政府民生实事项目，今年共组织电梯维保、龙虾烹饪、物流速运、电子商务、乡村振

兴、智能家居6期特色培训，政府出资补贴230万元，培训周期2—6个月，培训300名左右退役军人，实现出院校大门即进入企业大门，合格毕业即上岗就业，实现高质量培训，促进高质量就业创业。

（二）织密平台“一张网”，发挥桥梁纽带作用。坚持多层次搭建平台，畅通对接渠道，加速退役军人人才与劳动力要素高效配置。定期开展专场招聘、政策辅导、创客沙龙等活动，线上线下定向推送招聘荐岗信息，为退役军人就业创业提供数据信息服务。通过打造100家市退役军人就业创业示范基地，进一步推动退役军人创业热情，同时利用基地平台更多地吸收接纳退役军人稳定就业，营造全社会关心关爱退役军人的良好氛围。利用金融行业资源，引入第三方，组织“兴业杯”退役军人创业创新大赛，不断培育创业带头人和致富小能手。

（三）派送政策“大礼包”，发挥保驾护航作用。认真落实国家和省关于促进退役军人就业创业政策，结合淮安实际，在全省率先制定出台《关于鼓励支持退役军人就业创业十条意见》。会同全市11家银行机构推出“金融优待”服务套餐，引入服役立功表现信用评级，为各种类型退役军人创业融资“量体裁衣”，开发推行“拥军贷”“军功贷”“优抚贷”等金融产品20余个，设立创业引导资金规模超千万元，为退役军人创业提供动力“引擎”。

三、经验启示

一是能够切实提升退役军人就业率、创业成功率。采取的专场招聘、“金融优待”服务套餐等具体举措，成功地为退役军人提供更多就业岗位和创业机会，有效地促进了退役军人人才资源合理配置。构建政府、学校和企业三方合作等模式，有效地打通了退役军人教育培训到就业创业“链路”，实现了“学习成果”转化为“就业创业成果”。二是能够成功营造全社会关心支持退役军人就业创业氛围。充分发挥财政、人社、教育等政府部门职能，扶持退役军人就业创业；充分整合各行各业优质资源，为退役军人就业创业提供服务和帮助；充分运用专家学者的智力优势，为退役军人就业创业提供技术和专业支撑。三是能够有效提高退役军人幸福感和满意度。解决了退役军人最关心的就业创业问题，也就解决了退役军人家庭的后顾之忧，让退役军人真实感受到党和政府的关心关怀，促进退役军人群体更加稳定，促进退役军人群体发挥“正能量”投身国家建设。

供稿：江苏省淮安市退役军人事务局

用情用心用力全面提升退役军人就业服务水平

——浙江省宁波市构建六位一体退役军人就业创业服务体系

一、背景情况

退役军人是我国经济社会发展的重要人力资源之一，与同为就业重要群体的高校毕业生、新生代农民工相比，退役军人的就业优势经历过三个阶段，一是以“全民扫盲”运动为标志的“优势显现”，二是以知识化、学历化、专业化为标志的“优势下沉”，三是以“全民技能提升”运动为标志的“优势再显现”。

据不完全调查，宁波市现有大部分退役军人就业岗位以“保安”“驾驶员”“协辅警”等一般性岗位为主，受访者中年薪在5万以内的占50%左右，8万元以上的不足10%。另外，受访退役军人反映现行的职业技能培训针对性普遍不强，自己想学的没有，学完的对就业帮助又不大，存在培训与就业“两张皮”的现象，所以即便是免费培训，他们也不愿浪费时间参加。对此，结合宁波社会经济发展现状和退役军人群体特质，宁波市退役军人事务局以就业一年内实现年薪8万元以上的高质量、可成长就业为目标，树立“退役军人是人才资源”理念，挖掘退役军人的“比较优势”，扎实做好习近平总书记关于“六稳”“六保”的决策部署，构建由企业、培训机构、人力资源机构、金融机构、创新驿站和典型选树为主体的“六位一体”就业创业服务体系，开展“订单式”职业技能培训，按订单完成（参训的退役军人能与企业签订劳动合同、缴纳社会保险为准）发放退役军人职业技能培训补贴用情用心用力，切实改变培训与就业“两张皮”现象，全面提升退役军人就业服务能力和水平。

二、主要做法

截至2020年，宁波市退役军人事务局已开发高质量、可成长岗位20余种，累计有2000余名退役军人实现高质量就业创业，平均起步年薪达7万元，薪资较2018年同比提升了40%。

第一，用情服务，牢记鱼水情，全力以赴提升就业服务能力。一是当好职业规划的“参谋员”。引入专业人力资源机构，设计5个一级、12个二级职业测评指标，对退役军人进行“1对1”测评，根据测评结果给予个性化的职业规划建议。截至目前，已为有需求的退役军人开展职业测评1100余人次，职业规划建议认可度达90%。二是当好心理调适的“辅导员”。以人均1000元的标准为自主就业退役士兵提供5—7天全员适应性培训，加快其心理调适过程，帮助转变择业观念，树立正确的就业观，实现从部队到地方的角色转换。截至2020年，共举办全员适应性培训10场，其中2019年度自主就业退役军人参训1122人，参训率达100%。三是当好服务队伍的“指挥员”。探索组建退役军人就业创业导师团队，以导师带徒、专家结对等服务模式，发挥传帮带作用。如镇海区已聘请10名专家为首批就业创业导师，其中3位导师已与2名退役军人正式结对子。发动社会力量打造退役军人各类功能驿站，提供健康咨询、就业交流等服务，如创建了健康驿站“九一阁”，全职引进中国工程院院士石学敏专家团队定期免费为退役军人做中医诊断、评估，出具健康管理方案。

宁波市退役军人就业创业促进活动——“你为国尽忠　我助你出彩”

第二，用心服务，牢守责任心，千方百计提升就业服务质量。一是开展订单式岗位培训。出台全国首个订单式培训实施办法——《宁波市退役士兵职业技能订单式培训试点实施办法（试行）》，获批建立全省唯一试点，以“谁承接培训、谁落实就业”为原则，由用人单位发布岗位需求，完成培训后直接输送到用人单位。同时，已与6家优质人力资源服务机构签订合作协议，为有就业意愿的退役军人提供高效培训服务。2019年，组织退役军人参加职业技能提升行动1895人次，位居全省第一；退役2个月内就实现就业达630人。二是开展精准式岗位对接。深入排摸研判市场需求，发动人力资源机构研发符合退役军人职业优势的高质量、可成长岗位，实现供需双方精准对接。特别是疫情发生后，积极采用网络面试、AI云面试、直播带岗等新技术，协同企业推出紧缺岗位、名企优质岗位和热门岗位等，实现“求职不见面”。到2020年，已组织“2019年度退役军人专场招聘会”等精准岗位对接会26场，参加人数达3200余人次，现场达成岗位意向2000余人（含历年退役军人），实际签订就业协议数1900余人，岗位平均月薪5000元起。三是开展组团式岗位开发。积极联系对接有关用人单位，引导企业家、经济主体参与退役军人人才开发事业，为退役军人提供成长通道。目前已与宁波轨道交通集团、国骅集团等40余家大型企业签约，每年至少为退役军人提供1000个高质量就业岗位。

精准对接会现场

第三，用力服务，牢筑执行力，想方设法提升就业服务层次。一是

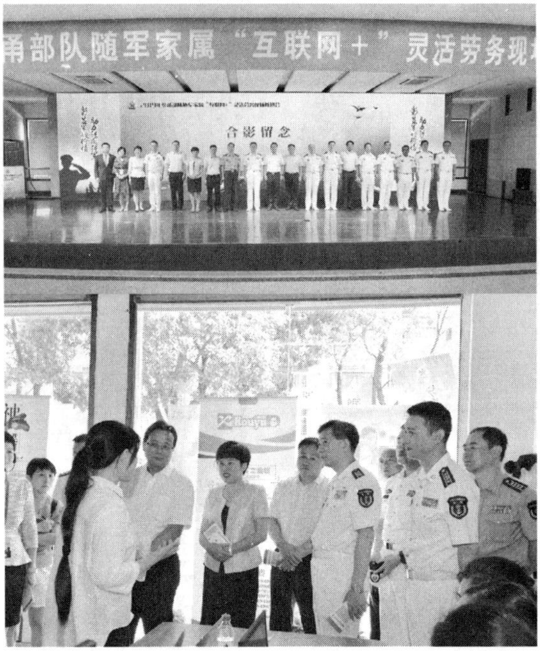

随军家属“互联网＋”灵活劳务现场推进会

强化创业氛围营造。大力倡导“创业是更高层次的就业”理念，积极组织“典型选树”“小故事”等活动，选取退役军人创业先锋典范，加强宣传引导。2019年，退役军人储吉旺因创业成功，反哺社会，获评“全国模范退役军人”“省十大优秀退役军人”“全省最美退役军人”称号。2020年深入开展“就业创业提升年”活动，带动广大退役军人投身大众创业、万众创新热潮。二是强化创业资金保障。积极推进银企对接，多次组织银行系统与军创企业对接会，合作设计专属金融产品和服务项目，如中国邮储银行宁波分行联合有关部门为退役军人专门设立创业担保贷款，最高授信额度达50万元，并实行3年全额贴息等优惠举措。同时，以“政府引导、市场运作”方式设立退役军人创业基金，吸引社会资本参与，委托专业投资管理机构运作，为退役军人创业提供多渠道、长期性经费保障。如海曙区发动社会爱心企业家成立退役军人“圆梦”帮扶基金，专项用于退役军人创业扶持和困难帮扶。三是强化创业阵地建设。成立“新一产”军创企业跨界联盟，以第一产业军创企业及其延伸产业军创企业为主体，助力相关企业产业升级、提质增效。依托现有大创园、留创园等平台，建立10家退役军人特色创业园中园。汇编整理教育培训政策14条、税收优惠政策15条、就业服务政策6条、创业扶持政策8条，为退役军人创新创业提供“一条龙”支持。

三、经验启示

第一，要转变社会观念，实施人才分类开发。改变固有的退役军人安置理念，充分发掘新时代退役军人体能较好、学历较高、吃苦耐劳，发展性好等特质，在全社会树立将退役军人作为重要人才资源进行开发使用的理念。对复学退役军人，探索复合式培养模式，着力实现优先开发；对服役 5 年以上的退役军人着力实现高质量可成长就业创业；对服役 2 年的退役军人着重引导其参加高一层次学历教育，打好稳就业基础。积极引导退役军人及其家长树立积极主动的就业观念，理性认识就业形势，更好地投身就业创业热潮。

第二，要发挥市场作用，提供定向精准培养。充分发挥市场在资源配置中的决定性作用，积极拓宽退役军人就业创业渠道，加大高质量可成长岗位的开发力度，引导企业家、经济主体参与退役军人人才开发事业，为退役军人提供培养成长通道。引导鼓励有情怀有实力的人力资源服务机构参与退役军人人才开发，通过订单、订岗、定向的培养方式，为退役军人提供个性化职业规划、专业化技能培训、针对性推荐就业等服务，实现精准、高效的就业培养。

第三，要延伸服务链条，提供“全生命周期”信息跟踪。开展退役军人就业情况基础数据调查，建设退役军人就业创业供需信息平台。从入伍起建立“全生命周期”就业创业信息库，提前介入职业生涯规划，在不影响正常军事训练任务和落实军事保密制度的前提下，把就业创业教育引入部队教育，实现从部队到地方的顺利过渡。如，针对义务兵将政策宣讲、职业测评、职业规划、适应性培训在退役半年前移至军营进行，打造退役前的“实习期”。在退役军人就业后，对就业情况进行跟踪式服务，及时掌握就业动态、提供就业指导，有效减少失业率，提高就业成长率。

附件

宁波市“六位一体”就业创业服务体系简介

（一）构建企业吸纳培育平台

企业作为用人主体，把退役军人作为重要的人才资源进行开发和使用，让企业等用人单位充分认识军人团体的忠诚度高、执行力强、吃苦担当、敢拼争胜的宝贵特色，热忱主动吸收退役军人，为退役军人提供培养成长通道，针对军人特色、军队技术特长进行开发使用。

（二）发挥人力资源机构专业平台

人力资源服务机构作为退役军人人力资源合理配置市场主体，通过各类专业特色突出的人力资源机构为退役军人提供人才测评、人才诊断、职业生涯规划、专业技能培训、综合能力提升等专业服务；通过对市场具体真实需求的准确把握，主动对接退役军人，开发符合退役军人及其延伸人才特点的服务产品，通过订单、订岗、订向培养方式，实现专业、精准、高效的就业服务。

（三）打造特色金融服务平台

银行系统作为退役军人就业创业的金融支持，各家银行针对各自银行特色，设计打造军人专属金融产品和服务项目，助力退役军人实现创业梦想，为军人、军属、退役军人等提供优先、优质、优惠的金融服务。积极发动各类风投机构参与创业创新工作。

（四）探索创新创业园区平台

创业园区要成为退役军人创业的一个优质沃土，在各级创业园、就业实践基地、孵化基地、创业加速器等园区平台，打造建立退役军人创业特色平台，开发军人创业园区政策，为退役军人创业梦想高起点启航提供支撑。

（五）搭建退役军人就业创业驿站

发动社会力量参与退役军人就业创业，创建退役军人健康服务、精神家园等各类专业服务驿站，为退役军人提供公益服务，吸纳退役军人就业，成为所有支持和拥护退役军人创业创新人士的共同驿站，搭建退役军人就业创业的信息交流、资源互动、共享共荣平台。

（六）选树优秀退役军人企业和人才典型事迹

各级政府大力进行优秀退役军人企业和人才事迹宣传报道，选树典型，让社会进一步崇敬军人，使每个新时代退役军人充分认识自身价值、挖掘自身价值、发挥好自身价值，真正实现军人的尊崇感。

1.“六位一体”合作企业目录

序号	区域	企业名称
1	宁波市	宁波开发投资集团有限公司
2	宁波市	宁波市供排水集团有限公司
3	宁波市	宁波市轨道交通集团有限公司
4	宁波市	音王电声股份有限公司
5	宁波市	国骅集团有限公司
6	宁波市	浙江宝成机械科技有限公司
7	宁波市	中国石油化工股份有限公司镇海炼化分公司
8	宁波市	浙江浙天通信工程有限公司
9	宁波市	宁波秉航电子科技有限公司
10	宁波市	浙江众立保安服务有限公司
11	宁波市	宁波如意股份有限公司
12	宁波市	宁波日星铸业有限公司
13	海曙区	宁波市凹凸重工有限公司
14	海曙区	宁波市海曙国有资本投资经营集团有限公司
15	海曙区	宁波市江徽美食餐饮有限公司
16	江北区	宁波蓝野医疗器械有限公司
17	江北区	浙江宁波安邦护卫有限公司
18	江北区	康赛妮集团有限公司
19	镇海区	福安药业集团宁波天衡制药有限公司
20	镇海区	宁波杜亚机电技术有限公司
21	镇海区	镇海石化建安工程有限公司

续表

序号	区域	企业名称
22	北仑区	宁波技嘉科技有限公司
23	北仑区	宁波北仑世茂希尔顿逸林酒店
24	北仑区	宁波南大光电材料有限公司
25	鄞州区	宁波万达广场商业管理有限公司
26	鄞州区	宁波中淳高科股份有限公司
27	鄞州区	日立电梯浙江公司
28	奉化区	浙江动一新能源动力科技股份有限公司
29	奉化区	宁波众兴新材料科技有限公司
30	奉化区	宁波佳尔灵气动机械有限公司
31	余姚市	宁波银行余姚中心区支行
32	余姚市	宁波江丰电子材料股份有限公司
33	余姚市	舜宇光学科技（集团）有限公司
34	慈溪市	宁波奇乐电气集团有限公司
35	慈溪市	浙江松乔气动液压有限公司
36	慈溪市	慈溪福山纸业橡塑有限公司
37	宁海县	宁波翰文电器有限公司
38	宁海县	宁波浩柏铝钢有限公司
39	宁海县	宁波市高格卫浴产品有限公司
40	象山县	宁波恒富汽车部件发展有限公司
41	象山县	象山华鹰塑料工程有限公司
42	象山县	象山天星汽配有限责任公司

2.“六位一体”合作人力资源服务机构目录

序号	参会企业名称
1	宁波东方人力资源服务有限公司
2	宁波市鄞州领跑网络科技有限公司
3	浙江优服人力资源有限公司

续表

序号	参会企业名称
4	浙江江成人力资源有限公司
5	宁波杰博人力资源有限公司
6	浙江宝奎文化发展有限公司

3.“六位一体”合作金融机构目录

序号	单位
1	中国工商银行股份有限公司宁波市分行
2	中国农业银行股份有限公司宁波市分行
3	中国银行宁波市分行
4	中国建设银行股份有限公司宁波市分行
5	交通银行股份有限公司宁波分行
6	中国邮政储蓄银行股份有限公司宁波分行
7	宁波银行股份有限公司
8	招商银行股份有限公司宁波分行
9	中国民生银行宁波分行

4.“六位一体”合作就业创业园中园目录

序号	区域	创业园名称
1	海曙区	海曙人才开发广场
2	江北区	宁波正和创新工场
3	镇海区	镇海大学生创业园
4	北仑区	宁波经济技术开发区科技创业园
5	鄞州区	宁波市（鄞州区）大学生（青年）创业园
6	奉化区	山丘汇·青年创业园
7	慈溪市	环杭州湾创新经济区
8	宁海县	宁海经济开发区科技园区
9	象山县	37°湾—象山科创中心

5.“六位一体”就业创业驿站目录

序号	参会企业名称
1	宁波九一阁生命健康管理有限公司
2	宁波市精忠报国主题文化陈列馆

供稿：宁波市退役军人事务局

安徽省“专项岗位”扶持退役士兵就业

——关心关爱解决工作及社保接续问题

一、背景情况

安徽是人口大省，也是兵源大省。过去由于种种原因，部分符合政府安排工作条件的退役士兵安置后下岗（失业），同时一些自谋职业的退役士兵就业困难问题也比较突出。为妥善解决他们的就业困难问题，安徽省委、省政府于 2018 年 7 月出台 27 号文件，要求安置地政府提供专项岗位，扶持安排工作后下岗（失业）和自谋职业中的再就业困难人员就业，工资标准不低于当地最低工资标准。各地认真贯彻落实省委省政府部署要求，积极开发专项岗位扶持符合条件退役士兵就业。政策实施两年来，全省已陆续开发 4.95 万个岗位，3.37 万名退役士兵上岗就业，取得了很好的社会效益。

二、主要做法

（一）党委政府高度重视。省委省政府高度重视扶持安置后下岗（失业）和自谋职业中的再就业困难人员就业工作，派出调研考察组学习借鉴外省市好的经验做法，结合我省实际，通过召开省委常委会、省政府常务会议等研究决定由安置地政府开发专项岗位扶持符合条件的退役士兵上岗就业。专项岗位的定位是扶持就业，不同于符合政府安排工作条件的安置岗位，其待遇又高于扶持“4050”等其他就业困难社会人员公益性岗位，体现了对退役士兵的特殊关爱。

（二）压紧压实工作责任。2018 年 7 月，安徽省委省政府印发了做好新时代退役军人服务管理工作的有关文件，明确规定开发专项岗位的责任主体是安置地市、县党委政府，各级退役军人事务部门和人力资源社会保障部门为牵头责任单位，国有资产管理和财政部门等有关部门加强工作协同，形成工作合力，为持续做好开发专项岗位工作建立健全组织领导和具体落实实施的保障机制。

（三）倾力开发专项岗位。各地结合本地经济社会发展情况，充分考虑退役士兵的能力特点，制定开发专项岗位工作方案。克服岗位来源渠道狭窄的困难，开发提供公安辅警、法院辅警、环境监察、城管执法、司法助理、民政助理、基层退役军人服务管理等岗位；合理确定专项岗位的工资待遇标准，一些地方采取基础工资＋服役年限补助的形式计算待遇，平衡了不同服役年限退役士兵的心理预期。同时，由用人单位接续上岗后的社会保险。

（四）规范操作精准落实。各地组织业务工作培训，对专项岗位政策进行解读，确保工作人员做到政策要点清楚、职能任务清楚、经办流程清楚、政策宣传解释清楚。通过政府网站、微信公众号等网络媒体发布专项岗位公告，采取乡村广播、上门宣讲等方式，将专项岗位政策宣传到符合条件的退役士兵。坚持阳光操作，纪委监察等部门参与专项岗位工作全过程，确保公开、公平、公正。如六安市霍山县于 2019 年 5 月 29 日召开专项岗位选岗会议，县退役军人事务、纪委监委、财政、人社、民政等部门，以及县广电台、县公证处参加会议。共有 140 名退役军人参加会议，在县公证处全程主持监督下，确定了所有上岗人员名单，圆满完成了选岗工作。

（五）强化专项岗位管理。各地制定退役军人专项岗位人员管理办法和对用人单位的考核奖惩办法，严格专项岗位人员日常管理，落实用人单位人员管理和使用的职责。强化考核结果运用，不断增强在专项岗位上岗就业退役士兵的遵纪守法和爱岗敬业意识。如阜阳市颍上县制定《颍上县退役士兵扶持就业专项岗位考核管理方案（试行）》，每季度对用人单位日常考勤、管理等工作进行考核，各用人单位的管理和考勤情况由主要领导签字后，报县退役军人事务局存档。

（六）加强思想政治引领。突出党对退役军人思想政治工作的领导，深刻把握退役军人思想政治工作特点规律，加强思想政治教育引领，聚合社会各界力量，强化用人单位责任，充分发挥在专项岗位就业的退役军人作用，让他们成为中国特色社会主义事业的积极推动者、中国特色社会主义制度的坚定维护者、良好社会风尚的模范践行者。如阜阳市颍上县在新冠肺炎疫情防控的关键时期，强化引导退役军人发扬“退役不褪色”的精神，坚决打赢新冠肺炎疫情防控的人民战争总体战阻击战。在疫情防控中，专项岗位退役军人表现出很高的政治觉悟、大局意识和奉献精神，主动请缨参与疫情防控，在各乡镇先后组建的122个退役军人先锋队中，近千名专项岗位退役士兵奋战在抗疫一线，以实际行动兑现“若有战、召必回”的诺言。

三、经验启示

（一）必须提升政治站位。以习近平总书记为核心的党中央高度重视退役军人工作，习近平总书记对退役军人工作作出一系列重要批示指示。采取特殊措施和倾斜政策，通过开发专项岗位，扶持安排工作后下岗（失业）和自谋职业再就业困难退役士兵就业，不断提升他们的荣誉感、获得感、幸福感，是贯彻落实习近平总书记重要批示指示，让军人成为全社会尊崇的职业的重要体现。

（二）必须加强组织领导。扶持安置后下岗（失业）和自谋职业再就业困难退役士兵就业工作政策性强，社会关注度高，需有序稳妥实施。安置地党委政府充分认识到做好此项工作的重要意义，将扶持安排工作后下岗（失业）和自谋职业再就业困难退役士兵就业作为一项重要工作，主要负责同志亲自部署研究、亲自调度协调，各部门按照责任分工，认真履行职责，形成工作合力，才能确保工作落实落地落到位。

（三）必须坚持问题导向。就业是最大的民生，养老医疗保险是最基本的保障。退役军人为国防军队建设作出了积极奉献，是党和国家的宝贵财富，是建设中国特色社会主义的重要力量。关爱退役军人，帮助退役军人解决好实际困难，不仅对退役军人自身和家庭具有“安神定心”作用，也有利于吸引更多高素质人才积极投身国防和军队现代化建设事业。实践证明，通过开发专项岗位，扶持安置后下岗（失业）和自谋职业再就业困难退役士兵就业，不仅解决了他们的就业困难和社保接续问题，也锻造了一支听党指挥、爱岗敬业、乐于奉献的专项岗位退役军人力量。

供稿：安徽省退役军人事务厅思想政治和权益维护处

福建省创新"云服务"破冰疫情下退役军人就业创业工作

一、背景情况

就业是民生之本，是最大的民生工程、民心工程，也是退役军人获得感、幸福感之源。春季是求职就业的高峰期，受经济下行压力和新冠肺炎疫情叠加影响，今年求职就业环境发生变化，促进就业压力增大，困难增多，就业形势复杂严峻。习近平总书记高度重视民生问题，对保障和改善民生作出一系列重要指示，中央政治局常委会召开研究部署落实常态化疫情防控举措、全面推进复工复产工作会议，从"六稳"到"六保"，就业是最核心的一点。

福建省退役军人事务厅认真学习贯彻习近平总书记重要讲话指示批示精神，把促进退役军人稳定就业作为推进复工复产的重要内容，提高政治站位，主动担当作为，组织全系统在科学应对疫情影响、抓好常态化防控工作的基础上，结合退役军人就业创业实际需求，坚持军地合力、政企用力、培训助力、联动聚力、长期发力等"五力"齐发，适应新形势、新变化，化危为机、变压力为动力，精心组织实施、精准对接"双向"需求，创新推出五项硬核"云服务"举措，精准应对疫情带来的挑战，有效促进退役军人就业创业。

二、主要做法

（一）政策宣传“云推广”。一是形式便捷化。精选就业创业、教育培训、社保接续和移交安置等优待政策，编制成视频、图文和问答等宣传产品，并通过电视、报刊、网页和微信等形式广泛宣传，让广大退役军人更加便捷了解、准确掌握。二是对象分众化。根据省政府电子书《惠企政策“掌上知”应用导则》，向企业宣传招录退役军人可享受的财政支持、减税降费、金融优惠等政策。收集全省各地公共岗位招聘、复工复产企业用工需求等就业信息，借助《海峡人才报》、东南网、海博 TV 和直播福建等各类新媒体平台打通退役军人就业信息服务“最后一公里”。三是宣传常态化。整合各级退役军人事务部门的官方网站和微信公众号，构建退役军人就业信息和优待政策新媒体宣传矩阵，努力扩大覆盖面和影响力，常态化开展政策“进军营、进学校、进村居、进社区、进企业”网上宣传。

（二）建立台账“云统计”。一是建立就业台账。印发《福建省退役军人事务厅关于开展就业创业和教育培训统计工作的通知》，指导各地运用县（市）区退役军人信息网络登记系统，按照“先建通信录、后建档立卡”的步骤，建立完善以村居（社区）为单元的退役军人就业创业台账。二是强化数据统计。落实属地管理、坚持目标导向、压实工作责任，强化市、县两级退役军人事务部门做好退役军人教育培训、就业创业、困难帮扶和资金使用等方面的数据统计工作，为更加精准、有效服务保障退役军人提供有力支撑。三是摸清供需底数。发挥村居（社区）退役军人服务站“一贯到底”优势，切实摸清属地退役军人的就业所在地域、行业分布和未就业人员信息等。同时联合省人社厅和相关人力资源机构，对接万科物业、保利物业、永辉超市和朴朴集团等企业，收集各类就业岗位 1.6 万个。

（三）促进就业“云招聘”。一是举办“云招聘”。为做到疫情防控与促进退役军人就业创业、支持企业复工复产“两不误”，协调各级人社部门和相关人力资源机构，在全省 9 个设区市和平潭综合实验区同步开展以“抗疫情助就业”为主题的“云招聘”活动，吸引上万人次退役军人踊跃参与，产生良好社会反响。二是进行“云汇总”。突出地域分布、工种岗位、薪资职别等关键信息，采取企业申请、县级审核、市级汇总、省厅发布等规范步骤，精准发布企业复工复产招聘信息。据统计，截至4月27日，累计汇总发布行政管理、工程技术、网络科技、电子技术、教育培训、物流配送、物业服务和项目管理等岗位5.5万个，涵盖全省84个县（区）、1000多家企业。三是实施“云签约”。为避免人员聚集，通过视频招聘、远程面试、电子签约等方式，做好求职招聘对接服务，形成助力企业复工复产与疫情防控同向发力的工作态势。据不完全统计，截至2020年4月底，全省共有1206名退役军人与用工企业签约、325名退役军人就业上岗。

疫情期间，省退役军人事务厅组织退役军人和用人单位通过“退役军人系统云平台”进行面试签约

（四）创业大赛“云服务”。一是提供咨询服务。邀请全省首批10位退役军人就业创业导师，通过咨询热线、微信群和网上论坛等渠道，为有意愿参加“首届退役军人创业创新大赛”的退役军人提供政策解读、知识辅导、项目制定等帮助。二是提供技术指导。商请各级人社、金融等部门为筹办“首届退役军人创业创新大赛”提供支持，确保实现大赛办得有声有色、获奖企业取得实惠、优秀项目落地生根和退役军人创业有成的目标。三是提供贴心服务。全省18033个村居（社区）退役军人服务站普遍建立退役军人就业创业微信群，为退役军人提供“政策咨询点对点解答”“岗位信息一站式送达”“就业上岗就近就便”等贴心服务。

（五）教育培训“云课堂”。一是开展网上报名。运用省退役军人事务厅官方网站、微信公众号等网络平台，集中发布115家退役军人教育培训机构的校名、地址、专业、学制和联系方式等信息，服务退役军人学员网上报名和签约开班。二是构建共享平台。协调教育、人社、国资委等部门，指导厦门大学、福建广播电视大学、福建船政交通职业学院等20多所院校作为退役军人教育培训机构，并依托省产教融合信息服务平台，开通“实训基地＋远程教育＋在线服务”三位一体的网上“云课堂”。三是构建校企联盟。积极探索建立“校企合作、工学结合、顶岗实习”的校企深层长效合作机制，推动退役军人教育培训与实践就业“零距离”，实现退役军人事务部门、教育培训机构和相关企业三方共赢。

三、经验启示

一是做好退役军人就业创业促进工作——必须积极作为，靠前服务，研判形势，把握主动性。厅党组高度重视，提高政治站位，强化责任担当，多次召开党组会，认真研究疫情防控措施，积极做好工作形势研判，及时把握退役军人就业创业工作出现的新情况新问题。按照“不扎堆、少聚集”工作要求，创新工作方式方法，依托互联网平台，推出五项“云服务”举措，让退役军人足不出户即可知信息、晓政策、找工作、学知识和提技能。目前疫情防控工作呈常态化趋势，要着眼长远找准发力点，进一步加大政策支持力度，切实巩固现有成果，积极采取有效措施，为促进退役军人就业创业工作提供不竭动力。

二是做好退役军人就业创业促进工作——必须找准问题，摸清需求，精准发力，突出针对性。坚持问题和需求导向，全省系统上下深入走访企业，积极与用工企业沟通对接，广泛收集企业用工信息，掌握企业用工需求，做好退役军人企业复工用工指导。系统建立全省退役军人就业创业台账，动态掌握就业创业情况。强化部门协同，联合省人社厅和相关人力资源机构，积极对接合作企业，收集发布各类岗位信息，提供及时、精准、高效的就业创业服务。利用互联网平台搭建就业用工双需通道，优化线上招聘服务，破解就业创业堵点问题，架起退役军人和用人单位之间的桥梁。

三是做好退役军人就业创业促进工作——必须广搭平台，广泛宣传，优化服务，提高实效性。搭建就业服务平台，全方位宣传就业创业政策，夯实就业服务基础。依托网站、手机APP、微信等新媒介，持续为退役军人精准推送就业岗位信息，搭建退役军人“就业直通车”。加强技术指导和创业服务，首届退役军人创业创新大赛的复赛获奖项目将纳入省创业创新大赛项目库，作为宣传重点，长期跟踪，予以政策支持，促进项目落地生根、持续发展。推出一系列“云课堂”培训，为退役军人提升技能、“持续充电”提供有力平台。强化保障优化服务，让退役军人随时随地感受到关怀，不断增强退役军人就业创业工作的实效性。

供稿：福建省退役军人事务厅

服务前移暖军心　送岗活动助启航

——山东省组织“送岗位进军营”专场招聘会

军人在部队是维护国家安全的重要力量，退役回到地方仍然是巩固党的执政基础、建设中国特色社会主义的人力资源宝库。通过扶持广大退役军人就业创业，把他们的作用发挥好，是党的事业发展的必然要求。山东省委、省政府坚决贯彻党中央、国务院关于退役军人就业创业工作决策部署，全面做好退役军人就业创业扶持等工作，切实把广大退役军人工作和生活保障好，激励广大退役军人为改革发展和社会稳定作出新的积极贡献。

一、背景情况

计划安置是新中国成立后很长历史阶段退役军人的主要安置方式，在国防经济建设中发挥了重要作用，但随着经济社会不断发展和国家行政体制改革需要，安置数量逐年减少，我省现在每年选择计划安置的退役军人不足20%，有80%的退役军人需要政府扶持自主就业。退役军人就业创业工作，事关退役军人工作转轨、事业转型、人生转段，意义重大。如何让退役军人实现充分就业或自主创业，成为退役军人就业创业工作的首要任务，是退役军人事务部门的重要职责。

山东省退役军人事务厅组建以后，敏锐把握到就业创业在退役军人整体事业中的关键作用，着力探索解决退役军人高质量就业创业问题，经过大量走访调研，在不断探索摸索中总结退役军人就业创业的堵点痛点：一是供需双方信息不对称。退役军人需要经历从信息相对封闭的集体生活向市场经济的过渡，再就业最大的难点在于对市场信息的了解渠道过窄，在高速发展的信息时代，市场信息掌握不足就无法在供需博弈中占据优势，从而影响就业质量。二是职业生涯缺少规划。很多军人在退役回乡后会出现一段时间的迷茫期，既缺乏对于当前社会经济发展形势的正确认知，也对自身的职业发展缺少合理的规划，“随波逐流、随遇而安”，“别人干什么，自己就干什么”。三是缺少成熟的就业创业服务平台。退役军人系统白手起家平地起楼，缺少成熟的就业创业服务平台，退役军人返乡报到后散落在各个地方，无法有效集中提供就业等服务，严重影响就业帮扶质量。

为解决以上问题，山东省退役军人事务厅积极创新工作方法，坚持关口前移，联合省人力资源社会保障厅，于 2019 年 6 月 29 日，首次在全省 16 市同步开展“送岗位进军营”大型专场招聘活动，在广大退役军人即将脱下军装回到地方前，主动将工作岗位送入军营、送到即将退役军人身边。活动当天，全省共有 1107 家用人单位参加招聘活动，提供 27931 个就业岗位，13984 名即将退役军人参加应聘，达成初步就业意向协议 6227 人。解决部分退役军人就业的同时，活动成果更多体现在让大量即将退役军人提前了解市场信息，准确把握就业方向，给退役后的免费职业技能培训等一系列选择提供了最真实的参考。

二、主要做法

（一）强化组织领导、高标准谋划。副省长范华平亲自审定活动方案，要求各级退役军人事务部门以这次活动为契机，进一步创新思路，着力把党中央和省委、省政府关于保障退役军人就业创业的政策落实到位，形成以实现高质量充分就业为牵引，教育培训、服务管理同向发力的新格局。省退役军人厅高度重视，成立筹备工作小组，多次召集参会单位负责人专题专项研究、部署推动，制定招聘会活动方案，细化任务分工，明确用人单位审核、场地版块区划设置、驻鲁部队协调、新闻媒体采编等具体环节要求，力求活

山东省暨济南市“送岗位进军营”活动启动仪式

范华平副省长在活动现场调研指导

动细准严实。拟定工作应急预案，协调有关部门提供保障，强力推进各项筹备工作。

（二）密切协作，多部门联动。“送岗位进军营”不同于一般的社会人员招聘活动，时间紧、任务重、要求高，需要协调的部门和事项更加复杂。省退役军人厅、省人力资源社会保障厅和济南市按照分工要求，有序推进、紧密开展。武警山东省总队给予场地支持，并协助完成场地布置和会场安保工作；山东省军区、北部战区陆军、空军济南基地、武警山东省总队积极组织即将退役军人到现场参加招聘。招聘活动过程中，各部门、各单位合力推进、联动协作、有序开展，为活动成功举办奠定了基础。

（三）形式新颖、线上线下同步。招聘活动采取线上线下结合，省及16市同步进行。在济南设立招聘主会场，在16市分别设立招聘现场，开设政策咨询、招聘洽谈、创业项目展示、培训机构展示多个板块专区，邀请退役“老班长”为大家讲创业故事，一起分享创业经验教训，安排培训机构、金融机构和退役军人事务部门工作人员提供政策咨询。依托强军网、大众网、退役军人就业创业网、81联聘和省市公共招聘网等平台开展线上招聘。

即将退役士兵在现场向企业招聘人员咨询

（四）加强宣传、注重全面引导。积极营造活动氛围，丰富活动内容，通过微信公众号、招聘平台广泛宣传活动的具体谋划及内容，吸引更多的用人单位提供更高质量的岗位，让退役军人全面了解和参与招聘活动。通过发放政策汇编、面对面讲解等宣传方式，为退役军人提供精准的就业创业帮扶。邀请《大众日报》《齐鲁晚报》、山东电视台等省内知名媒体和军方媒体，现场采访报道，畅通用人单位和退役军人信息通道，确保招聘活动取得实效。

三、经验启示

这次“送岗位进军营”专场招聘活动，是山东退役军人事务部门组建以来举办的首次省市联合大型专场招聘会，是推动全省退役军人就业创业的一次创新尝试，得到了社会各界的充分肯定。省委书记刘家义批示：“很好，坚持下去。”

（一）探索了军地合作新模式。此次招聘活动得到了部队的大力支持，多军兵种积极主动提供场地、物资等各类支持，参加招聘活动的部队首长称这次活动是贯彻落实习近平总书记重要论述精神的重大实践，是“不忘初心、牢记使命”主题教育的重要举措，更是省委、省政府为退役军人做的又一件实事、好事，成为军地合作的又一良好范例。

（二）烘托了各界支持的良好氛围。大量用人单位踊跃报名参加本次招聘会，结合各自实际量身定制专门岗位招聘退役军人，给退役军人提供优厚薪酬待遇。此外还有大量教育培训机构、金融机构主动申请参加，免费为退役军人提供教育培训和金融服务等业务咨询办理。多方的积极主动参与，烘托出全社会共同支持退役军人就业创业的良好氛围。

（三）凝聚了广大社会舆论关注。招聘活动得到了省内外和部队各界媒体的大力支持。中央电视台军事栏目对活动进行了集中报道，强军网、省内《大众日报》《齐鲁晚报》、山东电视台以及各市新闻媒体进行了大量宣传报道，各类新媒体平台做了大量转发。各界媒体集中发声，在全社会上凝聚汇集了支持退役军人就业创业的共同声音。

下一步，我们将主动适应经济发展新常态，利用全省退役军人就业创业服务平台，建立大数据分析制度，创新性拓宽退役军人就业创业渠道，加强职业技能培训，提升退役军人岗位业务素质和自我创业能力，不断满足新时代退役军人就业新需求，切实提高退役军人就业指导服务质量和水平，注重实效、多方联动，开展更有针对性、有效性、精准性的招聘活动。

供稿：山东省退役军人事务厅

紧盯两个需求　破解三大难题
河南省积极探索退役军人就业新途径

河南是兵员大省、优抚安置大省，每年接收安置退役军人 4 万名左右，退役军人就业任务繁重。长期以来，退役军人的就业需求与招聘单位的用人需求都很强烈，但又都不能得到充分满足，这一现实矛盾，是制约退役军人就业的主要“瓶颈”。通过调研分析，我省认为主要为退役军人已有技能与用人单位所需技能之间的技能不匹配、退役军人求职意愿与用人单位岗位需求之间的信息不通畅、退役军人与用人单位双方都存在的政策运用不充分三方面的原因。

一、以市场需求为导向，破解专业技能不匹配的问题

坚持以高质量培训推动高质量就业的培训理念，强化培训领导，健全培训体系，增强培训实效，实现“数量规模型”培训向“质量规模型”培训转变。

一是以基本技能培训为基础，助力保障性就业。将退役军人纳入河南省职业技能培训体系、纳入河南省全民技能振兴工程、纳入省委省政府重点民生实事、纳入省政府重点督办任务，制定教育培训规划，建立省、市、县三级教育培训工作领导机制和推进机制。确保每一位参训的退役军人拥有基本的就业能力。近三年来，我省退役军人自愿报名参加培训 94297 人，实际培训各类退役军人 87648 人，参加学历教育 3585 人，培训数占报名总数的 96.7%。

二是以产业园区培训为依托，实现集聚型就业。建立“园区+培训”模式，突出产业需求，依托当地重点产业园区、孵化基地、培训基地优势，开展区域化、片区化技能培训，形成了产业带动、园区培训、集聚就业的退役军人培训格局。如选送复员干部、自主择业转业干部或四期以上自主就业士官120名，到新郑“好想你”枣业集团股份公司创业孵化基地，开辟退役军人就业培训“绿色通道”，绝大多数成了企业骨干。目前，全省18个省辖市中，每个地方都有1—2个退役军人就业创业孵化基地、培训基地，基本满足了退役军人不出“远门”就业的愿望。

三是以特殊技能培训为牵引，实现订单式就业。建立“政府+企业+培训+就业”模式，大力开展定岗式、订单式、定向式培训，签订政府、用人单位、培训机构三方订单式培训合作协议，成绩合格后，就直接被用人单位签约上岗，尽快就业。如郑州铁路职业技术学院作为承训机构，开设铁道机车、动车组检修技术、城市轨道交通车辆技术、铁道车辆、铁道供电技术、城市轨道交通供配电技术等专业，定向培训，退役军人参训学员结业后直接到郑州铁路局、郑州轨道交通集团相关岗位工作，很受欢迎。据统计，2018年全省培训退役军人27514人，其中订单式培训3026人，占11%，就业行业主要分布在银行、铁路、电力、通信等系统。

二、以信息服务为平台，破解就业信息不通畅的问题

坚持把信息服务作为推进退役军人就业工作的重要环节，做到退役军人的家在哪里，就业信息服务就覆盖到哪里。

一是搭建网上就业信息服务平台。各地结合实际开通网上“一键扫码+线上招聘”“退役军人网上之家”“兵创汇”“退役军人就业创业手机短信平台”等服务“网点”，退役军人不出家门就能“考察”用人单位、参加“面试”，甚至直接“网签”就业协议。如荥阳方大农科公司是本土一家大型生产加工农副产品的民营企业，其生产秋葵等农产品远销日本、韩国、欧美、俄罗斯等国家和地区，市场发展前景广阔，急需一批忠诚可靠、踏实肯

干、技术过硬的管理人才。网上发布信息后，200余名退役军人第一时间网上报名，参加网上面试，目前，该公司员工中退役军人约占到三成。

2019年11月1日河南省退役军人事务厅与省建设银行签订就业创业合作协议

2019年11月20日河南省退役军人就业创业孵化园启动仪式

二是搭建网下就业信息服务平台。坚持以退役军人就业招聘双选会、推介会、座谈会为基本载体，积极搭建用人单位、退役军人就业双选平台，促进退役军人就业。如2017年部省联合举办退役军人就业专场招聘会，2000多名退役军人与137家国内知名企业见面洽谈，达成就业意向900多人；我省与教育、人社、省军区、团省委等多家省直单位共同搭建合作平台，连续举办6届全省退役大学生士兵专场招聘会，帮助500多名退役大学生士兵找到了心仪的工作；我省与新疆维吾尔自治区人社厅合作，招录1000多名优秀退役士官充实到新疆基层单位。据统计，仅去年我省就举办各类退役军人招聘会、推介会347场（次）。同时，各级退役军人事务部门主动作为，靠前服务，积极向用人单位推荐退役军人就业，输送人力资源。如省厅与河南克穷电子商务有限公司签订退役军人司机输送协议，按退役军人享受“用工优先、乘车优惠”双优服务原则，为克穷网约“动力快车”推送500余名退役军人司机，为河南城市之间网约车客运服务提供了新动力。我省多地与银行、工商、税务、交通、公交等多行业相关单位建立战略合作关系，积极拓宽退役军人就业领域，落实退役军人和用人单位政策待遇。

三、以普惠优化为重点，破解政策运用不充分的问题

坚持“政府推动、部门主导、政策优先、多方参与”，保障退役军人就业创业“普惠＋优惠＋特惠”的各项扶持政策。

一是强化宣传推广，推动企业主动使用退役军人。紧紧抓住入伍、退役、培训、招聘、入职和党委政府走访慰问等有利时机，利用多种形式和有效载体，大力开展政策宣传进军营、进企业、进园区、进基地、进课堂“五进入”活动，将企业吸纳退役军人就业减免税收、银行提供低息扶持贷款、企业优先吸纳社会资金发展等优惠政策打包，主动上门宣传、上门服务，帮助企业应知尽知、用好用足，减轻企业用工成本压力，激发用人单位“多接减压增效”，实现政策宣传全覆盖。如，退役军人黄涛借助惠军政策，创立金马工贸公司，主动吸纳20多名退役军人到公司任职，同时积极帮助其他退役军人创业，在公司经营的钢铁市场103家商户中，有38家是退役军人开办的，被全国军转办授予“全国自主择业军转干部就业创业导师”称号。

二是完善政策体系，推动退役军人更好地就业创业。制定完善退役军人参加机关公务员和事业单位招考优先、参加高招和报考研究生加分免试、自主创业小额无息贷款、自办企业减免税额等政策规定，为退役军人就业创业提供政策支撑，受到退役军人普遍欢迎。三年来，我省各级服务机构推荐退役军人就业82389人，自主创业11094人，超额完成省政府确定的年度完成25万人就业的目标任务。

三是优化服务环境，推动退役军人持续稳定就业。目前，我省围绕退役军人就业创业优惠政策的落实，正在实施“三个一批”行动，即联系一批省直单位，推动出台退役军人就业创业优惠政策；联合一批国有企业和关爱退役军人的民营企业，建立退役军人就业基金，帮扶困难退役军人就业；联合一批高校、企业，建设高质量的退役军人就业创业孵化基地、培训基地，开展退役军人“双元制”培训，确保推动退役军人就业工作不断取得新成绩。

供稿：河南省退役军人事务厅

“四个创新”完善工作机制
“一抓到底”确保充分就业

——广西壮族自治区南宁市做好退役军人就业工作的探索实践

一、背景情况

就业是民生之本，也是经济发展的“晴雨表”和社会稳定的“压舱石”。退役军人就业工作，是重点群体与重要工作的叠加，是“重中之重”。军人退役后，也只有通过就业，更好地实现个人价值和社会价值，才能更受全社会尊崇。南宁市始终高度重视退役军人就业工作，通过务实创新、扎实服务，不断取得新成效。但南宁市也面临着就业服务难度大、吸纳就业能力弱、退役军人增量多等难点。

（一）就业服务难度大。南宁市下辖7区、5县、3个开发区，居住有壮族、汉族、瑶族、仫佬族等多个民族，辖区内马山、隆安、上林3个县为国家级贫困县，部分退役军人既是贫困人员、又是少数民族，就业工作与脱贫攻坚、少数民族工作交织。

（二）吸纳就业能力弱。南宁市地处西部，经济发展较发达地区落后，企业总量、规模有差距，本地企业吸纳就业的能力不强、优质就业岗位不多。2019年南宁市城镇居民人均工资性收入3.77万元，低于周边城市长沙、贵阳等地，就业稳定性差。

（三）退役军人增量多。根据全国退役军人和其他优抚对象信息采集系统，南宁市现有退役军人13.36万人。2019年，南宁市新接收退役军人2421人。其中，有就业“刚需”的自主就业退役士兵1788人，同比增长11.26%。近年来，南宁市每年新接收的退役军人均呈现增长态势。

二、主要做法

针对退役军人就业工作的难点，南宁市认清形势，找准关键，大力推动工作创新，不断完善退役军人就业服务机制，一抓到底促进退役军人就业，实现了一系列突破和创新：率先开展退役军人就业率统计并力争年度就业率95%以上，对每年新退役的退役军人政策宣传、就业推荐、适应性培训三项100%覆盖；实现了对有培训意愿的退役军人技能培训100%覆盖；基本实现了退役军人就业服务市、县（区）、街道（乡镇）、村（社区）四级全覆盖；南宁市还在认定退役军人就业创业示范基地、引导退役军人创业协会发展、探索疫情防控期间就业工作等方面进行了积极探索，涌现出了“全国模范退役军人”、创业典型熊维程，发扬中医并被列入“自治区级非物质文化遗产名录传承保护项目”的退役军人封大为，创办协会带动200多名退役军人就业的宾阳县退伍军人创业协会会长谢连杰，全区就业工作先进个人杨明（市退役军人服务中心副主任）等先进典型，不少经验做法得到了人民网、《广西日报》、广西新闻网等各级媒体广泛关注和宣传。南宁市的主要做法有：

2020年5月8日 南宁市青秀区退役军人就业创业示范基地挂牌

（一）从“抓面”向“抓点”创新，就业服务延伸到底

一是“抓面”。通过举办各类招聘活动，集中促进退役军人就业。2019年，南宁市各级退役军人事务部门共组织开展退役军人招聘会16场，

2020 年 5 月 8 日南宁市宾阳县举办退役军人网络招聘会直播“带”就业

2018 年 8 月 29 日宾阳县退伍军人创业协会揭牌

提供就业岗位 1.63 万个，直接促进退役军人就业 800 多人。2020 年，在新冠肺炎疫情发生后，南宁市先后两次下发做好疫情期间退役军人就业创业工作的通知，确保就业工作持续开展，并通过举办系列线上招聘等活动，为退役军人提供就业岗位 10246 个；引导 2019 年秋、冬季自主就业退役士兵报名职业技能培训 1023 人，退役军人线上培训 3000 多人。

二是“抓点”。在“抓面”同时，注重创新开展“抓点”工作。依托市本级和全市建立的 12 个县（区）退役军人服务中心、123 个乡镇（街道）、1728 个村（社区）退役军人服务站，大力推进“一人一档”和就业实名登记工作，精细掌握退役军人就业情况，重点向未就业退役军人发布用工信息、推荐就业岗位、提供就业服务，构建了日常就业服务模式，实现就业工作全年有人跟、有人做、有成效。如 2020 年，通过调研全面摸清建档立卡贫困户退役军人情况，针对未脱贫的 39 人，对接扶贫部门、所在村、帮扶联系人，实地走访，加强就业帮扶。

（二）从“定性”向“定量”创新，量化工作跟踪到底

一是创新实施就业率统计。2020 年 4 月，南宁市退役军人事务局印发《关于建立年度退役军人就业率统计月报制度的通知》（南退役军人函〔2020〕40 号），率先开展了年度退役军人就业率统计工作，统计对象包括自主择业军转干部、自谋职业退役士兵、自主就业退役士兵、复员干部等全部退役军人类型；统计期限为每年 12 月至次年 11 月（1 年内）。通过就业率统计，实现了退役军人就业情况从模糊向清晰的转变，推动退役军人就业情况数据化、具体化。同时，大力推进退役军人就业数据库建设，探索建立动态管理的退役军人就业数据库。

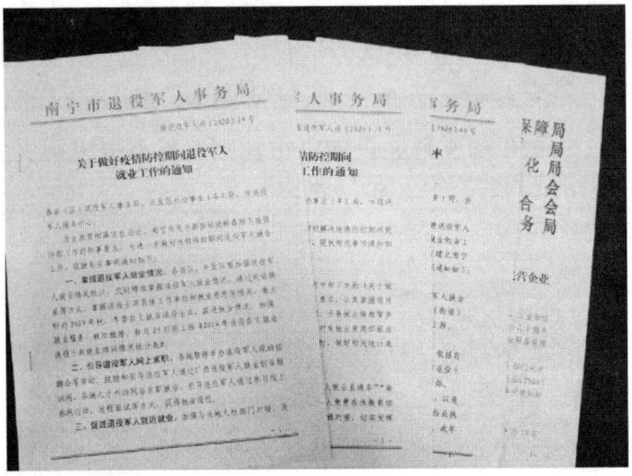

2020 年 2—5 月，南宁市制定系列措施做好疫情防控期间退役军人就业工作

二是依托数据跟踪做好服务。依托全市各级退役军人事务部门对退役军人就业时间、就业单位（企业）、创业情况、就业创业诉求等就业信息进行动态管理，建设基础数据库。依托就业率和数据库，掌握退役军人就业总体情况，跟进各地退役军人就业工作进展，跟踪促进退役军人就业。同时，强化数据运用，加强就业形势研判分析，及时发现和解决退役军人就业中遇到的困难和问题。还立足各地促进退役军人就业的实际情况，表扬先进，督促落后，总结经验，推广做法。2020 年，南宁市率先将年度就业率 95% 以上、适应性培训 100% 覆盖、技能培训后就业率 90% 以上等指标，确定为全市工作目标。

（三）从“阶段”向“全程”创新，强化服务帮扶到底

一是在时间上，将各项就业服务贯穿全年。转变以往就业服务主要围绕“退伍季”的不足，通过开展“就业直通车”“创业创新大赛”“就业援助月”和各类招聘活动，将就业服务融入全年，构建日常化服务机制。有就业意愿的退役军人，可以随时从退役军人事务部门获得就业服务。2020 年，还确定了通过政府购买服务方式，构建为退役士兵提供从适应性培训到一对一职业规划、职业技能培训，再到就业推荐的全程服务模式。

二是在环节上，将工作涵盖从退役到就业全程。在军人退役前，通过举办送政策入军营等活动，让退役军人提前掌握就业创业优惠政策和地方就业形势；在军人退役后，举办退役士兵就业适应性培训宣讲会，促进退役军人尽快适应地方；择优认定了19家定点培训机构，专业开展退役军人技能培训，提升退役军人择业能力；举办系列招聘活动，促进退役军人就业；对未就业的退役军人，开展就业援助活动，对失业的退役军人，促进再就业。通过全程式服务，有效提升退役军人技能，促进退役军人就业。

（四）从“单干”向“协作”创新，整合资源共抓到底

一是驱动“社会力量”马车，引导协会、企业吸纳就业。企业是吸纳退役军人就业的主渠道，退役军人就业工作既要做好退役军人就业服务，更要引导企业吸纳退役军人就业。为此，南宁市大力支持退役军人创办企业、引导退役军人就业创业协会发展，并在融资、培训、场地、用工等方面给予充分支持，帮助退役军人创办企业、协会发展壮大，以吸纳更多退役军人就业。目前，南宁市先后成立了“宾阳县退伍军人创业协会”等多家退役军人就业创业协会，协会创办的企业吸纳退役军人就业1000多人。南宁市涌现出了吸纳退役军人就业200多人的“南宁飞日润滑科技股份有限公司”（高新技术企业）、吸纳退役军人就业400多人的“广西华保盛物业服务集团有限公司”等多家退役军人创办企业典型。

二是整合相关部门力量，建立共抓共促就业工作机制。转变退役军人事务部门“单干”的现状，加强部门配合，共促就业。加强与人社部门配合，建立了日常性合作机制，将退役军人就业工作纳入全市整体就业工作中，统筹规划布局、同步做好。加强与编制、组织部门对接，在基层公务员、事业单位招考中，拿出岗位定向招聘退役军人，并鼓励引导退役军人到村两委任职。加强与公安部门等部门配合，协商在辅警等岗位上优先招录退役军人就业。加强与税务部门配合，协助落实退役军人创业税收减免等政策。2019年，南宁市退役军人创业优惠政策方面，共有682户享受税收优惠政策，减免税额共计2800多万元，为退役军人群体创业发放财政贴息创业担保贷款30笔371万元。

三、经验启示

（一）要敢于“压担子”，量化目标，就业为本

促进就业的关键在于“就业”而非“促进”，只有退役军人实现了就业，就业工作才取得真成效。南宁市坚定“专业人做专业事、专业事要做专业”的思路，坚持以实现就业为本，通过自行“压担子”，提出更高更具体的目标任务，重抓落实，确保执行，高标准、严要求做好就业工作，做到既通过抓工作促进就业，又通过就业情况考量工作。

（二）要勇于“迈步子”，克难而为，精准服务

退役军人就业工作起步晚，各地退役军人就业工作不同程度存在底数不清、信息不准、措施针对性不强等问题，“精准服务”成为就业工作的关键。只有摸清底数、了解情况、掌握诉求，才能更好地促进就业。为此，南宁市积极结合“基层基础基本建设年”活动，做到困难当前，迈开步子，大力推进“一人一档”和就业实名登记工作，并按照“先易后难、先急后缓”的思路，重点围绕新退役的军人、困难退役军人等，做好实名登记、精准掌握诉求、跟踪促进就业，取得了良好收效。

（三）要善于“想法子”，与时俱进，不断创新

退役军人事务部门组建为退役军人就业工作带来了新机遇，而新时代也对退役军人就业工作提出了新要求。在新形势下，要取得新成效，就要想出新法子。为此，南宁市特别注重工作创新，先后在引导退役军人创业协会发展、就业创业示范基地等方面进行了探索。2020 年，新冠肺炎疫情发生后，针对疫情导致传统招聘会无法举办问题，南宁市积极举办“南宁市退役军人网络招聘会”“线上春风行动”“民营企业招聘周”等活动，促进退役军人就业。2020 年 5 月，南宁市宾阳县还举办了“助力就业启航，情暖退役军人”专场网络直播招聘会，直播“带”就业。

（四）杜绝“踢毽子”，直面诉求，补齐短板

始终把“让军人成为全社会尊崇的职业”记在心上，把做实退役军人就业工作抓在手上。坚持以退役军人就业为本，直面退役军人诉求，补齐工作短板。针对退役军人普遍反映的“不了解就业创业政策”问题和人社、民政、税务等部门退役军人就业创业政策尚未整合问题，主动担当作为，加强部门沟通对接，梳理整合退役军人就业创业政策，印发了政策宣传资料10000多份，对2019年新退役的自主就业退役士兵、自主择业军队转业干部做到了政策宣传100%覆盖，同时还积极通过举办宣讲会等方式，“面对面”向退役军人宣传就业创业政策。

供稿：广西壮族自治区南宁市退役军人事务局

海南省儋州市探索推进“裕农通＋退役军人”新模式　助力退役军人就业创业

一、背景情况

儋州市是海南省的人口大市、兵源大市和驻军大市，现有退役军人和其他优抚对象 18000 余人，部分退役军人存在就业质量不高、就业情况不如人意等问题。

（一）整体就业形势严峻。就业市场人员不断增加，用人单位招聘名额有限，很多招聘职位带有技术性或学历要求，将一些退役军人挡在门外，导致他们想就业也无从下手。很多用人单位根据市场状况随时调整劳动力数量及结构，针对职位直接招聘有工作经验的人员，部分用人单位认为退役军人不具备招聘职位所需的技能，退役军人不在招聘职位的考虑范畴之内。

（二）企业提供的职位类型单一。多数招聘企业为退役军人提供的对应职位主要是从事安全保卫工作，此类职位存在很多局限性：首先，工作内容和形式单一，很难调动应聘的退役军人的持续热情，大部分退役军人对安全保卫工作不感兴趣，即使选择了就职大多也是权宜之计。其次，工作工资待遇不高，加薪的空间不大，对年轻力壮并需要养家糊口的退役军人而言，此类工作岗位并不具有吸引力。最后，此类职位上升空间小、转岗难度大。

（三）退役军人存在学历、技能和经验短板。大部分退役军人服役前生活在农村，入伍后在部队服役，长时间脱离社会，让退役军人缺乏在职场上竞争的优势，军队的技能未必能转变成职场上的优势。长期的部队生活让退役军人无法快速融入社会，退役军人就业屡屡受挫，或企业所提供的工作与理想中的职业不符，从而产生了较强的自卑感。

（四）受技术和经验限制，部分退役军人自主创业屡屡受阻。部分退役军人在严峻的就业形势下，都期望能自主创业，但他们大部分也面临着很多困难：一是有的缺乏足够的创业资金，短时间内无法完成自主创业，必须先外出就业以便积累创业资金，又由于没有一技之长，很难找到合适的、长期稳定的工作；二是有的退役军人资金充足，但由于选错创业行业或者缺乏创业经验等原因，创业屡遭失败，不仅损失了创业资金，还增加了创业挫败感。

为拓宽就业渠道，做好就业创业服务，帮助退役军人实现就业创业，增强退役军人荣誉感、归属感和获得感，让军人成为全社会尊崇的职业，我局积极贯彻落实《关于促进新时代退役军人就业创业工作的意见》精神，充分发挥桥梁纽带作用，搭建就业创业服务平台，联合中国建设银行儋州支行在退役军人就业创业方面开创金融扶持新模式。

二、主要做法

我市坚持“以退役军人为中心”工作理念，扎实推进全市退役军人就业创业工作，将退役军人就业创业需求与金融业务发展相结合，在全市各镇、村打造一批“裕农通”退役军人创业服务站。

“裕农通”退役军人创业服务站是中国建设银行以“裕农通”平台为载体，以退役军人为“裕农通”创业服务站业主，与退役军人事务部门协同联动、共同认证的新金融综合服务模式。该模式在不具备传统物理网点建设条件的地区开展金融服务，是打通普惠金融服务“最后一公里”的重要产品。“裕农通”退役军人创业服务站采取银行与退役军人合作的方式，为当地村民提供 2000 元以下现金支付结算、便民缴费、信贷融资等 10 多项点对点金融服务。每完成一笔交易，服务站业主可享受由中国建设银行支付的每笔金额服务补贴，让服务站业主从业务服务中获得提成，实现增收。除补贴外，业主还可获得优先、优质、免息的创业资金支持，切实解决了一批退役军人的就业难、创业资金短缺等问题，实现了退役军人在家门口创业。

目前全市已建起5家“裕农通”退役军人创业服务站，解决了5名退役军人的就业创业问题，惠及当地300余名群众。下一步，我局将联合银行系统继续在全市16个镇、296村（居、农场）打造一批“裕农通”退役军人创业服务站。同时，我局将持续深化与金融机构合作，支持金融机构积极探索退役军人服务方式，为退役军人和其他优抚对象提供优先、优质、优惠的金融服务，不断推出更多更好的惠及退役军人的金融产品，大力营造关爱退役军人的浓厚氛围，全力推进全市退役军人服务工作又好又快发展。

此外，我局与市工商银行、建设银行和邮政储蓄银行儋州支行达成发放拥军优属服务卡合作协议，军人军属、退役军人和优抚对象可凭军官证、士兵证、退役证、国家综合性消防救援队伍证等有效证件和身份证到儋州市任一营业网点申请办理军属、退役军人和优抚对象服务卡。军人军属、退役军人和优抚对象服务卡免收卡工本费、年费、小额账户管理费、挂失手续

2019年12月26日，儋州市退役军人事务局、中国建设银行儋州支行、大成镇人民政府、大成镇退役军人服务站等单位领导和干部在大成镇红灯村参加儋州市首家“裕农通”退役军人创业服务站揭牌仪式

费、账户余额变动通知短信服务费，免电子银行认证工具（UK、电子令牌、万能卡）工本费，免收跨行转账手续费，免收跨行 ATM 取现手续费。

三、经验启示

“裕农通”退役军人创业服务站是我局与金融机构探索“政府主动牵线推荐人才＋银政协同作战＋退役军人创业＋农村普惠金融”多赢模式的体现，丰富了儋州市退役军人就业创业服务途径，为退役军人开辟了新的就业创业渠道，也打通了普惠当地百姓、解决农村发展的“最后一公里”，标志着我局在践行乡村振兴战略、拓宽政银合作边界及拥军优抚、服务退役军人就近就业创业方面迈出了扎实的一步，对于更好地实现退役军人自身价值、助推经济社会发展、增强退役军人获得感和荣誉感具有重要意义。目前“裕农通＋退役军人”模式初显成效，我局将继续和金融机构紧密合作，赋能退役军人创业致富，做实、做细普惠金融，为加快推进海南自由贸易港建设扛起使命担当。

供稿：海南省儋州市退役军人事务局

政银共携手　助力退役军人扬帆起航

——云南省退役军人事务厅与建设银行云南省分行合作纪实

退役军人是党和国家的宝贵财富，是建设中国特色社会主义的重要力量。云南省退役军人事务厅组建以来，积极探索创新服务模式，全心全意服务退役军人，为退役军人工作更快更好发展奠定了坚实基础。

一、背景情况

深入贯彻习近平总书记关于退役军人工作的重要指示精神，全面落实党中央、国务院关于就业创业工作的决策部署，坚持“以退役军人为本，为退役军人服务”的宗旨，坚持问题导向、目标导向、结果导向，积极探索新时代做好退役军人就业创业工作的办法措施，以落实各项政策待遇为基础，以提升服务水平为抓手，统筹抓好退役军人服务保障，帮助退役军人实现从“最可爱的人”向“最有用的人”的华丽转身，助力退役军人实现从战场到市场、从部队到地方、从军营到职场的能力变迁。

二、主要做法

云南省退役军人事务厅与建设银行云南省分行携手共建，采取政银合作方式，促进政府提供公共服务、社会力量补充服务、退役军人自我服务三者的有机结合，从关心退役军人拥军优抚、定制专属金融服务，到助力退役军人就业创业、展示退役军人文化风采，共同助推云南省广大退役军人顺利踏上新征程，为地方经济社会建设扬帆起航。

（一）保障服务，解后顾之忧

为认真贯彻落实习近平总书记提出的“让军人成为全社会尊崇的职业”的重要指示和云南省委、省政府关于拥军优抚工作的决策部署，云南省退役军人事务厅与建设银行云南省分行等13家在滇银行签署了《拥军优抚合作协议》。建行进一步发挥银行业在拥军优抚事业中的重要作用，依托金融方面的优势为军人军属、退役军人和其他优抚对象提供了一系列优先、优质、优惠服务。一是全省建行营业网点在营业大厅和柜台显著位置，规范张贴摆放“军人/退役军人优先”标识，为现役军人、军人家属、退役军人和其他优抚对象开通绿色通道，提供优先优待服务；二是组织退役军人服务卡办卡流程和享受费用减免优惠、“一部手机办事通”APP、退役军人专属“军转e贷”信用贷款、信用卡分期、个人基金和保险等专属退役军人专场服务活动30余场；三是积极落实与退役军人事务部门签订的《拥军优抚合作协议》，全省累计发放建行退役军人服务卡3000余张。

通过为退役军人群体量身定制的金融服务，让在滇退役军人感受到退役后仍然是优先优质服务的群体，生活中实实在在得到快捷优惠的服务。

（二）助力创就业，显社会担当

为探索新时代退役军人创业工作的新模式、新路子，助推退役军人创业、创新，云南省退役军人事务厅切实落实《关于促进新时代退役军人就业创业工作的意见》《关于促进新时代退役军人就业创业工作18条措施的意见》，联合建行云南省分行举办“建行杯”云南省退役军人创业大赛。全省退役军人事务系统积极响应动员，完成了460余个项目征集申报，并精心组织评审团进行初赛评审，200个优质创新创业项目从报名项目中脱颖而出荣获表彰。项目内容涵盖了高科技、农业、制造、食品、养殖、生物等行业领域和传统产业及生活服务业、创新团队，精准扶贫、现代农业、新兴产业5个组别，充分展现了退役军人“穿上军装保家卫国，脱下军装建设家乡”的优秀品质。

云南省退役军人事务厅依托建行“裕农通”在县域乡村、城市郊区等服务场景的广泛运用，为退役军人返乡创业就业提供精准服务和优惠政策，开辟了退役军人返乡创业就业新渠道。

（三）永系军魂，展文化风采

为褒扬彰显退役军人为党、国家和人民牺牲奉献的精神风范和价值导向，在全社会营造关心关爱退役军人的浓厚氛围，激发退役军人文化创新创造活动，云南省退役军人事务厅、云南省文学艺术界联合会联合举办，云南省军区政治工作局、建设银行云南省分行协办，以“永系军魂　再创辉煌”为主题的“建行杯”首届云南省退役军人美术书法摄影展系列活动。全省退役军人及优抚对象踊跃参加，收到来自全省各地的美术、书法、摄影作品800余件，评选出一等奖6名、二等奖12名、三等奖24名、优秀奖102名。参赛作品在云南省图书馆进行为期一周的专题展出，向全社会展示我省退役军人和优抚对象在投身善美云南建设中的风采，进一步营造关心关爱退役军人的浓厚氛围。

（四）科技赋能，促服务提速

为深化“放管服”改革和加快“互联网+政务服务”的发展，解决自主择业军转干部退役金发放问题，云南省退役军人事务厅与建行云南省分行合作，梳理、规范退役金代发流程，共同设计开发“云南省自主择业军转干部退役金代发系统”，实现标准化代发流程，统一全省集中发放服务模式，实现人员信息及时更新、人机结合审核把关、资金同步发放到账，全程电子化处理。同时建设银行自主择业军转干部群体专门设计了《自主择业军转干部专属金融服务方案》，从军转干部金融需求出发，配置了专属产品，提供统一、标准的服务。按照全省部署，目前已有曲靖、文山等12个州市实现自主择业军转干部退役金集中代发工作，全年代发 11.5 万人次。通过系统处理后，全省退役资金账务划转流程和在途时间大幅缩减，保障了资金的安全和退役金及时发放到账，大大提高了对自主择业军转干部退役金的服务效率。

三、经验启示

新时代退役军人就业创业、服务保障工作是一项系统工程，需要社会各界共同努力、合力推动。云南省退役军人事务厅与建设银行云南省分行开展政银合作，进行一系列有益尝试并取得一定成果。通过双方的积极沟通与深度合作，为金融业服务退役军人就业创业勾画出了更加清晰的发展蓝图。作为金融服务的积极践行者，建设银行云南省分行积极响应国家普惠金融号召，主动承担企业社会责任，为助力实体经济发展、以金融推动退役军人就业创业等国家战略的实施做出应有的贡献。云南省退役军人事务厅充分挖掘社会各界力量、特别是发挥金融系统对退役军人服务、就业、创业积极作用，通过多元化的优质服务为退役军人创业提供有力的金融支撑，用金融的力量为退役军人就业、创业、服务赋能。

下一步，云南省退役军人事务厅将深入分析退役军人的多元需求，依托云南“一部手机办事通”广泛连接社会服务资源和共享政务部门间数据的特点，完善两站三中心服务保障体系，提升退役军人服务能力，为广大在滇退役军人提供全方位服务，努力让广大退役军人满意，助力他们扬帆再起航，为实现“中国梦、强军梦”贡献力量。

供稿：云南省退役军人事务厅

充分发挥地域经济特色助推退役军人就业创业

——陕西省汉中市西乡县退役军人事务局构建退役军人就业创业新模式

一、背景情况

西乡县是茶叶大县，全县生态茶园基地达36万亩，其中投产园面积24.7万亩；茶叶总产量1.7万吨，茶叶产值达22亿。退役军人1000余人积极投身于茶产业，从事茶叶种植、加工、销售、研发和技术创新。西乡县退役军人事务局认真贯彻执行国家关于茶产业发展的方针、政策、规划，协助退役军人提升茶产业整体的技术水平及生产研发水平，促进在西乡县茶产业建设完整的产业链和成熟健康的市场，扶持更多的退役军人就业创业，参与脱贫攻坚，带动退役军人农户致富，真正起到联系政府和企业、个体的桥梁作用，促进全县茶叶产业健康发展。

二、主要做法

（一）坚持政策宣传，强化教育培训，积极搭建信息共享平台

1. 利用政府网、政务短信平台、电视台、公众号、《西乡月报》、西乡吧、基层平台服务窗口、典型报道、滚动字幕宣传、结合每年退役士兵退役报到、镇村干部扶贫入户、印发宣传资料等方式积极宣传退役军人就业创业相关政策。印发政策宣传材料5000余份，宣传引导退役军人就业创业，达到了电视上有画面，网络上看得到。

2. 召开就业创业教育培训会，积极组织退役军人报名参加各项技能培训。近年来，全县报名参加培训的退役士兵达 500 余名，培训合格率为 100%。

3. 积极为退役军人求职就业搭建就业创业平台。积极落实创业扶持政策，主动与县人社局、民政局衔接，及时针对退役军人发布现场招聘会等专项活动信息，优先向退役军人推荐就业岗位。加大公益性岗位开发力度，优先安置能胜任工作岗位的退役就业困难人员。在县劳服局加挂“西乡县退伍军人就业创业中心”牌子，设立退役军人就业创业服务窗口。对有创业意愿的采取创业培训、项目推荐、创业担保贷款、创业补贴等方式引导、鼓励、扶持退役军人。

第一届西乡县退役军人创业示范企业命名授牌

（二）坚持全面摸底排查，注重分类指导、精准施策

1. 全面排查、摸清底数。全县退役军人 14000 余人，通过排查摸底，掌握退役军人的就业创业意愿、就业情况和实际需求，为退役军人就业创业工作掌握了底数。

2. 分类指导、精准施策。2020 年，走访退役军人家庭 175 户，组织专场招聘会 2 场，线上线下共推介岗位 280 个，帮助登记在册的退役军人实现就业 52 人。联合相关部门帮助退役军人享受专项扶持政策 5 人，有效地提高了广大服务对象就业的积极性。

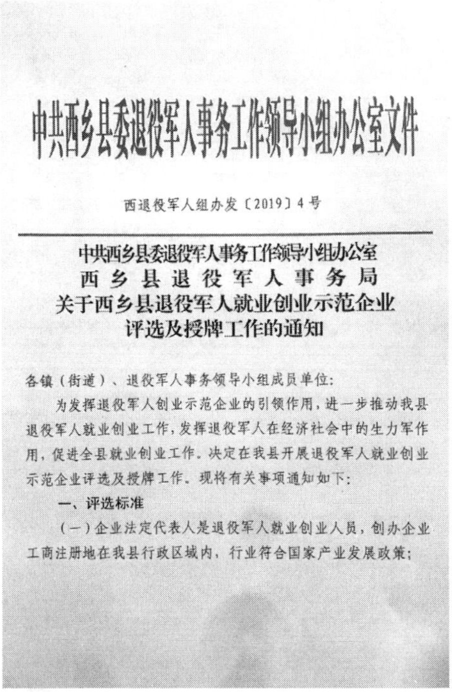

中共西乡县委退役军人事务工作领导小组办公室文件

西退役军人组办发〔2019〕4号

中共西乡县委退役军人事务工作领导小组办公室
西乡县退役军人事务局
关于西乡县退役军人就业创业示范企业
评选及授牌工作的通知

各镇（街道）、退役军人事务领导小组成员单位：

为发挥退役军人创业示范企业的引领作用，进一步推动我县退役军人就业创业工作，发挥退役军人在经济社会中的生力军作用，促进全县就业创业工作。决定在我县开展退役军人就业创业示范企业评选及授牌工作。现将有关事项通知如下：

一、评选标准

（一）企业法定代表人是退役军人就业创业人员，创办企业工商注册地在我县行政区域内，行业符合国家产业发展政策；

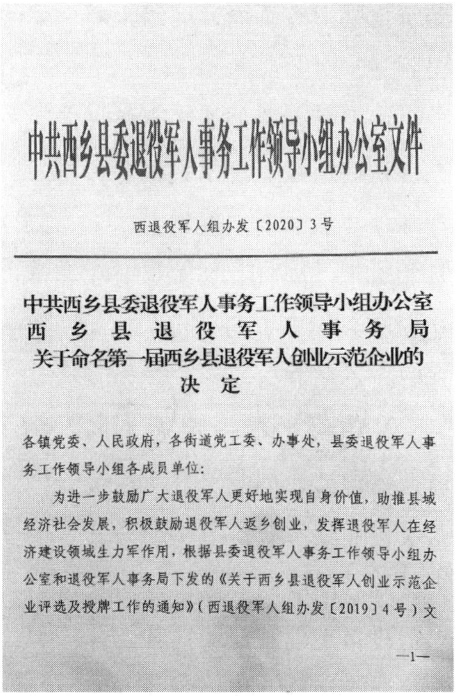

中共西乡县委退役军人事务工作领导小组办公室文件

西退役军人组办发〔2020〕3号

中共西乡县委退役军人事务工作领导小组办公室
西乡县退役军人事务局
关于命名第一届西乡县退役军人创业示范企业的
决定

各镇党委、人民政府，各街道党工委、办事处，县委退役军人事务工作领导小组各成员单位：

为进一步鼓励广大退役军人更好地实现自身价值，助推县域经济社会发展，积极鼓励退役军人返乡创业，发挥退役军人在经济建设领域生力军作用，根据县委退役军人事务工作领导小组办公室和退役军人事务局下发的《关于西乡县退役军人创业示范企业评选及授牌工作的通知》（西退役军人组办发〔2019〕4号）文

—1—

（三）坚持依托地域经济特色，打造退役军人就业创业特色品牌

西乡县是茶叶大县，退役军人种植茶叶达180户，种植面积达4000余亩，带动就业人数1018人。依托茶产业优势，以退役军人茶产业领军人物的企业为平台，积极筹划组建“西乡县退役军人茶业协会”，实现资源、技术、信息共享，使退役军人就业创业与县域特色产业发展有机结合。开展退役军人创业示范企业评选命名管理制度，以示范企业为引领，激发广大退役军人就业创业的热情。

（四）坚持挖掘塑造典型，发挥示范引领，推动新时代退役军人就业创业新动力

为发挥退役军人创业示范企业的引领作用，进一步推动全县退役军人就业创业工作，发挥退役军人在社会经济建设中的生力军作用，促进全县就业创业工作，在全县退役军人创办的企业中广泛开展示范企业创建活动，打造“军人品质”的企业文化。

西乡县目前有近百家退役军人创办的经济实体，其中具有代表性的陕西汉

南茶叶有限责任公司、陕西天汉农业有限责任公司、陕西凌枭军事拓展基地、西乡县易尚装修有限责任公司、西乡廊桥秀水商务酒店、西乡县宴苍生生态农业科技有限责任公司等六家企业，包括了农业、工业、现代服务业等行业，在吸收退役军人就业、引领退役军人创业等方面发挥示范带头作用。

被推荐表彰为陕西省优秀退役军人企业家对象的陕西汉南茶业有限责任公司董事长赵礼有，目前公司总资产2104万元，2008年被汉中市人民政府授予农业产业化重点龙头企业，是县规模以上企业、陕西省中小型科技企业，连续六年被西乡县人民政府授予“促经济稳增长先进企业”，2019年被汉中市政府授予“优秀民营企业”。公司为积极响应国家产业扶贫号召，2016—2019年共计帮扶贫困户36户，118人，帮扶贫困学生10人。公司采取贫困户入园务工、采摘茶叶、收购贫困户茶鲜叶、安排贫困户就业，所付劳动报酬比非贫困户上浮20%的激励措施累计支出帮扶资金118.5万元，并先后安排5名退伍军人在公司就业。

三、经验启示

1. 领导重视，明确责任。坚持以人为本、双向选择，面向市场，服务退役军人的指导思想，充分认识当前复工复产工作的重要性和紧迫性，成立由县退役军人事务局局长罗杰同志任组长，县劳服局局长、退役军人服务中心主要负责人为副组长，相关业务负责人为组员的退役军人就业创业领导

西乡县退役军人创业示范企业挂牌

小组。结合实际制定具体工作方案，明确目标任务，指定专人负责，层层分解，确保退役军人就业创业活动的具体组织与实施。

2. 广泛宣传，营造氛围。面向服务对象积极做好宣传引导工作，坚持就业政策宣传全覆盖，持续强化宣传引导和氛围营造。结合县域实际情况和特点，充分利用各种宣传媒介，形成立体式、全方位宣传。充分发挥部门职能作用，借力就业服务季开展的各类现场活动，向服务对象开展面对面宣讲，将政策讲深讲透，为活动推进营造良好政策保障。

3. 部门联动，形成合力。坚持多部门统筹谋划、精准发力，形成上下联动、密切配合的工作氛围。劳服局主要负责就业岗位挖掘，鼓励用人单位提供有针对性的工作岗位，并负责牵头组织现场招聘会组织工作。退役军人服务中心主要负责将就业服务季活动的时间、内容及时向服务对象进行广泛宣传，引导服务对象积极参加招聘活动，负责会场服务对象的入场组织工作。

4. 分类实施，务求实效。紧紧围绕服务对象的就业需求开展各类帮扶，实行分类管理。对服务对象中就业困难人员开展一对一就业指导帮扶，精心组织现场招聘会，搭建平台保对接。积极组织开展退役士兵技能培训，明确培训机构与培训专业，动员服务对象积极参与培训，增强个人就业技能，拓展更广阔的就业空间。

发挥地域经济特色，构建退役军人就业创业体系，体现了县委县政府对退役军人给予创业工作的高度重视。西乡县退役军人事务局加强统筹协调，积极探索帮扶就业新模式，提供就业创业服务，营造了良好的就业创业环境，发挥了退役军人在脱贫攻坚、乡村振兴中的积极作用。

供稿：陕西省汉中市退役军人事务局

推行“四轮驱动”工作法　推动就业创业

——陕西省宝鸡市推动退役军人就业创业的探索与思考

保障退役军人顺利就业创业，既是践行习近平总书记关于做好退役军人事务工作重要指示精神的具体行动，也是维护社会稳定的现实需要。自退役军人事务部门成立以来，宝鸡市认真学习贯彻落实习近平总书记来陕考察提出的“扎实做好六稳工作、落实六保任务”等重要讲话精神，严格落实中央和省委、省政府关于做好退役军人就业创业工作部署，探索推行“四轮驱动”工作法，全力推动全市退役军人稳就业、就好业。

一、背景情况

近年来，随着经济社会不断发展，生产消费转型升级，以及大学生、中高级技工等高素质群体大量毕业，加之每年自主择业退役军人逐渐增加，退役军人在就业创业中面临着不少困难和问题。一是就业形势还不乐观。目前，宝鸡是驻军大市，军工强市，绝大多数劳动年龄段退役军人已稳定就业，但受主客观因素影响，目前仍有1500多人暂未就业；退役军人创办企业85个，吸纳退役军人就业仅为185人。二是结构性矛盾较为突出。多数单位用人门槛较高，对学历、工作经验、资格证书提出了要求，导致部分退役军人难以顺利就业、一些单位用工紧缺的结构性矛盾。三是从业技能有待提高。由于多数退役军人疏于地方生产锻炼，在退役后不能及时熟练掌握生产技能，造成就业门路狭窄，多集中在运输、烹饪、安保等行业。四是激励鼓励需要加强。目前，各级对于退役军人就业创业的支持力度还不够大，大多数政策还沿用民政、人社等部门政策，针对退役军人的优惠性政策还不多。五是信息渠道不够灵通。部分退役军人仍依靠亲戚、朋友、战友等“人传人”方式获取就业信息，专场招聘、窗口介绍、信息推荐等方式较少，点对点、精准化程度不高。

二、主要做法

宝鸡市坚持问题导向、过程导向和结果导向，按照“破阻力、添动力、练内力、聚合力”的工作思路，找准穴位、精准发力、整体推进，全市退役军人就业创业工作取得了较好成绩。

（一）担当作为破阻力、重就业

坚持把做好就业创业服务工作，作为保障退役军人权益、维护社会大局稳定的重中之重。

推行“四轮驱动”工作法 推动就业创业——陕西省宝鸡市推动退役军人就业创业的探索与思考

1. 精准把脉开药方。印发《新时代退役军人就业创业实施细则》《2020 年退役军人就业服务季》等通知，以“发展经济稳定就业、创业创新带动就业、提升技能助力就业、重点帮扶促进就业、提升服务优化就业”为重点，保障退役军人顺利就业。

2. 加强领导解难题。市县（区）两级均成立了退役军人稳就业工作专班，全面掌握就业动态，准确研判就业形势，督促落实退役军人稳就业工作举措，对跨地域、跨行业、跨部门协同解决的困难问题，提级办理、统一协调解决。

3. 靠前指挥强推动。结合全市干部包联企业整体安排，以退役军人创办企业为重点，积极开展“一人包一企”结对帮扶活动，领导干部深入包抓企业，常态化开展“查堵点、送政策、给支持、常沟通”一条龙服务，协助企业解决资金紧缺、销售困难等现实问题。目前，全市退役军人创办企业复产率已达 100%。

（二）创新招聘添动力、促就业

针对新冠肺炎疫情影响，我们运用三项务实举措，着力打通退役军人就业创业“最后一公里”。

1. 双线招聘不停歇。做实“线下”招聘，2019 年以来，市和县（区）每年共举办退役军人专场招聘会 17 场次，累计签约 950 多人；在市和县（区）市民中心设立退役军人求职窗口，长期提供就业岗位。做活“线上”招聘，2020 年以来，结合退役军人群体就业特点，全市通过微信公众号发布用工信息 54 期，累计提供就业岗位 2.3 万个，实现新就业退役军人 4600 多人。

2. 带薪实训强吸引。发挥市退役军人就业创业促进会、市退役军人帮扶协会就业桥梁作用，积极对接企业开发就业岗位，紧扣退役军人技能特点和企业复产需求，创新“上岗式培训、带薪式实习”模式，促进 280 名退役军人就业。

3. 专项招聘有保障。紧盯滴滴、京东、顺丰等大型企业用工需要，通过打电话、发微信、视频连线等方式，广泛动员符合条件退役军人积极应聘，现已实现新就业 350 人。千阳县联系用工企业开通返岗直通车，帮助退役军人“一站式”复工就业。

（三）突出培训练内力、稳就业

坚持把加强教育培训、提升就业水平、增强就业能力，作为强化退役军人就业创业的关键之举。

1. 守好院校培训主阵地。充分发挥宝鸡技师学院、职业技术学院等培训院校资源优势，以市场需求为导向，近两年动员2056名自主就业退役士兵进校自主选择专业，免费接受就业实训技能培训，并对测试合格者颁发《职业技能鉴定证书》等毕业证书。

2. 开创以赛代训新路径。以开展“新征途”创业大赛为契机，引导退役军人相互学习、相互借鉴，切实加强企业管理、增加科技含量、提高产品服务水平，涌现出了以国栋科技、尼力德起重机公司等退役军人创办综合实力雄厚的“战略新兴产业”“创新团队”企业。

3. 开展定向就业培训。联合市人社局、市工信局，按照“用工需求+求职愿景+定点培训+实习上岗”模式，已于2020年8月底举办全市退役军人定向就业培训班，示范培训退役军人100名，在培训期结束后入职上岗。

（四）强化保障聚合力、强就业

坚持把强化保障作为推进退役军人稳就业的重要推手，进一步推动退役军人稳就业蹄疾步稳。

1. 强化资金保障。将一次性创业补贴从3000元提高到5000元；对退役军人创办企业开展重大技术改造项目给予300万—1000万元支持；发放跨省就业交通补贴每人500元；对带动就业强、创业项目好的退役军人创办的企业，提供不超过3次的创业担保贷款贴息。

2. 突出智力支持。组建由知名企业家、法律、金融等专家学者组成的退役军人就业创业服务指导团队，在职业规划、创业指导、吸纳就业、权益维护等方面为退役军人提供有力指导。依托市退役军人教育培训联盟，设立就业创业孵化基地1个，帮助退役军人就业创业。

3. 健全保障体系。依托“两中心两站点”体系优势，在镇街、村（社区）便民大厅开设退役军人就业创业窗口，对有意愿就业创业的退役军人及家属及时推送用工创业信息，着力消除退役军人零就业家庭。

三、经验启示

无业不兴、无业不稳。做好就业创业工作，事关退役军人家庭幸福、事关社会大局稳定，必须一以贯之、持续用力。通过推行“四轮驱动”就业模式的实践与探索，我们认识到加强退役军人就业创业工作，必须做到“四个提高”。

1. 提高政治站位，扎实落实政策。要认真贯彻习近平总书记关于来陕考察稳就业重要指示精神，全面落实中央、省委省政府和市委市政府关于退役军人稳就业的一系列安排部署，真正把扶持退役军人就业创业的优厚政策，转化为看得见、摸得着的现实利益，切实增强退役军人的获得感、幸福感。

2. 提高工作能力，抬升服务标杆。要认真全面学习中央和省委省政府关于做好退役军人就业创业的各项政策文件，深刻领会精神实质，掌握工作方式方法，结合退役军人个性化就业创业需求，认真推行“一对一、点对点”模式，不断打造退役军人就业创业品牌。

3. 提高思想认识，凝聚工作合力。要加强与人社部门沟通协调力度，力争把更多就业岗位向退役军人及家属倾斜；发挥各级服务中心、站点网络优势，常态化开展退役军人就业创业服务工作。

4. 提高工作效率，健全完善机制。不断完善就业监测分析研判机制、就业创业实名登记机制、中介服务机制、信息宣传机制，形成体系配套完整、科学高效规范的服务保障机制，不断推动退役军人就业创业工作深入进行。

供稿：陕西省宝鸡市退役军人事务局

疫情期间甘肃省多措并举积极推动退役军人复工就业

一、背景情况

新冠肺炎疫情发生以来，对全省退役军人就业创业存在一定的影响，主要有：退役军人不能参加退役军人事务、人社等部门组织的职业技能培训和实训、现场招聘会；已经就业的退役军人因疫情影响，在一定程度上随着用工企业的倒闭而失业，同时，还没有就业的退役军人也会因为社会提供的岗位不足而出现就业困难；退役军人与社会其他群体一样在创业过程中会出现融资难、企业经营难等问题。针对以上问题，我省深入贯彻学习习近平总书记关于新冠肺炎疫情防控和复工复产的重要讲话和指示批示精神，按照党中央国务院和省委省政府“六稳六保”工作要求，把复工复产、保就业作为当前一项重要政治任务来抓，周密安排部署、高位推动全省退役军人复工就业工作有力有序开展，累计帮助2000多家退役军人企业复工复产、10000多名退役军人实现阶段性就业、1500多名退役军人参加线上职业技能培训。

二、主要做法

（一）加大岗位供给力度。一是及时发布复工复产信息。针对疫情期间，企业复工复产不足导致吸纳退役军人就业有限等问题，各级退役军人事务部门及时开展企业空岗调查，广泛收集、及时发布本地开复工和就业岗位信息，使广大退役军人足不出户就能了解和掌握相关信息，为其复工就业提供实实在在的帮助。二是积极发布招聘岗位信息。自 3 月 5 日起，全省启动退役军人线上招聘月活动，省级层面搭建甘肃省退役军人招聘信息平台，常态化开展退役军人暨现役军人家属招聘活动，及时公布企业招聘岗位和退役军人求职信息，实现招聘与求职精准对接，推行远程面试、网上签约，打通退役军人求职就业信息不畅的堵点。全省共举办线上招聘活动 31 场次，遴选保利集团、光大银行、兰州良志等近 500 家省内外企业提供 1.5 万个优质岗位，达成意向性就业协议 4000 多份。

（二）就业培训不断档。一是免费开展线上培训。在疫情防控期间，以全国 50 家优质职业技能线上教育平台为载体，积极引导退役军人免费参加就业创业能力提升培训，重点发挥省、市、县、乡、村五级退役军人服务中心（站）作用，向有培训需求的退役军人精准推送课程名录和直播课程表，确保疫情防控期间退役军人职业技能培训不断档、就业能力有提升。二是加大技能培训支持力度。将自主就业退役军人退役一年内申请参加一次免费教育培训的规定，调整为自主就业退役军人可申请参加一次免费教育培训，通过取消退役年限的限制扩大自主就业退役军人参加职业教育和技能培训范围，为更多自主就业退役军人参加教育培训创造条件。同时，按照自愿选择、就近就便原则，打破地域限制，实现退役军人跨县、市培训，充分调动退役军人参加教育培训的积

成立甘肃退役军人培训学院打牢就业创业基础

举办大型专场招聘会确保退役军人充分稳定就业

极性，为疫情后退役军人参加教育培训创造条件。三是鼓励提升退役军人学历层次。鼓励退役军人积极响应国务院关于扩大硕士研究生招生和专升本的决策部署，对符合条件的退役军人特别是退役大学生士兵在享受有关教育资助政策的基础上，叠加享受退役军人事务部门提供的免费学习政策，鼓励其“先入校回炉、再就业创业”，通过继续深造获得更高层次学历，为充分稳定就业打好基础。

（三）阶段性就业有保障。通过采取余缺调剂等办法增加基层医疗和社会服务等岗位招募退役军人比例，为退役军人提供防疫阶段性的就业岗位；充分挖掘当地城乡基层、产业园区和服务行业带动就业潜力，支持退役军人充分发挥组织力、执行力强等优势，参与防疫消杀、检查值守等疫情防控岗位工作，解决阶段性就业需求；组织引导退役军人到疫情防控必需、公共事业运行必需、群众生活必需以及其他急需紧缺行业的企业就业；鼓励退役军人以协商工资工时、灵活用工等形式主动对接小微企业就业，实现援企稳岗。自疫情防控以来，仅兰州市城关区就为600多名退役军人提供了阶段性就业岗位。在做好疫情防控期间退役军人阶段性就业工作的同时，还着眼疫情后退役军人就业需要，积极探索“权威推荐+自主就业”相结合的新时代退役军人自主就业模式，与省内外发展前景佳、用工密集、科技含量高、劳动报酬好的重点行业、大型企业初步达成“退役军人就业直通车”协议，力争为退役军人就业创业提供更多的岗位和帮助。

（四）复工复产有成效。一是加大引导帮扶力度。及时印发《关于继续做好应对新冠肺炎疫情有效促进退役军人就业创业工作的实施意见》，确定省级退役军人事务部门领导包抓市州、机关干部包联退役军人，指导市州在联系退役军人企业、稳岗帮扶、拓宽就业渠道、提供防疫阶段性岗位等方面开展工作，及时与退役军人企业进行联系，共同探讨疫情期间企业存在的问题和困难，积极提供指导和帮助，第一季度为退役军人落实430万元的贴息担保贷款，帮助2000多家退役军人企业复产复工。制定鼓励和引导退役军人向艰苦边远地区和基层一线流动的12条措施，引导退役军人返乡就近就业创业，鼓励退役军人在基层一线建功立业。二是大力营造良好氛围。在全省范围内精心遴选一批帮扶退役军人就业成效显著、抗疫事迹突出的优秀退役军人企业家，作为“甘肃省2020年退役军人创业典型”，通过他们，进一步弘扬陇原退役军人永葆军人本色、勇立创业潮头的奋发拼搏精神，激励更多的退役军人为社会经济发展和抗击疫情作出更大贡献。同时启动全省退役军人创业创新大赛活动筹备工作，注重引入社会力量共同参与、扎实做好宣传、动员、报名、实施等各项组织工作，有超过170家退役军人企业和团队报名参赛，为提升退役军人创办企业社会竞争力、提振复工复产信心发挥积极作用，受到社会广泛关注和广大退役军人的普遍好评。

三、经验启示

一场突如其来的疫情，既为退役军人就业创业工作带来新的挑战，也暴露出工作中存在的不足和短板，甘肃省将以此为契机，通过三个“强化”，进一步做好自主就业退役军人就业扶持、创业保障、学历提升、技能培训工作，推动全省退役军人就业创业工作再上新台阶。

一要进一步强化服务体系建设。一是进一步建立健全退役军人就业创业保障政策，坚持问题导向、打通政策堵点，加大就业扶持力度，提升退役军人服务保障水平。二是推动网络培训和网络招聘常态化，利用公共服务平台和自有信息平台，遴选推送精品课程，为退役军人就业创业打牢基础；实现企业招聘与退役军人线上应聘精准对接，开展线上面试和签约，提供就业跟踪服务、法律援助、政策咨询、社会资源链接。三是积极探索具有新时代退役军人就业创业特色的“权威推荐+自主就业”相结合的就业直通车模式，加快与省内外发展前景佳、用工密集、科技含量高、劳动报酬好的重点行业、大型企业，开展就业合作，实现更多退役军人就业上岗。

二要进一步强化协调联动机制。一是会同人社部门，将退役军人职业技能培训纳入全省职业提升行动范围，按规定享受相关补助。切实为退役军人提供贴息担保贷款、减免税政策咨询和职业规划的指导，对优质退役军人企业开展免除反担保贷款工作，促进退役军人企业发展并带动更多退役军人实现就业。为下岗失业的退役军人优先安排公益性岗位，对符合就业困难人员条件的登记失业人员，实施优先扶持和重点帮助，及时将生活困难人员纳入就业援助范围，确保零就业家庭动态清零。二是会同教育部门，鼓励退役军人积极响应国务院关于扩大硕士研究生招生和专升本的决策部署，对符合条件的退役军人特别是退役大学生士兵在享受有关教育资助政策的基础上，叠加享受退役军人事务部门提供的免费学习政策，鼓励其“先入校回炉、再就业创业”。配合教育部继续做好高职扩招退役军人宣传发动、身份认定等工作，动员更多退役军人通过继续深造获得更高层次学历，为充分稳定就业奠定基础。三是会同税务部门，压实各级退役军人事务部门和税务机关工作责任，开辟业务受理绿色通道，进一步加大退役军人创办企业和个体经营税费减免优惠政策宣传力度，提高有创业意愿退役军人的政策知晓率，鼓励更多退役军人积极创业。

三要进一步强化问题矛盾化解力度。一是有效发挥全省退役军人“两站三中心”作用，进一步转变工作作风，推动形成就业创业政策宣传、问题解答、业务受理、问题汇总和上报的机制，就近、及时解决退役军人关心关注的就业创业问题。二是加大自主择业军转干部和自主就业退役士兵适应性培训力度，做到应训尽训、全员培训，帮助他们完成军队到地方的角色转换；有效发挥退役军人职业教育和技能培训联盟作用，做好教育培训报名“一站式”受理工作，督导各地切实打破教育培训报名时间限制、跨地域培训限制，积极落实“三免一补”政策，实现他们少跑路、享实惠、不抱怨的目标。三是积极帮助零星式、零散式有强烈就业需求的退役军人实现就业创业，通过举办线下招聘会、网络招聘活动、定点推荐上岗、入孵入园的方式实现其就业和创业，引导退役军人就业创业指导专家积极为其提供就业指导、创业规划、政策讲解等服务，引导落实创业担保贷款、经营税费减免等优惠政策。

供稿：甘肃省退役军人事务厅就业创业处

军休服务管理

积极推进老旧小区加装电梯
着力解决军休干部出行难题

——北京市莲花池军休所加装电梯试点工作情况

一、背景情况

北京市莲花池军休所成立于 2000 年 8 月，位于丰台区莲花池西里 6 号院，接收安置的军休干部以原总政机关及直属单位的为主。军休干部普遍离退休时间较早，年龄偏大，目前平均年龄达到 79 岁，加之身体原因，出行难成为这部分军休干部的生活难题。自 2012 年起，军休干部代表多次向军休所、原总政机关、民政部呼吁加装电梯，并向全国人大提交议案。经北京市军休办多方努力，莲花池军休所于 2016 年底被列为市政府加装电梯试点单位，军休干部 7 号住宅楼完成立项工作。2017 年 3 月，莲花池军休所被列为北京市老旧小区综合改造试点单位。在丰台区房管局、老旧小区综改办的主导下，完成了军休干部 5、6、8 号楼加装电梯立项工作。至此，莲花池军休所西院 4 栋多层军休干部住宅楼加装电梯工作实现全覆盖。目前，13 个单元加装电梯工作已经完成并投入使用，军休干部多年迫切期盼终于变为现实，大家纷纷拍手称好。

二、主要做法

（一）统一思想认识，广泛征求意见，做好前期准备

1. 积极做好思想动员工作。莲花池军休所被列入北京市加装电梯试点后，市军休办与工程承接单位筑福集团、军休干部管委会及军休干部党支部书记代表多次召开专题会议，宣传加装电梯政策，共同商讨加装电梯方案，解答军休干部疑问，结合军休所实际，初步确定平层入户加装电梯方案。军休干部管委会、军休干部各党支部及各党小组成员积极宣传相关政策，做好思想动员，确保每名军休干部都了解加梯工作相关事宜。

2. 广泛征求意见，加强走访调研。为确保加装电梯工作圆满完成，更好地满足广大军休干部的需求，工作人员深入军休干部当中，广泛征求意见建议，反复讨论修改加装电梯方案，进一步细化设计。2016年11月，由市军休办专门组织军休干部代表前往福建泉州进行实地考察调研，更加直观地了解加装电梯工作细节。经多次论证，确定了平层入户的加梯设计方案。2016年12月，莲花池军休所联合筑福集团利用一周时间，组织召开加装电梯技术沟通会，针对各住宅楼、楼层及户型进行技术解答和政策宣讲，并制作宣传展板，确保涉及的每一名军休干部都了解加装电梯方案和相关政策。

2019年9月到北苑军休所进行加装电梯政策讲解

（二）加强组织领导，建立工作机制，推动有序进行

为保证加装电梯工作扎实有效开展，市军休办专门成立领导小组，下设施工技术、质量监督、经费管理、安全巡查、沟通协调、文字资料6个工作小组，加强统筹指导，明确职责分工，全面收集信息，及时请示汇报。同时，

海淀二里庄加装电梯照片

莲花池军休所加装电梯

建立信息沟通、工作协调、入户走访、巡查监管、宣传报道等工作机制，加强军休所与军休干部、施工方之间的联系，第一时间掌握工作动态，及时了解军休干部诉求，及时化解各类矛盾，确保加装电梯工作有条不紊，安全有序。

（三）加强沟通协调，坚持群策群力，确保顺利实施

1. 做好重点人员工作。因加装电梯立项工作时间紧、涉及住户多，各军休干部党支部书记、管委会成员、服务管理站工作人员加班加点收集相关资料，推进签约工作。对存在疑虑的军休干部，所领导带领大家认真分析原因，分清层次，专门成立工作小组入户反复做思想工作，进行政策解答，保证了加装电梯签约工作按时完成。

2. 加强施工过程协调。因加装电梯试点工程与老旧小区综合改造工程由两家不同施工单位实施，两项工程同时展开，存在施工单位及人员多、涉及面广、作业面狭窄等问题。所领导、军休干部骨干及工作人员深入一线，现场查看，掌握施工进度，协调相关工作，及时解决施工单位和军休干部在施工过程中遇到的困难与问题，保证了施工有序进行。

3. 发挥军休干部组织作用。各军休干部党支部书记、党小组长积极参与到两项试点中，及时向军休所提出意见建议，管委会还主动撰写各类简报及倡议书，发挥了建设性作用。当加装电梯遇到阻力时，管委会成员、各党支部书记与工作人员一起入户走访，化解矛盾；当部分军休干部遇到困难时，广大军休干部积极伸出援手，解决困难，推动了加装电梯工作顺利开展。例如，一名军休干部遗属属于“无工作、无子女”人员，每月只有2000多元的生活补助，缴纳加装电梯费用存在困难，导致该户阳台未能及时拆除。得知这一情况，在所党总支的倡议下，广大军休干部党员积极捐款支援，仅用一周时间将该户所需费用凑齐，保证了施工进度不受影响。

三、经验启示

莲花池军休所加装电梯试点工作开展以来，得到了各级领导的广泛关注，退役军人事务部、北京市人大常委会、市退役军人事务局、丰台区的领导先后到现场调研指导工作。试点工作受到普遍好评，取得了一些经验，主要有三点：

（一）抓住机会先行先试求突破。在中央和军队政策尚不明确的情况下，充分利用地方政策，不等不靠，先行先试，使广大军休干部先受益。

（二）发挥好军休干部党组织和管委会作用很关键。加装电梯最大难点是必须家家同意才能组织施工。从莲花池军休所试点情况看，由军休干部党支部和管委会做军休工作的思想工作更有说服力，推进更顺畅，也更为有效。

（三）上下联动形成合力是保证。北京市军休办、莲花池军休所上下联手、合力推进，一方面抓住机遇积极争取市、区两级政策支持，及时将加装电梯工作列入市级相关试点范围；另一方面深入细致做好军休干部思想工作，先后42次召开军休干部座谈会，宣传解释相关政策规定，积极引导军休干部算好经济、受益、友情“三笔账”，很好地统一了思想认识，增进了战友、邻里之情，确保了加装电梯试点工作圆满完成，有效解决了军休干部的操心事烦心事揪心事，有力地提升了军休干部的休养生活品质。

供稿：北京市军队离休退休干部安置事务中心

军地携手创和谐　四方共建谱新篇

——天津市河西区军休所创新开展“军地四方双拥共建”活动

一、背景情况

“军地四方双拥共建”项目创始于2009年，是天津市河西区军休所牵头创建的一项独具特色的新时期双拥工作品牌。

2009年9月，在天津市河西区民政局党委的支持和帮助下，河西区军休所结合多年来“走出庭院、融入社区”的成功经验，提出了整合驻区部队、街办事处和学校的优势资源，搭建共建共促共赢的平台，开展“四方双拥共建”活动的倡议，并率先联合区东海街，武警天津市总队第一支队和微山路中学新疆内高班签订共建协议书，开展项目试点。在及时总结活动经验、补足短板的基础上，逐步在全区推广活动项目的成功经验。

“四方双拥共建”活动以打造和推进独具特色的“双拥双促进，共建共发展”良好局面的形成为重点，着眼于巩固和发展“同呼吸、共命运、心连心”的新型军政军民关系，加强军政军民团结。共建各方本着“互帮互学，共同提高，促进和谐社区建设”的工作思路，以“双拥共建、协调发展，优势互补、服务社区和因地制宜、资源共享”为原则，旨在大力弘扬军地双拥共建活动的优良传统，把拥军优属与拥政爱民结合起来，把构建和谐社会、建设学习型党组织与宣传党的政策方针、发展党的事业、加强国防和社会主义精神文明建设结合起来，把创建平安、健康、文明、和谐校园与部队文化生活结合起来，确保共建工作扎实、规范、有序开展，带动和促进街道、社区、部队、学校和军休所各单位工作上水平、上台阶，全面推动河西区双拥共建工作创新发展。经过十年探索，形成了“立足社区、因地制宜、军地互动、四方受益”的良性发展局面。

二、主要做法

一是搭建共建平台。在河西区区委、区政府的大力支持和帮助下，军休所充分整合军地各方资源优势，积极搭建多元平台，增强了部队、社区、学校和军休工作协调发展的活力。首先，凝聚社区力量，搭建为部队和军休干部办实事的平台。利用退役军人服务中心（站），普遍建立“四方共建”联系点，组建了278支拥军优属服务队，每年办实事数千件。其次，发挥部队优势，搭建拥政爱民的平台。驻区部队在为地方经济建设和社会发展保驾护航的同时，积极投身创建全国双拥模范城和文明城区的各项活动中，充分发挥了生力军作用。再次，结合“走出庭院、融入社区”活动，搭建军休

举办庆祝建党90周年“军民鱼水情 民族一家亲”红歌会

与老战士一起参观烈士陵园

在平津战役纪念馆开展爱国主义教育

干部发挥余热的平台。不断深化“走出庭院，融入社区”活动，形成了军休干部奉献社会“服务有渠道、处处有舞台”的新格局。此外，延伸共建范围，搭建学生参与双拥共建的平台。各街道办事处及时掌握共建信息，做好沟通工作，为大、中、小学生提供社会实践的机会、场所。

二是丰富活动内涵。共建各方充分发挥自身优势，主动参与积极作为，为共建工作发展注入了生机。军休所充分发挥军休干部党性原则强、理论功底深，有强烈的事业心和责任感等优势，每年结合春节、元宵节等时间节点，举办迎新春、送温暖、送文化、送欢乐、送祝福、帮贫扶困、助学助残等活动，年均20余场次，受益千余人次。广大驻区部队发挥“人才”优势，开展“政治指导员”进社区、进校园等系列活动，协助举办社区党员干部培训班达50余期，派出社区辅导员1200余人，为企业员工和学校学生组织军训8000余人次。各社区共建点发挥“联络人”的重要作用，牵头组建“社区治安巡逻队、医疗保健队、文艺宣传队、课外辅导队、帮困助学队”等5支志愿服务队，共同为美丽社区建设添砖加瓦。各大、中、小学校组织精干力量，开展课外辅导，英语、计算机等实用知识普及和为社区孤寡老人、优抚对象和军休干部进行志愿服务等活动，成为和谐建设的生力军。

三是拓宽合作思路。在军地共同参与和努力下，“四方共建”从单纯的搞联欢，发展成为社区服务、社会实践、宣传咨询、慰问救助等多种项目并存的新格局。一批优秀志愿者团体或特色品牌活动，如尖山街“第二故乡联谊社”、军休所“老战士宣讲团”、柳林街“兵妈妈”服务队，及大营门街“双拥文化节”、河西文化局“西岸图书漂流”，东海街汉江里社区“军民鱼水情·民族一家亲”元宵节联欢会，友谊路街谊景村社区“同住谊景村、军民一家人”等融入“四方共建”体系，统筹协调发展，扩大了覆盖面和受益面。依托“大团结、大融合、大共建”格局，共建各方以弘扬雷锋精神、天津精神、爱国主义精神、民族团结精神、尊老爱幼精神等为内容，常态化举办学习报告会、座谈交流会，展示学习成果、书画摄影作品，组织交流笔会、棋牌赛、军民联欢和慰问老人院等活动，并合力组织了“庆祝建党90周年红歌会”“老有所乐在民间”“夕阳挚爱·久久情浓——庆重阳暨百对金婚盛典”和全国“国防教育进家庭”，首届“河西双拥·军休杯”全国楹联大赛等大型活动，成为河西双拥工作一道道亮丽风景线。

三、经验启示

一是党建引领，形成合力。各级党委的高度重视和精心指导、大力支持，为“四方共建”的发展夯实了基础，凝聚了发展合力。特别是党的十九大以来，在习近平新时代中国特色社会主义思想指引下，共建各方坚持一致性和多样性相统一，以“党建一根针、穿起千条线”，按照“大党建＋大统战”的目标要求，秉承“资源共享、共建共赢、积极创新”的初心，肩负起推动基层党建、深化志愿服务、构建美丽社区、促进军民团结和民族大融合的光荣使命，努力找到“四方共建”最大公约数，画出最大同心圆，把“四方共建”的小平台变成了大舞台，实现了齿轮效应——“四方共建”的大齿轮带动其他共建单位小齿轮，在社区与单位，单位与单位间，相互联动，相互依托，最广泛凝聚了各方的智慧和力量，形成了“四方共建、八方协同”的新格局。

二是多维互动，实现共赢。项目开展以来，区相关双拥单位、驻区部队、街道办事处、大中小学校纷纷与军休所建立共建联系点，成立了领导小组，并完善了联席会议、走访协商、物资器材和经费保障、总结表彰等各项制度，明确了职责义务，形成良性互动机制。广大军休干部、社区居民、部队战士和在校师生发挥各自优势、携手奋进，开拓进取、稳步前行，共建各方紧跟时代发展要求，精准把握时代发展脉搏，呈现出“多点开花”的喜人局面，许多同志被市、区、街道、社区评选为优秀党员、优秀社区志愿者，在争创全国双拥模范城“五连冠”“六连冠”“七连冠”中，“四方共建”作为河西区双拥亮点工作项目，多次接受全国和天津市双拥考评领导小组的检查考核，受到普遍认可。中央政治局委员、原天津市委书记张高丽也曾亲临“四方共建”联系点调研指导工作，给予充分肯定和高度评价。

三是深挖潜力，擦亮“品牌”。广大军休干部始终继承和发扬老党员、老军人的革命精神，积极参与社区治理、精神文明建设和维护社会稳定等工作，带头做好宣传工作，凝聚释放正能量，肩负起推动社区党建、构建美丽社区、促进军民团结和民族大融合的光荣使命，先后有近200人被聘为社区思想政治工作研究员，130余人成为社区志愿者，30余人担任社区老协会长。军休干部年均捐资10万余元，帮贫扶困、助医助学，并与新疆、西藏等少数民族学生结对子，精准帮扶助教，为青少年健康成长贡献力量。受助同学有的考入了北大、清华等全国重点院校，有的成为医学博士、军工领域的工程师、国家公务员等，还有的参军报国，成为解放军战士。驻区各部队不断丰富拥政爱民工作内容，拓宽双拥共建工作领域，主动开放部队荣誉室、档案馆，为驻地社区群众、青少年和院校学生提供免费国防教育场所，积极参与到驻地精神文明建设与平安社区建设当中，成为中坚力量。各共建学校选拔优秀人才义务为受助学生进行课外辅导，定期跟踪走访、访谈，组织各类学习、体验活动，帮助他们健康成长，带动作用明显发挥。街道社区以驻地的军烈属、孤老户和特困学生为主要服务对象，实行“一帮一”扶助活动，服务内容涉及打扫卫生、代为购物、爱心家教、健康护理、法律咨询、介绍保姆等10余项，产生了良好的社会反响，“品牌”效应凸显。

供稿：天津市河西区军队离休退休干部休养所

“三社联动”推动军休干部服务管理社会化发展

——上海市徐汇区军休中心服务管理社会化工作总结

一、基本情况

徐汇区军队离休退休干部服务管理中心（简称徐汇军休中心）是政府直接服务和管理军休干部的专设机构，是隶属于徐汇区退役军人事务局的副处级全额拨款事业单位。徐汇军休中心设主任1名、副主任2名；设办公室、保障科及桂林西街一分所、石龙路二分所两个分所。事业编制数28人，现有24人。徐汇军休中心党组织为党委建制，共有19个党支部，其中军休干部18个支部，工作人员1个支部。截至2020年5月底，徐汇区共有军休干部765人，其中离休干部38人，退休干部727人。

军休干部养老服务是落实军人退役制度的重要举措。党的十九届四中全会公报指出，“必须健全幼有所育、学有所教、劳有所得、病有所医、老有所养、住有所居、弱有所扶等方面国家基本公共服务制度体系，注重加强普惠性、基础性、兜底性民生建设，保障群众基本生活。”站在这个新起点上，徐汇军休中心始终以军休干部需求为导向，不断探索创新军休服务管理社会化的保障模式，从依靠军休机构自身服务管理的单一化模式向社会化服务管理的多元化、高效化转变，不断提升军休干部的服务获得感。

二、主要做法

（一）社会单位联动：实现资源整合提高服务内容多元化

一是与徐汇区组织部联动增强桥梁枢纽作用。在区委、区政府领导高度重视下，区委组织部为落实军休干部政治待遇积极搭建参政议政平台，引导军休干部积极参与贯彻党的路线方针政策和新时期的决策部署活动，为国防和现代化建设建言献策，培树军休干部身份自豪意识，增强军休干部的荣誉感和使命感。徐汇军休中心负责人管启文、管委会主任梅竹茂、支部书记纪道顺分别当选为中国共产党徐汇区第八次、第九次、第十次代表大会党代表。通过担任党代表进一步强化了干休所“上承党组织，下接党员群众”的桥梁纽带作用和服务群众作用，让党代表的作用真正实起来，受到了基层广大党员群众的普遍赞许。

徐汇军休中心负责人管启文、管委会主任梅竹茂、支部书记纪道顺作为党代表参政议政

二是与区老干部局共建落实军休干部政治待遇。与区老干部局合作共建，在全市军休服务机构中，徐汇军休中心率先做到将军休干部纳入地方干部政治待遇体系。军休干部可以参加区情报告会、上级会议精神学习会、支部书记培训班、时事政治辅导会、老干部团拜会等活动。在2019—2020年区老干部局启动的创建徐汇区离退休干部“示范党支部”活动中，徐汇军休中心第十党支部从徐汇区多个离退休干部党支部中脱颖而出，被选为区级离退休干部“示范党支部”。

三是与区域单位共建联动拓展服务资源。包括：与徐汇区中心医院沟通，设立“云医院”服务平台，为军休干部提供线上诊疗服务；与海军411分院、徐汇区中心医院签订共建协议，为军休干部看病提供优惠政策；向区域单位购买服务，如与太平洋保险签订协议，为军休干部定制购买意外伤害综合保险，为他们的人身安全提供更全面的保障；与邮政集团徐汇分公司签约，为军休干部开辟邮政绿色服务通道；与上海公交公司合作，为军休支部活动提供专车接送服务；与滴滴上海分公司签约合作，优先为军休干部提供优质服务。

组织军休干部参加区长方世忠作的区情通报会

军休干部参加区老干部迎新春团拜会

（二）社会组织联动：提高服务专业化水平

一是加大购买服务力度。徐汇军休中心通过购买服务真正与军休干部的需求对接，让军休干部享受到更加个性、多元、透明的服务。包括：与“久久关爱”为老服务平台签约，为特定军休干部群体制定

与邮政集团徐汇分公司签约，为军休干部开辟邮政绿色服务通道

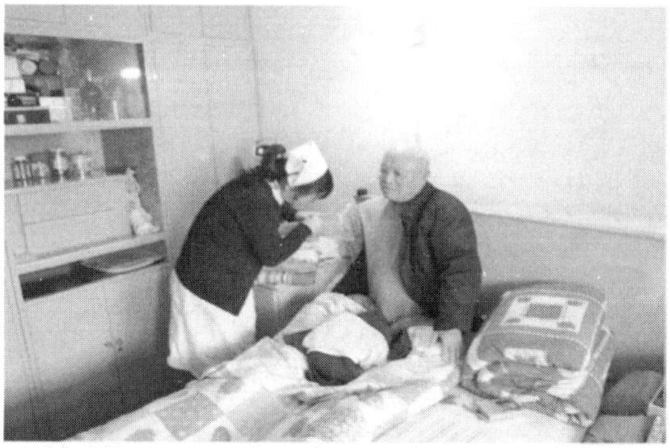

与“久久关爱”为老服务平台签约，为伤残军休干部李洪顺提供上门医疗服务

个性化居家养老服务方案，包含基础应急、心理慰藉及维修、洗衣、保洁等多种日常生活服务；与“好帮手”服务组织合作，为年纪较大的军休干部举办集体活动。

二是在公益社会组织与军休干部需求之间搭建桥梁。在特需医疗专项基金额度有限的情况下，徐汇军休中心向区慈善基金会申请，为因病致贫，无法负担高额医疗费的军休干部提供帮助，在一定程度上减轻军休干部经济负担，鼓励军休干部保持乐观心态，积极治疗、安心养病。

（三）社区联动：为军休干部提供基础性养老服务

一是与社区开展合作共治。徐汇军休中心与多个社区达成长期合作关系，一起为军休干部提供养老服务。包括鼓励军休干部主动到所居住社区报到，让社区知晓军休干部，实现资源共享；组织军休干部参加各街道“邻里汇”“优抚之家”社区活动，让军休干部对社区有更直观、更深入的了解；

组织军休干部参加康健街道“邻里汇”社区文化活动，让军休干部对社区有更直观、更深入的了解

与康健、田林、漕河泾等街道沟通协商，为军休干部优先提供助餐、日间照料等服务；邀请军休干部参加社区组织的各种兴趣小组和活动；放映电影、观看文艺演出等活动会为军休干部专门预留座位；中心还经常在社区层面组织集体学习，通过听取时政报告、外出参观学习等形式，沟通交流支部成员思想、身体、生活

情况。

二是通过社区协调实现养老自助。当前的社区老龄化程度越来越高，养老服务管理问题日益凸显，开展有效的养老自助是解决养老问题的可取路径。围绕这个问题，军休中心与相关社区一起，开展养老结对自助实践。譬如，在军休干部相对集中的长青坊居委会，已经有29对低龄老年志愿者与高龄离退休干部结对，定期上门与军休干部话家常，提供慰藉。

三、经验启示

由于军休干部自身的差异性、居住位置分散等条件限制，再加上军休干部的养老服务需求越来越多元化，徐汇军休中心在养老服务的专业能力方面始终无法与专业机构相比。加强与社会单位、社会组织和社区的合作与联动，利用社会有效资源为军休干部服务，变单一化、封闭化的服务管理体制为开放式、多元化、社会化、高效化的现代军休干部服务管理模式是行之有效的途径之一。

一是转变观念，切实提高军休服务管理社会化的思想认识。军休服务管理社会化是新的概念，它将改变军休工作的格局和军休干部的某些生活方式，要想深入开展军休服务管理社会化工作，必须加强宣传教育，扫除军休干部思想障碍，澄清模糊认识，在开展军休服务管理社会化工作的过程中，要做深入细致的调查了解，针对军休干部的迫切需求，循序渐进、稳步发展。

二是军休服务机构在一如既往落实好军休干部“两个待遇”基础上，要充分发挥桥梁纽带作用，为军休干部利用社会资源、融入社区、参与社区组织生活提供便利，使军休干部得到更便利、更契合需求的服务和自我实现的平台。

三是充分综合利用社会优质资源，为特定军休干部群体在医疗康复、家政服务、生活照料、精神慰藉等方面提供专业化的服务渠道，提升服务针对性，积极营造一个以军休干部家庭、社区和社会相结合的社会化服务管理链条，使军休干部的生活质量不断提高。

总之，徐汇军休中心开展的军休干部服务管理社会化，目标就是要集中军休中心既有资源、拓展、整合社会资源，通过社区、社会组织和企事业单位等“三社联动”工作模式，共同为军休干部服务提供支撑，提升服务管理效能。

供稿：上海市徐汇区退役军人事务局

军休干部心理健康服务探析

——安徽省马鞍山市军休所引入心理辅导的实践启示

一、背景情况

马鞍山市军休所服务管理军队离退休人员共80人，其中离休干部9人、退休干部50人，遗属21人，平均年龄82周岁，90周岁以上13人。患心脑血管疾病22人，糖尿病和其他疾病的18人。日常工作中以下几个方面问题表现尤为明显：

（一）“高龄、高发病”现象越来越明显。大多数军休干部年过80高龄且疾病缠身，身体状况每况愈下，生病住院人数越来越多。大多数军休干部不能来所里参加正常的学习和活动。

（二）独居人数多，服务管理难度大。全所离退休干部中，子女不在身边的独居老人就占了绝大多数，且居住分散。不少军休干部在日常生活中许多实际困难难以克服。有时病发在深夜凌晨，虽然及时联系上了单位工作人员，但却联系不上其家人，加大了服务管理工作的难度。

（三）思想认识有偏差。大多数军休干部都出生于20世纪20、30年代，由于历史和社会的原因，多数老同志参加革命之前没有接受过良好的教育，参加革命后虽然接受了多年党的教育，但从工作岗位退下来之后，在知识层次方面未能做到与时俱进，遇事容易固执，“老小孩”现象表现突出。

为了帮助这些老同志调整心态、安度晚年，我们在充分调研的基础上，于2019年底与马鞍山市启明心职业培训学校（有20年心理咨询业务开展经验）合作成立军休所心理健康咨询室。通过积极介入，对于心理偏执型军休干部进行心理治疗；对有家庭矛盾、邻里纠纷、高龄恐惧心理的军休干部进行心理干预；对生病卧床的军休干部给予心理安慰，送去临终关怀；对从事老年工作服务的在职人员进行正确引导，增加工作责任心和工作热情。项目进行以来，成效明显，受到了老同志们的普遍好评。

二、主要做法

（一）科学准确把握老年人心理特点

采取上门看望、谈心交流、邀请军休干部座谈、心理测试、沙盘演练、团体辅导等方式、方法，个性化、有针对性地梳理归纳出不同军休干部主要存在的心理境况，包括：失落心理、恋旧心理、恐惧心理、埋怨心理等问题，在此基础上，为每名军休干部建立个人心理健康档案。

新冠肺炎疫情期间开展公益咨询

（二）引导军休干部充分意识到心理健康的重要性

随着军休干部年龄越来越大，精神层面的需求会变得越来越多，但现实生活中老年人精神方面的需求往往达不到应有的重视，心理室工作人员通过案例分析、身边因心理问题发生的具体的人和事例帮助军休干部认识到心理健康的重要性，引导他们实现健康老

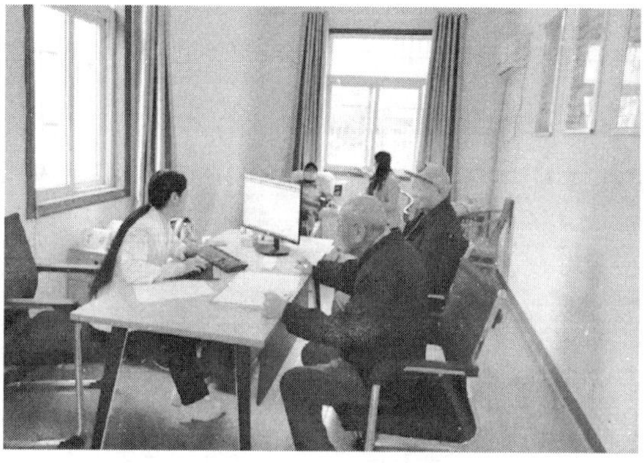

军休干部正在进行心理测试及催眠治疗

龄化。

（三）采用多种心理服务方式跟进

针对军休干部存在不同程度的心理方面的问题，心理咨询工作者根据不同个体采用不同的心理服务方式进行跟进服务。

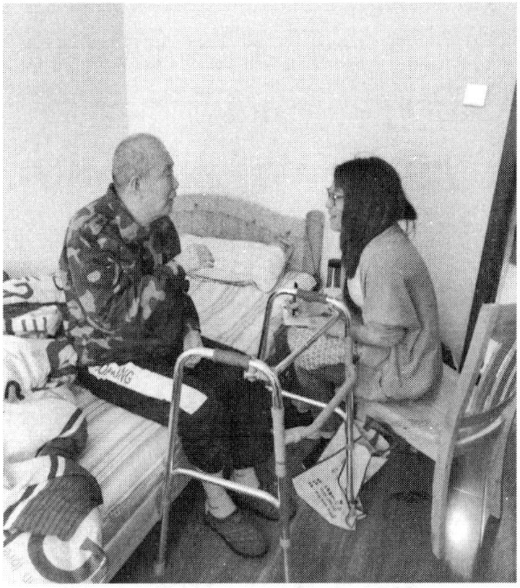
为生病卧床的军休干部进行心理咨询服务

1. 心理辅导（又称心理疏导），是运用心理学社会学的科学原理和专业方法，对服务对象或因生活压力造成的心理问题进行心理疏导、调适的专业服务。

2. 心理康复（又称心理治疗），主要针对没有得到心理疏导而发展成心理疾病的人员，对其干预康复，使其得到缓解并恢复正常。

3. 危机干预，主要针对老年抑郁、家庭矛盾突出、子女关系不和谐、思想偏执的人群，有恐惧、自残念头的进行心理干预。

（四）心理咨询室的主要工作内容

1. 为每名军休干部建立相对完整的心理咨询档案；2. 每年针对军休干部开展 6 场心理健康讲座；3. 每年开展不少于 50 次心理咨询服务；4. 针对生病住院、空巢、高龄、丧偶等特殊群体，根据需要提供上门服务。

三、经验启示

（一）做好心理咨询工作具有良好的教育功能

军队离退休干部从岗位上退下来安置到地方之后，他们在知识更新、人际交往、生活实践等方面与现实生活容易脱钩。从心理健康的角度来讲，老年人认知功能逐渐衰退是自然趋势，如果能采取适宜的措施来补偿或维护现有功能，可以使老年人的认知功能下降速度大大延缓，甚至在某些方面不亚于青年人和中年人。通过心理辅导，有意识地加入相关知识的教育和学习，可以提高适应社会发展能力。

（二）做好心理咨询工作具有良好的分享功能

我们在调查中发现，一些军休干部的幸福感和埋怨情绪共存，主要是缺乏交流和倾诉的平台造成。通过心理辅导，老年人在拥有共同语言的群体中分享自己的见解、经验、教训，听取别人的意见，吸收别人的所长。在心理沟通过程中，方法措施和具体结果也许并不是最重要的，很多问题在分享、交流的过程中得到有效的缓解或解决。

（三）做好心理咨询工作具有良好的训练功能

随着年龄的增长，个体的许多认知功能，如行动速度、记忆功能等都会有所下降，一些军休干部可能会发展为轻度认知损伤，逐步转变成老年痴呆，严重影响身心健康和生活质量，加重家庭和社会负担。通过系统认知和行为的训练，记忆策略的方法传授和科学练习，改变老人一些固有的、不合理的习惯，来促进健康心理的养成。

（四）做好心理咨询工作具有良好的陪伴功能

大部分军休干部经济、物质、医疗条件较好，有更高层次的心理需求，比如交往需求、陪伴和依存需求等。随着年龄增长，身体机能下降，经常感到力不从心，因而容易产生畏惧心理，担心生病、害怕死亡，渴望有人能够关心、陪伴和照顾自己。开展心理健康咨询能够实现老年人在日常生活中有人陪伴，有一个愉快的人际交往的平台。

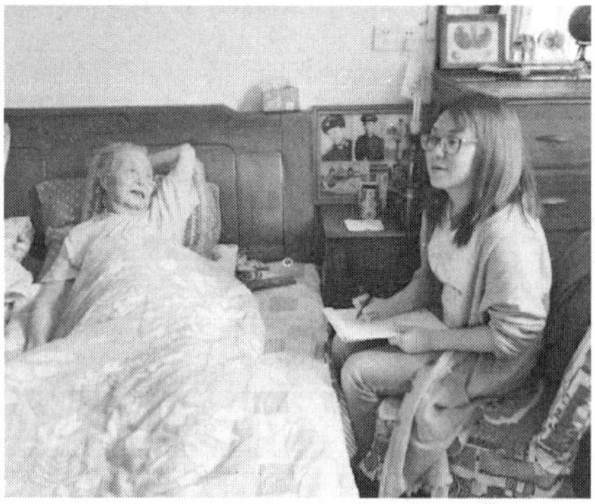
为长期卧床不能自理的军休干部进行心理疏导

（五）做好心理咨询工作具有良好的治疗功能

军休所不但要关心军休干部的生活，还要努力做好政治思想工作。一方面，我们有计划地组织军休干部开展军旅生活座谈活动，营造一个良好的政治环境，让老人们犹如在部队时代那样生活；另一方面，我们要熟悉和了解老人们的人生档案，以便根据他们的背景，有针对性地设计治疗方案，提供全方位的人文关怀。

典型案例：

1. 马鞍山市军休所军休干部王某，是精神病患者，曾经以优异的成绩考上军校，因生活琐事想不开，精神失常，回到地方。其父亲，可能因此遭受沉重打击，也是偏执型性格，作为他的监护人时常代为提出政策之外的诉求，难以满足。因此，王某父亲认为所领导班子有各种问题，上访、写信给上级部门成为常态，所里为处理他的信访问题花费大量时间、精力，但也没有好的解决办法。引入心理健康服务后，经过适当引导，给予心理疏导和治疗，发现王某父亲偏执，性格敏感多疑，自尊心强，对人有敌对情绪，争强好胜，有焦虑烦躁情绪。年轻时喜欢诗词，经常发表，经过多次心理干预和暗示，让王某把精力转移到诗歌创作上。目前，王某及父亲情绪较为稳定。

2. 田某，1919 年出生，1950 年 11 月入伍，1951 年 9 月入朝参战，1984 年 12 月退休，正营职待遇。近两年，田某多次向局、所里诉求，表示退休时受到了不公正待遇，理应享受离休干部待遇。局分管领导、所领导多次接待他，对他讲清离休干部待遇的条件和相关政策规定，田某表示不能理解，不能接受，多次给原部队写信，军地双方协调后，对田某作了详细解释工作，田某偏执地不予接受，仍不断上访。所心理咨询室把田某作为个案对待，帮其建立心理健康档案，派专人负责，经常与其交流谈心，摸清其内心真实想法，经过分析认为这是典型的战争留下的心理创伤，由于长时间缺乏关注，日积月累造成今日心中过不去的坎，属于“创伤后应激障碍”的一种，又叫创伤后压力综合征、创伤后精神紧张性障碍、重大打击后遗症。通过专业人员科学介入，周期治疗，田某的焦躁情绪已趋缓和。

供稿：安徽省退役军人事务厅军休服务管理处

发挥军休干部特殊优势
打造老有所为特色平台

——湖南省长沙市雨花军休所打造“老首长”工作室案例

在湖南长沙，活跃着一支以军队退休干部为骨干的“五老”志愿服务队伍，被人们亲切地称为“老首长”工作室的雨花军休所老军人公益文化志愿服务团队。他们中有年过耄耋的军旅作家，有平均年龄已近古稀而享誉全省的公益宣讲团队，有孜孜不倦常年指导军休干部和社区群众文化活动的书法家、摄影家、音乐家，有坚持不懈主编军休杂志、编写《社区简报》的军队“老笔杆子”……他们老有所为，无私奉献，为长沙退役军人事业发展打造了一条亮丽的风景线。

一、背景情况

雨花军休所成立于2002年，目前在所休养干部175人，其中来自原长沙政治学院和国防科大的老同志147人，约占本所接收军队离退休干部总数的85%。他们文化素质高，知识底蕴厚实，兴趣爱好广泛，有强烈的社会责任感，大部分同志身体健康，精力充沛，愿意继续为党和人民事业做贡献，不少同志很快成为社会治理和城市基层建设的“香饽饽”。

为了老同志能更有意义更有价值地欢度晚年，雨花军休所积极引导和支持老同志们投身社会公益文化事业。从2013年起联合所在东塘街道和政院社区（因原解放军长沙政治学院而得名）正式成立以雨花所军休干部为骨干，并且有多名退休老将军参加的公益文化工作室，取名为“老首长”工作室。2015 年工作室正式注册为社会公益组织并成立党支部，现有六个文化活动团队：新风尚大讲坛、新潮流书画院、新风格创作室、新气象影像社、新风采歌舞队和新境界民乐团。日常事务由理事会集体领导，统一管理，理事会成员和“六新”领军人物为雨花所军休干部，现有登记成员 116 人。

工作室成立六年多来，始终秉持“忠诚奉献”精神，发挥离退休干部的政治优势、经验优势和威望优势，积极参与城市基层党建，投身主题教育和“五老四教”活动，热心参与街道社区公益建设和群众文化活动，在三湘四水和星城长沙赢得广泛的社会赞誉，受到各级党委政府的推介表彰，先后被评为湖南省最佳志愿服务组织、全省学雷锋“百强社团”，长沙市离退休干部先进集体、长沙市雨花区群众文化先进团队；工作室党支部也先后被评为湖南省示范离退休干部党支部、长沙市和雨花区先进基层党组织、长沙市示范化“五化”党支部；先后涌现出“全国先进军休干部”曾昭斌、“全国老有所为先进典型人物”彭忠秋、“全国模范退役军人”徐佐林等先进个人。

二、主要做法

雨花军休所在积极探索军休工作转型发展过程中，走出一条打造特色军休文化品牌，推进和谐军休建设的新路子。以创建“老首长”工作室为抓手，一是“抱团取暖”，共创和谐幸福军休生活；二则“聚能发光”，为党和人民事业增添正能量。

（一）以创建特色军休文化品牌为抓手，促进军休养老事业的转型发展

雨花军休所党委重视发现和发掘各种文化活动中的“领军人物”和行家里手，以“滚雪球”方式，逐步凝练军休文化骨干队伍，整合全所人才资源，打造“老首长”工作室。

工作室成立以后，明确了“坚定信仰，发挥余热，弘扬新风，促进和谐”的服务宗旨和“立足军休、扎根社区、服务社会”的发展方向。积极为全所文化养老建言献策，相继研究制定了促进文化养老的 5 年规划和年

2018 年文化扶贫慰问演出

2019 年为退役军人事业发展出谋划策

2019 年组织开展“五老携手红领巾”活动

度活动计划；坚持以重大节庆文化为节点，打造“和谐军休”“金色晚秋”“雨花之光”等军休文化活动品牌；开展“健康养老、快乐养老、品位养老”，提升军休服务工作的品质和品位；主动承担省市军休系统交办的军休杂志编辑及文学创作、书法、演讲、演出活动组织工作；在代表省市迎接全国军休系统文艺会演等重大活动中发挥骨干作用，取得优异成绩。

（二）在发挥特色优势上精准发力，为党和人民事业增添正能量

雨花军休所有一大批原解放军长沙政治学院、国防科大人文社科学院退休的老教授，其中不乏享誉军内外的政治理论、党史党建和文化工作专家，这是为党和人民增添正能量的宝贵资源优势。

一是热心投入主题宣讲和“五老四教”活动。以徐佐林、彭忠秋、岳湘灵、杨成平、郑国良、荣文仿、薛学共为骨干的退休教授，抱团加入省市区讲师团，重回三尺讲坛，成为一支“特别有品位、特别能战斗、特别能奉献”的演讲团队。六年多来，他们完成省市区各类主题演讲和公益讲座1400多场，赴外省讲座200余场。徐佐林同志还把“中国梦·全球行”讲到了欧洲、美国和朝鲜。从2016年开始长沙市每年评选10名“最美基层宣讲人”，连续四届工作室榜上有名，他们是彭忠秋、徐佐林、岳湘灵、杨成平。

二是坚持“以文化人、以文促治”，共建和谐示范社区。著名军队书法家荣文仿、张雪桃教授等为骨干的新潮流书画院，常年义务为离退休干部和社区群众、中小学生普及书画知识。每年春节自拟自书上千幅春联分送给周边社区群众。新风格创作室负责人许家祥退休前是国防科大秘书处处长，全国鲁迅杂文奖获得者、知名杂文家，这位“大笔杆子”，退休后放下身段，成了《长沙军休》主编，还经年不辍义务编辑社区简报，至今已连续编印到60期。同时工作室还开展一系列“文化助老、文化扶贫、文化助学”活动。在工作室的大力支持下，所在政院社区成为全市基层党建、老龄工作和提质提档示范单位，荣获“全国和谐社区建设示范社区”称号。

三是关心促进退役军人事业发展。“老首长”工作室自觉把关心、爱护、扶助退役军人为己任。他们积极扶助退役军人自主创业。长沙市悦道文化传播公司是以国防科大军队退役干部和士官为主打造的民营企业，在工作室教授们的义务指导下，该公司短短四年就一跃成为省内外闻名、具有国家资质认定的优秀文创企业。工作室积极协助地方政府做好退役军人思想教育工作，引导参战老兵正确看待个人历史，正确对待党和人民的厚爱；主动接转交地方安置的军队无军籍职工的党组织关系；在社区退役老兵中开展“让光荣之家更光荣”主题活动等。

（三）在共建共享共筹中求发展，探索军休公益组织良性发展的新路子

解决好场地与资金，是打造公益组织绕不过去的两个硬核问题。

一是在社区提质提档建设中，坚持共商共建共享，联合地方政府和街道社区创建“老首长”工作室军休活动平台。一方面动员老同志积极为社区建设作贡献；一方面积极与地方政府、街道社区沟通协商，共同打造“老首长”工作室公益文化组织平台。政院社区服务中心建好以后，主动把最好的楼层和房子提供给“老首长”工作室，“老首长”工作室则主动承担起组织指导社区群众性文化活动和养老事业，实现资源共享，所社双赢。

二是提高“造血”功能，实现活动资金共筹。在明确规定工作室必须严格遵循公益性服务方向，不允许参加商业化演艺活动的同时，广开渠道实现共筹资金。通过参加公益基金项目创投，获得公益基金扶助；通过参与政府主导的公益事业，争取政府购买服务；努力创建优秀团队，获得政府奖励扶助。

三、经验体会

六年多来，雨花军休所在打造“老首长”工作室的实践中得到了省市区各级各部门的有力指导与大力支持，也积累了一些经验体会。

（一）以“忠诚奉献”为主旨，不断激发军休老干部“初心不老，为党和人民事业增添正能量”的政治热情。

（二）坚持“抱团取暖”“聚能发光”，形成规模效应，打造团队品牌。

（三）选准“领军人物”，打造过硬的军休文化志愿服务队伍。

（四）坚持“志愿自愿”原则，不搞“道德绑架”，提倡“量力而行”，少搞“尽力而为”。

供稿：湖南省长沙市雨花军队离休干部休养所

打造快乐军休品牌　活跃军休文化生活

——宁夏回族自治区退役军人事务厅移交安置和军休服务管理处工作创新案例

近年来，宁夏银川市军休所通过积极开展丰富多彩的文化活动，打造快乐军休品牌，促进军休文化发展，使军休文化成为持久的文化暗示和情感寄托，让军休干部养智、养德、养神、养气，让先进文化基因内化于心，外化于形，成为力量之源。

一、背景情况

“观乎人文，化成天下。”党的十八大以来，习近平总书记多次强调：“文化自信，是更基础、更广泛、更深厚的自信。”坚定文化自信，就能焕发出铸魂励志、鼓舞士气的时代价值。在打造和谐快乐军休家园品牌工作中，我们立足所情，着眼军休文化发展，打造军休战友艺术团这个军休文化品牌，坚持以文化养老，推进军休服务管理工作，由此得到广大军休干部的认可和响应，先后荣获全国“和谐军休家园”荣誉称号、“全国退役军人工作模范单位”，自治区精神文明单位，银川市“先进基层党组织”“五一劳动奖状”等国家、自治区、市级荣誉20余项。

2011年，以军休干部为主体，组建了银川市军休所战友艺术团，现有成员近百人。艺术团成立以来，经常活跃在军营、社区、广场、学校，参加了全国及宁夏区市、部队的各种比赛及演出活动，同时还力所能及地开展社会公益活动，既实现了“老有所乐”，又彰显了“老有所为”。先后参加第十五届中奥文化艺术交流合唱比赛荣获金奖；参加纪念建党95周年和纪念红军长征胜利80周年的歌咏比赛获全国一等奖；参加纪念朱毛会师90周年取得一等奖和最佳舞台风采奖；参加宁夏区级离退休老干部歌咏比赛获得特别表演奖受邀参加宁夏春晚，被老百姓投票为最佳节目。情景合唱《天下乡亲》参加西柏坡《从这里走向全国》全国合唱比赛获金奖；舞蹈《渔鼓声声垴坨坨》在全国军休干部北片文艺会演中获得舞蹈组第一名并赴北京参加了全国军休干部优秀节目展演；诗朗诵《喜迎十九大　共筑强军梦》参加全国移交政府安置军队退休干部演讲大赛荣获三等奖；花儿音乐剧《六盘花儿红太空》参加全国军休干部庆祝新中国成立70周年文艺会演荣获优秀奖；宁夏数花《幸福军休》和独唱《岁月如歌》参加全国《祖国与我同行》文艺会演受到退役军人事务部表彰。一首首传唱经年的军歌、一场场充满激情的演出，像一个强大的“磁场”，金声玉镝，激荡人心，春风化雨，润物无声，熏陶人、感染人、塑造人。2019年3月，艺术团的军休干部们自发捐款，购买合唱演出服，看望宁夏中宁县宽口井学校“春蕾女童合唱团”的小朋友们，为孩子们送去希望。

二、主要做法

（一）多样载体，培育军休文化养老体系。我们以创建军休文化长廊为载体，将军休文化内涵、服务流程、组织建设、军休人员的书画摄影作品等予以展示，文化上墙，服务入心，走廊文化增添光彩；以创建军休荣誉室为载体，通过全面系统性的整理军休干部档案资料以及收集实物等方式，打造能够展示军休干部辉煌人生和军休所建设发展的爱国主义教育史馆和国防教育基地，引导军休干部不忘革命本色，激励新一代青年不断奋发进取，荣誉文化熠熠生辉；以创建银川《军休月报》、银川军休网站为载体，展示工作动态，反映精神面貌，传达党的方针政策，帮助军休干部解难释疑，扩充生活、健康、文体知识，来提高军休干部的生活质量，学习文化氛围浓厚。

通过多样化工作载体，打造军休文化品牌，从而形成了自身特色文化养老体系。

（二）多措并举，有序推进军休文化建设。按照就地就近、便于管理的原则，创新党组织设置方式，保证军休人员人人都在组织中，人人都有组织管，组建成立5个党总支、17个军休党支部，严肃组织生活，充分发挥党支部战斗堡垒作用，为打造快乐军休文化品牌奠定坚实的组织基础。通过网格员、楼长、军休支部群、银川军休网站、入户走访等多种渠道向军休人员阐述军休文化养老的内容、意义及工作进程，借此统一思想认识，为打造军休服务品牌奠定思想基础。发动工作人员翻阅军休人员原始档案，提炼不同时期、不同阅历、彰显荣耀的革命事迹，全力打造军休文化苑、军休荣誉苑，充实文化内容。

（三）多种结合，以文化促军休服务管理。在丰富活动形式、增强军休人员参与度的基础上，侧重于打造军休战友艺术团文化活动的出彩度。军休干部门球队多次参加自治区、银川市组织的老年门球比赛，获得十余项荣誉；军休干部钓鱼协会、书画协会多次在自治区、银川市比赛中摘金夺银。军休战友艺术团利用老年大学银川军休所分校，采取长效与突击相结合，建立规范化机制，研究制定各类活动中长期规划，做到年有计划、月有安排、周有活动，使活动训练经常化，每次比赛前都有集训和特训，规范化的活动机制，有力地保证了军休战友艺术团的排练。通过在银川市各社区建立社区军休服务站，促进军休文化与社会相结合，搭建交流平台，融入社区文化建设，在立足于自我发展、充分挖掘自身优势的基础上，着眼于连通社区，打造没有围墙的军休家园，鼓励军休干部走进社区，开展革命传统教育，发挥余热，老有所为。同时，将社区服务延伸到军休干部日常生活、医疗卫生、文体娱乐等各个方面，融入社区，使得军休服务途径不断拓宽，服务内容更加细化，服务管理有效提升。

三、经验启示

军休文化从属于中国特色社会主义文化，它既是人民军队文化的一个重要分支，又兼有老年文化的一些特点，是军休干部和军休工作者共同创造的文化品牌，是军休干部物质、精神、文化生活同军休所服务管理理念的结合。

一是强化了严格要求的自觉。军休干部是党和军队的宝贵财富，保障服务好军休干部更是军休所的政治任务。而加强和改善对军休干部的教育管理，必须尊重主体地位，突出自我教育，激发离退军休干部珍惜自己光荣历史的荣誉感，增强“老牛亦解韶光贵，不等扬鞭自奋蹄”的自律性。艺术团成立以来，团员们始终保持军人的政治本色和优良传统，内强素质，外树形象，无论是平时排练还是外出演出，人人不忘自己作为一名军人的初心。虽然艺术团成员大都是60多岁的老同志，每个人家中或多或少都有些许琐事、烦事缠绕，但大家总是想方设法地克服困难，尽量不影响排练和演出，有的还带病坚持演出，不因个人行为影响演出和活动。“永远的军营永远的兵，永恒的使命记心中”，或许是由于参加了战友艺术团，才使他们的军旅生涯延长；或许是走过了军营的生活，才使他们军人的使命感更加坚强！

二是续写了敢打硬仗的作风。军人生来为战胜，为了胜利一无所惜，除去胜利一无所求。对军休战友艺术团来说，无论接到什么样的艰巨任务，大家都心往一处想，劲往一处使。2016年接到代表宁夏参加全国移交政府安置军队离退休干部纪念建党95周年和红军长征胜利80周年歌咏比赛的通知后，面对时间紧、任务重、底子薄的现实，艺术团团委会及时召开会议，统一思想，大家发扬当年敢打硬仗急仗的顽强作风，全身心地投入到排练之中。按照大赛组委会的要求规定，精心选择参赛曲目，巧妙构思演唱形式，科学制定训练计划，每天上午、晚上分两次进行强化训练。即使在赴成都参加初赛的列车、站台和宾馆里，只要一有空档，大家都会抓紧时间练动作、练发声，简直像着了魔一样，最终以饱满的热情、昂扬的斗志和良好的精神风貌在八支参赛队伍中脱颖而出，以98.08分的优异成绩荣获预赛第一名，为宁夏争得了荣誉。

三是展示了军休干部的形象。几年来，战友艺术团进军营、走社区、赴乡村、入校园，不论是进行公益性文艺演出还是进行各类比赛，无论是专场演出还是同其他文艺团体组团排练、演出，大家都认为，个人的一举一动都关系军休所的荣誉，个人的一言一行都体现着军休干部的形象，集体的利益永远重于个人的利益，集体的荣誉永远高于个人的得失。一次，在银川市群众艺术馆展演现场，因参加的团队较多，演出结束时化妆室内满地都是纸屑、塑料袋和塑料瓶，脏乱不堪，尽管已时过中午，大家二话不说，主动拿起扫帚、簸箕、拖把，把化妆室里里外外打扫得干干净净。在场的工作人员赞叹地说："你们不仅节目演得好，而且平时做得更好，不愧是革命军人！"

温馨的文化氛围，以强基固本的感染力，打造着军休干部的精气神，激励着军休工作者的干劲儿，为建立快乐型军休所和和谐军休家园提供了保证。

供稿：宁夏回族自治区退役军人事务厅

双拥优抚

北京市打造首都特色
“10＋3”金融拥军优抚品牌

一、背景情况

2019年3月19日，退役军人事务部与工商银行、农业银行、中国银行、建设银行、交通银行、邮政储蓄银行、中信银行、光大银行、招商银行、兴业银行等10家银行在京签署拥军优抚合作协议。退役军人事务部党组书记、部长孙绍骋，副部长钱锋与10家银行有关领导共同出席签约仪式。

10家银行承诺将为军人军属、退役军人和其他优抚对象提供优先、优质、优惠的金融服务。优抚对象可以凭军官证、士兵证、退役证等有效证件，到上述银行网点申请办理专属银行卡；银行将在营业网点设立专门窗口，张贴军人、退役军人优先标识，对持有专属银行卡的客户开通绿色通道，提供优先服务，还将免收卡工本费、卡年费、小额账户管理费、跨行转账费，并提供其他个性化专属金融优惠服务。此外，银行还将为在协议框架内开展拥军优抚活动提供必要的资金、人力等支持。

这次合作协议的签署，是动员社会力量为优抚对象服务的一次有益尝试，今后还将在更多领域开展社会化拥军优抚工作，在全社会形成“让军人成为全社会尊崇的职业”的鲜明社会价值导向。

二、主要做法

（一）抓好顶层设计，明确工作思路，积极与13家银行做好沟通。北京市退役军人事务局认真学习领会退役军人事务部相关部署精神，高度重视，积极跟进，分别与13家银行对接交流，在多次征求各方意见和建议的基础上，联合13家银行推出了各具特色的金融服务优待项目清单。

1. 牢记“让军人成为全社会尊崇职业”目标，坚持“三优”全覆盖。13家银行积极响应号召，弘扬拥军优属优良传统，践行社会责任，研发专属卡，免收多项手续费，银行之间努力做到跨行转账不收费；以各种形式提供优先服务，有条件的银行还将试点建设拥军优抚特色网点，浓厚拥军氛围和环境；提供有特色的贷款、保险服务，给予优惠利率；推出优质产品和服务，在就业创业、衣食住行、人员招聘等方面给予较大力度支持。

2. 明确“贡献与待遇相匹配”导向，坚持分层做保障，构建退役军人金字塔保障。除优抚对象普遍享受基础优待项目外，为国防和军队作出特殊贡献的享受定期抚恤补助的烈属，因公牺牲军人遗属一至六级残疾军人，荣获平时一等功、战时二等功的现役、退役军人等重点优抚对象群体予以更好优待，享受银行较高等级服务，不断丰富完善退役军人激励贡献机制。

3. 倡导“发挥各自优势做贡献”理念，坚持满足退役军人多样化需求。13家银行根据自身特点和优势，推出了各具特色的拥军优抚金融服务优待项目清单，优抚对象可以根据实际需要自愿选择接受服务，充分体现择优原则。

（二）做实服务内容，突出金融特色，满足退役军人不同需求。北京市退役军人事务局定期向主管市领导汇报与银行系统的工作对接情况，争取市委市政府领导重视和支持，切实把服务做实做细，把好事办好办实。

1. 实现服务管理清单化。据统计，13家银行累计推出优惠项目超过100个，这其中既有提供享受普惠的基础保障项目，也有充分体现择优的衣食住行、就业创业等个性化优惠项目，还有为体现激励而面向为国防和军队作出特殊贡献的现役、退役军人和烈属军属而提供的特色优质服务。

2. 实现服务内容多元化。优抚对象可以凭军官证、士兵证、退役证等相关有效证件，到签约银行网点申请办理专属银行卡，享受绿色通道、专门窗口等不同形式优先服务。比如，工商银行北京市分行、农业银行北京市分行均开通了优抚对象接待服务电话专线；兴业银行北京分行每年向持有专属卡的优抚对象提供北京地区指定医院 3 次免费预约专家挂号服务；邮政储蓄银行北京分行围绕衣食住行等生活需求，提供在指定影院、加油站、景区等方面大幅折扣的专属优惠。

3. 实现服务选择自主化。优抚对象可以根据实际需要同时选择多家银行接受服务，或单独选择一家银行接受专项服务，充分体现自主原则。比如，优抚对象既可以单独选择建设银行北京市分行为退役军人量身打造的“军转 e 贷”，也可以同时选择交通银行北京市分行为创办小微企业的退役军人提供优惠幅度较大的小微贷款，或华夏银行推出的期限灵活、利率较高的退役军人专属存款优惠。

4. 实现服务保障分类化。农业银行北京市分行向重点优抚对象提供全年免费无限次使用首都机场贵宾厅服务；兴业银行北京分行每年向重点优抚对象提供100个免费健康体检名额；交通银行北京分行将在人员聘用、大学生岗位实习等方面，同等条件下优先考虑重点优抚对象群体。

（三）推动工作衔接，完善监督机制，切实保障退役军人权益。北京市退役军人事务局以此次签约为契机，不断加大宣传力度，广泛动员社会力量积极参与，确保协议内容落地见效。

1. 做好信息对接，双方建立协作共建机制，做到定期会商、信息共享。

2. 及时梳理双方在优先优惠服务中遇到的困难和问题，持续加大向退役军人服务的资源投入与保障力度，不断完善和健全合作机制。

3. 明确双方责任义务，北京市退役军人事务局将支持银行系统开展各项拥军优抚活动，为银行系统开展好服务工作提供指导和支持；银行系统要履行好向社会作出的承诺，并在协议落实过程中强化保密观念和风险防控意识，确保信息安全，不断完善双方合作长效机制。

三、经验启示

2019年6月4日，北京市退役军人事务局与工商银行、农业银行、中国银行、建设银行、交通银行、邮政储蓄银行、中信银行、光大银行、招商银行、兴业银行10家银行在京分行，以及北京银行、华夏银行和北京农商银行3家市属银行在国家会议中心签署北京市拥军优抚合作协议。副市长卢彦，市政府副秘书长陈蓓，市退役军人事务局党组书记、局长苗立峰，市地方金融监督管理局副局长李妍，市退役军人事务局副局长马可容出席仪式。此次签约，标志着具有首都特色的“10+3”金融拥军优抚品牌初步形成，为军人军属、退役军人和其他优抚对象提供全方位服务。

下一步，北京市退役军人事务局将与签约银行共同努力，全力以赴，集中资源，确保协议各项政策不折不扣落实到位，在全市营造“让军人成为全社会尊崇的职业”良好社会氛围，为全面建成世界一流军队、实现中华民族伟大复兴的中国梦作出更大贡献！

供稿：北京市退役军人事务局褒扬纪念处

你为祖国尽忠　我替你们尽孝

——北京市门头沟区为部分现役军人父母投保健康综合保险工作

为继承和发扬拥军优属的优良传统，把拥军优属政策落到实处，我区始终坚持多措并举，通过制定惠兵政策，开展各种暖心活动，加大财政资金投入，在充分了解现役军人实际需求的基础上，不断出台解决他们切身困难的新举措，让他们切实感受到党和政府的关怀和温暖。

一、背景情况

为贯彻落实习近平总书记“让军人成为全社会尊崇的职业”的指示精神，为让军人安心服役，建设第二故乡，门头沟区提出“你为祖国尽忠，我替你们尽孝”的口号，在全国率先推出一项惠兵新举措——为全区部分现役军人父母投保健康综合保险，提供心贴心的健康保障服务，解除军人服役期间父母医药费的后顾之忧。

二、主要做法

2019 年 4 月，在区退役军人事务局等有关部门协调推动下，与中国人寿北京分公司签约，为现役义务兵父母投保补充医疗保险和意外伤害险。投保项目包括：补充医疗保险每人每年保费 2790 元，年度赔付额度 2 万元；意外伤害保险每人每年230元，年度赔付额度10万元，两项保费合计每人每年3020元。补充医疗不划分疾病，只要是社保范围内的费用，并且在医保封顶之前社保报销后剩余的自付一部分按照200元起付90%比例赔付。投保后，义务兵父母的医疗费在全民基本医疗保险报销基础上可进行二次报销，累计报销比例可达90%以上，同时对于未来参军当兵的现役义务兵父母同样适用，投保资金全部由区财政列支，这在全国尚属首次。2020年区退役军人事务局结合全区实际情况，将优惠政策范围由义务兵父母扩充到区籍现役士官的父母，同样投保了健康综合保险。

（一）突破了理赔对象范围，惠及更多军人军属

为了使惠兵惠民政策能够惠及更多的群体，门头沟区在为义务兵父母投保健康综合保险的基础上，及时总结工作中的先进经验和典型做法，结合实际情况，继续加大财政资金投入，将我区户籍士官的父母统一纳入到健康综合保险的范围内。为保障工作有序开展，及时完善了理赔的工作流程，进一步缩短了理赔时间，加强了理赔的监督监管，保障了军人家庭的利益，又提高了财政资金的使用安全。

（二）突破了承保年龄风险和条件限制、突破了社保种类难题，将军属利益最大化

现役军人父母年龄主要集中在40—50岁之间，从承保风险方面来讲，这个年龄段的出险概率大，患大病可能性高，但是保证不论有无既往病史、身体是否健康的现役军人父母全部无条件入保。针对社会保险种类多和人员情况复杂等难题，现役军人父母投保健康综合保险项目将社保种类（包括公务员事业单位医保、城镇职工医保、城乡居民医保）全部纳入保障范围，进行了无缝对接，保障了现役军人父母的利益最大化。

（三）突破了理赔机制，第一时间赔付到位

为了让现役军人父母能够第一时间享受优惠政策，切实做到“你为祖国尽忠，我为你们尽孝”。建立了快速受理、快速理赔、快速结案机制。每个季度由父母将理赔资料就近送到各镇街人武部或保险公司客服网点，经初审后两个工作日内即可将赔款打到现役军人父母的账户中。及时建立监督和反馈机制，将理赔的情况由保险公司及时反馈至区退役军人事务局，对理赔各环节进行监督。

三、经验启示

此次投保健康综合保险主要是着眼提升军人和军人家庭的社会地位，营造全社会尊崇军人、优待军属的浓厚氛围，探索军人优待的新模式，确保既让一人当兵全家光荣、也让一人奉献全家受益，建立拥军优属的新机制，全面提升军人军属的荣誉感。

（一）激发了参军报国热情

投保健康综合险极大地激励了我区广大有志青年参军入伍、报效祖国，也让现役军人父母有了真真切切获得感、荣誉感，很多家长积极咨询相关政策，表达了送子参军的意愿。海军某部列兵张乃琛说，从当兵那一天起，最牵挂的就是父母的健康，这项政策出台，自己无以为报，唯有刻苦训练、报效祖国。义务兵杜桥的父母杜成海、乔月华夫妇，先后生病住院一共支出医疗费 5000 多元，月底就收到了保险公司 2463 元的二次报销款。义务兵王莹的父亲王进虎患有二型糖尿病，门诊看病支出 1688 元，通过投保健康综合险报销了 1202 元。

（二）树立了尊崇军人的导向

优待政策落地，进一步解决了优秀青年参军入伍的后顾之忧，营造了全社会尊崇军人的浓厚氛围，让军人切实感受到党和国家的关心关怀、社会地位的提升、职业吸引力的增强。截至2019年12月，全区已有近300人次受益，理赔40余人次。北京市在中国人民解放军仪仗大队举办北京市为义务兵父母投保医疗补充保险签约仪式，在全市推广门头沟区的先进做法。

门头沟区在全国率先为现役军人父母投保的先进做法，在社会各界引起强烈反响，被人民网、《解放军报》等中央媒体宣传报道，并得到中央军委及北京市领导书面批示肯定。中央军委许其亮副主席作出重要批示："这是新形势下拥军工作的一个创新做法，具有重要的典型意义和推广价值，可借鉴其做法，进一步推动新时代拥军理念方式和机制的探索。"北京市委书记蔡奇同志作出重要批示："我市要全面推广门头沟做法，不断推进新时代双拥工作上水平。"《中国国防报》评论："虽然事情看似不大，但具有十分重要的典型意义，要为这样的暖心惠军举措叫好。"中央电视台军事频道、《解放军报》《中国国防报》《人民陆军报》《北京日报》先后做了报道，人民网、央视网、国防部官网、网易、搜狐、新浪等二十几家网络新媒体平台推送了消息。网友们纷纷跟帖点赞，有的表示对门头沟的优待政策非常羡慕，有的表示"希望全国尽快推广"。

（三）引领了拥军理念创新

投保健康综合保险工作改变了拥军优属活动给钱给物的传统做法，推动了拥军优待政策由惠及军人个体向惠及军人家庭拓展，由提升物质待遇水平向提升社会保障水平拓展，由单纯物质激励向提升社会荣誉地位拓展，在全社会进一步凝聚尊崇军人职业、优待军人家属的广泛共识，大力营造爱党爱国爱军的浓厚氛围。为现役军人父母投保健康综合险，产生了良好的社会影响和社会效益，从一定意义上说，此举将引领新时代拥军理念、方式和机制的创新。

门头沟是革命老区，被誉为"京西革命的摇篮"。近年来，门头沟区在北京市率先出台助力随军家属就业意见、拥军优属政策调整方案等"政策礼包"，对进藏兵提高两倍优待金，义务兵优待金在全市标准基础上一次性增发1万元，将义务兵家庭纳入"两节"慰问范围，为门头沟户籍义务兵及家人投保自然灾害公共责任险，免费为退役士兵提供技能培训，认真落实退役士兵安置政策，及时足额发放退役士兵自主就业金。同时还探索建立健全兜底保障的退役军人困难援助机制和特殊困难退役军人“包联帮扶”机制。建立现役军人家庭和退役军人关爱基金，引导社会力量参与退役军人服务保障工作，区财政拿出 30 万元，区慈善协会拿出 30 万元，每年设 60 万元滚动资金，在区慈善协会设立“现役军人家庭和退役军人关爱基金”专项账户，主要用于因重大疾病、自然灾害、突发事件等不可抗力因素，导致生活严重困难的退役军人、现役军人配偶和子女，在享受社会保障的基础上，根据困难程度给予临时性、应急性救助。通过一系列暖心惠兵政策，确保了军人军属享有看得见的尊崇和摸得到的荣光。在今日的门头沟，“让军人成为全社会尊崇的职业”正一件件落地生根、一步步变为现实。

供稿：北京市门头沟区退役军人事务局

"小组织"带来"大变化"
河北省唐山市社会化拥军之路越走越宽

一、背景情况

习近平总书记强调，坚如磐石的军政军民团结，永远是我们战胜一切艰难险阻、不断从胜利走向胜利的重要法宝。随着社会主义市场经济体制的逐步完善，一方面，社会结构多样化、社会组织形式多样化、军队建设任务多样化、拥军需求多样化的客观现实促动了双拥工作创新发展；另一方面，进入新时代，加强国防建设和部队建设对拥军优属工作提出了许多新要求。只有充分挖掘、调动、整合广大人民群众、社会各界的力量共同做好双拥工作，才能为国防建设和部队建设更好地提供服务。

唐山是革命老区，是"大钊精神""抗震精神"的发源地，从冀东抗日大暴动到解放战争，再到抗震救灾、震后崛起，唐山人民与子弟兵始终风雨同舟、携手共进，传承优良传统，赓续鱼水深情，拥军爱民已经深植城市发展的基因血脉。唐山是倍受习近平总书记亲切关怀的英雄城市，2010 年 7 月和 2016 年 7 月，习近平总书记两次亲临唐山视察，作出了"三个努力建成"和"三个走在前列"的重要指示，称赞唐山是英雄的城市、唐山人民是英雄的人民。

唐山市认真贯彻习近平总书记关于退役军人工作重要论述和视察唐山重要指示精神，坚定不移沿着总书记指引的方向，砥砺奋进、阔步前行，英雄城市双拥工作不断续写新篇章。2011 年 12 月 30 日，首家拥军社会组织——唐山市爱国拥军促进会正式注册登记，标志着唐山社会化拥军迈入新征程。2018 年 7 月 27 日，河北省人大代表、迁西县滦阳镇铁门关村党支部书记、村退役军人服务站站长刘文福当选唐山市爱国拥军促进会会长，他全面改革创新，大力宣传发动，实化拥军举措，有力地推动了爱促会持续快速发展。2018 年 12 月 25 日，唐山市退役军人事务局成立以来，以唐山市爱国拥军促进会为示范，充分调动社会力量参与拥军优属，市县两级全面建立爱国拥军促进会，会员企业、志愿者实现迸发式增长，常态化开展丰富多彩的拥军活动。2020 年是习近平总书记视察唐山提出“三个努力建成”十周年，唐山将奋力夺取全国双拥模范城创建“八连冠”作为“牢记总书记嘱托、英雄城市再出发”的生动实践，在社会化拥军道路上越走越稳、越走越宽。

二、主要做法

一是坚持党的领导，保证双拥工作正确方向。习近平总书记高度重视双拥工作，关于双拥工作的重要论述和一系列批示指示精神，为做好新时代双拥工作提供了明确指针、根本遵循。唐山市退役军人事务系统坚持以习近平新时代中国特色社会主义思想领航定向，全面贯彻落实国家、省关于加强军政军民团结的部署要求，以双拥模范城（县）创建为抓手，成立了由市、县两级政府主要领导任组长的双拥工作领导小组，全域完成双拥工作专职机构设立，实现了双拥机构人员、资金、场所全部到位，为扎实开展新时代双拥工作提供了坚强政治保障、组织保障。

二是坚持政府主导，规范拥军组织健康发展。将社会化拥军作为双拥工作的重要力量培育发展，唐山市双拥工作领

市退役军人事务局解桂林局长、军分区领导参加驰援湖北武汉行动总结表彰大会

导小组印发《在全市加快组建“拥军志愿服务联盟”的实施方案》，在完善准入、服务、监管、激励、退出等制度机制的基础上，对新成立拥军志愿服务组织进行统一规范，做到“7123”（7即有牌匾、有徽标、有承诺、有公示、有网络交流平台、有专兼职工作人员、有实质性服务内容；1即1套组织架构图；2即组织工作、志愿服务2项规定；3即拥军服务站登记、拥军志愿者、拥军志愿服务3本台账），形成了规范有序的拥军志愿服务管理制度。2020年，全市新增爱国拥军促进会20家。

三是坚持典型指导，推动拥军活动规范开展。为进一步整合社会拥军工作力量，攥紧社会化拥军“拳头”，唐山市探索实施了以唐山市爱国拥军促进会为龙头牵引，县级爱国拥军促进会为纽带联动，商户拥军服务站为基础支撑的指导管理新模式。特别是着眼拥军活动组织化、规范化、信息化，由唐山市爱国拥军促进会发起的“拥军广场”智慧软件平台已投入使用，用户囊括全市21家爱国拥军促进会、全部会员商户和志愿者，开发启用了惠军商城、军人专享、军政快报等8大模块，在加强拥军业务指导、开展经验交流、统一参与拥军活动的同时，向社会公布拥军服务企业名录、爱国拥军促进会会员分布图和拥军志愿服务承诺书等，爱国拥军促进会服务品牌持续擦亮，“英雄城市·鱼水情深”品牌进一步叫响。

四是坚持社会引导，促进拥军服务品牌打造。唐山市坚持“协会管理、自愿参与、社会监督”的原则，以倾力打造百条双拥模范街、千家会员商户、万名志愿者“百千万”工程为主线，以唐山市爱国拥军促进会为平台依托，大力开展“五个一批”创建活动，共建成双拥示范社区61个，少年军校72家，拥军示范商业街66条，拥军模范企业62家，拥军模范医院57家。市、县爱国拥军促进会以“老带新”等方式引导吸纳涵盖各行业的会员商户和拥军志愿者。截至2020年5月15日，累计吸收会员商户4570家，全部设立拥军服务站，其中省级服务站20家、市级50家、县级4500家；累计招募志愿者6万余名，统一服务规范、统一服饰徽章、统一参与活动，志愿“红马甲”已经成为英雄城市的一道靓丽风景，“让军人成为全社会尊崇的职业”已经深深根植这座英雄城市，在唐山大地蔚然成风。

三、经验启示

（一）以习近平总书记关于双拥工作的重要论述为指引是做好新时代双拥工作的根本前提。习近平总书记强调，军政军民团结是我们的优良传统和政治优势；新形势下，双拥工作只能加强、不能削弱；维护军人军属合法权益，让军人成为全社会尊崇的职业等一系列重要论述，站位高远、思想深邃，是指导开展新时代双拥工作的根本行动纲领。必须提高政治站位，不断增强政治认同、思想认同、理论认同、情感认同，以强烈的责任感、使命感推动新时代双拥工作迈上新台阶。

（二）健全的组织领导运行机制是做好新时代双拥工作的必要条件。唐山市坚持高位推动，成立了由市、县两级党委主要领导同志任组长的退役军人事务工作领导小组和由市、县两级政府主要领导同志为组长的双拥工作领导小组，定期召开市委议军会、军政座谈会、双拥办主任会、双拥专题会等会议，组织架构、领导体系明确清晰，决策体系、运行机制高效流畅，有效保障了退役军人工作、双拥工作一个目标、一套举措、一抓到底。

（三）解放思想开拓创新是做好新时代双拥工作的不竭动力。迈入新时代，双拥内涵、格局、方式方法都有了新变化、提出了新要求，惯用老套路、旧思维很难打开双拥工作新局面。传统过节式拥军、单纯物质化拥军等已不能适应工作需要，探索发展社会化拥军道路是新形势下双拥工作创新发展的内在要求、必然趋势。必须进一步解放思想、创新举措，着力在社会化拥军组织建立、丰富拓展拥军活动载体、突破创新双拥工作方式方法上下功夫、求实效，才能开启新时代多姿多彩双拥工作新篇章。

（四）营造浓厚社会氛围是做好新时代双拥工作的有效法宝。新时代双拥工作离不开党委政府的高度重视，离不开军地的携手共建，更离不开社会各界的关心支持。因此，广泛宣传厚植双拥新风尚的沃土，才能种下一颗种子，在广大群众心中繁盛出双拥热情之花。工作中，唐山市常态化开展“五个一”宣传活动，每年开展优秀退役军人、最美双拥人物、最美军嫂选树活动，涌现出韩宏升、李志刚、潘秀荣等一批国家级先进模范人物，有效带动了广大人民群众支持双拥、参与共建。特别是2020年新冠肺炎疫情发生以来，年近七旬的唐山市爱国拥军促进会会长刘文福，第一时间捐助150余万元，为奋战在武汉一线的人民子弟兵购买了足足22300箱、8卡车的方便食品和生活医疗物质，辗转2600多公里，星夜驰援武汉；唐山市爱国拥军促进会会员刘瑞、韩宏升等一批企业家累计捐款捐物4091万元，有效带动全市军民勠力抗疫。截至2020年7月，全市共组建退役军人疫情防控志愿队、突击队281支，每天有1.6万余名退役军人坚守在防控一线，累计捐款捐物5156万元，展现了我市广大退役军人的良好精神风貌。

供稿：河北省唐山市退役军人事务局

山西省忻州市河曲县创新服务方式
提升退役军人服务保障水平

一、背景情况

金融服务退役军人专属银行卡

河曲县退役军人事务局成立一年多来，始终坚持不忘初心，不断增强做好退役军人工作的责任感和使命感，认真履行职责，全方位做好退役军人事务工作的同时，尤其注重创新服务管理模式，积极动员和开发社会力量广泛参与拥军优抚活动，搭建政府引导、社会参与、全民尊崇的拥军优抚工作新格局。

二、主要做法

（一）银行专属卡　服务暖人心

2019 年 6 月 3 日，河曲县退役军人事务局与中国银行河曲支行签订拥军优抚协议，并现场为苗建军、赵小龙 2 名退役军人代表发放银行专属卡。

中国银行退役军人卡是中国银行为退役军人提供优先、优质、优惠服务，提高退役军人的荣誉感，营造“让军人成为全社会尊崇职业”的具体举措而设计的专属借记卡。卡面体现中国军人“退役不退志、退伍不褪色”的英雄气概和职业情怀。河曲县退役军人凭退役证，就可以到中国银行河曲支行已开通的绿色通道申请办理退役军人银行专属卡，享受优先、优质、优惠的金融服务。

退役军人银行专属卡的发放是开展社会化拥军优抚工作，倡导全社会形成“让军人成为全社会尊崇的职业”鲜明导向的有益尝试，为今后在更多领域开展社会化拥军优抚工作奠定了良好的基础，也利于助推广大退伍军人“退伍不褪色，转业不转志”，永葆军人本色和作风，在平凡岗位上贡献自己的力量。苗建军激动地说：为退伍军人办理银行专属卡，这是前所未有的大好事，以后，我们更加扬眉吐气，“流血又流泪”的委屈将会一去不复返了。

（二）公交免费乘　拥军情谊深

2020年4月，为扎实开展退役军人事务系统“思想政治工作年”和“基层基础基本建设年”活动，河曲县退役军人事务局、双拥办和县公交公司在全县开展了退役军人免费乘坐公交车的社会优抚活动。全县退役军人可以免费乘坐公交车，同时，公交公司开展岗位大练兵——评选出退役军人司乘人员示范岗、提供伤残退役军人专座，在公交车广告位置专设双拥优抚政策宣传栏等。一系列优惠举措的出台，在广大退役军人中产生了良好的反响，让他们实实在在地感受到了河曲县委、县政府和人民群众的拥军情谊，并在全社会产生广泛的影响和引领示范作用，更有助于继承和发扬拥军优属的光荣传统，营造关心关爱退役军人的浓厚氛围。这是对军人身份的一种尊重，也是社会的一种感恩行动。

伤残退役军人专座

为了更好地服务退役军人，公交公司还开展了岗位大练兵，评选出退役军人司乘人员员示范岗、提供伤残退役军人专座，在公交车广告位置专门开辟双拥优抚政策宣传栏等。

（三）特惠“兵芯卡” 提升幸福感

为了继续引深“两项活动”内涵，体现军人职业的尊崇荣誉感，激发广大退役军人干事创业激情，2020 年 4 月 28 日，河曲县退役军人事务局与中国移动河曲分公司签署了“拥军优抚合作协议”，双方将加强拥军优抚领域深度合作，不断提升退役军人和其他优抚对象的荣誉感、幸福感、获得感。

中国移动河曲分公司站在支持国防和军队建设的政治高度，以真挚的爱国拥军情怀，主动为军人军属、退役军人和其他优抚对象提供优先优惠优质的通信服务。他们在营业网点设立“军人、退役军人优先”服务窗口，专门针对我县退役军人推出“兵芯卡”特惠资费，并为我县退役军人事务系统工作人员办理专属特惠资费等更多更好惠及军人军属、退役军人的实际举措，将拥军优抚工作拓展到更广范围，促推全社会形成尊崇军人军属、退役军人和其他优抚对象的价值导向。

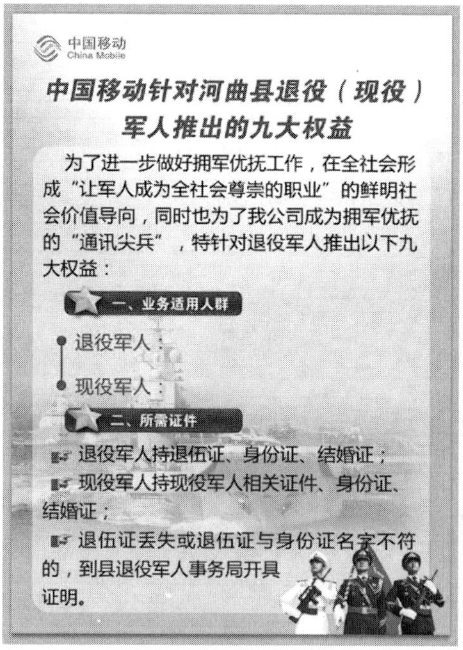

中国移动针对河曲县退役（现役）军人推出的八大权益

三、经验启示

开发社会力量参与优抚对象关心关爱活动，实现资源共享，优势互补，对打通服务优抚对象“最后一公里”，建立新时代“军民鱼水情”，切实提升优抚对象服务保障水平具有重要作用。

退役军人司乘示范岗

做好新时代退役军人工作，需要全社会的广泛支持。河曲县退役军人事务局将大力宣传拥军优抚单位的引领示范作用和爱心奉献精神，号召社会各界以他们为榜样，在全社会营造关心关爱退役军人的良好氛围。同时，结合“两项活动精神”，积极深入基层搞调研、听心声、解难事，紧紧围绕退役军人的切身利益，大胆创新，开拓服务管理新模式，继续竭力推出更多更好惠及退役军人及优抚对象的服务，让广大退役军人切实感受到党和政府的关怀，推动退役军人事务各项工作再上新台阶！

供稿：河曲退役军人事务局

额济纳旗用心谱写新时代双拥工作新乐章

——内蒙古自治区阿拉善盟退役军人事务局创新工作案例

一、背景情况

长期以来，额济纳旗坚定不移实施军民融合发展战略，围绕构建“祖国北疆安全稳定屏障”要求，始终将双拥工作纳入全旗经济社会发展和部队建设总体规划，列入各级党委、政府“一把手”实绩考核目标，全力支持国防建设。一是加强组织领导，成立了由旗委书记、旗长任组长的双拥工作领导小组，党政主要领导对双拥工作亲自安排部署，重要拥军活动亲自到场参加，重点拥军项目亲自过问督导，将双拥共建贯穿于经济社会发展始终，以军民融合战略引领双拥工作新常态，形成了领导重视、部门配合、人人参与、齐抓共管的双拥新格局。二是健全工作机制，完善了议军会议、军地座谈会议、双拥专题会议等议事制度，旗委、政府主要领导多次召开议军会议，听取驻军部队建设、设施改善以及军民融合发展的意见建议，经常深入驻军部队协调解决实际问题。制定完善了《额济纳旗争创全国双拥模范城（旗）“六连冠”和自治区双拥模范城（旗）“九连冠”实施意见》《额济纳旗创全国、自治区双拥模范城（旗）任务分解表》，对创建工作的目标任务、保障措施等提出具体要求，确保双拥创建工作落到实处。三是深化机构改革，成立了旗委退役军人事务工作领导小组，制定了相关规章制度、工作细则，全力为退役军人服务保障保驾护航。按照“五有”标准要求，建立健全了“一中心两站”的三级保障网络体系，形成了多功能社会化的双拥组织网，切实打通退役军人服务“最后一公里”，真切让广大退役军人感受到“军的特色”“家的温馨”。

二、主要做法

额济纳旗深入贯彻军民融合发展战略，发扬双拥传统，大力支持军队改革，积极问需于东风航天城和空军某基地，切实为基地解难题、办实事，做好东风航天城和空军某基地社会化服务保障，帮助基地解决了多年来想解决而未解决的难题，不断夯实军民融合发展基础。一是主动承接国防和军队改革过程中剥离的与核心作战任务无关的社会职能。2018 年以来，额济纳旗陆续在东风航天城和空军某基地先后设立了公安分局、市监分局和街道办等机构，协调物业公司、金融机构分别入驻基地，为基地官兵、军属和辖区群众提供更加完善的社会公共服务。二是统筹推进基础设施建设，实实在在为基地解难题、办实事，为军民融合深度发展战略落地夯实基础。额济纳旗东风航天城和空军某基地建场几十年来，基础设施老化、毁损、落后、缺失等问题突出，已不能满足基地工作生活需要和军民融合发展所需。近年来，额济纳旗主动作为，在东风航天城援建包括市政道路、万亩绿化项目、廉租房和温棚等在内的多项基础设施建设项目；帮助

与部队领导、官兵进行座谈

孟书记与部队领导进行座谈

部队参加东风镇巴彦宝格德嘎查义务植树活动

部队为东风镇宝日乌拉嘎查修路

空军某基地完成了营区公路铺设、基地内外监控设备和应用等重点项目。尤其是2018年以来，经与东风航天城和空军某基地协商并充分考虑军民融合发展需求，筹划各类基建项目，补齐了基地基础设施建设短板，切实提升了官兵军属工作条件、生活水平，让基地广大官兵感受到更多获得感、幸福感。特别是东风航天城加油站的建设，有效缓解了非军事车辆加油难问题；街道办事处给水工程的建成，解决了基地成立几十年来的饮水安全问题；屠宰场的建设，确保了官兵军属舌尖上的安全。三是想方设法解决军人后路、后院、后代问题。下决心破除体制机制门槛，解决军人家庭长期两地分居大难题。在随军家属中有针对性地开展技能培训和创业培训，并为自主创业随军家属给予大额创业担保贷款支持，有效解决了随军家属就业难问题。在扶持照顾军人后代上给予更多关心，除向基地军人子女提供无差别教育优惠政策外，计划为空军某基地新建一所九年一贯制学校，相关资金列入自治区财政预算。所有这些，有效解决了东风航天城和空军某基地军人“三后”难题，解除了官兵的后顾之忧，得到了基地驻军部队的充分肯定和广大官兵的高度赞誉，为基地官兵安心备战、建功立业创造了良好条件。四是积极协助基地做好国防科研试验实训任务的后勤保障工作，与东风航天城和空军某基地分别签署各项有关协议书，构建了军地互访、情况通报及军事设施保护、应急处突协作等军地协作长效机制。2016年以来，多次保障试验实训、疏散任务。特别是国家将卫星发射主着陆场由四子王旗改设为额济纳旗后，额济纳旗全力配合部队做好卫星发射着陆场建设，于 2020 年 5 月 8 日，圆满完成长征五号运载火箭搭载的载人飞船试验船返回舱在东风着陆场着陆的保障任务。另外，额济纳旗广大农牧民群众在积极配合支持国防科研试验实训任务的同时，自发组建了沙漠救援队，协助驻军部队做好救护救助、残骸回收等任务。五是牢固树立总体国家安全观，抓好重要军事设施周边环境安全保密专项整治工作，切实筑牢祖国北疆安全稳定屏障。六是高质量落实抚恤优待政策，保障优抚对象合法权益。同时，在景区、机场、车站、医院等公共服务场所设置现役军人、军烈属、优抚对象、退役军人依法优先标识，全面实行旗内高速公路军车一律免费政策，提供旗内公共交通工具免乘待遇，在全旗营造“让军人成为全社会尊重的职业”的氛围导向。

某部后勤部医院赴东风镇进行义诊

三、经验启示

以军民融合发展战略为抓手，进一步发扬拥军优属、拥政爱民的优良传统，与时俱进，开拓创新，努力开创双拥工作新局面，为经济社会的和谐发展和驻旗部队的全面建设提供可靠有力的保障。发扬创新精神，创造性地开展工作，在解决军人“三后”问题上下功夫，服务好国防建设和部队发展。用制度固化双拥工作成果，规范化、制度化推进双拥工作。

供稿：阿拉善盟退役军人事务局

尽心尽力解难题　件件实事暖兵心

——吉林省长春市双拥办连续七年开展“情系驻长官兵关爱革命功臣”主题拥军活动

一、背景情况

长春市是一座有着光荣双拥传统的城市，自1992年国家开始正式命名全国双拥模范城以来，已经连续八次荣获全国双拥模范城称号，2020年即将冲击全国双拥模范城“九连冠”。长春市是全省驻军部队最多、官兵人数最多、服务保障优抚对象最多的城市，现有师级以上部队17家，团以下单位67家，共有驻军2.7万余人，各类优抚对象3.4万余人。近年来，长春市委、市政府认真贯彻落实习近平总书记关于做好双拥工作和加强军政军民团结的一系列重要指示，积极顺应部队改革建设发展新需要，把为广大驻长官兵多办实事好事作为支持部队改革发展、巩固军政军民团结的重要使命。自2012年以来，连续7年组织开展“情系驻长官兵、关爱革命功臣”主题拥军活动，累计投入资金上亿元，为驻长部队和广大官兵只办理涉及土地置换、部队基础设施建设、官兵学历升级、官兵家属就业、子女入学等各类难事实事320余件，极大地提升了部队能打仗、打胜仗能力和驻军官兵的幸福感、获得感、荣誉感。

二、主要做法

（一）各级领导高度重视，前期准备周密细致。一是深入部队调研。按照市领导要求，每年年底前市双拥办都要组织专人深入驻长部队采取召开座谈会、问卷调查等方式进行调研，详细了解部队建设发展需求和官兵学习成长需要。每年年初，召集驻长师旅级以上单位负责双拥工作干事召开任务对接会，进一步听取各单位的需求及意见建议，确保主题拥军活动的质量和效益。二是会议专题部署。在每年双拥工作领导小组会议上，组长都会对主题拥军优属活动进行专题部署，下发主题拥军活动任务分解表，明确各件拥军实事的责任单位和完成时限，确保了主题活动有效落实。三是强化检查督导。市双拥办定期与驻长部队和各责任单位沟通协调，每季度调度各件实事推进情况，实时跟踪抓好督导落实。在每年的双拥工作领导小组会议上，表扬先进，批评后进。特别是2018年，将双拥工作纳入全市绩效指标考评体系后，我们把主题拥军活动任务完成情况作为双拥工作开展情况的一项重要考核内容，进一步促进活动落实。

（二）措施到位落实有力，主题活动成果丰硕。围绕“情系驻长官兵、关爱革命功臣”主题活动确定的为驻长部队和官兵办好事，制定措施、明确责任、挂图推进，确保工作有效落实。一是大力支持部队建设发展。投入资金1000余万元，帮助解决道路修缮、供水供暖、管道建设等困难问题；本着“一地一方案、一题一研究、一事一解决”的原则，使11件军地有争议的土地问题得到有效解决，155个停偿项目全部停止，确保了六届航空开放活动顺利举办。成立拥军支前领导

2018年长春市双拥工作军地任务协调对接会

2019 年 4 月 24 日，“吉林省暨长春市为退役军人和军（烈）属等家庭代表悬挂光荣牌仪式”在长春市宽城区拥军大院社区举行，省、市领导及优抚对象代表参加了仪式

机构，凝聚全市力量做好拥军支前服务。二是积极为基层官兵办实事、解难题。联合长春警备区制定下发了《关于解决部队官兵“后路”“后院”“后代”问题联动保障机制》，统一协调解决官兵安置、军人子女入学、军人家属就业创业等问题，96% 以上的转业干部安排到参公以上单位，100% 安置符合条件的退役士兵，多渠道安置随军家属。7 年来，全市共安置转业干部 3600 余名、退役士兵 2000 余名、随军家属 400 余名，发放随军家属货币补助 5000 多万元，给 1000 余名军人子女升学加分，给 600 余名军人子女落实择校。中央电视台军事频道报道了长春市阳光安置退役士兵的做法。《解放军报》《中国国防报》等媒体头版头条报道了我市转业军人创业孵化基地的做法。对赴武汉抗疫一线军人家属进行走访慰问，对“长春”舰官兵进行了走访慰问。三是不断提升优抚对象保障水平。利用春节、八一等有利时机，以走访慰问形式提高优抚对象的保障水平。出台了《关于进一步加强新形势下优抚安置工作的实施意见》，提升转业官兵安置率，健全完善了优抚安置政策，对重点优抚对象特殊关心和关爱，让革命功臣共享全市经济社会发展成果。目前，部分重点优抚对象保障标准处于全国领先水平，并纳入幸福长春计划和暖流计划，提高在乡复员军人、“三属”、60 周岁农村义务兵和 60 周岁烈士老年子女等部分优抚对象的补助标准。

（三）拥军品牌不断深化，特色亮点逐步显现。一是科技拥军优势进一步提升。近年来，长春市以主题拥军活动为载体，着眼部队对科技拥军的需求变化，加速实现由给钱给物向融入科技智慧、引进科技人才、增加科技元素的转变。建立需求对接机制、科技人才培养和导入机制、科技融合保障机制和科技成果转化机制，组织驻长科研院所和大专院校，通过理论探讨、技术支援等方式，及时将前沿科技成果移植到部队的日常演训中，实现了地方科技潜力向部队战斗力的有效转移。7年来，全市承接各类军工项目200余项、国防和军队科技项目50余项，向部队转让科技成果20余项。为部队培训各类人才1000余名，1000余名军官获得本科学历，近800名官兵获得硕士研究生学历。二是社区拥军亮点纷呈。制定下发《长春市关于深化社区拥军服务工作的实施意见》，在社区统一悬挂社区拥军服务站标识，明确社区拥军“一二三四”标准，搭建一个平台，即社区拥军服务中心；突出两类群体，即重点优抚对象、困难退役军人；建立三项机制，即网络管理机制、资源共享机制、宣传教育机制；开展四项服务，即走进家庭服务、便民利民服务、文化生活服务、政策解答服务。2018年，在基层建立了退役军人服务站，专门为退役军人提供服务。7年来，各社区为驻军官兵和优抚对象解决各类生活难题8000多件。2016年，我市作为基层拥军工作典型，在全国双拥工作专题理论研讨会上介绍了经验，宽城区作为全国社区拥军代表在国家会议上介绍经验。宽城区拥军大院社区党工委第一书记张玉玲被国家表彰为爱国拥军模范个人，参加了全国双拥模范代表座谈会并发言。三是文化拥军功能得到强化。认真组织理论宣讲、法律维权、科普知识、技能培训“四进军营”活动。邀请国防大学知名军事专家走进部队开展理论宣讲；设立维护军权法庭，截至目前共处理涉军案件30余起；积极开展送培训、送电脑、送器材、送文艺“四送”活动，

长春市双拥工作领导小组第 33 次会议

为驻军送电脑2000余台、体育器材500余万元、建设健身场所30余处、赠送图书上万册，向海军“长春”舰官兵赠送书画作品600余幅。四是社会拥军新力量逐步形成。在发挥拥军大市场和拥军大联盟等拥军服务组织作用和力量的基础上，2017年开始，由市里牵头，依托主要城区继续发动壮大拥军社会组织，全市近300多家社会组织结合自身特点积极开展多种拥军服务。汽开区成立高力汽贸城企业拥军协会，联盟成员单位率先在全市接收安置退役士兵和军人家属。联合吉林大药房组织开展“健康送功臣、军企心连心”社会力量拥军主题活动，为有劳动能力的优抚对象提供就业岗位；成立以民企拥军协会为主导，各社会组织领导为成员的社会组织拥军协会；注册成立军民融合创业创新协会，在东北地区建成首家非公有制企业和社会组织党建服务指导中心“同心港”。

三、经验启示

7年来，长春市各级各部门同心协力，热心服务，解决难题，有效提高了广大官兵的荣誉感、使命感、责任感，受到驻军部队的一致好评和军地各级的普遍关注。连续7年主题拥军活动的开展，也给了我们三点启示。

一要进一步弘扬传统营造氛围。要扎实推进双拥工作，就是要广泛开展以爱国主义为核心的国防和双拥宣传教育。大力弘扬拥军优属的光荣传统，大力弘扬人民群众爱国拥军、情系国防和人民军队听党指挥、服务人民、英勇善战的优良作风。要充分利用电视、报刊等传统媒体，特别要重视电脑、网络等新兴媒体对年轻一代的宣传作用，形式多样、丰富多彩地开展双拥宣传工作。

二要进一步心系官兵解决问题。双拥工作与广大军民的切身利益息息相关，要密切联系群众，真正把群众特别是把军人军属的利益放在心上，放在工作的首位。要把广大军民欢迎不欢迎、满意不满意、拥护不拥护，作为衡量和检验双拥工作成效的根本标准。要立足实现和维护广大军民的根本利益开展双拥工作，使双拥成果为广大军民共享。党政部门要进一步做好拥军优属工作，调整完善军队转业干部、离退休干部和退役士兵安置政策并抓好落实，妥善解决随军家属就业、军人子女入学等现实问题，解除军人的后顾之忧。

三要进一步心系军营提供保障。拥军优属、拥政爱民是我党我军特有的政治优势。我们要继承长春人民的拥军优属优良传统，发扬双拥工作优势，不断增进军政军民团结。党政部门要大力支持部队各项建设。要进一步搞好国防后备力量建设，高度重视和加强国防教育，形成全社会关心国防、支持国防、建设国防的浓厚氛围；要认真落实各项拥军优属政策，尽最大努力帮助广大官兵解决好各种实际问题。

供稿：长春市双拥办

黑龙江省佳木斯市用红色文化引领双拥工作创新发展

一、背景情况

佳木斯，位于中国金鸡版图的“鸡冠”上，是祖国大陆最早迎接太阳升起的地方，是镶嵌在三江平原上的瑰丽明珠。佳木斯有着光荣的双拥传统，是东北抗日联军的发祥地和主战场、是新中国最早解放的城市、最早的省会城市，被誉为“东北小延安”。它还是抗美援朝期间后勤保障基地，十万官兵在这里开发建设北大荒，缔造了“北大荒”精神。1987 年全国双拥工作经验交流现场会在此召开，至今佳木斯已蝉联全国双拥模范城“八连冠”。一直以来，佳木斯传承和发扬首届全国双拥模范城的首创精神和光荣传统，坚持富国与强军、富民与强边的统一，佳木斯市做好常规双拥工作的同时，努力挖掘红色文化，传承红色基因，塑造双拥典型。党政军民凝心聚力、开拓创新，着力推动全市新时代双拥工作再上新台阶，为争创全国双拥模范城打下了坚实的思想基础、实践基础。

“佳木斯市委、市政府在双拥工作上政治站位高，各项拥军措施给得实、落得好，拥政爱民工作扎实有效。希望佳木斯市进一步强化责任感，深刻领会习近平总书记关于双拥工作系列重要讲话精神，增强使命担当，在新时代双拥工作上继续当好全国排头兵，提供更多更好的经验和典型。”2019 年 11 月，全国双拥调研考评组组长、中央军委政治工作部群工局局长肖安水来佳木斯调研时，对佳木斯市双拥工作如是评价。

二、主要做法

（一）发扬传统优势，争创双拥创建的“排头兵”

30年来，佳木斯围绕“红色基因不能变、金字招牌不能丢、时代使命不能忘”的双拥工作目标，把“东北抗联”精神、“东北小延安”精神和“北大荒”精神红色基因充分融入双拥创建具体活动中，一代代传承、一代代接续，使之成为双拥创建的强大精神动力。在军地双方共同培育下，一大批先进典型成为不同历史时期的代表人物。勇拦惊马救儿童“人民的好儿子”刘英俊、全国智力拥军模范黄景秋、全国科技拥军模范梁凤颖、“新一代青年士兵楷模”向南林、全国爱国拥军模范宋金和，等等，一个个闪光的名字镌刻在佳木斯市双拥发展史册上，事迹感人、催人奋进。

（二）发挥文化优势，争当双拥品牌的“颂扬者”

佳木斯市用红色历史文化打造靓丽的双拥品牌，使之成为国防教育和爱国主义教育的最好教材。先后拍摄完成反映佳木斯地区抗联和“东北小延安”时期，三江军民同日军、国民党反动派做坚决斗争的文献纪录片《铁血三江》《决战黎明》；推出了反映三江儿女在抗日战争多条战线上取得丰功伟绩的《三江抗战系列丛书》；编撰了反映佳木斯军队历史的《佳木斯军史》《军史图集》和《军史故事》；总结1937年至今83年来双拥工作的历史文脉，编纂了《佳木斯双拥史》。佳木斯市退休老人宋金和辟建了日军侵华罪证陈列馆，收藏上万件日军侵华罪证，完整地勾勒出日军侵华战争史，同时完整再现了我市自1991年首获全国双拥模范城以来的历史印记，展馆的展品丰富、翔实，展出的物证生动而有说服力，已成为全国中小学生研学实践教育基地、省级国防教育基地、全市爱国主义教育基地，每年全国有数万名党政军及社会各界人士参观，是入队、入团、入党、入伍开展纪念活动和建党、建军、新中国成立等重要节日接受爱国主义教育的重要场所；九洲社区在全省第一个建立了退役军人党支部，充分发挥社区党建带头人作用，同时秉承红色血脉，打造佳木斯市第一个党组织发源地党史馆“红色九洲党史馆”，现已成为全市“不忘初心，牢记使命”党员红色教育基地。

（三）发挥教育优势，争建智力拥军的“加油站”

1987年，全国双拥工作经验交流会在佳木斯市召开，首创智力拥军的经验在全国推广。智力拥军由原来的普及官兵文化知识、扫除“文盲”到送图书、送电脑、送技术，到新时期发挥高校人才优势，培养高素质的复合型和创新创业型人才。佳木斯大学支持参与部队搞科技练兵、技术革新和发明创造，先后与部队共同开发的巡逻艇推进器维修液压托架、船艇进水监测报警装置等科研成果都已转化成战斗力。职教集团精心打造智力拥军平台，在学历教育上教师送知识到军营，既不占用官兵的训练时间，又能使大家全方位受到学历教育培训。在职业教育上，利用军地两用人才培训基地、退役军人培训基地，为现役和退役士兵提供厨师、计算机、摄影、焊接等28个实用专业对官兵进行实训教学，获得相关资格认证，为他们就业上岗提供智力支持和技能支撑，近几年培养军地两用人才4500多人。佳木斯还特别注重军人“后代”的教育，实施教育优待政策，现役军人子女中考加分作战边远部队下调分数线5%，其他部队加20分；小学入学实行“择校”；为支持军改，三年内（2016—2018年）转业复员军人子女教育优待政策比照现役军人待遇，近几年有295名军人子女享受教育优待政策。

（四）发挥行业优势，争做社会拥军的“后勤部”

在革命战争年代，佳木斯积极动员青年踊跃参军，平均每天有一个连补充到东北野战军主力部队，支前民工源源不断把粮食、军衣、武器弹药等大批物资运往前线，后方积极为志愿军做棉衣、捐飞机、大炮，涌现出拥军优属尹阿琴“老妈妈服务队”、二十三粮店“送粮服务队”等先进典型。进入新时代，佳木斯全面开展“双拥在基层、在经常、在日常”活动，29个社区与部队开展军民共建活动；全市群众文化协会深入开展送文艺进军营活动，6300多名文艺志愿者参与拥军文化活动220多场次；律师协会志愿者参加法律援助工作，畅通军人军属维权“绿色通道”，为现役官兵提供诉讼服务180多宗、办理涉法纠纷70多件；各大医院减免军人军属健康体检费用达百万元；近几年举办军地青年联谊会15场，600多名军地人员参加，为120多名官兵找到心仪伴侣；调动“两新”组织拥军的积极性，竞相制定拥军优属承诺，组织覆盖衣食住行用等各方面拥军企业与部队结对，为军人军属办实事、做好事、解难事。民营企业拥军投入830多万元，代培军人家属1000多人，吸纳1200多人就业。

三、经验启示

从佳木斯用红色文化引领双拥工作创新发展的生动实践中，可以取得三点有益的启示：

一是在新时代双拥工作中，传承红色基因是强国的需要。佳木斯市厚重的红色文化资源，是双拥宣传教育重要的载体。挖掘利用好红色资源，能够丰富双拥内容、营造双拥氛围，弘扬革命传统，开展爱国主义教育和国防教育，激发有志青年报国从军的热情，引领全民爱国拥军意识，不断巩固发展坚如磐石的军政军民关系，为促进社会和谐，增强国防建设提供不竭的动力。

二是在新时代双拥工作中，传承红色基因是强军的需要。在长期的革命、建设和改革实践中，三江大地上形成了“东北小延安”“东北抗联”和“北大荒”一系列伟大精神。红色血脉、红色基因，承载着无数革命先烈的赤胆忠诚，是军队性质宗旨本色的集中体现，凝结的崇高革命精神和顽强战斗作风，是人民军队从胜利走向胜利的法宝，激励官兵铭记历史、不忘初心、牢记使命、用忠诚和奉献，履行党和人民赋予的神圣使命，用实际行动传承红色基因、担当强军重任。

三是在新时代双拥工作中，传承红色基因是强市的需要。“双拥工作只能加强不能削弱”，是习近平总书记对新时代双拥工作的明确要求。传承红色基因，珍爱双拥品牌，30年来佳木斯市每届全国双拥模范城都不曾“缺席”，市委、市政府的领导换了一届又一届，但双拥工作领导小组组长的职务始终由书记和市长担任，为佳木斯市开展双拥工作提供了重要的领导保障。他们像爱护自己的眼睛一样，珍惜全国双拥模范城这张金色的“城市名片”，让全国双拥模范城成为佳木斯市的“传家宝”。用军民鱼水情谊，筑牢稳固的国防，促进地方经济社会和谐发展，为富民强边提供双拥力量。

供稿：黑龙江省佳木斯市退役军人事务局

爱在荣军康复中

——黑龙江省荣誉军人康复医院工作记事

黑龙江省荣誉军人康复医院是专门接收本省籍各种军人在部队因战、因公、因病致残，并被评为1—4级伤残退役军人长期休养、短期疗养、医疗康复和在乡老军人慢性病治疗的医院。建院70多年来，一代代医护工作人员，秉承“全心全意为优抚对象服务”的宗旨，在荣军护理岗位上默默工作、无私奉献，凝聚出崇德向善的磅礴正能量，演绎着一幕幕人间大爱的传奇。医院先后荣获省级行风建设示范单位和国家级行风建设示范单位、全国文明优抚事业单位、省级文明单位、省级三八红旗集体、全国三八红旗集体、新中国成立60周年感动龙江团队和全国工人先锋号等荣誉称号；多次被新闻媒体采访并宣传，其真实感人事迹在龙江大地广为传颂。

一、精心呵护——用技术护佑生命

在院长期休养的退役荣誉军人们大多失去健康、失去自理能力，有的甚至失去了记忆。让这些共和国的功臣、老军人在精神上享受抚慰，在生活上获得关怀，是每个荣军工作者的职责。面对着这一特殊的功臣群体，没有深厚感情，没有无私的大爱，没有专业的护理，将无法完成这一使命。

自2014年荣军医院整体搬迁到哈尔滨新院后，历届院党委加大了康复专科医院的建设力度，提出了让康复医院名副其实首先从荣军康复起步的工作思路。在上级有关部门的大力支持下，医院购置了先进的医疗康复设备，组建了一支优秀的高素质的医疗康复和护理队伍，选派了专业人员外出学习医疗康复护理专业知识并培养成为各个学科带头人，在全院医生、护士及护理人员中相继开展了康复基础知识、外科学、内科学、诊断学、护理学等的基础知识、基本理论、基本技能的培训，并将知识运用到荣军护理工作的实践中，要求每名护理人员都能掌握三种以上按摩手法，并在荣军的日常生活护理中运用，大大提高了荣军医疗康复能力和整体业务水平。

在荣军日常护理工作中，按照护理规范和实际护理经验，将在院荣军按照伤残程度分为三个护理等级。特别困难的是护理照顾四肢瘫痪生活完全不能自理的一级荣军。为了预防由于长期卧床引起的肌肉挛缩、关节强直、垂足、褥疮和坠积性肺炎等疾病，康复护理重点要做好良肢位摆放、定时翻身同时做好皮肤按摩扣背护理等，对咀嚼功能有障碍的荣军，采取了鼻饲，避免从口腔进食引起呛咳；同时还要做到合理膳食，营养均衡等，日常生活照顾中难度会更大。

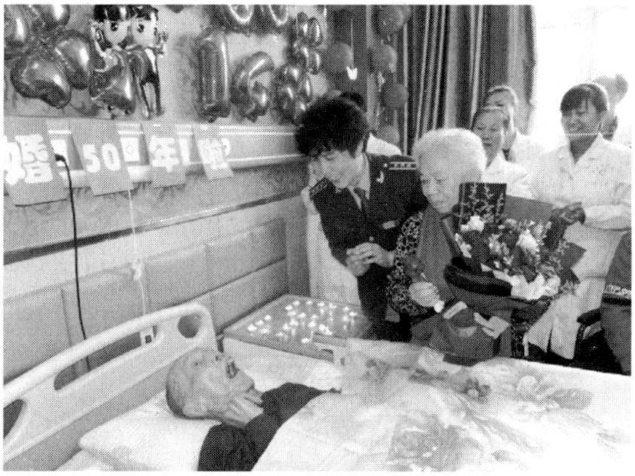

老军人石永岩 50 年金婚

一级伤残荣誉军人石永岩 1976 年 8 月入院休养，脑部损伤，右侧偏瘫，大小便失禁，严重智障，口不能言，只有单侧具有咀嚼功能。40 多年来，护理员都退休几茬了，但每天一个多小时的一勺一勺喂饭，一滴一滴喂水，手动助便、接尿、洗脸、刷牙、梳头、洗澡、修指甲、灌肠从未间断过。在几代护理员的精心照顾下，老军人在伤痛中挺过了 50 年，无数次在生死线上被拉回来，卧床多年从未生过褥疮！专家说：这是护理上的奇迹！

王琳——年仅 32 岁的一级荣誉军人，18 岁在部队“前倒”训练中受伤后成为植物人，失去了记忆。入院之初，他每天仅会像婴儿一样耍闹啼哭发脾气。为了照顾好他，我们为他定制专门食谱，打成流食，哄着喂他。给他擦洗需要两名护理员，一个人按住他的手，逗他开心，夸奖他，另一人为他洗脸、刷牙，动作要轻柔而迅速。有时一不留神水盆就会被他掀翻了，头发被他拽断，手指被他扭伤抓伤。为稳定他的情绪，一有时间，全院医护人员都会轮流进房和他说话，夸奖他，抚摸他，教他背儿歌和简单的唐诗。在大家的悉心照顾下，他逐渐有了知觉，开始会用微笑回应赞美和抚摸，渐渐能说清要吃什么，能背诵“小燕子”“小白兔”。光阴荏苒，转眼 14 年过去了，现在王琳不仅熟悉了照顾他的医护人员，还能亲切地喊出：刘妈妈、阿姨好、院长好……还能和大家一起唱几句军旅歌曲。

二、真爱相伴——用爱心温暖真情

每一位荣军都是一部军人的牺牲奉献史。他们当中，既有抗日战争时期的，也有解放战争、抗美援朝的；既有浴血战场的老一辈，也有和平时期训练场上的年轻一代。当民族需要、祖国需要、人民需要、工作需要的时候，他们都毫不犹豫地挺身而出。那一刻，他们忘却了自我，置生命于度外。对他们的照顾和关爱怎么认真细致都不为过，只要他们有一分的需求，我们就要用十分的努力去解决，不能有丝毫马虎和推诿。这是荣军医院历届党委达成的共识。在每位荣军的房间里，都摆放着高档家具和生活用品，每层楼都专设有棋类、麻将、扑克、书刊、健身、练歌等文体活动室和晾衣室，摆放着大圆桌的聚餐室，供家人或亲属探视时聚餐用。室内进行家庭化亲情化的布置陈设，室外栽种各种花草树木曲径通幽。多样化的饮食配餐、丰富多彩的文娱生活和悉心的精神慰藉，使荣军们在这里休养没有任何后顾之忧。

“养怡之福，可得永年”，一点一滴的精心耕耘，会画出生命的希冀；一心一意的呵护关爱，会晕染出夕暮的黄昏。

张永芹是一位抗美援朝时期女荣军。自 1958 年入院休养 60 多年来，疾病和伤残使这位历经了抗美援朝的老兵满头白发，在她的身上再也找不到昔日战地女兵的美丽容颜，身体弯曲震颤，面部肌肉萎缩，无法说出一句完整的话，唯一不变的是她平和乐观的心态。由于老人发音含混不清，手不能握笔，身边的工作人员和荣军就只能耐心地猜，耐心地复述，直到老人点头。就这样从老人入院之初的第一代工作人员开始，历经了 60 多年，几万字的事迹材料完整地呈现在了我们面前，详细地记述了老军人烽火中的一生，传奇的一生。就连当年帮助翻译张妈妈语句的工作人员都已经 70 多岁了。

60 多年来，一代代医护人员手口相传，紧握手中的接力棒，无微不至地照顾好这位病榻上的老妈妈。由于年龄和病情等多方面因素造成张永芹不能咀嚼，吞咽也有问题。为了老人的营养和健康，每餐都要将饭菜拌在一起榨成糊状，还要经常烹制一些鱼类食品来补充身体所需。那时护理人员就得耐心地将鱼刺一根一根挑出来，生怕卡住老人家。喂饭时护理人员不仅要有耐心还要克服一定心理障碍，给老人每喂一勺她都得吐出半勺还掺杂黏稠的唾液，老人每一餐都需要很长时间。就这样一代代医护人员在无私奉献中坚守，护佑着老人在伤痛中坚强地度过了 60 多个春秋。入党一直是张永芹的梦想，由于身体残疾，她只好把入党的夙愿深藏心底。在她年过 70 岁的时候，终于向院党委递交了入党申请书。她说：只要生命尚在，我就要成为党的人；生存一天，我就要为党、为人民奉献一天。

革命者一腔忠烈报国家，荣军人代代坚守献真情。“我在荣军医院里生活一辈子，这里就是我们的家，所有的工作人员都是我的家人。”这是王福玉——失忆的抗日时期荣军的口头禅。

1944 年，王福玉被日军的炮弹震伤后失去了记忆，部队把他送到后方医院，个人档案也遗失在战场上。从此，王福玉的身世就成为一个解不开的谜留给了后人。连续多任医院领导都曾派人寻找老军人的家乡与亲人，可始终没有找到。在老人百岁高龄的时候，患有膀胱癌合并多种疾病卧床，伴有吞咽肌麻痹，血尿带有传染性。为减轻老人病痛，工作人员每隔两小时为老人翻一次身，坚持用温水擦身体、做按摩，将水果、蔬菜、米饭等食物打成糊，一小勺、一小勺送入老人口中，他每咽一次都要花费很长时间，工作人员都耐心等待着，生怕老人吃不饱。在医护人员的精心护理照顾下，使老人的生命得以奇迹般延续了8年。而今，这位失忆的抗日老兵，已经永远地离开了我们，他离去时，用自己的慈祥微笑回报了医护人员。

三、精神抚慰——用梦想点燃希望

在做好荣军生活照顾和医疗护理工作的同时，院里进一步加强了对荣军的心理治疗和心理关怀，同时开展丰富多彩的文化生活，以提高荣军们的生活质量。根据荣军的喜好特点，组织开展写作、书画、手工制作、卡拉OK、网络直播等个性化活动。一级荣军顾世保成了小有名气的军旅作家，写了200多篇文章、诗歌；组成了荣誉军人事迹报告团，每年到学校做事迹报告10余次。组织元旦、春节、助残日、八一、十一等节日庆祝活动，每年传统节日都吸引周边学校、社区、志愿者共同参加联谊活动，让荣军感到党没有忘记他们，祖国没有忘记他们，社会没有忘记他们。梳理各个时期荣誉军人的先进事迹，收集他们使用过的书包、书籍等物品，申请了部分退役武器装备，筹建了荣军事迹展览馆，向周边大中小学校、党政机关、社区开放，每年参观人数近千人。

在院休养的荣军多数是一至四级重残军人，个别身体条件好些的，平时也只是用手摇着三轮车到附近的街道转转，外出参观旅游成了他们可望而不可即的梦想。面对荣军的渴望和期盼的目光，院党委经过反复研究，制定并组织实施了“传承红色基因，担当拥军重任”荣军圆梦之旅系列主题活动，2018年7月开始先后组织大家到沈阳、营口、大连、丹东、铁岭5个城市跨省疗养活动，行程3000多公里。

带着14名高位截瘫荣军长途外出，期间所经历的困难和风险可想而知。为了确保安全，院里派出了时任副院长丁伟带队，荣管科、医务科全程参与，抽调了一线专家和护士、护理员全程一对一陪同，准备了各种应急的药品、氧气袋、帐篷，仅尿不湿和纸尿裤就拿了50多包。9天的时间，需要工作人员几十次的抱上抱下，有些高位截瘫荣军，强直、身子重，根本不会主动配合。每次抱他们上下车，大家神经都处于高度紧张状态，生怕磕了碰了，只能就一个人抱，后边用两个人扶着工作人员腰往车上抬。在大连时，由于景区之间跨度大，自带车辆又无法通行，只好和公交司机沟通，把荣军连人带轮椅一个个抬上了公交车。公交司机感慨地说，我开了一辈子公交了，这样壮观的场面我还第一次经历，你们给大连增添了一道靓丽的风景，向你们致敬！

在海边，工作人员把身体条件允许的荣军都背到浅海里，让他们也体味在大海里畅游的感觉；不能下水的荣军，也要一个个抱到海滩上，让他们倾听海水拍打沙滩的声音。当工作人员经过40多个台阶把荣军一个个抬上鸭绿江断桥时，荣军们齐声高唱“雄赳赳，气昂昂，跨过鸭绿江”，歌声越唱越响，他们唱得热泪盈眶，引来了游人同声合唱，让军人这一尊崇的职业在这里得到了展现。

2019年3月荣军医院又组织了“荣军跨省疗养圆梦春城行动”，陪护荣军远赴云南昆明疗养，使荣军充分感受到坐飞机抵达数千里之外的异域风土人情，欣赏了云南各民族的传统文化、领略南北差异。一路上，受到社会群众的热情帮助、高声点赞，感受着社会对军人的尊崇。

新冠肺炎疫情发生后。全院领导、职工和荣军时刻关注疫情发展态势，按照锡东光厅长守好“四个门”要求，大年初二即实行封闭管理，医疗、护理、餐饮、后勤等工作人员、荣军和长期在院休养对象100多人实行全封闭，向家属和亲友发出通知，疫情期间停止探视，工作人员定期通过网络帮助大家与亲朋视频聊天，严防外防输入风险。院领导带领参与隔离的工作人员全员吃住在院，尽管家就在百米之外的家属院，没有一个人在隔离期间回家、会友，有的在院内隔离了两个多月也没有提出过任何要求。隔

省退役军人事务厅党组书记厅长锡东光同志来院看望荣誉军人

荣军圆梦春城跨省疗养活动在云南民族村合影留念

离工作期间，医护人员人人学习防疫知识，按防疫规程操作，第一时间购置防护用品进行配发，为荣军组建了微信群、开通了快手网络直播，工作人员和荣军随时一起聊天谈心、唱歌表演、成语接龙等隔空互动，制作疫情防控工作的各类小视频和荣军共同分享。同时，全院职工和荣誉军人 252 人次自发捐款 47600 元，定向捐赠湖北省荣誉军人康复医院用于疫情防控。31 名党员医护人员组成 5 个志愿组赴 11 个执勤点参与社区疫情防控，以认真、耐心、热情的工作受到社区居民的好评。

荣军医院是一个用爱心、耐心、善心和血汗浇筑的慈善殿堂，是一个用责任、道德、人格和感恩聚合的生命之火，这团火点燃了生命的希冀，闪烁出人性良知的道道光环。有着光荣历史的荣军人，继续坚守以人为本、自强不息的信念，努力践行全心全意为荣誉军人服务的宗旨，顺应时代潮流，积极开拓创新，以自己的实际行动让军人成为受社会尊崇的职业，让退役军人成为受社会尊重的人。

供稿：黑龙江省荣誉军人康复医院

推进共建共治共享　创新优抚服务机制

——安徽省铜陵市积极探索基层优抚协理员工作新思路

为充分发挥退役军人自我教育、自我管理和自我服务的主观能动性，提升基层优抚工作网格化管理和精细化服务水平，增强退役军人和其他优抚对象获得感、幸福感、荣誉感，营造引领全社会尊重、关爱退役军人和优抚对象的良好社会氛围，铜陵市积极探索，创新机制，率先建立基层优抚协理员工作制度，摸索出一条有态度、有温度、有广度、有深度的新时代优抚工作共建共治共享新路子。

一、背景情况

铜陵市各级优抚专职工作人员过去只有 10 余人，工作力量薄弱，很难精准把握及有效满足优抚对象的个性化、多样化需求。优抚协理员工作制度的建立，是顺应新时代发展的实际需求而产生的，具有现实动因。

（一）推进治理体系和治理能力现代化的内在要求。党的十八届三中全会确立了推进国家治理体系和治理能力现代化的目标；党的十九届四中全会明确了新时代坚持和完善中国特色社会主义制度、推进国家治理体系和治理能力现代化的总体要求、总体目标和重点任务。优抚工作是社会管理和服务体系的重要内容，必须紧跟新时代社会发展建设和社会治理创新的步伐。建立优抚协理员工作制度助力优抚服务，是治理体系和治理能力现代化在优抚工作中的具体实现，也是构建共建共治共享的中国特色社会治理格局在基层实践中的生动体现。

（二）强化思想政治建设的现实需要。加强对优抚对象的组织管理和思想政治工作，确保他们在政治上、思想上、行动上自觉与党中央保持一致，是政治上关心他们的具体体现，是做好优抚对象工作的一项重要任务。建立优抚协理员工作制度，从小切口介入，引导优抚对象自我教育、自我管理和自我服务，争做新时代老兵精神的传承员、上通下联的信息员、政策法规的宣传员、退役军人的调解员、优抚工作的光荣员，成为“思想政治建设年”的一条具体实践路径，也是坚持和发展新时代“枫桥经验”的有益尝试。

（三）推进优抚工作发展建设的题中之义。当前优抚工作还存在服务手段比较单一、服务中对社会资源的募集能力有限、解决问题上对行政手段依赖性强等问题和不足。探索建立优抚协理员工作制度，提倡助人自助的理念和资源整合的工作方式，正是致力于挖掘基层社会治理的内生动力资源，积极探索立足实际、行之有效的自主治理新机制。

（四）自我教育自我管理自我服务的途径选择。构建政府管理与社会自治相结合、政府主导与社会参与相结合的社会管理和公共服务体制，引导社会力量参与优抚服务，有利于提高优抚服务和保障水平，实现行政职能和社会力量的有效结合和良性互动。建立优抚协理员工作制度，政府主导搭建优抚对象自我教育、自我管理、自我服务的平台载体，有序引导优抚协理员以“当事人”和“第三方”的双重身份介入，推动实现优抚服务管理社会化。

二、主要做法

（一）建立健全制度，引领工作方向。建立优抚协理员工作制度在全省乃至全国都是一次创新，没有成熟的经验可以借鉴。铜陵市从做好顶层设计、完善制度建设入手，先后出台了《优抚工作协理员管理制度》《优抚工作协理员工作职责》《优抚工作协理员工作流程》《优抚工作协理员权利义务》《铜陵市优抚工作协理员考核细则》等一系列制度，从而将优抚协理员工作纳入制度管理的框架内，做到有章可循，有规可依。

（二）把好选聘关口，坚持好中选优。选聘，是优抚协理员队伍建设的第一道关口。铜陵市在选聘中除坚持将政治合格、法治和政策水平较高、热心优抚且有群众口碑、具备做好优抚的身体条件等作为硬指标外，还在选聘条件中增加了若干软指标，如在优抚工作中作出显著成绩的优先选聘，获得过荣誉称号的优先选聘，热心公益事业的优先选聘等等。在选聘流程上，坚持个人自荐与组织推荐相结合，群众口碑与组织考察相结合，激励先进与不合格淘汰相结合的原则，从本人申请、乡镇（街道）推荐、县区审查、市局复核等关口，层层把关，好中选优，从而不断优化并壮大优抚协理员队伍。截至 2020 年初，优抚协理员已从 2014 年建立初期的 2 人扩容到了 50 人，其中已有 10 多人荣获了“省理论宣讲员”“省十佳优秀五老成员”“铜陵市最美双拥人物”“铜陵市优秀退役军人”和“铜陵好人”等

2019 年 10 月 1 日上午，铜陵市优抚协理员和部分重点优抚对象齐聚市光荣院，观看新中国成立 70 周年阅兵式

2019 年 12 月，部分优抚协理员在西湖镇退役军人服务站加强自我学习

2019 年 12 月，铜陵市优抚协理员看望抗美援朝老复员军人崔怀安

优抚协理员陪同老复员军人参观城市展示馆

先进称号。

（三）做好思想引导，强化队伍建设。铜陵市始终将优抚协理员的队伍建设作为优抚协理员管理的重中之重，注重从思想理论上加强引导，从业务技能上强化培训，使队伍建设得到进一步增强。市、县（区）通过组织学习、集中培训、发放资料、个人自学、互相讲评、模拟演练等方式，不断加大对优抚协理员的思想教育和技能培养，促进优抚协理员在政治上更加成熟，业务上更加专业。优抚协理员们还结合工作实际，摸索总结出“望闻问切”工作法。截至目前，全市优抚协理员共开展政策宣传4000余人次，帮助退役军人解决问题100多件，化解各类矛盾130多件。2019年，选派戴恒勤、汪小明两位优抚协理员和34名复退军人到安徽省荣军康复医院进行为期19天的短期疗养，两位优抚协理员依托疗养活动阵地，牵头成立了临时党支部，在医院的支持指导下，积极组织休养老兵开展学习强国、主题宣讲、投身公益、践行使命等活动，彰显了老兵昂扬向上的精神风貌，得到了省荣康医院的高度肯定和赞扬。新冠肺炎疫情发生以来，市退役军人局第一时间向全市优抚协理员和全市退役军人发出倡议，号召积极投身疫情防控第一线。优抚协理员们迅速响应，闻令而动，主动到社区、村报名值守，做好居民健康的“守门人”，累计参与防控共571天（约6000小时），捐款2万余元，宣传、劝导居民28418人次。

（四）优化协理流程，提高工作效率。铜陵市以破解“最后一公里”难题为目标，在优抚协理员工作中全面推进“1234”工作法，即“一上报”：第一时间把退役军人和其他优抚对象的基本情况及服务需求等上报退役军人事务部门。“二必访”：每月至少两次入户用心走访困难退役军人和其他优抚对象，沟通联系、代办业务。“三摸清”：摸清优抚政策落实情况，摸清困难退役军人和其他优抚对象的生活、医疗和住房情况，摸清他们的服务需求情况。“四主动”：追踪服务做到主动上门、主动讲解、主动答复、主动反馈。在具体流程上，做到“一走访，二宣传，三报送，四代理，五反馈”。即通过走访及时了解退役军人需求，根据退役军人的实际状况进行政策宣传和引导，并及时将了解的情况报送相关部门，对于合理诉求代为办理，有关结果及时反馈，逐步形成了一套完整优化高效的工作流程，开创了全市优抚工作的新局面。

（五）完善考核激励机制，建立长效管理。一支队伍是否有活力，考核是重要环节。铜陵市在不断完善优抚协理员队伍建设中引入了考核机制，并制订了110分制的考核制度。考核采取自评、互评、组织考核的方法进行，每年一次，不履职尽责、考核测评不合格者出局，并通过不定期选聘的方式不断补充新鲜血液。考核优异者给予疗养、荣誉称号等适当奖励。通过考核，弘扬了正气，提高了士气，培养了干事的力气，真正建立了一支想干优抚工作、干好优抚工作、充满正能量的优抚协理员队伍。

三、经验启示

铜陵市认真贯彻落实习近平总书记关于退役军人的重要论述和重要指示批示精神，坚持以人民为中心的发展思想，坚持问题导向，创新服务理念和治理模式，整合资源，优化服务，致力于构建政府部门、服务对象、社会力量共建共治共享的基层优抚服务管理新格局，既夯实了基层服务“最后一公里”，又充分发挥了退役军人自身的主观能动性，满足了众多优抚对象的服务需求，给人以启迪。

（一）领导重视是前提。市、县（区）高度重视优抚协理员工作，普遍从制度设计、资金投入、队伍建设等方面加大力度，并建立联动机制，及时制定制度规范、任务清单，健全监督管理、考核问效、工作保障等具体办法，推动了优抚协理员机制落地见效。

（二）组织动员是根本。各级退役军人事务部门主导，有序组织动员优抚协理员积极参与信息采集、悬挂光荣牌、送春联年画慰问信、入户走访、抗击新冠肺炎、帮扶解困、助力脱贫攻坚等各项工作，充分发挥了“第三驾马车”的作用，既帮助关爱了优抚对象，又提升了自己的荣誉感、获得感和幸福感。

（三）加强指导是关键。各级退役军人事务部门采取定期培训与优抚协理员自主学习相结合的方式，组织学习优抚政策、业务知识和具体的工作程序等。定期召开季度小结会、年终总结会、重大节日座谈会、主题教育班会等，加强工作交流指导和经验分享，提升服务管理能力水平。

（四）制度保障是基本。市退役军人局按照每人每年 2400 元的标准发放优抚协理员补助，用于优抚协理员日常工作中交通、通讯、误餐补助等，同时优先保障他们参加各级退役军人事务部门组织的短期轮流休养活动，对工作实绩突出的，优先推荐评先评优，以“高看一眼、厚爱三分”的尊崇举措来进一步提高优抚协理员队伍的凝聚力、战斗力和执行力。

供稿：安徽省铜陵市退役军人事务局

高起点谋划　高站位推动
江西省新余市新时代双拥工作再上新台阶

一、背景情况

江西新余，被誉为浙赣线上的一颗璀璨“明珠”。军爱民，民拥军，一直是新余的优良传统，自1990年开始参加双拥模范城创评以来，已经获得全省双拥模范城“八连冠”，全国双拥模范城“七连冠”。2016年，市委市政府再次吹响争创全国“八连冠”、全省“九连冠”的号角，始终坚持军地合力、军民同心，更加呈现出军民鱼水情深、军地互助共进的双拥氛围。

二、主要做法

（一）高起点谋划，始终做到“三个到位”

市委、市政府站在全国双拥模范城“七连冠”的起点扬帆起航重新出发，坚持以习近平总书记关于新时代双拥工作的一系列重要论述为指导，在更高起点、更高层次、更高水平上全面推进双拥工作，始终做到“三个到位”。一是组织领导到位。市委蒋斌书记2016年到任后，就提出“对军队的支持就是对自己的支持、怎么支持军队也不会过分、支持就要做到‘马上就办、办就办好’”。市委副书记、市长犹璨亲自担任市双拥工作领导小组和拥军支前军地协调小组组长，市有关部门、县（区）政府“一把手”为领导小组成员。二是措施保障到位。建立党委领导、政府搭台，社会参与的工作机制，实行军地合署办公，成立工作专班。建立完善军地联席会、双拥会商、军地“双清单”等制度。三是责任落实到位。全市形成一把手负总责、党政军齐抓共管、成员单位各司其职、基层单位重点落实责任体系，一级抓一级，一级对一级负责，形成抓双拥创建工作合力。

（二）高标准推动，努力解决“三后难题”

市委市政府高度重视军人“三后”工作。一是安排好军人的后路。率先在全省实行考试考核，量化积分、公开选岗的阳光安置办法，团职干部100%安排实职，营级以下军转干部100%进入行政机关或参公单位；符合政府安排工作岗位的退役士兵按93%以上安排进事业单位，其余均安排到较好的驻市中央、省、市属企业单位，真正做到部队、转业军人、安置单位“三满意”。二是巩固好军人的后院。对机关事业单位的随军随调家属实行对口安置；对随军前无正式工作的军属，采取特殊的倾斜政策，拿出一定数量的事业编岗位，组织专项考试、量化积分的方法，择优安排就业；对其他随军随调家属，依托人力资源市场开展“军属专场”招聘，积极帮助解决就业；对未实现就业的随军家属，发放生活补助。三是培育好军人的后代。市直公办幼儿园免摇号直接接收现役军人子女，现役军人子女享受义务教育阶段无条件择校就读政策，现役军人子女享受中考加20分的优待政策。

“三送”进军营

副市长林愚主持召开全国双拥模范城“八连冠”工作调度会

（三）高层次打造，努力营造“三大氛围”

坚持营造氛围造声势。一是教育氛围。立足“罗坊国防教育馆”“雷锋精神传承馆”“赣西抗战博物馆”和“老兵之家”，逐步形成辐射，打造一批特色鲜明、功能完善的国防双拥教育基地，并以此为依托进行宣传教育。二是活动氛围。“送文化进军营”，组织艺术家进军营采风，编写《闪闪的红心》《筹军粮》等具有当代军营特色、反映军人精神风貌的作品。“送健康进军营”，为驻市部队官兵免费体检并建立健康档案，提供义诊服务；开设健康大讲堂，提供心理健康咨询，组建医疗保障救援防化专业分队。“送法律进军营”，为部队官兵举办法律知识讲座，安排法律专家担任部队心理咨询站顾问，向部队赠送法律书籍杂志。三是尊崇氛围。组织“最美退役军人”“最美军嫂”等评选活动，大力宣扬全国、全军、全省模范典型，强化引领示范和辐射效应；开展“送功臣返乡、送喜报回家”等活动，营造浓郁的拥军氛围。

（四）高要求促进，有效增进“三方受益”

一是为部队解难题。紧紧围绕部队建设，始终坚持战备设施建设优先，武装经费保障优先、基层武装建设优先，投入1.6亿为驻市火箭军某部修建了60公里战备公路，免费为驻市某部安装自来水，彻底解决了深山官兵40多年的吃水难问题。投入资金1亿多元，支持新余军分区完成智慧动员系统建设、征兵服务站建设、渝水区民兵训练基地建设、分宜县军民融合训练基地建设、人武部民兵营连规范化建设等重点项目。新余军分区的“智慧动员”得到国防部、省军区领导的高度肯定，并代表国防动员系统参加全国科普日陈展和国防大学“大数据研讨暨第十届国防论坛”。二是为地方保平安。驻市部队不断为新余市经济社会发展作

市委书记蒋斌走访慰问驻市火箭军某部

出卓越贡献，4年来共处置各类突发事件3606余起，抢险救援1554起，抢救被困人员5346人，保护财产3.53亿元。特别是2020年连续遭受暴雨侵袭，部分乡镇出现险情，驻市部队迅速出动官兵、民兵和各种装备物质，出色地完成了人员解救、群众转移、安全保卫、综合救援等工作，中央电视台《新闻联播》《解放军报》进行了相关报道。三是群众得实惠。坚持军地双向沟通、相互协调，积极采取军民共建、一队一社区等形式，充分发挥精神文明“宣传队”的作用，大力开展讲文明、树新风活动，组织部队与学校、企事业单位、社区建立共建关系，互办实事，互解难题。

三、经验启示

进入新时代，双拥工作面临新形势新要求，要持续做好双拥工作：一是全市上下必须学习领会并贯彻好习近平强军思想和关于双拥工作的重要指示精神，增强做好双拥工作的使命感、紧迫感和责任感，当好驻余部队的坚强后盾和可靠后方；二是必须始终坚持军地合力、军民同心、军民一致，以更深的感情做好双拥工作、以更高的标准推进双拥创建、以更实的举措开创军民融合发展新局面，在更高起点、更高层次、更高水平上全面推进双拥工作；三是必须坚持开拓创新，勇于担当，主动作为，秉持全市一盘棋，军民一家亲理念，充分发挥我市双拥传统优势，结合时代要求，营造“难得举城作一庆，爱我人民爱我军”的浓厚双拥氛围。

供稿：江西省新余市退役军人事务局

湖北省襄阳市五向发力推动双拥共建谱新篇

一、背景情况

湖北省襄阳市素有“南船北马、七省通衢、兵家必争之地”之称，是国家北兵南运、西兵东进的战略通道，在国防建设和战略布局上具有重要地位。曾经，送子参军、拥军支前传承珍贵的历史印记；如今，双拥共建、军民融合翻开城市发展新篇章。襄阳市委、市政府和襄阳军分区历来高度重视双拥工作，认真贯彻落实习近平新时代强军思想和习近平总书记关于双拥工作的重要论述，不断健全和完善系统、部门、军队密切协作的双拥共建机制，奋力争创“全国双拥模范城”四连冠、“湖北省双拥模范城”七连冠。

襄阳市现有退役军人和其他优抚对象 20 多万人，其中，重点优抚对象有 4 万多人，区域内有驻军单位 41 家，是名副其实的兵员大市、驻军大市、优抚安置大市。近年来，襄阳市通过加强双拥工作领导、强化政策刚性约束、拓宽经费保障渠道、厚植红色基因和双拥文化，不断在破解高素质兵员征集难、军人移交安置难、随军家属就业难、军地矛盾协调化解难等问题中，构筑健全完善双拥工作体制机制，推动双拥工作成为凝聚军心民心、提升城市形象、促进经济发展、服务军队建设的重要抓手，形成“围绕强军抓双拥，抓好双拥促强国”的工作格局。

二、主要做法

（一）聚焦组织力，双肩扛牢双拥政治责任。切实把军地领导双向兼职、党委议军、党管武装的制度优势转化为双拥共建体制优势，形成市委市政府领导、双拥机构协调、退役军人事务部门牵头、社区组织落实、军地齐心参与、部门密切配合的组织领导体制，修订完善《襄阳市双拥工作领导小组工作规则》、《襄阳市双拥工作领导小组成员单位双拥工作职责》《襄阳市双拥工作领导小组办公室职责和工作制度》，建立完善四级双拥工作机构和服务组织 2216 个，工作人员 3556 人。市委每年召开专题议军会，不定期召开专题协调会，实行双清单、双回路管理，实现涉军和双拥事项优先纳入会议议程，涉军和双拥问题优先解决，双拥考核指标第一时间结账兑现。

2017 年 7 月 3 日，预备役炮兵旅与汉十高速联合开展支部主题党日活动

2017 年 7 月 31 日，姚培凤为枣阳武警官兵送上亲手绣制的爱心鞋垫

（二）锤炼执行力，双向互动夯实双拥基础。开展“组织安家、岗位安业、思想安心”行动，破解部队官兵“后路、后代、后院”隐忧。强化安置政策刚性约束，推动安置由任务向义务转变。军转干部安置到党政机关和参公单位达到 90%，政策内退役士兵安置到事业单位比重达到 89%，安置率 100%。构建培训推荐就业、扶持自主创业、再就业兜底帮扶的就业创业体系。累

2018 年 8 月 1 日，襄阳车站举行军地联欢晚会

计培训退役士兵 1.6 万余人，推荐就业 1.4 万余人，推荐就业率达 88%。大力扶持退役军人返乡创业，给予创业补贴、金融扶持、培训指导。推动优抚优待制度化、规范化，制定《襄阳市现役军人立功受奖奖励办法》《襄阳市市直事业单位面向随军家属公开招聘试行办法》《襄阳市军人随军家属就业安置和社会保障办法》和《襄阳市军人子女教育优待实施细则》。发放待岗随军家属生活补助 1692 人次 852.2 万元。出台《襄阳市法律援助中心驻军分区工作站工作规程（试行）》，设立法律援助工作站 10 个，建立 27 人的军人军属维权律师名册。强化财政资金保障力度，不断提高抚恤优待保障水平，年发放总额达 2 亿余元。市内各中小学、幼儿园优先接收驻军部队子女入学入托，军人子女全面享受入学优惠和升学考试加分政策。

（三）培育融合力，双轮驱动激发双拥效能。充分发挥军工企业布局优势，全力支持军民融合高端装备制造产业、航天化学动力产业等集群集约发展，在航空航天、新材料、装备制造等领域探索建立“产学研用”军工、民企多方参与的产业技术联盟，促进军民融合产业化，推进军民融合重点建设项目 68 个，投资总额达 162 亿元。通过“我选湖北 · 智汇襄阳”计划、隆中人才支持计划等，为军工企业发展招才引智，资助军工企业人才项目 8 个、资金 700 万元，为 17 家单位 193 名高层次人才落实住房补贴政策。大力开发退役军人军事人力资源，满足军工企业对特殊工种人才需求，举办退役军人招聘会 40 场次，建立火炮、装甲车辆驾驶、特种车辆维修等专业退役军人直通车式上岗就业，挂牌、命名拥军企业（车间）100 余家，多家军工企业推出退役军人凭军功章直接入职优待。

（四）增强保障力，双方共建服务双拥备战。着眼国防建设要求，高质量推进国防公路、部队营区进出口道路建设。主动适应过往部队应急机动需求，投资400万元对襄阳军供站软硬件进行改造升级，通过与驻襄部队开展联教联保，实现区域性应急保障能力整体提升。积极探索军供社会化保障新路子，推进实施驻鄂部队副食品集中筹措，已呈报、储备副食品供应企业12家，“湖北襄阳军粮区域配送中心”项目通过国家有关部门批准，2020年可建成投入使用。全力协助解决军队全面停止有偿服务、征地拆迁、营区建设等部队建设掣肘问题，使驻襄部队集中精力备战打仗。

（五）塑造传承力，双手拉动厚植双拥基因。投资2.9亿元对襄阳烈士陵园、张自忠纪念馆等进行修缮和重建，抢救保护散葬烈士墓2399座、零散烈士纪念设施71处，形成以烈士陵园为核心、分散纪念设施为辐射，覆盖城乡的红色教育基地。邀请参战、参试老兵进课堂、进支部主题党日、进爱国教育基地，面对面、手拉手讲述革命故事，启迪革命理想，让“最可爱的人”从教科书走进现实生活。隆重举行悬挂光荣牌启动仪式，组织中小学生为退役军人送挂光荣牌，让爱国拥军传统代代传承。组织开展多形式学习英雄张富清活动，推出电视台周播节目“老兵·你好”，围绕精准扶贫、基层治理、抗击疫情和最美双拥人物、最美退役军人等开展典型挖掘，推动退役军人好声音、正能量全媒体覆盖。涌现出航天英雄聂海胜，“全国模范退役军人”吴明刚、熊子勋，“全国爱国拥军模范”吕传高，“湖北教子育兵模范”杨进群等一大批先进典型。

三、经验启示

（一）双拥工作重在突出政治引领。双拥工作是党的政治工作的重要组成部分，新时代条件下双拥工作只能加强、不能削弱，要把双拥工作置于支持国防和军队改革的高度来抓，切实落实五级书记亲自抓的政治责任，通过强化党的领导，不断压实各部门各单位和军地各方责任，凝聚起双拥工作强大政治合力、政策合力。

（二）双拥工作重在突出落实各项政策。要强化抚恤优待政策激励功能，推动退役军人在基本公共服务上享受优待基础上再享受特殊优待，不断增强退役军人的获得感、幸福感、安全感。要强化安置政策刚性约束，推动安置由任务向义务转变，解决现役军人的隐忧。要强化财政资金保障力度，建立双拥优抚待遇随经济社会发展动态增长机制，强化资金监管、管好用好各项抚恤优待资金，确保资金发挥最大效应。

（三）双拥工作重在突出军地合力。要强化军地双向互动，既要做好民拥军，又要抓好军拥政，形成双拥工作良性互动。要丰富拥军形式和内容，不断拓展和深化行业拥军、社区拥军、科技拥军、产业拥军、法律拥军等双拥共建形式，让双拥工作嵌入经济社会发展各方面，推动双拥工作发展成为经济社会发展新的支撑力量。

（四）双拥工作重在突出宣传引导。要讲好双拥好故事，传递双拥好声音、放大双拥正能量，引导社会各界关注关心双拥工作。努力把军人献身国防、舍小家、顾大家的奉献精神转化为全社会参与支持双拥工作的行动自觉，努力把军人特别能吃苦、特别能战斗、特别能奉献的精神转化成高质量就业创业的竞争力，努力把军人将驻地视为故乡，积极参与扶贫、助教、抢险、救灾的担当精神转化为推动经济社会发展的蓬勃力量。

供稿：湖北省襄阳市退役军人事务局

广东省阳江市复退军人医院以改革激活力用发展提升优抚对象服务水平

优抚医院是退役军人服务保障体系重要组成部分，是保障退役军人权益的重要平台，是营造尊崇军人职业的有力抓手，也是社会公共卫生事业的重要补充。进入新时代，优抚医院改革发展面临新形势、新任务，肩负着更加繁重的使命，发挥着更加重要的作用。广东省阳江市复退军人医院主动适应新时代发展要求，立足实际，准确定位，先行先试，主动谋划改革发展，大力整合资源，激发医院新活力，建成全国首家地市级公共卫生医院，有效解决了优抚对象多层次、多样化的医疗卫生需求，为优抚对象提供更加优质医疗保健服务，取得了显著的社会效益。

一、改革背景

阳江市复退军人医院创建于1962年，在整合改革前，由于历史原因，医院发展滞后，高素质人才匮乏，医疗设备不足，服务能力较薄弱，无法满足优抚对象及社会群众多层次、多样化的医疗卫生需求，与新时期优抚医疗保障和卫生健康工作发展要求不相适，面临发展困境。

为了解决全市精神病、传染病和慢性病防治资源零散、综合服务能力薄弱、机构生存艰难等问题，阳江市大胆实践，先行先试，利用中央下拨的精神病防治专项经费作为启动资金，配套投入7000多万元，无偿划拨土地4.6万平方米，整合原市复退军人医院、市慢病站、市人民医院感染内科等职能和资源，建成全国首家地市级公共卫生医院，定为三级专科医院。

二、主要做法及成效

（一）打破体制藩篱，高效整合医疗资源。创新“大健康、大卫生”理念，破除跨部门体制障碍。重新组建的市复退军人医院，充分利用卫生健康系统的医疗资源优势，提升医疗水平。完成优抚病区、综合内科、康复科、中医馆、患者就餐区及工娱区等场所升级改造，完善医院基础设施，用心打造温馨舒适的园林式医院，医院环境焕然一新，形成有拥军特色的医院文化。积极与中山大学相关附属医院、省人民医院、省疾控中心、省结核病防治中心等上级医疗卫生机构建立了多渠道合作关系，统筹疾病预防、治疗、检测、康复、管理等资源与配置，不断提高医疗服务水平。

阳江市复退军人医院全景图

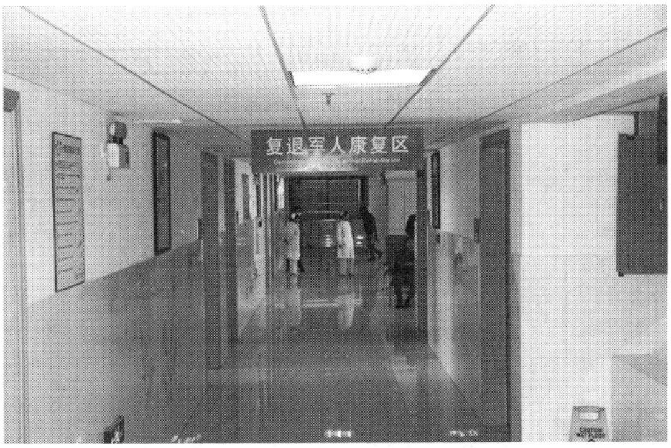

阳江市复退军人医院康复区

复退军人在医护人员看护下进行体育锻炼活动

（二）转变服务模式，提供优质医疗服务。坚持“大专科、小综合”发展思路，整合疾病治疗、康复、疗养、护理、预防等方面资源，实行

“医、防、康、养”一体化管理，改变传统模式下优抚医疗服务供给碎片化的状况，凸显了资源整合的改革效果。医院设立“优抚门诊”“优抚病房”，实行“四优先”“三减免”等优惠措施，做好粤西地区及本市复退军人精神病患者接收诊治、评残鉴定工作，受邀到武警阳江支队、市公安消防局、阳江监狱等单位开展心理健康调适，为全市征兵工作提供心理检测。每年定期到基层开展“关爱功臣、送医送药”巡回医疗活动，充分发挥专科优势，帮助优抚对象解决医疗保健问题。2012 年以来，医院门诊量、住院量分别增长了 1.8 倍和 1.9 倍，业务收入增长 7 倍，深入细致落实优抚医疗政策，为更多优抚对象提供更优质的医疗服务。

（三）创新激励机制，激活医院内生动力。为探索创新医院激励机制，加大财政帮扶力度。阳江市对重新整合组建公共卫生医院实施“公益一类财政保障，公益二类绩效管理”，允许优抚医院突破公益一类事业单位绩效工资调控水平，按公益二类事业单位核定绩效工资总量，提高了医护人员工资待遇，调动了医务人员的积极性。医院在岗职工从 2012 年的 155 人增加至 2020 年的 426 人，其中中级以上职称人数增加了 2 倍，本科以上学历人数增长 5 倍。医院对高素质人才吸引力显著提升，医护人员职业荣誉感明显增强，激发医院发展新活力。

（四）加强党的建设，发挥党建示范引领。一直以来，医院党委高度重视医院的党建工作，不断加强党员干部思想政治工作，深入开展“不忘初心、牢记使命”主题教育，创新“党建＋”平台，深入推进作风建设、文化建设、能力建设和社会公益服务，落实“三会一课”、民主评议党员等制度，健全规范党内民主生活，医院党委的集中统一领导持续加强，党建引领示范成效显著，医德医风持续向好。涌现出“中国好人”戴芬等一批先进典型，精神科、感染科获得省市“工人先锋号”“青年文明号”“巾帼文明岗”等荣誉称号，医院被评为“阳江市廉洁诚信医院”“阳江市培育和践行社会主义核心价值观示范点”。疫情期间，医院医护人员同心协力奋斗在抗击疫情一线，两名党员主动请战支援武汉抗击疫情一线，并圆满完成支援任务，充分展现了医院党员干部主动担当作为，恪守离军不离党、退伍不褪色的庄严承诺。

三、经验启示

阳江市复退军人医院主动改革创新，探索出适应新时代优抚医疗保障和卫生健康工作发展思路，主要有以下几点经验启示：

一是转变发展思路，探索实现新突破。医院在探索改革发展中，从过去被动改革转变为主动谋求发展，适应新时代优抚医院发展新要求。立足于本市实际、本医院实际、优抚对象需求实际，医院掌握新时代优抚对象医疗服务发展趋势，主动克服发展瓶颈，转变原来单打独斗发展思路，通过资源整合、结构调整等供给侧改革，破除跨部门体制障碍，精准定位发展，探索在现有体制机制框架下，取得了发展新突破。

二是主动改革创新，融入公共医疗体系发展。市委、市政府贯彻落实中央创新发展决策部署，医院业务指导部门主动创新优抚医院改革，医院主动谋划新发展、新出路，形成了从上到下主动谋求发展工作合力。敢为人先，主动担当，克服工作困难，以坚韧不拔的勇气，创新体制机制，充分利用卫生健康系统的医疗资源优势，将优抚医院融入全市公共医疗体系中，深入推进医院改革，闯出一条优抚医院发展新路。

三是强化组织领导，发挥党集中统一领导优势。市委、市政府高度重视，全力支持优抚事业发展。医院党委发挥领导核心，加强党的集中统一领导，坚持党对一切工作的领导，发挥党集中统一领导优势，重视党的建设，加强思想建设，规范党内生活，党的组织领导得到持续加强，不断提升党组织战斗力，发挥党建引领示范作用。在医院党委领导下，医院主动作为，积极谋求改革发展，取得良好工作成效，为医院深化改革，探索新时代优抚医院发展提供了坚强政治保证。

供稿：阳江市退役军人事务局

走出新时代乡镇爱国拥军新路子
弘扬全社会尊崇军人好风尚

——广西壮族自治区玉林市北流石窝镇践行
“让军人成为全社会尊崇的职业”的实践

一、背景情况

北流市石窝镇地处桂粤两省（区）三县（市）交界，是解放战争时期桂东南地下工作的革命老区。全镇人口近8万，有现役军人77人，退役军人728人（参战退役军人92人）、烈属1户、因公牺牲遗属2户。党的十九大以来，石窝镇积极响应习近平总书记“让军人成为全社会尊崇的职业”的号召，紧贴时代开展全民国防教育，积极引导企业乡贤爱国拥军，努力营造崇军尚武浓厚氛围，让激励子弟兵建功军营成为社会责任，帮扶退役军人成为乡贤义务，青年参军报国成为社会新潮，形成了“当兵一段，光荣一生”“一人当兵，体面一家、荣耀一村”“军人受尊崇，青年想当兵，老兵善创业，和谐促发展”的良好局面。2019年12月3日，全国政协常委、军委联合参谋部原副参谋长戚建国上将率考察团到玉林考察时，对石窝镇爱国拥军经验给予了充分肯定和高度评价，认为：“‘石窝经验’路子对，具有鲜明的时代性创新性，广西军地要先行组织力量在自治区层面总结宣传推广，打造成基层爱国拥军的‘枫桥经验’。”

二、主要做法

拥军优属力度，反映军人受尊崇度。石窝镇充分发挥本地人在外办企业经济实力雄厚的优势，积极探索社会拥军新路子。

2019 年 12 月 3 日，全国政协常委、提案委员会副主任、军委联合参谋部原副参谋长戚建国上将率队在玉林考察期间，对爱国拥军的“石窝经验”高度评价，希望军地各级进一步总结宣传

（一）打造“党委政府主导＋社会组织补充”优抚优待模式，拓宽爱国拥军渠道

一是搭建拥军平台。前些年，石窝镇受市场经济深化发展的影响，一度出现“当兵冷、征兵难”的问题，其中一个重要原因就是石窝人创办的资源回收企业、房地产业、建筑业等企业遍布全国，这些企业工作稳定、待遇好，吸纳了大量的适龄青年。2017 年 7 月，镇党委、政府根据石窝镇商会成立后一直致力于家乡捐资助学、扶贫帮困、尊老爱幼等公益事业的实际，积极协调石窝镇商会成立了以激励应征青年、关爱现役军人、扶持退伍老兵为主旨的爱国拥军分会。镇党委、政府为爱心企业家打开了感恩社会的另一扇“门”，从此石窝镇的爱国拥军工作走上了持续性常态化的发展路子。

二是壮大拥军力量。为吸纳更多人参与爱国拥军事业，石窝镇党委、政府每年常态化利用春节乡贤返乡的时机召开座谈会，激励表彰爱国拥军企业家，让他们感到开展爱国拥军活动脸上有“光”。在镇党委、政府的指

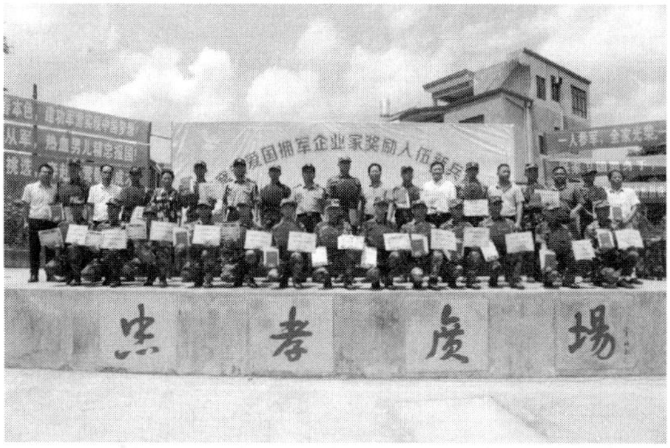

2017 年以来，石窝镇商会爱国拥军分会连续三年奖励入伍青年，图为 2019 年 9 月 7 日举行奖励入伍仪式

北流市石窝镇上珍村 66 年坚持全村人欢送新兵入伍，图为 2019 年 9 月 7 日村民欢送新兵入伍场面

导下，石窝爱国拥军分会推举了理事长和秘书长，制定了章程，明确了分会的七大资助项目。分会也从成立时只有 10 名企业家参与，发展到 2020 年 60 多人自发捐资拥军的规模，其中不乏其他乡镇甚至外地的爱国拥军人士参与。

三是密切拥军协作。石窝镇党委、政府与爱国拥军分会政商联手，通力协作，形成了“政策明确的政府办，政策之外的分会补”的共识，全面提升拥军优属质量。3 年来，石窝镇严格落实优抚优待政策。商会先后拿出 20 万元奖励 56 名入伍青年，扶持 9 名退役老兵创业发展，慰问 30 多人次困难退役老兵和军烈属。石窝镇以资源回收为龙头的 260 多家企业，在政府指导下专门拿出岗位招聘退伍军人，先后安排 130 多名退役军人就业，极大激发了广大适龄青年参军入伍的热情，参军入伍人数从 2017 年的 14 人（大学生 7 人）、2018 年的 19 人（大学生 12 人），到 2019 年的 23 人（大学生 15 人），且 3 年无一退兵。目前，石窝镇退役军人服务中心与镇商会爱国拥军分会紧挨办公，一起联动配合，党委、政府把政策明确的，自身能办的，及时高效惠及每名现役军人、退役军人和军烈属；社会组织则把退役军人关注关切但受目前政策所限的热点难点问题，办到实处，解到难处，为全镇军烈属退役军人提供“一站式”服务。

（二）创新“思想引领＋行业融入＋社会参与”国防教育模式，浓厚爱国拥军氛围

一是培育好宣讲队伍。成立了以退役功臣模范（抗美援朝三等功臣、伤残军人黄显光，对越自卫反击战二等功臣林芝培、钟世进、林国庆，缉毒一等功臣杨维升等）、党政干部和学校老师为主体的国防教育义务宣讲队，定期培训，征兵整组等时间段集中宣讲相关政策，业余时间开展全民国防教育，让国防教育基层有人抓，抓实在基层。

二是培塑好国防文化。以全市基层国防文化环境建设为契机，在镇政府门口、校园、景区等建起了“八有”“国防文化长廊”，让“国防宣传在最显眼处，让军人受尊崇看得见摸得着”。

三是整合好本土资源。挖掘整理整修了解放战争时期北流第一个地下交通站——煌炉琉球站，反映石窝儿女崇军尚武、保家卫国的平田村铜鼓遗址；建起 4 个以爱国爱家忠诚孝道为主题的宣传长廊，让国防教育接地气有生气，以文育人，润物无声。

四是开展好特色活动。镇党委、政府与镇商会爱国拥军分会连续三年联合召开奖励入伍新兵大会；全镇 22 所中小学校把每月第一个星期一定为“国防教育日”，建立国防教育室，设置国防教育宣传栏，把全军“十大英模”、本地英雄人物等国防元素引进校园，组织国防教育主题班会（团日），教唱百首爱国歌曲，实现国防教育潜移默化。

（三）坚持“排忧解难正向激励＋凝聚力量推动发展”互促共赢模式，激发爱国拥军活力

一是用真心暖兵心稳人心。前些年，石窝镇个别退伍老兵因组织参与缠访、闹访，曾让政府疲于应付。近 3 年来，石窝镇党委、政府在积极为老兵落实政策、落实待遇的基础上，镇领导每次下村都要到退役老兵和军烈属家里看看，嘘寒问暖，建军节、春节等节日组织召开退役老兵和军属代表座谈会，介绍经济社会发展情况，听取意见建议和困难问题。逢年过节联合镇爱国拥军分会到老兵家中走访慰问，倾听老兵心声，积极为他们排忧解难。坚持不懈的真情付出，老兵们看在眼里，热在心头，2017 年起再也没有老兵上访。老兵受尊崇，当兵成为年轻人的向往，爱国拥军深入人心，有力地促进了社会和谐。

二是用军人本色厚重组织底色确保发展成色。石窝镇充分发挥退役军人讲政治、顾大局，肯吃苦、善攻坚的优势，村“两委”干部人选优先从优秀退役军人中选拔、公益岗位优先安排退役军人、政策扶持的产业项目优先退役军人。在镇龙头企业就业的30多名退役军人走上了领导管理岗位，15%的村干部由退役军人担任。华东村由退伍军人为主的25人治安队，十多年来坚持义务巡逻，营造了良好的治安环境，近三年，镇群众安全感满意度排名大幅提升，处于玉林市乡镇前列。2019年4月，玉林市委政法委在石窝镇召开现场会并推广综合治理经验。

三是用好典型引领好风尚形成好局面。石窝镇充分运用合水村林氏家族13人从军报国的事迹，弘扬上珍村66年坚持一村人欢送新兵入伍的传统，辐射带动了全镇22个村拥军热潮，崇军尚武在石窝镇蔚然成风，激励石窝籍现役军人在部队建功立业。近三年来，共有13人立功受奖，2017年入伍的14名同志一半转改士官，杨明林等4名同志被评为“优秀士兵”。

三、经验启示

北流市石窝镇积极响应习近平总书记关于“让军人成为全社会尊崇的职业”的号召，通过打造“党委政府主导+社会组织补充”优待模式、创新“政府引领+行业融入+社会参与”国防教育模式、坚持“排忧解难正向激励+凝聚力量推动发展”互促共赢模式，形成了“军人受尊崇，青年想当兵，老兵善创业，和谐促发展”的良好局面，有效破解了当兵冷、征兵难、涉军维稳等系列难题，主要有以下三个方面：

一是注重发挥政府主导作用。爱国拥军工作必须正确处理好政府与社会力量的关系，政府必须承担主体责任，积极推进爱国拥军体系建设，动员全社会力量广泛参与爱国拥军工作。石窝镇政府在坚持政府主导，政策明确的政府办，政策之外的分会补，对积极参与爱国拥军工作的企业乡贤给予褒扬，具有积极的导向作用。

二是注重引导社会力量参与。从实践经验来看，爱国拥军工作单靠政府难以形成广泛影响，政府既无力也不宜包办。石窝镇由政府动员，撬动社会力量和资本参与优抚优待、国防教育、解难帮困等工作，解决了一大批政府不好办、办不好的难事，营造了浓厚的社会化拥军氛围。

三是注重培植拥军文化。做好爱国拥军工作，必须使“让军人成为全社会尊崇的职业”成为社会共识。石窝镇通过在全镇范围内广泛宣扬合水村林氏家族 13 人从军报国的事迹，弘扬上珍村 66 年坚持一村人欢送新兵入伍的传统，积极抓好中小学国防教育和全镇国防文化建设，让爱国拥军成为全镇共识，崇军尚武成为社会新风尚。

供稿：广西壮族自治区玉林市双拥办

坚持“三个聚焦”推动军民共建共融

——四川省成都市温江区常态化抓实双拥工作的实践探索

近年来，成都市温江区坚持以“推进军民融合式发展、创建社会化品牌、提升科学化水平”为目标，抓难点、创特色、求发展，推动双拥工作基础更加扎实、特色更加鲜明、重点更加突出、成效更加显著，呈现出全面发展、快速推进的良好态势。

一、背景情况

温江区位于成都市以西16公里，辖区面积277平方公里，辖9个镇（街），95个村（社区），总人口81万。辖区驻有部队8支（其中团级单位2个、营连级单位6个）。区委、区政府和驻军部队坚决贯彻落实习近平总书记关于加强军政军民团结重要论述精神，以服务国防和军队建设为着力点，以创新品牌、打造亮点为突破口，不断丰富双拥工作新内涵，持续推进双拥工作科学化、规范化和精细化，有力促进国防建设与经济建设同频共振、同步共进；先后荣获全国“和谐军休家园”“全面建设先进人武部”，省市“征兵工作先进单位”“安置工作先进单位”，涌现出“双拥先进单位”35个，“双拥先进个人”62人。

二、主要做法

（一）聚焦政治引领，坚守初心使命，着力夯实创建基础

1. 提升政治站位。区委、区政府和驻军部队坚持以习近平新时代中国特色社会主义思想为指导，把握新时代双拥工作根本遵循，主动将双拥工作纳入经济社会发展和军队建设规划，纳入党政军领导干部政绩考核范围，进一步增强“四个意识”、坚定“四个自信”、做到“两个维护”，在全区形成党政军一条心，上下一盘棋的创建格局。

2. 严密组织推进。成立了由区委副书记、区长任组长、区武装部和 34 个区级部门领导为成员的双拥工作领导小组，高标准建成区、镇（街道）、村（社区）三级双拥服务站点 131 个，健全完善党政军“三位一体”双拥工作机制，逐步构建“军民一条线、纵横连成片、层级抓落实”的双拥工作网络。

温江区召开双拥工作座谈会

3. 跟进做实保障。制定《成都市温江区创建省级双拥模范城实施方案》《成都市温江区落实“三二三”专项特别行动推进计划》《成都市温江区全面推进基层双拥共建体系建设实施方案》，将国防动员经费、拥军经费、民兵事业费和武警工作经费纳入区财政预算。4 年来，投入双拥工作经费 1600 万元，投入部队训练经费 400 万元。

（二）聚焦任务牵引，创新理念方法，充分发挥纽带作用

1. 加大拥军优属力度。紧紧围绕部队训练演习、战备执勤、科研试验、安保警戒和抢险救灾等军事任务，由区退役军人部门牵头，联合区发改、人社、住建、卫健、医保、水务等区级部门，全力做好拥军服务保障工作。4

年来，先后投资1000余万元为驻温部队整治扩建营区进出道路、铺设25公里的自来水管道；办理随军随调家属18人、安置下岗军嫂35人、解决军人子女入托入学450余人；维护军人军属权益80件次；春节、八一等重大节日累计给各驻温部队送慰问品200余万元。

温江区光华公园双拥文化长廊一角，年轻的妈妈在向女儿介绍英模事迹

2. 落实优抚关爱政策。将优抚政策落实作为双拥工作基础工程，持续开展走访慰问送上门、政策宣传送上门、志愿服务送上门、立功喜报送上门、困难帮扶送上门的“五上门”服务，上门走访建档23000余人，解决困难650余件，调解纠纷150余次，发放慰问品、慰问金500余万元、慰问信40000余封，送报喜80余次，落实奖励金20余万元。为优抚对象发放定期生活补助金和临时价格补贴1.3亿元；为重点优抚对象缴纳医保、报销诊疗费、落实补助金350余万元；依法依规妥善安置转业军人441人，安置到机关事业单位率达100%。

3. 践行为民服务宗旨。驻温部队坚持以服务人民为宗旨，大力支持驻地保障和改善民生。4年来，先后出动官兵2万人次，机械车辆2000台次，参与各类抢险救灾26次，为地方挽回经济损失数千万元；积极投入区容区貌整治、环境绿化等市政工程建设，为地方节约资金2000多万元；持续开展“社会援助”“学雷锋、送健康、送温暖、献爱心”等共建活动，累计医疗救助30余人，扶贫解困200余人，捐资捐款7.2万元。

4. 打造精品宣传阵地。以做好双拥服务、宣传双拥文化、培育国防力量为抓手，以播放创建微视频、开通双拥出租车、点亮双拥公交站为推手，强势推出北街红色双拥社区、全力打造光华公园双拥文化长廊、精心培育乐硕教育双拥培训基地，把服务站变广播站，把活动场变文化场，把培训地变推广地，使双拥创建深入群众，双拥文化走进生活，双拥教育面向未来。

庚续红色血脉，传承革命基因，温江区组织学生清明祭扫烈士活动

5. 建立常态共建机制。坚持“优势互补、资源共享、互相支持、共同发展”的原则，3 个镇（街道）、10 个村（社区）与驻温部队结对共建，成立“老妈妈拥军服务队”“巾帼拥军小分队”等拥军共建队伍，加大拥军政策宣传，常态化组织拥军服务进军营、拥军慰问进家庭、拥军宣传进社区等 10 多个服务项目。把私营企业和民营企业纳入双拥工作范畴，组织辖区内“两新组织”和各企业单位参与双拥活动，先后开展“军民联欢”“个体户进军营”“企业家穿军装”等活动，密切了军民关系，加强了军民团结。

（三）聚焦改革发展，推动军民融合，竭力巩固成果运用

1. 大力弘扬“三种精神”，奋力开创双拥良好局面。坚决贯彻落实习近平关于退役军人工作重要指示精神，精准吃透区委全会精神，推动区委重大决策部署落地做实。坚持“围绕发展抓双拥，抓好双拥促发展”的工作思路，大力弘扬亮剑、工匠、老黄牛“三种精神”，矢志坚守“退役军人对美好生活的追求”初心使命，以“出手必出色、完成必完美”的标准，奋力开创双拥工作服务保障、融合发展新局面。

2. 纵深推进双拥共建，全面巩固创建成果。坚持现役与退役衔接、优待与贡献匹配、关爱与管理结合、当前与长远统筹的原则，完善双拥工作和军民共建机制，推进双拥共建体系现代化建设，常态开展“爱心献功臣、双拥在基层”活动；规范做好“教育宣扬、激励褒扬”工作；精细实施优抚优属、“益维护”政策，总结创建经验做法，推树“爱我人民爱我军，军民团结一家亲”的社会风尚。

3. 凝聚军民团结合力，持续助力经济发展。聚焦区强民富、城美人和的发展夙愿，全面维护互相关心、互相理解、互相支持的军地关系，持续深化同呼吸、共命运、心连心的双拥主题，不断增强国防军队建设的保障能力，不断提高助推建设西部领先的健康产业高地、基本建成全面体现新发展理念宜业宜居宜游的新中心城区目标的服务能力，充分发挥坚如磐石的军政军民团结优势，为助力温江“三步走”战略和“五个之城”建设作出积极贡献。

三、经验启示

“物有甘苦，尝之者识；道有夷险，履之者知”。在多年的探索实践中，也有一些工作启示。

（一）必须坚持党政领导、多方聚力。科学把握“服务经济社会发展、服务国防和军队建设”方针，将长远规划和现实需求、整体推进和重点突破相结合，持续注入双拥工作健康发展的生机活力，是推动经济社会发展和国防建设的重要保证。

（二）必须坚持围绕中心、服务大局。深入贯彻党的十九大精神和习近平总书记关于退役军人工作重要论述，主动将双拥工作融入社会经济发展大局，应时而动、顺势而为、履职尽责，是完成中心任务和维护社会大局稳定的根本保证。

（三）必须坚持问题导向、担当有为。紧盯双拥共建工作中的热点难点，坚持把退役军人幸福感和满意度作为最高标准，扎实推进退役军人事务领域治理体系和治理能力现代化，是做好服务尊崇工作的关键所在。

（四）必须坚持内强素质、外树形象。紧紧围绕“广大退役军人对美好生活的新期待”这一总目标，以党建工作为引领，驰而不息地加强和改进作风建设，始终坚持主责主业主抓，集中精力解难事办实事，是确保末端落实的核心支撑。

供稿：四川省成都市温江区退役军人事务局

甘肃省天水市转变思维观念　创新领导方式
军地同心合力推动双拥创建工作新发展

2016年以来，全市上下坚持以习近平新时代中国特色社会主义思想为指导，认真贯彻落实习近平总书记关于双拥工作的重要论述精神，紧盯全国双拥模范城"六连冠"的创建目标，不断加强组织领导，规范考评机制，丰富活动载体，使双拥实践不断向军地基层延伸，形成了党政军民齐努力，共创双拥模范城的良好格局。

一、背景情况

天水市位于甘肃省东南部，地处陕甘川三省交汇处，是甘肃省的东大门和区域交通枢纽，历来是兵家必争之地。自秦汉以来，飞将军李广、屯田将军赵充国、蜀汉大将姜维、爱国将领邓宝珊等彪炳史册的名将，走出了在江西黄陂战役中屡立战功、26岁就献出宝贵生命的红军师长王树亚等一批革命先烈，也是红军师长张辉和战友们为民族解放事业抛洒热血、英勇战斗的地方，素有崇军尚武的优良传统。目前，天水市驻有天水军分区和天水陆军预备役步兵旅等4个部队师旅级单位，有武警天水支队等团级单位12个。全市有退役军人和其他优抚对象8.06万人，每年征兵在1200—1500人，接收退役士兵在900—1100人左右。特殊的地理位置和得天独厚的区位优势在天水形成了军爱民、民拥军的浓厚氛围，为我们深入扎实开展双拥工作提供了丰厚的土壤和坚实的群众基础。

二、主要做法

（一）坚持把加强领导、健全机制贯穿于双拥工作始终

4年来，市委、市政府和军分区把加强组织领导、健全工作机制作为双拥工作的首要任务，先后召开了4次市委常委会议和市委议军会议、10次双拥工作领导小组会议、9次军地联席会议，做到了“四个纳入”，构建了“四个体系”，实现了“六个共同”，专题研究解决了60多项双拥工作的重大问题，推动全市的双拥工作蓬勃开展。

一是做到了“四个纳入”。各级党委、政府和驻军单位把双拥工作作为事关全局的政治任务纳入重要议事日程，纳入经济社会发展总体规划，纳入思想政治工作重要内容，纳入各级领导任期目标责任制。在机构改革中市退役军人事务局成立了军地联络科，每年列支60万元作为双拥工作日常专项经费。五县两区双拥机构健全，双拥办人员专职，工作有力有序开展。

二是构建了“四个体系”。把双拥和国防教育列入全民教育总体规划、驻市部队政治教育内容，形成了全覆盖的教育体系；把双拥机构建到乡镇、社区和机关单位，形成了立体化的组织领导体系；市、县区人大、政协定期组织人大代表和政协委员督查国防和双拥优抚安置政策落实情况，形成了制度化的监督体系。市县乡村建立了8个退役军人服务中心，123个乡镇（街道）退役军人服务站，2614个村（社区）退役军人服务站，基层双拥工作平台进一步拓展，建立了四级退役军人服务保障体系，

三是实现了“六个共同”。在各级党委、政府“一把手”挂帅的前提下，军地双方双拥规划共同制定，重要活动共同实施，工作落实共同督促，完成任务共同考评，先进典型共同表彰，军民纠纷共同处理。

（二）坚持把深入宣传、强化教育贯穿于双拥工作始终

一是突出阵地宣传。依托爱国主义教育基地和国防教育基地，扎实推进以爱国主义为核心的国防教育活动，举办青少年国防知识竞赛12场，图片展7次。开展青少年“走进军营、砥砺品质”主题活动9次，举办了“首

届国防教育兵器展”。

二是突出媒体效应。每年定期开展“双拥宣传月”活动，在全市主流媒体开设“军地共创全国双拥模范城”专栏，省、市新闻媒体报道双拥工作动态120余篇，策划双拥典型人物、先进单位专访33次。《中国双拥》杂志刊用双拥亮点工作稿件5篇，《甘肃双拥简报》采用双拥信息67篇，印发全国“两封慰问信”15.8万份，收到了良好的宣传效果。

三是突出标牌标识。在人员密集的公共场所、城乡主干道和部队营区设置永久性双拥宣传牌670块，在车站、银行、医院、景区等服务窗口设立军人和退役军人优先、军人军车免费等标牌近2000多个。

四是突出载体创新。命名了一批双拥主题广场、双拥路、双拥林、双拥桥，建立了一批双拥专栏和军人荣誉墙，营造了“一人当兵、大家光荣”的良好氛围。地方创拍的红色题材电影《小儿锦》、现代秦腔《激流飞渡》、小曲《军民一家亲》和武警天水支队改编的“沙漠骆驼”MV等文艺作品，更加丰富了以传承红色基因为主题的双拥文化内涵。

五是突出典型引领。2019年5月在全市退役军人事务工作会议上，市委、市政府、天水军分区表彰了20名“天水模范退役军人”，其中天水407医院肝胆外科主任李富荣被甘肃省授予“陇原最美退役军人”称号。2020年4月在全市退役军人事务工作会议上，市委退役军人事务工作领导小组通报表彰了在疫情防控工作中表现突出的11名“优秀退役军人”。全市主流媒体播报退役军人和拥军人物典型事迹25篇、双拥故事13篇，集中宣传报道21次，进一步提高了双拥先进典型的社会影响力。

驻市部队官兵在伏羲公祭大典执行安保任务

（三）坚持把支持部队、巩固国防贯穿于双拥工作始终

一是紧跟部队备战需求办大事。2016 年以来，先后投入资金 1.37 亿元，其中市财政投入 8900 万元，县区财政投入 4800 多万元，划拨土地 129 亩用于支持部队建设，为驻市部队顺利完成战备训练和遂行任务提供了有力支撑。

二是贴近部队官兵所盼办好事。4 年来，全市为 273 名军人家属办理了随军落户手续，将 39 名部队随军随调家属安置就业，将 341 名军人子女安排在市内学校就读，普通高中降分录取军人子女 260 人，解决了驻市部队官兵后顾之忧。

（四）坚持把排忧解难、服务人民贯穿于双拥工作始终

驻市部队倾力支援地方经济社会发展。4 年来，先后投入官兵 4600 余人次、机械车辆 350 多台次，协调资金 600 多万元，参加万亩农业生产基地建设。出动兵力 1.2 万人次，机械车辆 500 多台次，积极参与河道清淤、道路维修等生态环境整治。及时出动兵力排除险情495处，安置群众700余人，为 4000 余人提供热食供应，挽回人民群众财产损失 3000 多万元。

（五）坚持把落实政策、维护权益贯穿于双拥工作始终

一是建立完善基础工作数据平台。在全市广泛开展了退役军人和其他优抚对象信息采集工作，共采集信息 80600 条，省级审核通过率达 98%。

二是切实做好褒扬纪念工作。为 79468 户军人家庭悬挂了光荣牌，为 121 名立功受奖现役军人登门呈送喜报。投资 200 多万元对全市烈士纪念设施进行了维修整合。为 136 位新中国成立前入伍的退伍老战士和荣立参战一等功的退役军人颁授了新中国成立 70 周年纪念章，在全社会营造了崇尚英雄、尊崇军人的良好社会氛围。

三是有效维护军人合法权益。4 年来，全市共接收各类军队退役人员 3751 人，军转干部和转业士官均安置到行政事业单位工作，安置率达 100%。及时发放转业士官待安置期间生活补助费、自主就业退役士兵兵役优待补助金和大学生参军入伍一次性奖励金。

四是努力提高优抚对象生活质量。全市 2.3 万名优抚对象每年 1 亿多的各类抚恤补助资金按照社会化途径及时足额发放，市、县区财政每年列支300多万元优抚配套资金用于解决优抚对象困难。2018年10月天水市优抚医院易址新建运行，为全市退役军人提供了更加全面、优质的医养保障服务，“普惠加优待”的优抚工作格局逐步形成。

五是全力拓宽退役军人就业创业渠道。对1955名城乡退役士兵进行了职业教育培训，推荐150名有专长的自主择业军转干部实现了二次就业创业，年劳务输转退役军人5000多人。2019年4月，退役军人事务部将天水市确定为全国三个就业创业试点城市之一。大力实施政府安置就业、政策保底就业、企业吸纳就业、技能培训就业、基层服务就业、发展特色产业就业和劳务输转就业的“七个一批”就业工程，先后举办了10场退役军人专场招聘会。

（六）坚持把军地互动、共建共育贯穿于双拥工作始终

一是走访慰问暖人心。每年八一、春节期间，各级党政军领导都要跨地区慰问外训部队官兵和优抚对象、困难退役军人家庭，送去党委、政府的关心和温暖。4年来，全市共慰问退役军人和优抚对象8000多人，走访慰问基层连队166次，累计发放慰问金和慰问品价值400多万元。2020年3月组织各县区走访慰问了15名天水籍疫情防控一线军队人员家庭，帮助他们解决实际困难、解除后顾之忧。

二是基层共建经常化。近些年，先后组织各级领导干部和社会组织参加军事知识讲座8次、实弹射击9次、军地交流100多场次、文艺演出30余场次，组织文化、医疗、书画、法律知识进军营等活动60余次。2019年对全市123个乡镇（街道）党委书记、专武干部组织了为期一周的军事集训，进一步增强了党管武装意识。

三是“丝绸之路双拥文明线”创建活动见成效。组织丝绸之路天水段沿线车站、村镇以铁路为骨架，以公路为脉络，开展文明车站、文明村镇、文明行业、文明社区创建及植树造林活动，建成万亩国防林11处、千亩民兵林22处，文明单位86个，提升了军民融合服务保障能力。

三、经验启示

一是团结紧密的军政军民关系丰富了新时代双拥工作新内涵。军地领导自觉坚持党委议军会议制度、军地联席会议制度和定期走访慰问制度，共同推动双拥工作深入发展，为加快地方经济社会发展，促进驻军部队现代化建设提供了坚实保障。良好的军政关系，加深了基层军民水乳交融的鱼水关系，没有发生过任何军地纠纷，有力地促进了军地各项事业顺利发展。

二是成效显著的军地援建互动推动了军民融合深度发展。军地双方充分发挥各自优势，认真落实“双清单”制度，在长期开展的军地援建“双十工程”活动中，通过落实双向需求清单，及时相互援助，促进了军地同步发展。市委书记王锐同志在市委常委会议上多次强调：“对军转干部、退役士兵安置和驻军官兵随军家属工作调动、子女入学入托，要本着‘能安排多好就安排多好，能照顾到啥程度就照顾到啥程度’的原则，把政策用足，切实解决他们的后顾之忧，全力支持他们安心保家卫国。”与此同时，驻市部队积极开展了抢险救灾、扶贫帮困、助学兴教等一系列活动，使人民群众得到了实惠。

三是根深蒂固的军民国防观念凝聚了支持国防建设的强大力量。深入广泛的双拥创建活动，全市群众国防教育受教育面达到 90% 以上，党政机关和企事业单位达到 95% 以上。广大群众“居安思危”的思想意识牢固树立，社会上出现了“四多现象”：即支持国防建设，爱护国防设施的人越来越多；关心驻军建设，主动为军人军属办好事办实事的人越来越多；关注军事政治形势，了解国防知识的人越来越多；重视国防教育，参观国防教育、爱国主义教育基地的人越来越多。

卓有成效的双拥创建活动，使天水双拥模范城的光荣称号实至名归。2019 年 7 月，天水市第 8 次被甘肃省委、省政府、省军区命名为全省双拥模范城，二区五县全部被命名为省级双拥模范（城）县，10 个单位和 12 名个人受到隆重表彰。

供稿：甘肃省天水市退役军人事务局

“兵妈妈”进军营播撒爱心

——新疆维吾尔自治区乌鲁木齐市社会化拥军创新案例

新疆乌鲁木齐市“兵妈妈”进军营项目以服务现役士兵成长成才为目的，通过女性爱心市民担任“兵妈妈”，用母爱关怀陪伴战士成长，为助力部队管理、实现强军目标做出特殊贡献，是社会化拥军的有益探索。

一、背景情况

乌鲁木齐市是新疆首府所在地，驻地部队多、现役军人多、军人家属及子女多，个别战士、家属及子女因特殊情况需要部队和当地党委、政府的关心关怀。为此，乌鲁木齐市2015年启动“兵妈妈”拥军公益项目，该项目在乌鲁木齐市双拥办的领导下，在乌鲁木齐市退役军人就业创业服务协会大力支持下开展试点，由双拥志愿者服务队老兵公益团队实施，在双拥志愿者团队中招募45岁以上的女性担任“兵妈妈”，经培训合格后上岗，与军营中的孤儿、单亲家庭、性格孤僻的战士结对认亲，成为这些战士的“兵妈妈”。5年来，形成了“兵妈妈”培训考察、签署协议、结对认亲的规范流程，开展了为战士过集体生日、集体探亲、记录“兵妈妈”日记、集体欢送老兵和“兵妈妈”故事会等拥军活动，为新兵提供解决实际问题和思想问题的疏导服务，让兵儿子充分感受到爱心市民的奉献和服务，充分感受到异地他乡的母爱和温暖。

二、主要做法

一是开展上岗培训。双拥志愿者团队首先招募“兵妈妈”志愿者初审后，开展培训。培训的内容包括：如何做一名“兵妈妈”、“兵妈妈”具备的素质、如何运用心理学知识解决疑难问题、走进军营遵守哪些纪律规定等，培训合格后发证上岗。

二是签订结对协议。在乌鲁木齐市双拥办指导下制作“兵妈妈”协议书，协调驻乌部队和双拥志愿者团队，确定结对认亲“兵妈妈”和兵儿子，签订结对认亲协议书，开展结对认亲座谈会，规范双方的权利和义务。

三是建立拥军日记。每名“兵妈妈”开展集体探亲、参加拥军公益活动后，要记录《拥军日记》，写下与兵儿子沟通交流的感悟。双拥志愿者团队将在“走军营去拥军微信”公众平台择优刊发，“兵妈妈”还做客乌鲁木齐市广播电台直播间与听众交流。

四是规范工作流程。“兵妈妈”公益团队创办5年来，建立了招募、培训、结对、探亲、退伍送行等工作流程，得到了军地的认可和欢迎。5年来，“兵妈妈”团队从当初的13名壮大到100余名，有18位“兵妈妈”志愿者受到乌鲁木齐市青年志愿者协会、乌鲁木齐市巾帼志愿者协会表彰。

兵妈妈与武警战士结对认亲

三、经验启示

一是军民团结氛围浓厚是做好“兵妈妈”进军营公益项目的基础。乌鲁木齐市有着军民团结、民族团结的雄厚基础，同时，依托全国双拥办“双拥在基层”活动这个抓手，开展“兵妈妈”与兵儿子结对认亲，挖掘市民拥军优势资源，通过社会化拥军营造军民团结、民族团结及民拥军、军爱民、军民一家亲的良好社会氛围，“兵妈妈”进军营公益项目成为新形势下民族团结工作的良好载体。

二是全社会推动国防和军队建设是做好“兵妈妈”进军营公益项目必要条件。党的十九大提出“让军人成为全社会尊崇的职业”的要求，在全社会形成了爱国拥军的良好氛围，更多的市民想通过一系列的活动为军人奉献爱心，45—65 岁期间的市民正是子女长大成人走向工作岗位，家庭处于空巢时期，通过为军人奉献爱心，可以充分发挥她们的优势帮助战士成长。“兵妈妈”进军营项目实施得到乌鲁

木齐市双拥办、退役军人就业创业服务协会、青年志愿者协会和巾帼志愿者协会大力推动，使“兵妈妈”进军营公益项目成为做好社会化拥军工作的延伸和发展。

三是部队官兵认可、战士家庭点赞是推动“兵妈妈”进军营公益项目的内在动力。五年来，“兵妈妈”们送走了一批又一批退伍战士，又迎来了一批又一批新兵，有的战士在“兵妈妈”的鼓励下，考上了军校、转改了士官，成为部队发展的栋梁。军民结对认亲，促进了军政军民大团结和军民融合发展，过年过节的问候让“兵妈妈”倍感温暖。“兵妈妈”进军营公益项目成为全社会开展国防教育的一种创新形式，成为军民关系融情发展新的创新模式。

供稿：新疆维吾尔自治区乌鲁木齐市退役军人事务局

褒扬纪念

创新开展新时代褒扬纪念工作

——内蒙古自治区呼和浩特市退役军人事务局创新工作案例

一、背景情况

内蒙古革命烈士陵园始建于1963年，期间因“文革”一度中断建设，于1973年恢复重建，1980年清明节正式对外开放使用，名称为呼和浩特大青山革命公墓管理处，1987年原国家副主席乌兰夫同志题名“内蒙古革命烈士陵园”。1995年内蒙古革命烈士陵园被国家民政部命名为“全国爱国主义教育基地”；2001年6月，经国务院批准，命名为“全国重点烈士纪念建筑物保护单位”；2005年11月被中宣部命名为“全国爱国主义教育示范基地”；2008年8月被自治区人民政府命名为“国防教育基地”。2020年12月被呼和浩特市委、市政府评为“全市民族团结进步模范集体”。内蒙古革命烈士陵园是自治区规模最大、最具有政治影响力的革命烈士陵园，也是全区各族各界人民群众缅怀凭吊革命先烈和进行革命传统教育、爱国主义教育的重要场所。

内蒙古革命烈士陵园现有重点保护的烈士纪念建筑物8处，烈士纪念碑、纪念碑广场、烈士魂名录碑、内蒙古著名五大烈士汉白玉雕塑群、乌兰夫半身铜像、烈士纪念堂、内蒙古革命斗争史暨革命前辈生平陈列馆和内蒙古革命遗址馆。内蒙古革命烈士陵园所有展厅、展馆等爱国主义教育场所和公益性文化设施都常年面向社会免费开放。陵园现存放有各个革命历史时期的革命烈士共257名，有大革命时期牺牲的革命烈士荣耀先、多松年、李裕智等先驱革命者，也有抗日战争、解放战争牺牲的老红军、老八路、老党员、抗日将领、民族英雄。有在社会主义建设中去世的革命先辈、老红军、老干部、劳动模范、人大代表、政协委员、高中级知识分子以及社会各界知名人士、其他革命干部的骨灰。

二、主要做法

（一）严格落实岗位职责。在全社会尊崇褒扬英雄烈士的氛围中，作为全国爱国主义教育示范基地、自治区烈士纪念设施保护单位，内蒙古革命烈士陵园积极顺应形势变化，着力强化机构建设和服务保障。每次褒扬纪念活动前，陵园都会结合单位实际情况详细制定工作方案，明确各项工作任务和各岗位工作职责，延长工作时间，全员按时上岗，严格监督各岗位人员职责的落实，强化各工作组之间的配合，齐抓共管，形成合力。陵园制订预防和处置突发事件的安全预案，严格执行安全管理制度，合理安排团体参观时间，调控参观流量，确保文物与参观人员的安全。陵园积极推行规范化管理和人性化服务，在陈列馆和展厅提供了必要的文字说明和详细的讲解，讲解员能够使用文明规范用语，向参观团体、个人清楚讲解陈展内容。陵园积极维修完善教育设施，提高设施利用率，不断加大园区绿化、美化投入力度，营造了安全、优

雅、洁净的参观、教育环境，本着“便民利民”的服务宗旨，为来园群众设立了接待室、休息室，设置了平面示意图、车辆行驶标志和通道出入口标志等，设置了物品临时寄存架、取饮水点、轮椅等便民设施设备，积极做好优质化服务和人性化服务。爱国主义教育、革命传统教育和国防教育活动已逐渐趋于经常化、制度化、规范化，形成了陵园主导、社会参与、媒体关注的良好氛围。

（二）创新英烈祭扫方式。以全区烈士纪念设施普查工作为契机，对全园 8 处烈士纪念设施图片视频资料进行全面采集，对 257 名英烈的信息、事迹、图片等材料进行核对整理，逐步完善英烈信息管理工作台账。陵园积极打造网上祭扫平台，制作“指尖祭英烈”二维码小程序，发布 257 名烈士名录和烈士纪念设施图集，方便了社会各界人士通过手机页面操作，在烈士纪念碑、烈士魂、五大烈士雕塑群和烈士纪念堂等场景向烈士致敬、鲜花、寄语，表达对革命先烈的缅怀之情。深入宣传英烈祭扫，营造网上祭扫氛围。在今日头条、微信公众号上设立“祭英烈”活动专栏，营造关注英烈、缅怀英烈、学习英烈、守护英烈的浓厚氛围。

（三）举行褒扬纪念活动。长期以来，内蒙古革命烈士陵园始终把传播爱国主义思想和革命传统，作为爱国主义教育基地建设的重要内容，充分发挥爱国主义阵地的优势，积极创造条件开展爱国主义主题教育活动，以重要纪念日、重大历史事件、重大社会活动为契机，采取集体默哀、敬献花篮、行鞠躬礼、唱国歌等形

式，举行入党入团宣誓仪式、退役军人工作者入职宣誓等活动，广泛开展丰富多彩的主题教育活动和褒扬纪念活动，帮助社会各界特别是青少年，充分认识我们民族的历史和传统，不断增强民族自尊心、自信心和自豪感。广泛开展共建活动，根据每个共建单位的不同情况，制定活动安排，有计划、有落实、有检查、有总结，每年清明节、9月3日中国抗日战争胜利纪念日、9月30日烈士纪念日和12月13日国家公祭日等重大节日，接待前来缅怀凭吊革命先辈、参加烈士纪念活动的团体达到400多个，接待社会各界人士达40多万人次，形成了庄严凝重、普遍参与、崇尚英雄的社会氛围。常态化开展职工内部教育活动，在职工思想和综合素质教育上，注入了爱国主义教育内容，以爱国主义教育基地为源泉，夯实职工思想根基，促进干部职工正确树立世界观、人生观、价值观。

三、经验启示

褒扬纪念工作已经进入了新的历史阶段，新形势赋予了褒扬纪念工作新的重要内涵，需要我们不断创新理念思路、政策制度和方式方法，全面提升新时代褒扬纪念工作水平。

一是理顺工作机制，狠抓管理体制的创新。积极探索有利于烈士纪念设施建设发展的管理体制，统筹烈士纪念设施的规划建设，在现有烈士纪念设施保护单位的基础上，整合各部门资源成立相应的管理机构，进一步扩充人员编制，优化机构设置，加大财政投入，将烈士纪念设施建设纳入本地国民经济和社会发展规划，提高烈士纪念设施维护管理水平。

二是加强规划计划，狠抓纪念设施的提质升级。应坚持统筹兼顾、着眼长远的原则，根据历史事件、烈士事迹、安葬烈士数量等实际合理确定烈士纪念设施的功能定位，综合考虑烈士纪念设施保护单位的保护级别、规模布局等因素，制定烈士纪念设施提质升级总体规划和分步实施方案，用5年时间有计划、有步骤地完成纪念设施升级改造。

三是推进政策研究，狠抓配套制度的健全完善。贯彻落实好新颁布的《烈士褒扬条例》和《中华人民共和国英雄烈士保护法》等法规政策，同时还要结合实际制定出台系列政策条例办法，在烈士纪念设施保护管理、烈士公祭、烈士安葬、烈士祭扫礼仪规范、烈士纪念设施建设标准、烈士纪念设施管理服务标准、规范烈士纪念设施展陈和讲解与烈士纪念设施保护单位定期排查和奖惩问责等方面，不断完备褒扬纪念政策体系，推动褒扬纪念工作制度化、规范化和专业化。

四是夯实工作基础，强化保障举措，狠抓体系落地见效。要拓展专业人才引进渠道和培养模式，完善人才激励和培养机制，建立专业人才储备库，与党史、宣传、文化旅游、高校等部门合作，定期进行专业培训和交流。通过探索购买服务等多种形式开展工作，夯实褒扬纪念工作基础。建议从中央层面出台文件，将褒扬纪念相关工作经费纳入财政预算，明确资金保障渠道，将政府购买服务的相关经费列入财政预算，解决基层保护单位工作人员紧缺的问题。将建立烈士纪念设施保护单位和经费预算纳入党委政府工作绩效考核范围，加大对各地贯彻落实褒扬纪念工作各项政策法规情况的监督，充分发扬党和国家功勋荣誉表彰的精神引领、典型示范作用，推动全社会见贤思齐，崇尚英雄，争做先锋，形成全社会共同关心参与褒扬纪念工作的新格局。

供稿：内蒙古自治区呼和浩特市退役军人事务局

江城少年好声音　清明时节颂英雄

——吉林省吉林市开展“红领巾不忘您　清明节祭英烈”主题活动

为进一步做好新时代褒扬纪念烈士工作，疫情防控期间，吉林市退役军人事务局创新工作载体，扩大参与群体，拓宽宣传渠道，增强宣传成效，面向江城人民开展了“红领巾不忘您　清明节祭英烈”主题活动，在全社会积极营造“弘扬英烈精神、传承红色基因”的浓厚氛围。

一、背景情况

为深入贯彻落实习近平总书记新时代烈士褒扬纪念工作的要求，吉林市退役军人事务局按照退役军人事务部、省退役军人事务厅下发的《关于做好“致敬·2020清明祭英烈”网上祭扫活动的通知》要求，在抓好疫情防控工作的基础上，积极探索创新，联合本市多个部门，积极开展网络祭扫纪念等相关活动。在全市少先队员中以“红领巾不忘您　清明节祭英烈”为主题，开展了讲述英烈事迹微视频征集活动。

二、主要做法

（一）探索网传模式。一方面通过基层调研，对当前基层网络宣传建设工作进行深入了解，明确工作中的重点和难点；另一方面，联合市教育局、

文广旅局等相关部门，围绕青少年群体线上活动的兴趣点，探索推行网络传播新模式。青少年的关注点十分广泛，尤其在自媒体蓬勃发展的今天，很多传统的文化传播模式已经无法满足青少年的成长需要。由单纯的输入式教育向“互联网+”体验渗透教育的拓展，是教育引导青少年学习、领悟、传承英烈精神的时代要求。

（二）加强部门联动。市退役军人事务局积极协调市文明办、市教育局、团市委等多部门召开了“红领巾不忘您　清明节祭英烈”活动专题研讨会，确定了征集推广讲述英烈事迹微视频的活动形式，制定了详细的主题纪念活动方案，并且明确了各部门活动职责，进一步加强了部门间的沟通协作，为活动的有序开展奠定了基础、提供了保障。

（三）广泛宣传发动。通过制发活动通知、微信公众号和网课宣传、网站展示英烈事迹、制作“致敬英雄”公益广告短片等多项措施，营造缅怀革命英烈、致敬革命英雄的浓厚氛围，宣传发动全市中小学校及学生积极参与主题纪念活动，积极录制英烈故事讲述视频。

（四）精心组织实施。全市中小学校积极响应，鼓励学生们以家庭为单位，让学生家长也参与到主题活动中来，帮助学生搜集整理资料、录制英烈故事视频。全市共有 40 多所学校参与主题活动，其中还有多所学校是地处偏远的镇村小学。各学校共计择优推荐报送了 150 多部微视频作品，视频中学生们讲述的英烈事迹内容丰富、真实感人，具有积极的教育意义；很多视频还根据所选的故事内容精心制作了片头和片尾，有效提升了视频作品的整体效果。同时，广大中小学生及家长在视频录制过程中，自身也受到了深刻的教育，收到了“以讲促学、亦讲亦学”的预期效果。

（五）拓宽宣传领域。组织相关部门组成评选小组，在微视频作品中择优选取了 50 个作品上传到主流媒体、官方网站和新媒体平台，分期对优秀作品进行了展播。中国新闻网、吉林卫视、吉林市电视台等多家新闻媒体对此次活动进行了宣传报道。通过广泛宣传，在全社会进一步树立了缅怀先烈、崇尚英雄的良好风尚。

三、经验启示

（一）创新形式，实现从传统向网络的拓展。在新媒体迅猛发展的今天，做好褒扬纪念工作，传承英烈精神，仅仅是抓好传统的线下教育显然是不够的，同时还要充分发挥线上传播的教育优势。尤其在疫情期间，网络授课充分体现了它的便捷、高效的特点，以录制微视频的形式讲述、宣传英烈故事，便于保存、易于传播，有效拓展了受众群体，有效激发了社会大众尤其是中小学生的爱国热情和奉献精神。因此，褒扬纪念工作要拓宽思路，结合时代特点，推出更多满足新时代要求的工作方式方法。

（二）注重实效，实现从个体到群体的带动。通过青少年群体去整理挖掘英烈事迹，同时以家庭为单位带动学生家长一起重温英烈故事、学习英烈精神，成效非常明显，有利于进一步在全社会形成敬仰英烈、崇尚英烈的浓厚氛围。学校、家庭、学生三方形成教育合力，能够切实让英烈精神深植孩子心中，让爱国主义精神代代相传、发扬光大。

（三）触动心灵，实现从被动到主动的转变。本次活动的最重要收获就是心灵上的触动和接受方式上的转变。吉林市亚桥实验小学学生林楚贺这样描述他心目中的英雄魏拯民：“我在写的时候，内心跟着他的精神在走。我之前只知道他为了抗日战争而牺牲，不知道他在患有心脏病的情况下还带兵打仗，而且他原本只是一介书生。他们舍小家顾大家，为了中国的前途和发展奉献出了自己的生命。”永吉县口前镇第一小学教师李艳杰在帮助学生搜集英烈故事时感慨道：“通过参与这次活动，孩子不仅能了解这些英雄人物，而且从他们身上能学到无私奉献的精神。这不是仅仅通过书本上就能给予孩子的，孩子要通过自身去体验去理解。”英雄的事迹随着孩子、家长和老师的深入了解触动了每一个参与者的内心，通过孩子们的讲述也越发生动感人。活动的参与者在学习传承英烈先进事迹的方式上有了全新的突破，从而触动孩子们从“要我学”向“我要学”转变，不断赋予英烈精神以新的时代内涵，推动英烈精神薪火相传、永绽光芒。

供稿：吉林省退役军人事务厅

挖掘一江山岛战役资源
合力建设红色纪念园品牌

——吉林省四平市军地共建一江山岛战役红色纪念园

近年来，四平市认真挖掘红色底蕴，继承发扬双拥工作传统。军地把合力建设一江山岛战役红色纪念园作为一项战略工程抓好抓实。该纪念园占地面积 80 万平方米，总投资 9000 万元，传统氛围浓厚，时代特色鲜明，教育功能齐全，产生了较好的政治、军事、经济、文化和社会效益。

一、背景情况

四平市一直以来有着军地双拥共建优良传统和厚实基础的双拥模范城市，连续七届被评为全国双拥模范城。四平市委、市政府和驻平部队积极探索在更广范围、更高层次、更深程度上把国防和军队现代化建设与经济社会发展结合起来，一江山岛战役红色纪念园地理位置紧邻城市西郊，以湖林绿化和红色旅游为主要建设构成，对增强经济活力、展示城市形象、改善绿色生态、提高市民素质、促进协调发展等方面，具有明显的推动作用。军地党委着眼军民融合发展战略要求，整合军地资源优势共建一江山岛战役红色纪念园，正是双拥共建新领域的创新尝试和勇敢探索，找准了双方的契合点、结合点和共鸣点，产生了良好的辐射效应。

二、主要做法

一江山岛战役红色纪念园模拟地形区

一江山岛战役红色纪念园胜利之翼飞行员英雄群雕

一江山岛战役红色纪念园双拥广场

（一）加强组织领导，强化顶层设计。军地双方坚持把加强组织领导贯穿建设全过程，以坚强有力的组织领导和科学高效的顶层架构做保障。共同成立军地共建一江山岛战役红色纪念园领导小组，军地领导亲自挂帅，明确组织领导机构组成和时间表、路线图，联合建立组织协调、联席会议、检查评估等一整套制度。虽然建设过程中经历四平市政府领导换届，部队编制体制调整改革，但组织领导始终没有弱化断档。为保证纪念园建设的先进性适用性特色性，军地组织联合考察，于2016年赴浙江台州、江苏等地，参观了有关战役纪念馆和纪念广场，登岛实地瞻仰战斗遗址，充分吸收借鉴建设主题、地域特征、历史文化、布局构思、绿化栽植等主要设计理念元素。多次召开会议对整体和局部设计进行反复推敲论证，及时调整变更，确立了突出红色旅游主题、重点布局形成亮点、以点带面轴心辐射的整体设计格局。

（二）依托资源优势，融合红色元素。为丰厚政治底蕴，纪念园建设坚持突出红色主题，免费公益向社会民众开放，着力建设成为省市重要国防教育基地。重点集中物力资源围绕人工一江山岛和纪念馆、纪念广场进行建设，以此为轴心向园区周围扩展辐射。一江山岛战役纪念馆馆内设有序厅、战前形势、夺取制海制空权和三军联合登陆夺岛三个阶段陈列内容，以及中国人民解放军驻平空军部队史馆，为观众呈现出一江山岛战役磅礴重彩的长幅画卷；航空博览平台陈列参战飞机模型及空军部队退役飞机用于国防教育，完全落成后将成为东北地区最大航空博览场地之一。

（三）打造优质工程，坚持军地通力。一江山岛战役红色纪念园建设项目自2016年立项设计，明确三年建设实现。为使建设项目如期完工，军地双方克服诸多施工和设计困难。一是有效解决历史遗留问题。为及时收回原四平市某公司与空军部队租赁使用的57000余平方米军用土地，军地领导小组充分预想、妥善应对，在未发生任何纠纷的情况下，依法成功解决矛盾问题，收回了军用土地，最大限度维护了双方权益。二是科学规划严格监管，全力确保建设高质量。一江山岛战役红色纪念园建设过程中涉及市政工程类工种较多，对施工技术要求高。军地双方严格政治和纪律要求，本着为历史负责、为百姓服务的态度和宗旨，强化审查监管，确保了工程整体质量。三是积极克服工程难关。东北地区冻土季时间长，加上夏季雨季时间，可施工时间月份有限，为如期完成纪念园项目建设，军地双方把纪念园建设当作重要政治任务，抢时间赶进度，创造了一个又一个建设速度记录，在同类型建设项目中用时最短，赢得了业界一致肯定。

（四）完善制度保障，确保项目长远发展。完善的制度机制是项目建设的可靠保障，也是可持续发展的根本保证。军地双方深植法治精神，反复研究磋商共建协议等前置性法律要件，就成立联合组织管理领导机构、建设目的形式、产权归属、权益保护、使用用途、调整变更、开放形式、维护保障、避免纠纷等进行详细的规范明确，有效保障了一江山岛战役红色纪念园长远可持续运行。

三、经验启示

（一）建设红色纪念园品牌，需高起点高标准规划。在实施此项目过程中，需不断强化战略理念、战略素养、战略思维，始终以国家核心需求为导向，在战略制高点上规划着眼，找准军民融合发展所处的历史方位，解决好“在哪里”的问题；筹划好发展目标、途径和方法，解决好“往哪去”的问题；统筹考虑整体战略需求，解决好“统什么”的问题；部署重点任务，解决好“干什么”的问题，才能切实将共享性的重大国防和经济需求融入战略布局。

（二）建设红色纪念园品牌，需纳入社会全盘统筹。改变了自我循环的军民二元分离结构，将共享性的国防和经济需求融入社会全盘布局，实现了“1＋1>2”的资源共用复利效益和军民双赢局面。作为红色旅游、绿色环保项目和国防教育基地面向社会公众公益开放，有效解决了城市经济社会发展部分功能需求，得到了社会各界和广大人民群众的支持认可。

（三）建设红色纪念园品牌，需结合军地特色优势。一江山岛战役红色纪念园案例项目，有效发挥军地所长，集中优势资源，从建设布局、设计理念、主题内涵、维护管理等各个方面，充分结合双方实际，并根据军地各自特点、规律和现状，制定重点突出、注重实效、科学可行、互动共赢的方案规划，真正将各自的优势力量用足、职能力量用好、专业力量用活。

供稿：吉林省退役军人事务厅

江西省抚州市创新工作方法
开展云祭扫活动成效显著

为切实在做好新冠肺炎疫情防控的同时有序开展清明期间烈士祭扫工作，抚州市退役军人事务局在市委、市政府领导下，按照市新冠肺炎疫情防控应急指挥部统一部署安排，认真贯彻落实《江西省退役军人事务厅关于有序做好疫情防控形势下清明烈士祭扫工作的通知》（赣退役军人字〔2020〕37号）精神，坚持防疫优先，因时因势疏导，以避免现场祭扫聚集为导向，积极作为，创新工作方法，安全、有序、文明、和谐扎实推进“致敬2020清明祭英烈”网上祭扫的各项工作。

一、背景情况

2020年清明，由于疫情的影响，很多烈士家属不能来抚州市烈士陵园现场祭扫烈士墓，特别是去年抚州市退役军人事务局成立以来，开展“替烈士寻找亲人”活动找到了13位红军师级以上高级将领的家属。为了不让烈属们留下遗憾，抚州市退役军人事务局想烈属所想，急烈属所急，创新工作方法，让工作人员代烈属祭扫，并利用视频现场直播，使烈属们如亲临现场祭扫。另外引导广大群众进行网站祭扫、参与清明征文活动等云祭扫方式表达对烈士的哀思和缅怀，成效显著。

二、主要做法

创新祭扫新方式，做好“六个一工作”：

（一）发布一次公告。在市县媒体和微信公众号转发退役军人事务部、退役军人事务厅关于开展“致敬2020清明祭英烈”的活动通知，公布中华英烈网、江西英烈网、抚州烈士陵园网站网址，倡导广大群众网上祭扫英烈。

（二）进行一次网站维护。全市各县区对烈士陵园网站和微信公众号进行维护升级，进入网上祭扫窗口后可进行向英烈献花、默哀、三鞠躬、网上留言。更新网站图片100余张，上传视频12条、完善900多烈士信息。抚州市烈士陵园管理处网站总浏览人数达5万、留言寄语4800多条、抖音平台粉丝1689人、累计点赞次数1000多余次。

（三）用新媒体进行一次祭奠。注册抖音账号，由讲解员讲解抚州烈士的英雄故事，从多方位多角度对革命烈士事迹宣传。制作了手机网站，在手机上就能浏览烈士事迹，向英烈默哀、献花。制作360度全景游，通过手机微信360度参观抚州市烈士陵园。

（四）举行一次征文活动。在各县区开展网上征集纪念英雄烈士作品，不断丰富完善烈士的信息和事迹。对疫情中涌现优秀的医护工作者突出事迹和爱国主义精神进行报道推送，引导社会各界关注英雄、学习英烈。

（五）联系一次烈属。各县区退役军人事务部门通过微信或者电话联系一次烈属。了解烈属的生活情况及征求烈属祭扫意愿，鼓励烈属就近祭扫，预约祭扫，错峰祭扫，为烈属提供优质现场服务或是网络祭扫服务，减少聚集风险。

抚州市退役军人事务局携手四川退役军人事务部门共同直播祭扫张锡龙烈士及其未婚妻高多桃之墓，助力烈士及其爱人百年之后“云端”团圆

（六）开通一次现场祭扫直播。对于甘肃、湖南、四川等外地的烈属，我们充分利用网络进行一次祭扫直播。为远在千里之外的烈士家属进行直播，替他们为亲人清洗擦拭墓碑，诵读清明祭文，敬献了水果和鲜花。在直播祭扫活动中，烈士家属目睹了工作人员清洗擦拭墓碑、诵读清明祭文，通过视频和工作人员一起向烈士默哀、三鞠躬、用语言向烈士诉说自己的思念和缅怀。

烈士彭鳌外孙钟新通过网络直播视频祭奠彭鳌烈士，和工作人员一起向烈士默哀、三鞠躬，如临现场表达对外公的深情缅怀

中央电视台国防军事频道报道抚州市烈士陵园通过“云祭扫”替烈士亲属祭奠英烈，社会反响强烈

三、经验启示

（一）设身处地为烈属着想。清明期间，中央电视台军事频道、中国军网、《中国国防报》《江西日报》、江西卫视等20多家全国各大媒体纷纷报道了抚州市退役军人事务局通过视频直播祭扫烈士墓等云祭扫方式引导群众网络祭扫。替烈士家属祭扫，体现了退役军人事务部门对烈士的尊崇，在全国、全省范围内引起强烈反响。“我爷爷为了国家献出自己的生命，我们为成为他的后人感到骄傲。今年抚州市退役军人事务局在这特殊的时期，仍然没有忘记我们的先烈，替我们祭扫尽义务，还视频直播，让我们感到就像自己在现场祭扫一样，我们感到非常高兴，也非常感动。”王树亚烈士的孙女王蕊琴含泪在视频那头说道。通过直播祭扫使烈士的英雄事迹广为传颂，烈属的寻亲过程、祭扫故事感人至深。

（二）祭扫活动要形式多样。面对疫情防控期间大多数人不能亲临烈士陵园祭扫的情况，市退役军人事务局于2月28日至3月31日首次面向全市社会各界广泛开展颂扬英雄烈士作品网络征集活动，此次活动共征集作品46篇，其中楹联6副、征文23篇、诗词17首。通过社会各界积极参与，专家、学者、老师认真评选、仔细斟酌，共评出一等奖2名、二等奖作品6名、三等奖10名。其中，临川二中高一学子梁柏诚以文言文的形式创作的《清明铭》获得一等奖。梁柏诚是一名古文爱好者，此次抚州市退役军人事务局首次面向全市社会各界广泛开展颂扬英雄烈士作品征集活动，他便萌发了运用古文这种题材来祭奠英雄烈士们。他说作为一名高中生，将不断充实自己，坚定信念，向先烈们学习，为国家和社会做出贡献。通过网络征文、开辟活动专栏、互动参与、直播等形式，直观地向公众展现祭扫英烈实况，为广大烈属、退役军人网上祭扫提供便利，号召社会各界尤其是青少年参与清明祭英烈活动，引导社会各界关注英雄、学习英烈，推进红色基因传承，在全社会营造崇尚英雄烈士的浓厚氛围。

（三）尊崇工作要处处时时体现。开展视频直播祭扫、网络征文等云祭扫工作方式不仅适用于疫情期间，也是为我们平时尊崇英雄烈士开拓了一种新的工作方法，体现在时时处处。2019年，抚州市退役军人事务局就在“寻找烈士亲人活动”中找到了四川籍革命烈士张锡龙的亲属，得知张锡龙1920年带着18个铜圆投奔革命，从此和家人失去联系。他的未婚妻高多陶以儿媳的身份在张家务农生活，默默等候张锡龙回家团聚，直到1952年落实政策时才知道张锡龙已于1933年牺牲。高多陶悲痛欲绝，后一直赡养张家父母，终生未改嫁，抱憾去世。为了帮助烈士和亲属“重逢”，江西省和四川省两地退役军人事务部门携手，四川卫视和江西卫视同时播报两地退役军人事务部门通过网络直播同时祭扫张锡龙和高多陶的墓，一场跨越千里、穿越百年的“重逢”在云端上演，烈士的舍小家顾大家的崇高精神令社会各界群众感动不已，起到了很好的教育作用。抚州市退役军人事务局将在实施尊崇工作法中一如既往履职尽责，担负起纪念烈士、弘扬烈士精神，服务好社会各界群众。同时，也要更加努力，与时俱进，及时总结，把好的经验制度化、长效化、标准化，为进一步传承好红色基因、弘扬英烈精神积累更多宝贵经验，不断推进烈士褒扬纪念工作更好更快发展。

供稿：江西省抚州市退役军人事务局

用心用情用力，让服务有温度有质感

——疫情形势下广西壮族自治区做好烈士祭扫组织服务工作创新实践

一、背景情况

烈士祭扫工作是告慰英烈、弘扬英烈精神的重要方式，也是抚慰烈属、让广大军人和退役军人更有尊崇感的优良传统。习近平总书记和党中央高度重视清明期间烈士祭扫工作，多次作出批示，要在全社会树立崇尚英雄、缅怀先烈的良好风尚。对为国牺牲、为民牺牲的英雄烈士，要永远怀念他们，给予他们极大的荣誉和敬仰。

广西地处南疆，是祖国的南大门，陆地边境线1020公里，新中国成立后先后经历了援越抗法、援越抗美、对越自卫反击作战等战争，10个边境烈士陵园安葬的烈士有7000多人，是安葬对越自卫反击战牺牲烈士最多的省份，籍贯涉及广西、广东、湖南、河南、山东等全国大部分省份。近年来，每年清明节前后到广西边境地区开展烈士祭扫活动的烈属、退役军人等人员不断增加，近三年祭扫人数年均在10万人次以上，服务保障任务越来越重，压力越来越大。

受2020年新冠肺炎疫情影响，自2月1日起，广西全区各级烈士纪念设施实施临时性闭园措施，各级退役军人事务部门、退役军人服务中心（站）不组织、不接待聚集性祭扫纪念活动。面对这一新形势新任务，广西各级退役军人事务部门积极谋划，主动作为，创新开展网络祭扫和代祭扫服务，告慰英烈，宽慰烈士亲属。

二、主要做法

（一）前瞻服务，做好宣传引导。一是准确把握政策。广西退役军人事务厅认真学习领会退役军人事务部通知要求，结合新冠肺炎疫情和广西实际，研判当前祭扫工作形势，制定工作措施和方案预案，第一时间发布通知，要求各地烈士陵园严格落实上级要求，做好疫情防控下的烈士祭扫工作。二是提前通知预告。各级退役军人事务部门通过张贴告示，在电视、报纸、网站上发布通告，不断加大宣传力度，利用微信、微博等新媒体方式广而告之，提高公众知晓率。为了广大退役军人和烈士家属身体健康着想，以免感染新冠肺炎病毒，各地烈士陵园通过打电话、微信群主动与以往祭扫活动组织者、联络员联系，了解退役军人和烈属诉求，同时函告全国各地退役军人事务部门，及时劝阻他们疫情期间不要前来祭扫。三是做好解释引导。对预约前往边境陵园祭扫的烈属、退役老兵等群体，积极做好宣讲解释工作，讲清理由，严明要求，及时劝阻他们留在原地祭扫。经过政策宣讲解释，广大退役军人和烈属都表示理解并积极配合，清明期间没有大批群体前来祭扫。

2020 年 3 月 27 日，广西退役军人事务部门联合崇左市当地党委、政府及社会志愿者在匠止烈士陵园统一开展清明烈士祭扫活动

（二）创新服务，开展网络祭扫。针对烈属和退役军人不能到现场进行烈士祭扫活动的实际，一是用好国家祭扫平台。按照退役军人事务部统一部署，广西退役军人事务厅提前发出倡议，积极鼓励退役军人、烈士家属和社会各界通过退役军人事务部网站、中华英烈网“2020·清明祭英烈”专栏等渠道进行网上祭扫，向英烈寄托哀思、致敬缅怀。二是搭建广西祭扫专栏。针对广西边境烈士陵园密集，祭扫人员多，祭扫愿望强烈的实际，清明前夕广西退役军人事务厅在官网推出“广西边境英烈网上祭扫平台”专栏，将边境一线的7000多座烈士实景墓碑在平台呈现，让广大烈属和退役军人足不出户就实现网上祭扫愿望。据不完全统计，清明期间通过平台祭扫的人数达8200余人次。三是举办网络直播祭扫活动。各地烈士陵园结合烈属需求，积极探索，推出线上线下相结合的直播、录播等网络祭扫模式。2020年3月19日，崇左市宁明、龙州、凭祥三县（市）边境烈士陵园通过直播小程序，在微信平台同步举行全国参战老兵网络祭英烈活动，深切缅怀先烈们的丰功伟绩。当日在线观看的全国各地退役军人和烈属约1.6万人，系全国大型网络集体祭扫在边境地区的首次有益实践，湖南籍烈士易科伟的姐姐易彩霞在微信朋友圈表达了谢意：“烈士墓碑前升国旗，且每位烈士墓碑前都安放着一个香炉，特别贴心，一下子就将我心里的悲伤转化成感动。”

4月3日清明节前夕，广西崇左市凭祥匠止烈士陵园工作人员进行代祭扫服务

（三）精准服务，组织线下代祭扫。一是个性化定制代祭扫。闭园期间，针对退役军人和烈属要求提供代祭扫服务的实际，各地烈士陵园组织专门的服务队，对有代祭扫意愿的进行一一登记，注明祭扫需求、条件、时间等内容，根据他们的要求和提供的祭品，选择合适的时间代为祭扫，并通过微信视频直播，让退役军人和烈士亲属亲眼看到祭扫场景，寄托哀思。二是多部门集体代祭扫。3月27日，广西退役军人事务系统联合南宁、百色、崇左、防城港市等烈士陵园所在地党委、政府及社会志愿者统一开展清明烈士祭扫工作，通过集中清洁墓园、给每座烈士墓献花、插小国旗等方式，来感怀烈士的丰功伟绩，寄托对烈士的哀思，通过实际行动，让退役军人和烈属知晓，烈士始终有人关心、有人祭扫、有人缅怀，他们从来没有被忘记。其中自治区烈士陵园还通过网络和手机微信平台现场直播了整个祭扫过程，在线人数达到了1.2万多人次，全国各地的烈士家属在直播间纷纷留言，对党和政府的关怀、工作人员的付出表示感谢。清明期间，这一祭奠仪式在各地烈士陵园同步开展，退役军人事务系统共举行祭奠活动14场，中央电视台、《广西日报》等媒体进行了宣传报道。

三、经验启示

（一）早谋划早部署是做好祭扫工作的基础。广西壮族自治区党委、政府历来高度重视清明烈士祭扫组织服务工作，主要领导多次作出批示、提出明确要求。广西退役军人事务厅把做好2020年清明期间烈士祭扫组织服务工作作为重要政治任务摆在突出位置来抓，年初就组成调研组提前深入到崇左、百色、防城港等边境一线市县开展烈士祭扫调研工作，了解各地边境祭扫组织服务工作情况、存在的问题和困难，听取有关意见建议，结合2020年疫情形势，及时成立祭扫组织服务工作领导小组，由分管的自治区副主席担任组长，自治区党委退役军人事务工作领导小组召开专题会议研究部署清明期间边境烈士祭扫工作，推动落实各项工作。

（二）统筹协调，部门联动是做好祭扫工作的关键。烈士祭扫是系统性的工作，涉及多个部门，各部门只有高效沟通，通力合作，烈士祭扫工作才能取得成效。广西退役军人事务部门十分注重与各级信访、政法、公安、交通运输、卫生健康等部门沟通联系，充分发挥信息共享和联防联控机制作用，共同做好广大退役军人思想稳定工作，及时处置、化解可能发生的有组织、跨地区、聚集性祭扫活动。同时，进一步加强与全国兄弟省份退役军人事务部门联系，做到预警联动、信息共享，尽量将有意愿来边境祭扫的烈属和退役军人劝留在当地，鼓励他们通过网上祭扫或代为祭扫方式实现缅怀目的，通过各方共同努力，清明期间没有区外人群前来祭扫。

（三）满怀真情、尊崇烈属是做好祭扫工作的根本。只有始终满怀真情、饱含深情、倾注热情，关心关爱前来祭扫的退役军人和烈士家属，为他们提供细致周到的服务，才能确实做好烈士祭扫这项工作。2020 年疫情形势下烈士祭扫工作是之前从未遇到过的，但是广西各级退役军人事务部门始终秉承着全心全意为烈士家属和退役军人服务的理念，想他们之所想，急他们之所急，积极想办法，细化完善措施，通过志愿者服务队和义工代祭扫、组织网上集体祭扫、帮助购买祭品等一系列暖心举动，服务保障好退役军人和烈属，使他们深切感受到党和政府的温暖和温情，这既是对烈士最好的告慰，也是做好烈士祭扫工作的根本出发点和落脚点。

供稿：广西壮族自治区退役军人事务厅

海南省文昌市传承光荣革命传统
努力谱写新时代英烈褒扬工作新篇章

一、背景情况

为贯彻习近平总书记关于烈士褒扬纪念工作的重要指示批示精神，根据中共中央办公厅、国务院办公厅、中央军委办公厅印发《烈士纪念设施规划建设修缮管理维护总体工作方案》要求，我市把英烈褒扬工作摆在突出位置，不断加强设施建设保护修缮利用，丰富宣传教育手段，英烈精神不断发扬光大。目前，全市共有烈士纪念设施9处，其中：烈士纪念馆2座、烈士纪念园5座、纪念碑2座，南阳人民革命斗争纪念园、冯平纪念馆、符节纪念园等扩建全面完成，已成为全市开展党史教育、爱国主义教育、国防教育、革命传统教育、青少年教育活动的重要场所，为弘扬烈士精神、宣传社会主义核心价值观发挥了积极作用。

二、主要做法

（一）强化领导，精心组织

烈士纪念设施是安葬、缅怀和褒扬革命先烈的重要场所，是传承烈士革命精神的重要载体，是不可再生的红色宝贵资源，是激发群众爱国热情的重要阵地，承载着烈士遗属、党员、军人、老战士、老同志和广大人民群众对亲人深切的思念、对革命坚定的信仰和对英雄的崇敬与爱戴，持续受到党委政府高度重视和全社会广泛关注。加强全市烈士纪念设施管理保护工作，对于推进烈士褒扬工作的创新发展、进一步在全社会弘扬烈士精神、促进社会和谐稳定和全面进步具有重要而深远的意义。文昌市退役军人事务局自成立以来，履职尽责，十分重视烈士纪念设施修缮保护工作，认真贯彻落实《烈士纪念设施保护管理办法》，成立了由局长任组长全面抓，分管副局长任副组长具体抓的烈士纪念设施修缮工作领导小组，多次召开党组会研究烈士纪念设施修缮工作，制定具体的修缮工作方案，建立健全长效管理保护机制，明确市、镇、村三级保护管理责任，注重形成工作合力，把全市的烈士纪念设施建设好、管理好、保护好。

传承革命光荣传统努力谱写新时代英烈褒扬工作新篇章

（二）多措并举，合力推进

1. 高度重视，排查摸底。为做好烈士纪念设施建设管理保护工作，市退役军人事务局组成 3 个普查组，深入各镇（场）实地现场调研烈士纪念设施情况，对烈士纪念园和烈士墓及其他烈士纪念设施进行重新登记造册。对辖区内烈士纪念设施按照《文昌市烈士纪念设施登记表》进行登记，现场进行拍照采集照片，每个烈士纪念设施都要采集前后左右四个方位的全景和近

传承光荣革命传统努力谱写新时代英烈褒扬工作新篇章

修建南阳人民革命斗争纪念园区文化长廊

景照片，以及墓碑、碑文、题词等近景清晰照片，对烈士纪念设施的土地使用权属、保护区域、范围划定红线图，建立纪念设施档案，设立保护标志桩，与各镇（场、居）签订烈士纪念设施保护协议，落实保护措施。同时会同有关部门统筹规划，积极走访相关单位、老军人和查阅文史记载等佐证资料，全部摸清了每一处烈士纪念设施的基本情况，为全面做好烈士纪念设施保护工作奠定了坚实基础。经过全面排查摸底，全市现有冯平纪念馆、符节纪念园和符克纪念园等烈士纪念设施9处。

2. 科学规划，加大投入。坚持继承与发展并举、建设与保护并重，将烈士纪念设施建设和保护纳入全市国民经济和社会发展规划，将烈士纪念设施建设经费列入年度财政预算，全力打造高规格纪念设施，让英烈受尊崇，让精神永传承。先后投入83.7万元，对全市烈士纪念设施进行原址重建、升级改造和环境整治，设立保护界碑和保护标志桩，改善了烈士纪念设施的整体面貌，通过一系列措施办法，全市9处烈士纪念设施保护管理工作取得了显著成效。

3. 加强管理，建立机制。为进一步落实好烈士纪念设施的建设和管理，提升文昌市烈士纪念设施的整体水平，切实发挥好烈士纪念设施“褒扬烈士、教育群众”的主题功能，以开展“不忘初心、牢记使命”主题教育活动为契机，进一步健全各项管理制度和工作措施，制定了《文昌市烈士纪念设施的管理保护制度》，不断加强烈士纪念设施的管理保护工作，推进烈士褒扬工作的创新发展，努力将烈士纪念设施建设成为功能完善、规模适当、环境优美的现代化爱国主义教育基地。同时，充分发挥新闻媒体作用，向社会广泛宣传保护烈士纪念设施的重大意义、社会效果，为烈士纪念设施管理保护工作营造良好的工作氛围。

（三）传承基因，弘扬精神

“褒扬烈士、教育群众”是烈士纪念设施的主体功能，我市以烈士纪念园为轴心，全方位、多层次开展弘扬烈士精神活动，认真贯彻落实《军人抚恤优待条例》《烈士褒扬条例》《烈士公祭办法》等系列法规政策，充分发挥革命老区红色资源优势，多措并举推进烈士褒扬工作，让红色文化走出文昌，红遍海南。

1. 加强事迹挖掘，让英烈故事“留”下来。大力弘扬英烈精神，对不同历史时期的英烈事迹进行持续不断、全方位地搜集、编纂，先后编辑出版了《革命烈士英名录》《缅怀英魂，丰碑永存——文昌市革命烈士纪念设施汇集》等120多册（套）红色书籍，广泛赠送到部队、学校、村居社区和企事业单位，进一步扩大英烈事迹的宣传面和影响力，深受群众好评。

设立南阳人民革命斗争纪念园保护区界和保护标志砖

2. 缅怀革命先烈、让英烈精神“传”下去。一是大力弘扬烈士精神。结合“不忘初心、牢记使命”主题教育活动，大力开展

“铭记英烈”宣传教育活动，紧扣清明、烈士纪念日等重要时间节点，依托市内烈士纪念设施，集中开展缅怀革命先烈、弘扬烈士精神主题教育活动，引导广大党员干部时刻树立热爱祖国、热爱人民、热爱中华民族的情感，铭记革命先烈光辉事迹，继承优秀传统，努力报效祖国。2019 年，全市组织开展祭奠英烈活动 34 次，开展烈士图片纪念展活动 1 场，参与人数约 5400 人次。同时，以退役军人事务部门户网站、中华英烈网、海南省退役军人事务厅门户网站为载体，广泛组织开展“网上祭英烈”活动，在全市范围内有力形成了学习烈士、崇尚烈士的浓厚氛围。二是定期走访烈士遗属。八一、春节等重要节日，积极走访慰问烈士遗属，全面了解生产、生活、住房、医疗等情况。针对困难烈士遗属家庭，积极给予帮扶，切实让每位烈士遗属充分感受到党和政府对他们的关爱和重视。三是严格落实烈属政策。采取政务公开、制作展板等方式，认真做好烈属待遇政策宣传，按标准足额发放了烈士遗属定期抚恤金和部分烈士子女定期生活补助金，确保了烈属各项抚恤优待政策有效落实。四是规范散烈保护管理。利用烈士褒扬信息管理系统，将烈士纪念设施相关数据全部录入，建立电子档案，实现了散烈保护管理信息化、规范化。

三、经验启示

（一）建章建制，在绩效化管理上做文章。本着规划合理、质量过硬、理念超前的原则，在全市范围内科学制定烈士纪念设施保护工程的总体规划和实施方案，坚持继承与发展并举、建设与保护并重，将英烈纪念设施建设和保护纳入全市国民经济和社会发展规划，将烈士纪念工作纳入全市精神文明建设考核体系，将烈士纪念设施统一归口管理，全力打造高规格纪念设施，让英烈受尊崇，让精神永传承。

（二）创新机制，在提质改造主体上寻突破。要立足优势，大胆创新，在管理体制、立足主体方面率先突破。在管理体制方面，实施政府主导与市场化运作相结合，进一步加强烈士纪念设施提质改造建设，提高行政效能。

在立足主体方面，坚持把爱国主义教育摆在纪念设施功能发挥的首要位置，不断强化主阵地作用，使烈士纪念设施成为全社会开展革命传统教育、爱国主义教育和理想信念教育的大课堂。

（三）整合资源，在创新宣教形式上下功夫。根据本地当前的实际情况，科学整合现有烈士纪念设施资源。在改扩建工程中，注重设计的庄重、新颖并富有时代气息，力争把每一个提质改造保护工程建成精品。加强英烈文化研究，深入挖掘英烈精神内涵，加大宣传力度，充分发挥新闻媒体作用，线上线下开展宣传，推广“互联网＋烈士纪念设施”，生动传播红色文化，大力弘扬英烈精神，增强宣传教育活动的吸引力和感染力。

供稿：海南省文昌市退役军人事务局

云南省寓服务于管理　用心用情用力
做好烈士祭扫组织服务工作

一、背景情况

2013年以来，每年2月至5月，全国各地到云南省红河州、文山州等地烈士陵园开展扫墓祭奠活动的烈士家属和退役军人数量呈爆发式增长，在几个重点时段集中乘车汇集到红河州、文山州烈士陵园祭扫，给这些基础设施建设不完善、服务保障能力薄弱的烈士陵园所在边境县（市）造成巨大的接待保障压力。

2019年是新中国成立70周年，也是全省退役军人事务系统全部组建到位，奠基起新之年，面对中央和省委、省政府对新组建部门的要求和期望，云南省认真贯彻落实习近平总书记关于退役军人工作重要论述和中央决策部署，坚持把做好烈士祭扫服务保障工作作为一项重要政治任务，切实提高政治站位，强化责任担当，认真制定落实“二项优惠”措施（2019年2月中旬至5月初，对烈士家属及参战退役人员实行规定时段和部分公路免费通行免费游览部分景区，自2020年起按国家规定取消），免费提供“六个一”基本物质保障（一瓶水、一个鸡蛋、一个水果、一个面包、一件雨衣、一朵小白花），全力做到组织领导、部门联动、工作人员“三到位”，活动现场、人员疏导、域外分流“三服务”，经过3个多月的努力奋战，共接待30个省（区、市）祭扫人员42.76万人次，实现了祭扫活动安全、有序、文明、和谐的工作目标，烈士祭扫服务保障和安全稳定工作得到中央领导和退役军人事务部充分肯定。

二、主要做法

一是高位推动，周密部署。云南省委、省政府主要领导和分管领导多次作出批示指示，先后5次召开专题会议进行安排部署，提出明确要求。省级成立烈士祭扫工作领导小组，研制下发工作方案，构建多部门应急联动机制，省政府分管领导、省退役军人厅党组成员先后分别带队组成8个批次的督导组，深入红河、文山一线督导检查，靠前指挥，防微杜渐。各州（市）、县（区、市）成立烈士祭扫活动指挥协调机构，压实责任，细化措施，狠抓落实。全省上下形成主要领导亲自抓、分管领导具体抓，一级抓一级、层层抓落实的工作格局。

二是健全机制，密切配合。各省（区、市）、全省各地和有关部门牢固树立"一盘棋"思想，按照"属地管理、分级负责""谁主管、谁负责"的原则，切实履行好属地管理责任和行业部门主管责任，确保各项工作部署落实落地。省退役军人厅主动与有关省（区、市）和全省各地及时沟通信息、通报情况，共同分析研判形势、制定对策措施、强化服务保障，形成上下对接、横向联动、信息准确、措施有效的工作机制；加强与省级有关部门的联动配合，认真研究制定信息研判、服务保障、应急处置、宣传引导等工作方案，建立健全工作专班，全面细化落实工作责任，做到情况联通、矛盾联调、问题联处，形成密切配合、齐抓共管的工作格局。

三是以人为本，强化服务。全省各级各部门牢树以退役军人为中心的发展思想，坚持以人为本，倾心尽力全程做好服务保障工作。祭扫之前，全省退役军人事务部门组织开展"大走访大调研大落实"活动，深入走访慰问烈士家属和生活困难退役军人，积极帮助解决实际问题。主动对接祭扫团体和组织者，全面了解服务需求，加强宣传引导，跟踪做好服务保障。与交通、文化旅游、发改和财政等部门联合出台2月上旬至5月初祭扫期间，首次在全省范围内对烈士家属及参战退役人员实行免费通行收费公路及部分景区门票免费的政策措施（自2020年起，按有关规定取消）。省级财政安排500万元经费，专项用于红河州、文山州烈士祭扫服务保障；祭扫过程中，全程接待保障好烈士家属，免费为参加祭扫的参战退役人员提供一瓶水、一个鸡蛋、一个水果、一个面包、一件雨衣、一朵小白花的“六个一”服务，让烈士家属和参战退役人员充分感受到党和政府的温暖。举办《国旗下的老山》等义演晚会，宣传英烈事迹、弘扬英烈精神，提升参战老兵荣誉感、尊崇感；发送“温馨提示”，加大交通安全宣传力度，合理引导分流祭扫车辆，创造良好的交通环境；成立现场医疗救治组，开通急救绿色通道；祭扫活动结束后，与公安、交通等部门共同做好返程相关保障，赢得了祭扫人员的广泛理解和支持。

三、经验启示

（一）坚强有力的组织领导是前提。云南烈士祭扫活动平稳有序，组织保障有力有效，得益于习近平总书记和党中央对退役军人工作和云南烈士祭扫工作的高度重视，习近平总书记亲自谋划推动组建退役军人事务部门，多次就退役军人工作和烈士祭扫作出重要指示批示；中央相继出台一系列政策措施，下大力解决退役军人关心关注的问题，让他们切实感受到党和政府的关怀和温暖，心理上得到慰藉，各项政策措施落实落地产生的正能量，为祭扫活动营造了良好氛围；得益于退役军人事务部和国家相关职能部门的精准指导，退役军人事务部钱锋副部长到祭扫一线督导检查，相关工作组先后3次到现场指挥祭扫工作，上下联动、通力协作；得益于省委、省政府的坚强领导，省委常委会专题听取祭扫情况汇报，省委、省政府主要领导和分管领导多次作出批示指示，及时主持召开专题会议进行安排部署，分管省领导亲自带队两次深入红河州、文山州等地烈士陵园调研指导，实地安排部署祭扫工作，并就祭扫工作组织领导、服务保障和安全稳定等各方面工作提出工作要求。全省退役军人事务部门及属地党委、政府领导勇于担当、主动作为，做到守土有责、守土负责、守土尽责，为做好烈士祭扫工作提供了强有力的组织保障。

（二）坚持“一盘棋”的协作机制是关键。各省（区、市）认真贯彻落实国家相关部门专题会议精神，牢固树立全国“一盘棋”的思想，密切关注祭扫人员情况，及时与我省共享信息，积极引导属地祭扫人员错峰祭扫、网上祭扫。建立省际协作机制，加强交流配合，协助开展工作，为祭扫工作提供了可靠保障。

（三）坚持系统性的风险防范是基础。省退役军人厅坚决贯彻落实习近平总书记关于坚持底线思维着力防范和化解重大风险的重要指示精神，坚持底线思维，增强忧患意识，强化风险防范，认真发挥牵头部门职能作用，积极主动对接相关部门，认真分析研判各领域风险点，做实做细各专项工作预案。加强应急演练，及时构建多部门应急联动机制，形成统一领导、源头把控、快速响应、整体联动、规范服务的工作格局，主动与祭扫活动组织者沟通，宣传国家政策、加强思想引导，下好先手棋，打好主动仗，全面做好风险防范、应急处置准备，为做好烈士祭扫工作打下了坚实基础。

（四）坚持用心用力用情的服务保障是支撑。牢固树立以退役军人为中心的工作导向，以新作风展现新部门新形象，以新作为体现新时代新担当，倾心尽力全程做好组织接待工作，以管理为主向服务为主转变，坚持在服务中实现管理，在管理中体现服务，用服务赢得了烈士家属和参战退役人员的广泛赞誉和支持。

供稿：云南省退役军人事务厅

退役军人服务保障

北京市采用“三用四联络”工作法让行政复议工作更有温度

一、背景情况

退役军人事务部门成立后，退役军人具有很高的期待，曾经由相关部门明确答复过或无政策支持的诉求开始重新出现，行政复议案件数量逐步增多，办理难度持续加大。从复议内容上看，主要集中在安置和待遇等方面，“翻旧账”问题突出；从办理难度看，诉求问题跨越时间长，短的几年，长的几十年，很大一部分是由于时代变化的“落差”造成心理失衡、互相攀比，调处难度大。

2019 年市退役军人事务局采用“三用四联络”工作法，在推动解决行政复议案件过程中取得一定成效。具体情况如下：2019 年 4 月 29 日当事人向所在区退役军人事务局书面提出履职申请，要求：解决安置周转房问题、提供与三级军士长相匹配的安置岗位。当事人所在区退役军人事务局在法定期限内未对当事人申请作出书面答复，当事人不服，于 2019 年 7 月 1 日向市退役军人事务局提出行政复议申请。市退役军人事务局于 7 月 22 日下发行政决定书，责令当事人所在区退役军人事务局依法履行法定职责，60 日内书面回复申请人于 2019 年 4 月 29 日提交的履职申请。2019 年 9 月 20 日当事人所在区退役军人事务局作出答复。2019 年 9 月 30 日市退役军人事务局收到当事人的第二次行政复议申请，要求对所在区退役军人事务局在履职过程中的不作为行为进行追责、解决住房保障问题、安置岗位与同期转业的中级士官安置岗位予以区分。

二、主要做法

（一）加强沟通协商。为推动化解当事人行政复议事项解决，政策法规部门加强“四联络”：即联合法律专家团队与申请人进行沟通，进一步了解需求；与移交安置、思想权益部门和区退役军人事务局沟通，就继续做好矛盾化解工作提出意见建议；与辖区区法院进行沟通，做好政策解释工作；与法律顾问单位进行沟通研究，做好应诉准备工作。

签约法律顾问

召开案件专题研讨会

（二）组建专家团队。委托公益法律服务专业性法律机构，组建4名法律专家团队，专门就当事人行政复议案件进行评议、论证，形成《案件论证分析报告》，结合当事人的需求，提出专业性评议意见和工作对策建议。

（三）实地了解情况。为了深入了解当事人本人及其家庭的具体情况，市区两级退役军人事务局领导班子成员多次前往当事人家里全面细致了解工作生活情况，掌握具体困难需求，开展心理疏导与调解工作。

（四）开展专题研讨。政策法规部门多次组织思想权益、移交安置以及区退役军人事务局召开案件专题研讨会，就如何更好更稳妥处理案件进行反复分析和论证。市退役军人事务局领导班子成员专门听取汇报，有力推动案件办理。

（五）开展心理疏导。针对案件，制定了心理疏导方案，一方面积极打开当事人心结，尽最大可能，秉持“三到位”原则围绕当事人的真实诉求进行调解；一方面注重解决当事人的现实困难，主动开展帮扶救助。

（六）及时总结反思。就此案件暴露出来的基层工作不规范、不深入等问题进行分析总结，相关部门就有关工作进一步加强业务指导力度，避免类似问题再次发生。

三、经验启示

（一）提升工作法治化水平。要加强对基层退役军人事务工作人员的培训力度，不断提高履职能力和法治素养，降低因工作中出现纰漏而产生的法律风险。

（二）注重加强沟通协调。积极运用“三用四联络”工作法，即“用心、用情、用脑”工作，加强与当事人、相关部门、司法机关、专家团队等沟通交流，建立专题会商机制，提高办理水平。

（三）注重人性化关怀。本案件中的当事人没有稳定的收入来源，家庭负担重，生活面临困境。在推动解决行政复议案件的过程中，注重运用柔性化的工作方式，多给予一些必要的帮助和关怀，多开展一些专业的心理疏导，让行政复议工作更有温度。

供稿：北京市退役军人事务局政策法规处

开展特色品牌活动
让全县退役军人安心舒心暖心

——河北省景县退役军人工作创新案例纪实

2019年以来，河北省景县全面贯彻落实中央和省市决策部署，坚持科学谋划、创新举措、扎实开展特色品牌活动，让退役军人安心舒心暖心，有力地维护了全县社会大局和谐稳定。

一、背景情况

景县是革命老区、兵源大县，全县共有退役军人、遗属和现役军人家属17258人，其中重点优抚对象5695人。近年来，受服务保障体系不够健全、安置政策落实不够到位等因素影响，部分退役军人在思想上产生了波动，在经济上产生了一些诉求，出现了信访问题，退役军人工作亟须加强。全县退役军人工作坚持起跑就是冲刺，开战即是决战的昂扬斗志，按照“一年稳固强基础、二年提升树形象、三年全优成名片”的工作思路，有力推动各项工作的落实。

二、主要做法

（一）开展“七个一百”特色活动，让退役军人有实实在在的获得感。一是百人精准解困。按照群众推荐、乡镇评定、单位审定原则，在全县筛选出 107 名因重大疾病、重大家庭变故等原因生活贫困的退役军人，精准施策，通过发放救助金、强化医疗保障、危房加固等方式，全力做好救助工作。2019 年以来，该县先后下发各类救助金 39.7 万元，并将孤老退役军人送往县光荣院集中供养，极大缓解了退役人员的主要困难。二是百人志愿服务。挑选 100 名政治素质高、业务能力强、乐于奉献的退役军人，通过政策业务、法律法规等方面知识培训，使其成为党和政府的代言人、落实涉军政策的助推者、解困帮扶的志愿者，为退役军人和群众提供政策宣讲、义务劳动等服务。2019 年以来，先后开展涉军、涉法等政策宣讲活动 12 次，为军属家庭开展便民服务 1180 余次，赢得了退役军人和群众的普遍赞誉。三是百人创业培训。积极开办退役军人创业培训班，先后对 300 名退役军人进行特色种植养殖技术培训，讲解创业担保贴息贷款和补贴等有关优惠政策，增强了退役军人创业意识，提高了创业本领。四是百企对接帮扶。在全县选择了 107 家效益好、信誉高的企业，开展退役军人就业帮扶，推介退役军人为用工对象，为退役军人提供更多就业机会。先后组织企业举办 5 次退役军人专场招聘会，268 名退役军人找到了合适工作，实现了稳定就业。五是百人合唱经典。组建百人合唱团，聘请有声乐经验的老师进行业务指导，唱响红歌和军营歌曲，使红色基因、红色传统薪火相传、生生不息，在退役军人群体中营造凝心聚力、昂扬向上的良好氛围。六是树百名退役军人典型。2019 年我们推选了 38 名最美退役军人。今年疫情降级后，我们及时表彰了 110 名抗疫标兵，并将他们的事迹制成荣誉墙，为全县退役军人树立了榜样。七是建百村双拥小分队。2019 年 8 月，我们先期在 100 个村建立了双拥小分队，春节慰问（贴春联、打扫卫生）、悬挂光荣牌等活动都敲锣打鼓，气氛简朴热烈，退役军人有自豪感，广大群众有羡慕感，增加了大家的拥军情怀。截至 2020 年，全县 848 个村全部建立了双拥小分队。

（二）开展“我是老兵我光荣”活动，让退役军人有义不容辞的责任感。一是激发爱国情怀。2019 年新中国成立 70 周年之际，该县举办“祖国，我想对您说”签名活动，退役军人们在现场活动展牌上，在各乡（镇）村服务站彩页签字册上，写下了对祖国的祝福语和自己的签名，表达对祖国的赤

子之心和美好祝愿，激发了广大退役军人的爱国情怀。二是唱响无私奉献。在新冠肺炎疫情防控工作中，该县向全县退役军人发出“为人民战斗，为使命冲锋，为安全守岁”倡议书和《让集结号在景州大地再次吹响》公开信，全县一万多名退役军人响应号召，踊跃投身到疫情防控中去，坚守在农村、社区、企业等疫情防控一线，值班值守，捐款捐物，有力支援了全县疫情防控工作。疫情期间，全县退役军人共计捐款现金 29.5 万元，捐物折合现金 31 万元，义务值勤 11.2 万余人次，展现了退役军人良好风貌。三是坚持诚信守法。该县开展了签订“我是退役军人党员，我承诺”承诺书活动，对遵守承诺的退役军人，最大限度帮扶救助搞好服务，反之，将被列入失信名单，降低帮扶力度。活动开展以来，全县广大退役军人诚实守信、奉公守法，夯实了信访稳定工作基础，传播了正能量，成为文明风尚的引领者和推动者。

（三）开展“三基”建设促服务活动，让退役军人有心有所依的归属感。一是主要领导亲自抓。县委书记孙文欣曾先后 6 次到退役军人事务局现场办公、指导工作，亲自调研乡镇、村退役军人服务站的建设情况。2019

年岁尾，退役军人养老保险接续需地方资金600多万元，县长杜伟鹏同志得知情况后，连夜召开政府常务会强调："年底财政资金确实紧张，再困难也要确保退役军人政策落实。"仅用一天时间，资金全部到位，保证了退役军人养老保险接续工作的顺利开展。二是强化基层基础建设。县服务中心有12名事业编干部，乡镇有4名在编干部负责退役军人工作。全县848个行政村，各村由村支书任站长，1名两委干部为专职工作人员。为乡镇、村退役军人服务站配齐了办公用房、电脑、桌椅等办公用具，工作职责、工作制度上墙，达到了标准化，形成了县乡村一体、协调联动的退役军人服务和组织保障体系。三是突出做好退役军人基层党建工作。为确保不让一名退役军人党员"掉队"，该县通过信息采集、档案查询、上门调查等方式，开展了深入细致的摸底调研，掌握了全县7274名退役军人党员的基本情况，发现"口袋"党员76名，按照属地管理的原则全部予以"安家落户"。为进一步强化党的领导、激发退役军人离军不离党、退伍不褪色、带头当先锋的热情，该县选择32个村、1个县直单位、2家企业作为退役军人党建示范点，在所在党支部下成立退役军人党小组，由支部书记担任党小组组长，重点开展四项活动，即：每个退役军人党员进行一次重温入党誓词活动；在退役军人党员中迅速掀起学习张富清先进事迹活动，并用身边先进事迹激发每个退役军人见贤思齐；在退役军人党员中深入开展"当初入伍为什么，在新时代退役军人党员应该做什么"的大讨论；开展退役军人党员公益性活动，每个

退役军人党员结合自身特长爱好，选择了一至两项公益性活动，彰显退役军人退伍不褪色的优良品质和满满的社会正能量。据统计，386 名党员写了感想，为民做好事千余件。

三、经验启示

（一）领导高度重视是做好退役军人事务工作的政治保障。景县县委、县政府高度重视退役军人事务工作，成立由县委书记任组长，政府县长任第一副组长的领导小组，先后 5 次召开专题会议，研判形势、分析问题、精准出策。县、乡、村三级书记为第一责任人，县局长、乡（村）站长为直接责任人，切实履行领导责任。

（二）以特色活动为载体是做好退役军人事务工作的有效途径。创新工作方法，开展“七百”工作，让退役军人有了实实在在的获得感。这告诉我们，只要解放思想，创新思路，想退役军人之所想，解退役军人之所困，就能够让退役军人安心暖心，切实提升服务保障工作成效。

（三）夯实基层基础是做好退役军人事务工作的重要保障。景县在退役军人事务工作中，把“基层基础基本”建设牢牢抓在手上，构建了县乡（镇）村三级服务阵地体系，为退役军人营造了良好环境，为提高服务管理保障水平打牢了基础。以坚持退役军人基层党建引领，全面加强党员教育管理，开展党性锻炼四项活动，激发了退役军人党员责任感、使命感。

供稿：河北省衡水市景县退役军人事务局

坚持改革创新　探索实施“三回归”工程

——山东省蒙阴县深化退役军人思想政治工作探索

作为沂蒙精神重要发源地、孟良崮战役发生地和支前模范“沂蒙六姐妹”的家乡，地处沂蒙革命老区腹地的蒙阴县现有各类退役军人及其他优抚对象2.6万余人。着眼把退役军人这支队伍管好、用好，使其成为促进地方发展的重要人力人才资源，蒙阴县积极发挥退役军人事务部基层工作联系点先试先行的作用，坚持改革创新，突出思想政治引领，探索实施退役军人党员教育服务管理“三回归”工程，引领广大退役军人带头促进发展，带头维护稳定，助力乡村振兴，奉献红色热土，开创了退役军人工作新局面。

一、背景情况

思想政治工作，是我党工作的法宝，更是做好退役军人工作的基础性、托底性工作。研判分析，当前部分退役军人的利益诉求和矛盾问题，一定程度上源于思想政治教育和服务管理延续接茬不到位，有的党员先锋作用弱化，参加组织生活不规范，接受党的教育不

热情接待退役军人

深入，极个别人甚至漠视党规党纪以访牟利；有的退役人员安置后下岗失业心态失衡、家庭失和、生活无着，以致负能量越积越多。“思想政治工作年”活动开展以来，蒙阴县坚持问题导向、目标导向，创新开展退役军人回归组织、回归家庭、回归乡里“三回归”工程，促其转变思想、融入社会，在经济社会发展中发挥生力军作用。

二、主要做法

（一）“回归组织”，增强思想凝聚力。退役军人在部队“大熔炉”培养锻炼多年，具备较高的整体素质。据掌握情况，蒙阴退役军人中，党员比例占到54.6%。立足发挥好党员先锋模范和示范引领作用，最大限度释放正能量，蒙阴对全县退役军人党员党组织关系、党内生活情况全面托底，分级分类建档，严肃组织生活，全部纳入有效管理，引导他们树牢“四个意识”，增强“四个自信”，坚决做到“两个维护”，提高党性觉悟，履行党员义务，在党组织的关怀下成长、发展、进步。对组织关系理顺的党员，由其所在的县乡村基层党组织加强日常教育管理，退役军人事务局定期联系沟通，全面掌握组织管理情况、党内生活情况、思想状况和现实表现。对组织关系尚未

山东省退役军人事务厅厅长时培伟到蒙阴调研兵支书工作

蒙阴县梯次培养村级后备人才专题培训班

蒙阴县开展精准招聘扶持退役军人就业创业

理顺的党员，突出退役士兵专项公益性岗位中的530多名党员，调转组织关系，挂靠12个镇街党委和8个县直用人单位党委（党组），成立退役军人专门党组织，纳入基层党支部，选配其中的优秀退役军人党员任党组织书记，落实党建指导员、联络员，规范“三会一课”、民主评议、主题党日等党内生活。对自谋职业、自主择业等人户分离的党员，探索在县城16个社区党组织设立退役军人党支部，逐步将退役军人党员纳入社区党组织规范管理，选配红领书记，带领退役军人参与城市社区建设，现正在县城汶河社区和文昌社区2个社区开展试点，并取得理想效果。对待安置期间退役军人党员，在县退役军人事务局（服务中心）成立退役军人（临时）党支部，明确一名局党组成员任党支部书记，落实专职党建人员，负责统筹协调，转接待安置期间的退役军人党员组织关系，及时纳入党支部管理，落实“三会一课”等党内生活制度，加强思想政治教育。对于预备党员，指派培养联系人，加强培养考察，对符合标准条件的按期办理转正手续；未到转正期的预备党员，党支部培养教育，建立培养写实记录，及时衔接转移组织关系。2019年的40名和2020年的27名待安置期间的退役士兵党员全部纳入党支部管理，安置后及时转入安置单位，有效防止了管理教育空档。

（二）“回归家庭”，增强情感凝聚力。个别退役人员因自身利益诉求无现行政策支持无法落实，情绪偏激，容易受鼓动蛊惑，参与串联上访活动，忽视了家庭，导致家庭失和、矛盾激化，甚至夫妻离异。针对这部分退役军人，根据个体不同情况，因人施策、一人一策，落实组团式服务、社会化帮扶、政策解释、教育疏导等措施，促其回归家庭。对于家庭失和退役军人，由妇联部门牵头，成立婚姻家庭辅导中心，进行婚姻关系辅导，结合司法行政、人民调解等力量，进行心理疏导，弥补修复感情，尽力促其复合，化解矛盾。蒙阴县退役军人事务部门会同县婚姻家庭辅导中心，通过多种渠道招募心理咨询师、婚姻家庭辅导师、律师、人民调解员等具有相关资质的热心志愿者37名，提供婚姻辅导、纠纷调处、心理疏导、法律咨询等婚姻家庭关系方面的指导帮助，截至目前调和率高达74%。对于感情破裂难以修复的退役军人，联系婚介中心牵线搭桥，动员包保镇街、责任单位牵头连线，帮助他们重组家庭，使其感受到家庭的温暖，化解偏激情绪，同时助力回归社会“家庭”。2019年底以来，蒙阴县在完善县乡村三级服务保障体系的基础上，延伸工作触角，先在军创企业、又扩展到社会企业等“商圈”和退役军人集中的县直部门系统设立13个退役军人服务站，统一建档立卡，340余名退役军人纳入有效保障管理，组建退役军人之家，开展“忆军旅、续传承、话发展”系列活动，让其感受真诚服务和“大家庭”的温暖。

（三）“回归乡里”，增强社会凝聚力。一方面，突出解决安置企业下岗退役人员“后路”问题。近年随着经济转型，“关停破”企业数量增加，部分安置到企业的退役人员下岗，面临县城无固定职业和稳定收入，在农村又无房无地的尴尬处境。针对这部分退役人员，蒙阴县在穷尽政策无法使其在县城保障生活的情况下，协调国土、农业、公安、组织、林果等职能部门以及属地属人镇街、村社区，在回乡回村落户、组织关系回村迁移、宅基地规划设置、务农土地落实、林果种植购销经营等多方面，综合力量资源“多条腿走路”，设立退役军人就业创业帮扶基金，开辟“绿色通道”，在创办种、养企业和加工服务业方面提供政策、资金支持；在加入农村经济合作社、就业创业促进会等“两新组织”以及评定“就业创业示范户”等方面提供便利，使其在农村生活得到保障，实现安居乐业。同时，借助父老乡里，亲情感化，教育帮促，使其融入农村，奋战出一片新的天地，发挥好其在促进乡村振兴、带头维护稳定方面的正能量。新冠肺炎疫情期间，全县5600余名退役人员捐款捐物120余万元，在抗疫一线上岗执勤、摸排情况、消毒消杀，全力支持打赢防控阻击战，展现了退役军人听党指挥、能打胜仗的部队优良作风和积极向上的精神风貌。另一方面，着力激发退役军人助力乡村振兴的红色潜能。组织振兴才能乡村振兴。干事创业，惟在得人。聚焦治瘫治乱，2019 以来，蒙阴县率先探索选配优秀退役人员任职村级党组织书记试点工作，着力为村级组织注入新鲜血液，解决村级组织后继乏人的问题。通过摸排考察“选”、公开选拔“考”、组织择优“派”，分 4 批选配村党组织“兵支书”，并创新建立“选、管、育、备、扶”五条路径一体推进机制，不断放大试点效应。目前辖区 1983 名村社“两委”干部中退役军人 419 人，占比 21.1%；368 个村社支部书记中“兵支书”94 人，占比 26.1%；1300 名村级后备人才中退役军人 413 人，占比 31.8%。“兵支书”任职以来，头雁领飞、群雁共振，开创了组织振兴、乡村振兴新局面，形成了人归乡里、心系乡亲、共谋发展的浓厚氛围。2020 年 10 月下旬，退役军人事务部到蒙阴县开展“根在基层”兵支书调研实践活动，形成《关于蒙阴县“兵支书”队伍建设情况的调研报告》，以退役军人工作信息参考形式刊发。12 月 24—25 日，退役军人事务部召开全国退役军人事务厅（局）长会，蒙阴县以《蒙阴县选好“兵支书”，当好领头雁》为题作了典型发言。

三、经验启示

蒙阴县围绕退役军人退伍回乡后的现实需求，以及表现出来的种种问题，创新开展“三回归”，加强思想政治教育，释放退役军人这支人才人力资源的正能量，为如何增强他们的归属感获得感幸福感，维护退役军人群体稳定积累了宝贵经验，具有很好的借鉴意义。

一是让退役军人回归组织是引领。退役军人经过部队锻炼的熏陶，组织性、纪律性、先进性比较强，是一支强大的社会有生力量。退役返乡后，通过设立退役军人党支部，让这个群体回归组织，对他们加强政治教育，开展“三会一课”等组织生活，有利于把他们的思想凝聚起来，引导他们向党看齐、听党指挥，从而增强他们的归属感，保持群体的先进性。

二是让退役军人发挥作用是关键。退役军人在部队时曾经为国防和军队建设做出过重要贡献，回到地方，也有为社会发展“大显身手”的强烈愿望。通过探索开展“回归乡里”、选配“兵支书”等措施，为其创新创业搭建平台、创造条件，使其受到尊重、感受尊崇，能够增强退役军人的责任感、自豪感，引导他们在乡村振兴、脱贫攻坚、社会治理、公益事业等领域发挥所长，起到示范引领作用。

三是让退役军人满意是根本。所有退役军人工作的出发点和落脚点在退役军人是否满意上。如果回到地方不能妥善管好用好保障好引导好，就会出现这样那样的问题，从而影响社会稳定。通过开展“三回归”，能够增强退役军人的满足感获得感，引领带动他们释放正能量，对于维护政治安全和社会稳定具有重要意义。

供稿：山东省蒙阴县退役军人事务局

湖北省创新“互联网＋关爱退役军人”工作模式

——建立覆盖省市县三级的退役军人关爱基金

一、背景情况

全国退役军人工作会议和全国退役军人事务厅（局）长会议多次要求，各级退役军人事务部门“手上要有一把米”，引导社会力量有序参与退役军人工作，设立“退役军人关爱基金”和关爱退役军人协会，形成行政机构、服务体系、社会力量“三驾马车”并驾齐驱的管理服务保障体系。湖北省退役军人事务厅秉持“互联网＋关爱退役军人”工作新理念，创新建立了“一次设立、覆盖全省，一网捐赠、常年开展，大众参与、政社互动，在线求助、精准关爱，高效便捷、公开透明”退役军人关爱基金运行服务管理，收到了良好的社会效益，推动了退役军人工作的高质量发展。

二、主要做法

一体推进，政社联动。湖北省委、省政府高度重视退役军人工作，省委常委会、省政府常务会先后研究社会力量参与退役军人工作，并亲自主导湖北省退役军人关爱基金设立工作。2019 年 9 月 4 日，湖北省政府举行湖北省退役军人关爱基金设立暨关爱退役军人“慈善一起捐”活动启动仪式，省政府领导出席会议。2020 年，湖北省政府预算 1 亿元用于退役军人的专项解困资金。湖北省各级党委政府也将退役军人关爱基金工作作为重点工作，党政主要领导亲自部署、亲自协调、亲自推动。2019 年 9 月 3 日，仙桃市委、市政府高规格举行“仙桃市退役军人关爱基金”设立仪式，市委书记、市长参会、讲话并带头捐款，仙桃市重点企业、社会各界均参与现场捐款，共募集 370 余万元。荆门市、恩施州党政主要领导亲自带头捐赠。

湖北省退役军人事务系统广泛动员社会各界爱心企业和爱心人士参与，建设银行湖北分行、湖北银行、战友集团等企业均向基金捐赠 100 万元，劲牌有限公司每年定期向基金捐赠 100 万元，并列入企业公益基金预算。各机关事业单位竞相组织干部职工向关爱基金进行捐赠，湖北省信用联社捐赠 20 万元，恩施州中心医院捐赠 20 万元，十堰军分区捐赠 15 万元。爱心人士袁新佳同志个人捐赠 6 万元。省退役军人事务厅两个直属军休所的全体休干都慷慨捐赠，助力关爱基金。借助省慈善总会资源，腾讯公益金和 99 公益日开展配捐。截至 2020 年 5 月 21 日，已累计募集社会捐赠资金 7820 多万元。各级党委政府的高度重视、主导推动，社会各界的高度关注、广泛参与为关爱退役军人和关爱基金的设立、募集营造了浓厚的氛围，实现了湖北省退役军人关爱基金的高起点设立、高标准推进。

一次设立，覆盖全省。湖北省退役军人事务厅本着有利于服务退役军人，“不求所有、但求所用”的思想，依托湖北省慈善总会平台资源，合

2019 年 9 月 5 日，湖北省退役军人关爱基金设立暨湖北省退役军人事务厅与 11 家金融机构签订拥军优抚合作协议

2020 年 1 月，湖北省退役军人关爱基金系统管理员培训班

作设立退役军人关爱基金，制定《湖北省退役军人关爱基金管理办法（试行)》，按照“统一设置、统一管理，一次设立、覆盖全省，分级筹募、独立使用”的原则，为省市县三级设立冠名退役军人关爱基金，基金为省慈善总会内设基金，不具备独立法人资格，对外以湖北省慈善总会名义开展公开募捐。湖北省退役军人事务厅是关爱基金的指导单位，各级退役军人服务中心（站）工作人员以湖北省慈善总会志愿者身份参与关爱基金的募集、管理，受湖北省慈善总会委托按职责权限对关爱基金进行审核、审批并代为发放。目前，湖北省共设立 122 支冠名关爱基金。同时，湖北省慈善总会为退役军人关爱基金建立了“湖北慈善关爱退役军人基金”微信公众号平台。目前，湖北省退役军人各级服务中心（站）共有 312 名工作人员参训并注册为湖北省慈善总会志愿者，并参与关爱基金工作。

一网通办，高效便捷。全面推行“互联网 + 关爱退役军人”模式，采取“一人一策，精准帮扶”原则，线上开展帮扶业务。困难退役军人和其他优抚对象通过关注“湖北慈善关爱退役军人基金”微信公众号，在线填写《退役军人关爱基金申请表》，说明困难情况和申请资助额度，并同时上传相关证明材料图片。由各乡镇、街道办事处退役军人服务站工作人员登录本县（市、区）关爱基金后台审核。审核时间不超过三个工作日，审核的核心内容是申请项目的真实性、求助额度的合理性、资助范围及标准的合规性。符合规定的，审核提交，不符合规定的，通过管理系统反馈给困难退役军人和其他优抚对象。由乡镇审核提交的申请，各县（市、区）退役军人服务中心进行最终审批，按照基金资助标准，在五个工作日内确认是否给予资助。同意资助的，通过管理系统通知困难退役军人及其他优抚对象“已批准，等待拨付”；未批准的，通过管理系统告知原因。对审批完成的求助个案，由县（市、区）退役军人服务中心财务部门按批准的金额，使用省慈善总会拨付的备用金，通过银行转账方式直接将资助款发放给申请对象。银行拨付后，关爱基金管理系统自动通知申请对象“已拨付，请及时查收”，同时自动在系统中公示拨付信息。

一个平台，募管用透明。湖北省退役军人关爱基金募集、申请、支付均通过“湖北慈善关爱退役军人基金”微信公众号进行。关爱基金主要来源为社会捐赠资金，包括湖北省慈善总会动员社会捐赠和困难对象利用关爱基金平台发起的众筹募捐。关爱基金为民政部“慈善中国”平台、湖北省民政厅备案的常年开展公开募捐项目。省、市、县三级关爱基金共用一个互联网募捐平台，共用一个资金专用账户，但每一支关爱基金均建立专账，确保基金管理使用准确无误、公开透明、账目清晰。省、市、县退役军人服务中心基于关爱基金开展的互联网募捐，自动记入各级冠名的基金名下。为增强关爱基金可持续发展运行能力，湖北省慈善总会与湖北省退役军人事务厅每年确定一个主题，在9月5日中华慈善日前后组织开展面向全省的阶段性公开募捐活动。

市、县关爱基金主要用于资助在湖北省退役军人和其他优抚对象信息采集数据库内、现行政策保障后基本生活仍有较大困难的对象。省级关爱基金主要用于资助贫困地区、工作绩效突出的地方、开展全省性专项关爱项目及经湖北省退役军人事务厅同意的其他关爱行动。为加强资金管理，关爱基金实行备用金管理制度，省、市、县退役军人服务中心申请拨付备用金应由同级退役军人事务主管部门书面函告湖北省慈善总会，申请的额度不超过本级关爱基金筹资额度，且单次申请额度不超过10万元（含10万元），湖北省慈善总会依申请在5个工作日内向提出申请的退役军人服务中心拨付备用金。各地申请第二笔备用金时，应同时上报第一笔备用金的使用明细。

各只基金的募款信息、申请救助记录、审核、拨付记录等通过湖北省慈善总会各级“退役军人关爱基金”平台在线、实时、全流程进行公示。各级退役军人服务中心负责保管本级关爱基金管理使用原始凭证，接受当地退役军人事务局和职能监督部门监督。湖北省慈善总会每年3月前委派审计公司对上一年度关爱基金进行审计，各级退役军人服务中心配合提供相关资料。审计报告报湖北省退役军人事务厅、湖北省民政厅并原文以图片形式在湖北省慈善总会关爱基金平台公示。

湖北退役军人关爱基金设立以来，在应急救灾和疫情帮困中发挥了重要作用，2019年8月十堰市郧阳区发生强降雨地质灾害后，省退役军人事务厅第一时间启动关爱基金对受灾的2户退役军人家庭每户送去了1万元的抚慰金，在危难时刻，第一时间让退役军人感受到组织关爱。新冠肺炎疫情发生后，湖北省退役军人关爱基金已累计帮扶40名困难退役军人及家庭。湖北退役军人关爱基金，受到了各级党委、政府充分肯定、社会各界广泛赞誉和广大退役军人的好评点赞。

三、经验启示

（一）设立关爱基金必须坚持党的领导。湖北省委、省政府高度重视是做好退役军人工作的重要保证。主要领导深入一线、靠前指挥，亲自指导关爱基金的设立工作，省委退役军人工作领导小组统筹谋划、协调各方，实现了湖北退役军人工作的高质量发展。

（二）设立关爱基金必须争取部门支持。湖北退役军人事务厅在基金的设立中，积极协调财政、人社、国资、银行、金融等部门，整合各方力量和资源，形成工作合力，有效推进了任务落实。

（三）设立关爱基金必须广泛动员社会力量。湖北省退役军人事务部门引导各界社会力量和广大退役军人广泛有序参与退役军人工作，充分运用湖北省慈善总会资源和优势，动员各金融、保险等机构及大型央企、省属企业等，为退役军人工作营造了良好环境。

（四）设立关爱基金必须依托信息化手段。湖北省退役军人事务厅依托湖北省慈善总会资源，在关爱基金中全流程运用信息化手段，搭建服务平台、管理平台和监督平台，为广大退役军人提供便捷高效人性化服务，也促进了基金的阳光运行。

供稿：湖北省退役军人事务厅

满腔热忱　精准服务
建立常态化联系服务退役军人工作机制

——陕西省建立常态化联系服务退役军人工作的实践与思考

一、背景情况

陕西省有退役军人150万左右，是兵源大省、驻军大省、安置大省和双拥运动的发祥地。全省退役军人事务系统组建以来，认真学习贯彻习近平总书记关于退役军人工作重要论述和指示批示精神，把满腔热忱为退役军人服务的“一条主线”贯穿始终，推动构建组织管理、工作运行、政策制度“三个体系”，努力做好就业安置、优待褒扬、权益维护、服务管理“四项重点”工作，遗留问题陆续化解，创新工作稳步推进，各项工作开局有序。

为切实打通退役军人服务保障“最后一公里”，确保每名退役军人和其他优抚对象的事有人问、有人管、有人帮，遇到困难问题有人解决，2019年6月，陕西省委退役军人事务工作领导小组办公室、陕西省退役军人事务厅联合印发《建立常态化联系服务退役军人和其他优抚对象工作机制的意见（试行）》，在全国率先建立常态化联系服务退役军人和其他优抚对象工作机制，旨在坚持以退役军人为中心，树牢群众观点、践行群众路线，用心用情用力服务退役军人。机制建立以来，全省各级退役军人事务部门和服务保障机构干部与退役军人结成对子，开展常态化联系走访、帮扶解困活动。广大退役军人普遍反映终于有了站在身边的工作队、服务队和保障队，得到了实惠、看到了变化、感受到了服务保障将会越来越好，更加坚定了听党话跟党走的信念。2020 年 1 月，退役军人事务部印发通知，将陕西这一做法在全国予以推广。

二、主要做法

（一）怀揣“热忱之心”，开展一系列走访慰问活动

坚持定期走访慰问，深入退役军人家中盘腿上炕“拉话话”，揭锅看灶“聊家常”，当好退役军人的“贴心人”，重点做到入伍退役必访、立功受奖必访、英模典型必访、创业就业必访、重要节日必访、遇到困难必访、重大变故必访、有思想疙瘩必访、有建议意见必访“九必访”；清楚服役状况、清楚家庭状况、清楚身体状况、清楚收入状况、清楚就业状况、清楚思想状况、清楚需求状况“七清楚”；记住党龄、军龄、生日“三记住”。特别是在疫情期间，定向捐赠湖北省钱款物资（医疗设备）300 万元，精准开展“五个一”活动，即组织一次走访慰问、建立一个联系卡、发送一封慰问信、赠送一个拥军包、解决一批现实困难，累计走访慰问一线防控人员 311 人，发送慰问金 16.5 万元、慰问品价值 14 万元、拥军包价值 6.31 万元。

（二）聚焦“民生之本”，推出一系列综合帮扶项目

围绕政策落实、产业帮扶、就业创业、教育培训、大病救助、法律援助等方面，精心设计相关帮扶项目，做到精准扶持、精细服务，切实当好“娘家人”，真正把工作做在退役军人心坎上。在全国率先成立以社会资金为主的省级退役军人关爱基金，3 批次援助退役军人 586 人、1085 万元，构建省市县三级关爱基金叠加帮扶关爱新格局。推动西安交通大学等 187 家企事业单位成立陕西省退役军人教育培训联盟，畅通自主就业退役军人走出军营、走上岗位的社会化通道；在全省开展“2020 年退役军人就业服务季”活动，累计开展线上服务 55600 人次，举办线上招聘 431 场次，涉及企业 5198 家；围绕新业态开发就业新项目，与阿里巴巴天猫养车签订合作协议，面向陕西定向解决 5000 名退役军人就业；创新成立退役军人滴滴“红星车队”，实现就业 5360 人，为社会提供优质服务；联合杨凌示范区、西北农林

科技大学等单位，搭建促进退役军人就业创业的“三农”服务平台；聘任退役军人创业导师 59 名，免费为退役军人提供培训授课、创业咨询、专题会诊等“一站式”服务；建立陕西省退役军人就业创业基地 41 家，与 12 家金融机构合作为退役军人推出各具特色的优待优惠金融产品。在乡镇以上退役军人服务中心（站）加挂“退役军人法律服务工作站”牌子，开通“12348”法律服务专线，为退役军人提供专属法律服务。

2019 年 7 月 31 日，陕西省退役军人事务厅在西安市鄠邑区人民路广场举行“结对共建”服务退役军人启动仪式，厅领导带头与常态化联系对象现场结对子

2020 年 4 月 20 日，陕西省退役军人事务厅党组书记、厅长高中印赴结对联系对象张兴无的调解工作室走访

（三）高举“精神之旗”，组织一系列宣传教育活动

利用实地走访，以及重要节日和重大活动等时机，围绕国家大政方针、经济社会发展成果、退役军人相关政策法规等，在广大退役军人和其他优抚对象中广泛开展一系列宣传教育活动，及时传递党和政府的温暖，引导广大退役军人爱党爱国、感恩新时代。运用全媒体加大宣传力度，省政府新闻办举办了 3 场退役军人工作新闻发布会，在全国退役军人事务系统宣传思想工作座谈会上交流了陕西做法。按照主动迎接到位、政策宣传到位、信息采集到位、教育培训到位、岗位安置到位、就业服务到位和组织一个欢迎仪式、开辟一条绿色通道、设立一个接待服务站、送上一个退役“礼包”、营造一个温馨氛围的“六到位”“五个一”要求，常

态化组织退役军人返乡欢迎仪式，推动形成凝聚人心、增进认同、促进和谐的综合效应，营造了“尊崇军人、敬重英雄、关心国防、热爱部队”的浓厚氛围。

（四）发挥“示范之力”，选树一批先进典型

注重发现退役军人中的英雄模范和先进典型，挖掘先进事迹，讲好英雄故事，大力宣传和表彰奉献在各行各业的优秀退役军人，弘扬社会主义核心价值观，用榜样的力量激励感召广大退役军人奋发作为，争做时代先锋。组织家乡代表看望慰问了张富清同志，拍摄了学习张富清同志宣传片，评选表彰了 25 名“陕西最美退役军人”，13 名“全国模范退役军人”、2 个“全国退役军人工作模范单位”、2 名“全国退役军人工作模范个人”受到国家表彰，3 人受到习近平总书记等党和国家领导人接见，学有榜样、学有标杆蔚然成风。

三、经验启示

在探索常态化联系服务退役军人工作中，我们坚持“六化”工作法，确保机制落实落细，取得实效。

1. 落实网格化，确保责任到人。按照属地管理、层级负责、网格化服务的原则，县级以上退役军人事务厅（局）采取分片包抓和重点联系相结合的方式开展联系服务工作，退役军人事务厅（局）领导班子成员根据任务分工，每人分片包抓所辖若干地区；厅级领导干部每人重点联系退役军人 2—3 名，处级领导干部每人重点联系 3—5 名，其他人员每人重点联系 2—3 名。重点联系对象为功臣英模、特殊困难退役军人、重点优抚对象以及信访矛盾突出人员等。乡镇（街道）和村（社区）退役军人服务站对辖区内退役军人联系服务全覆盖。数量较多的，发挥当地党政领导、党员骨干以及优秀退役军人等群体的作用，将人员进行分片编组，建立网格化管理联系体系，做实网格化服务，夯实网格化责任，确保每一名退役军人都有人联系服务。

2. 保持常态化，确保持续经常。坚持定期联系与常态走访相结合，县级以上退役军人事务厅（局）和退役军人服务中心对重点联系的退役军人，每半年联系服务不少于 1 次；乡镇（街道）、村（社区）退役军人服务站工作人员与辖区内退役军人联系服务不间断，每季度联系服务不少于 1 次。定期总结讲评联系服务工作开展情况，并纳入年度考核重要内容，作为个人考评、单位考核的重要依据，对工作成效明显、成绩突出的单位和个人，给予表彰奖励；对工作不力，造成严重不良影响的，严肃追责。

3. 体现专业化，确保服务质量。全省退役军人事务厅（局）和退役军人服务中心（站）为常态化联系服务退役军人和其他优抚对象的责任主体。省、市、县三级退役军人服务中心具体负责本级联系服务工作的组织实施，并指导下级做好联系服务工作。乡镇（街道）、村（社区）两级退役军人服务站重点做好学习宣传阐释落实政策、维护退役军人合法权益、实施综合帮扶、开展走访慰问、“解疙瘩”等五个方面服务。

4. 探索社会化，确保力量统筹。善于有效整合资源，加强军地协同、部门协同、上下协同，统筹整合各部门、各单位和全社会的资源和力量，调动各方积极性，汇聚各方智慧力量，共同服务退役军人，建立了“1＋6＋X”陕西省退役军人一体化服务平台。“1”即组建服务退役军人专家智库，聘请了 13 名首席顾问、247 名特聘专家、107 个专业机构；“6”即先期涵盖法律援助、卫生健康、文化艺术、就业创业、金融扶持、拥军惠军 6 个领域；“X”即持续汇聚优质资源，创新服务产品，推动一体化服务平台扩面提质，提供集成式、专业化、高质量服务，形成退役军人工作大协同格局，形成融合发展的生动局面。

5. 实现信息化，确保高效便捷。创新服务方式方法，坚持上门联系与上网联系相结合，在面对面上门联系的基础上，依托退役军人信息服务平台、退役军人手机 APP 等，通过微信、短信、电话等方式，与服务对象随时互动交流。对联系服务的每名退役军人及优抚对象建档立卡，并运用退役军人信息服务平台，全过程、动态化记录联系服务情况，每次联系服务均要“图说”“上网”，建立有民意、有温度、有积累的群众工作账本。

6. 倡导“志愿化”，确保各方参与。建立志愿化服务队伍，积极动员社会力量，调动社会资源服务退役军人，同时用好退役军人中的资源为其他群体服务，真正做到你中有我、我中有你。新冠肺炎疫情暴发以来，全省约12万名退役军人、2.7万名系统工作人员、4600余支志愿服务队积极投身抗击疫情一线，为打赢疫情防控人民战争、总体战、阻击战做出了重要贡献。

供稿：陕西省退役军人事务厅

新疆生产建设兵团第12师222团文幸社区
真心服务退役军人　大力弘扬老兵精神

222团文幸社区成立于2002年，多年来社区充分挖掘老兵故事，打造了老兵牌社区，弘扬老兵精神，更是教育一代代团场人。

一、背景情况

222团文幸社区退役军人服务站现有退役军人258名，主要有参加东北抗联老战士、老红军、老八路、中国人民解放军、抗美援朝老战士、山东女兵和湖南女兵、对印自卫反击战老战士、对越自卫反击战老战士、某涉核部队退役士兵及其他退役士兵。其中现有新中国成立前退役军人18人，参加西藏平叛、中印自卫反击战的有35人，参核人员16人，志愿军6人，山东女兵5人，伤残军人2人，遗孀44人。

自2019年5月222团文幸社区成立退役军人服务站以来，服务站聚焦新时代退役军人工作重点，以“全心全意为退役军人服务”为宗旨，坚持“让军人成为全社会尊崇的职业、让退役军人和其他优抚对象满意”的工作理念，持续加强对退役军人工作的服务，健全保障机制，弘扬兵团精神、老兵精神，传承红色基因，助推退役军人建功新时代。

二、主要做法

（一）增强党的核心领导。社区自成立退役军人服务站以来，实现了辖区内退役军人“有人管事、有场地做事、有钱办事、有制度成事”四保障。由社区书记任社区退役军人服务站站长，同时配备工作人员从事退役军人事务工作，让办事的退役军人找到了“家”。团场退役军人服务中心（站）将民政、残联等救助资金与退役军人事务服务经费整合使用，确保资金保障得到落实。同时制订了服务站工作制度、工作职责、工作流程进行公布，让退役军人对政策和办事程序一目了然。许多前来办事的退役军人都说，这回我们退役军人可有了娘家人，有了可以倾诉、办事的地方了。

（二）加强思想政治教育。采取各种方式学习退役军人中的先进事迹。组织40余名退役军人代表召开学习退役军人张富清同志英雄事迹座谈会，通过观看退役军人张富清同志英雄事迹短片、学习习总书记指示，退役军人纷纷表示要向张富清同志学习，继续为团场建设献言献策，建功立业；在新中国成立70周年当天，组织退役军人参加升旗仪式，观看新中国成立70周年庆祝大会实况。通过聆听习近平总书记重要讲话、观看阅兵式和群众游行等，使我社区退役士兵深刻感受到作为军人的自豪感和荣誉感。

（三）彰显“老兵”特色。利用多种形式在退役士兵中大力宣传党中央、习总书记对退役军人的关心关爱；宣传新中国成立70周年来波澜壮阔的伟大历史征程；宣传各个历史时期退役军人模范典型事迹和牺牲奉献精神；开展“老兵精神大宣讲”活动，组织宣讲团，讲述人民军队和退役军人的好声音、好故事，如：老兵甘大国，退休后发挥余热，发扬兵团精神、老兵精神，依然兼起团关心下一代工作委员会的常任副主任的职务，长期为青少年宣讲老兵故事，多次获得全国关工委的表彰；93岁的老兵李信志，常年义务为小区打扫环境卫生；老兵郭彦章签订了自愿捐赠遗体协议书，为国家的医学研究做贡献；退役军人张新疆，长期为养老院老人和社区居民免费理发，多次得到团场的表彰；退役军人袁改忠是团场有名的致富能手，他成立了合作社，带领广大职工一起致富。通过大力宣讲这些退役军人、退役不褪色的先进事迹，在社区营造了浓厚的尊崇军人、尊重退役军人的社会氛围。

（四）实施慰问关爱活动。在春节前夕开展关爱老兵活动，团领导亲自带队和社区书记，冒着严寒走访慰问了居住在乌市、团场的18名新中国成立前老兵和几名患病退役士兵；“八一”建军节，除了积极开展拥军优属活动外，师退役军人事务局和团领导带着慰问金、慰问品入户慰问了涉核人员及病残退役军人16人，发放慰问金共计1.6万元，使这些退役军人十分感动，感受到了师党委、师退役军人事务局、团党委和社区退役服务站的关心关爱；在国庆节前夕，我服务站和团领导、师领导一起，再次入户为18名新中国成立前老兵颁发了“庆祝中华人民共和国成立70周年纪念章”，使老兵及其亲属们倍感党的关怀和温暖。10月中旬，在革命伤残军人常世俊同志遗体告别仪式上，常世俊老人的儿子非常激动地说：“在我的父亲病危住院期间，团领导到医院把纪念新中国成立70周年纪念章戴在了父亲胸前，这是对我父亲最大的关怀和安慰，也是我们家人最大的感动与自豪。”

（五）落实各项惠民政策。积极开展部分退役士兵社会保险接续摸底登记工作，通过电视、网络、横幅广泛宣传各项惠及退役士兵利好政策，目前已有多名退役军人前来登记申请办理社保接续；做到各项优待政策及时宣传到位和各项优抚政策落实到位，有效地保障了优抚对象的合法权益，让广大优抚对象切实感受到了党和政府的关怀和温暖。

（六）及时化解信访矛盾。坚持每月对涉军矛盾纠纷进行排查，及时依法依规解决退役军人的各类信访诉求，确保诉求合理的解决到位，诉求无理的思想教育到位，生活困难的帮扶救助到位，行为违法的依法处理到位，带着责任、带着感情做好退役军人信访工作。如：退役军人蒋某某，曾因参与群访，在师退役军人事务局和团场服务站的积极努力下，通过做耐心细致的思想工作，帮助解决养老金问题，使其疏通思想情绪，表示不再上访，保持了重大节庆活动期间信访稳定。

三、经验启示

依托222团“红色基因”的前身，原就地转业的退役军人，积极投身到建设农场的热潮中，他们开荒造田，修建水库，为了不给祖国添负担，他们自己种粮，种棉，将一片戈壁滩打造成了今天的沙漠绿洲，他们为建设兵团做出了巨大的贡献，退休后他们依然默默地发挥余热，让“老兵”精神代代相传。

毅然为疫情捐款的96岁退役老兵辛锡贵，退休不褪色、当好团场勤务员的93岁退伍老兵李信志，奋战在疫情防控一线的老兵苏德昌，自愿缴纳“特殊党费”的老兵甘大国，发挥退役军人余热的志愿服务队……在紧要关头，我们的退役军人总能挺身而出，自发组织起来，志愿服务于疫情防控、应急抢险、抗洪救灾等重大民生保障，承担起维稳处突控边等急难险重任务，为新疆社会稳定和长治久安不懈奋斗着。

供稿：新疆生产建设兵团第12师222团文幸社区退役军人服务站

退役军人作用发挥

维稳戍边　义不容辞

——河北省大力推进退役军人踊跃赴疆就业创业的创新实践

为落实习近平总书记关于对口援疆工作系列重要讲话和指示精神，河北省退役军人事务厅建立伊始，厅党组就把落实河北省《关于进一步做好对口援疆工作的实施意见》紧紧抓在手上，从政治自觉、思想自觉、行动自觉三个层次提升对中央援疆部署的工作站位，从巩固国防、保卫边疆、强军兴军三方面提升对做好退役军人赴疆就业创业的行动站位。2019 年以来，与新疆生产建设兵团第 2 师铁门关市（以下简称“第 2 师”）紧密配合，先后组织三批 410 余名退役军人和 637 名随军家属赴疆就业创业，受到省委、省政府、退役军人事务部、第 2 师等领导高度赞扬。省委书记王东峰、省长许勤三次作出批示予以肯定；退役军人事务部也以《河北省全力做好退役军人赴疆就业创业工作》为题，专门编发信息参考。

一、背景情况

2019 年 7 月召开的第七次全国对口支援新疆工作会议强调：对口援疆是国家战略，是实现新疆社会稳定与长治久安总目标的重要举措。要以凝聚人心为目的，坚持全面援疆、精准援疆、长期援疆。河北省委省政府高度重视对口援疆工作，省委立即召开常委会听取第七次全国对口支援新疆工作会议精神，研究河北省贯彻落实意见。要求全省各级各部门要坚持政治站位，深入学习贯彻习近平总书记重要指示和党中央决策部署，认真落实第七次全国对口支援新疆工作会议精神，加大对口援疆工作力度，紧密结合新疆需求，在资金项目支持、干部人才选派、基础设施建设、脱贫攻坚等方面升级加力。

早在全国第七次援疆工作会议召开之前，河北省委省政府与对口援建单位新疆生产建设兵团第2师领导已经就新一年度援疆工作达成共识。2019年4月14日，第2师专门派出党政代表团来河北考察，拓展河北与第2师的对口援建范围。河北省委书记王东峰在与第2师党政代表团举行工作座谈时，要求全省各级各部门要把对口援疆工作摆在更加突出的位置来抓，提出“新疆和兵团需要什么，河北就着力支持服务什么”。省长许勤也批示要建立对口支援常态长效机制，不断提高对口援疆工作的针对性和实效性。河北省退役军人事务厅认真学习领会省领导指示要求，抓住省、师领导座谈创造的有利时机，立足河北退役军人较多与第2师警务力量薄弱两大实际，经过缜密研究，把推荐退役军人赴疆担任公安辅警作为落实人才对口援疆战略的具体举措，摆在突出位置，强化责任担当，下大力推动退役军人赴疆就业创业。

二、主要做法

（一）积极主动对接，专题筹划退役军人赴疆就业工作

按照省委、省政府要求，河北退役军人事务厅多次对接2师人社、公安等部门，主动研究推进退役军人赴疆就业创业具体举措。2019年4月初，

获悉第2师拟招聘800名公安辅警的信息后，厅主要领导高度重视，亲自谋划部署，提出要以选送退役军人赴第2师从事公安辅警工作为切入点，创新推动退役军人赴新疆就业创业，以实际行动落实中央和省委援疆大政方针。随后，省厅成立工作专班，明确专人负责，集中精力对接第2师人社局，全力以赴抓好选送工作。省厅与第2师工作组就招聘退役军人的条件、数量、面试、政审、待遇、接送、工作安排等一系列细节问题进行多次细致研究讨论，为招聘工作顺利进行奠定良好基础。

广泛宣传动员，实现退役军人知晓全覆盖。4月26日，省退役军人事务厅召开省市县乡四级电视电话会议，将选送工作直接部署到乡镇，统一思想，讲明政策，明确要求，凝聚起支援建设新疆的广泛共识。省工作专班配合第2师工作组，认真研究工作方案，明确双方责任分工；制作宣传册、宣传片，利用"退役军人网上招聘平台"发布招录信息；发挥"两站三中心"服务职能作用，设立专线，指定专人24小时值班，为有赴疆就业创业意愿退役军人答疑解惑。全省各级退役军人事务部门先后组织动员宣讲300余场次，接受咨询3000余人次。依托乡村服务站"最后一公里"优势，进村入户宣传动员，做到宣传工作全覆盖，发动符合招录条件的退役军人踊跃报名。广大退役军人把维稳戍边作为自己义不容辞的责任，积极响应党和政府号召，积极报名参加，仅用20余天时间，就动员3200余名退役军人报名应聘。

严把资格审核，保证选送质量。为保证输送退役军人质量，该厅抽调4名处级干部带队，与第2师派来的四个面试组分赴各市县开展紧张的面试工作。由于援疆任务和辅警工作的特殊性，第2师制定了严格的面试标准。为了让退役军人少跑路，面试组深入报名较为集中的各市、县（市、区）现场办公，开展面试。各市、县退役军人事务局、服务中心全力配合，布置面试场地、通知面试人员、安排面试程序、维持面试秩序，并对每一名参加面试的退役军人情况进行登记，对因各种原因未能通过面试的退役军人做好安抚解释工作，保证面试工作顺利进行。仅用一周时间，就全部完成面试任务，219名退役军人被选用。

做好后续服务工作，营造稳心留人氛围。选聘工作基本结束后，河北退役军人事务厅向省委、省政府及时报告招聘情况和下步送达入选退役军人赴疆工作安排。省委书记王东峰批示“精心组织，支援服务新疆”；省长许勤批示“后续工作要抓好做扎实”。根据省领导指示精神，制定了详细的送达方案，从省厅和各市抽调 14 名政治可靠、责任心强、具有组织协调能力、吃苦耐劳的同志全程陪同，直接送到第 2 师团（镇），第 2 师也派出 14 名同志前来迎接。厅主要领导与第 2 师有关负责人共同研究制定赴疆方案和保障措施，为每名赴疆退役军人发放告知书明白纸，各市退役军人事务部门组织召开座谈会做好送前动员。积极协调北京铁路局和石家庄火车站统一购票，克服了送达工作路程较长，车次转换较多，送达人员数量多等问题，于 6 月 20 日平安顺利将第一批录用的退役军人全部送达用人单位，并于翌日全部上岗。

来是基础，稳是根本。为了让退役军人赴疆就业高兴来，稳得住，扎下根，第 2 师人社、公安部门特意安排河北省送达人员分赴第 2 师 3 个垦区 8 个团（镇）进行实地走访。对各团场的幼儿园、学校、医院、退役军人小区和住房、工作单位、家属分配的身份地及种植的农作物和经济作物等进行详细考察；到退役军人训练基地与参加训练的退役军人见面，征询他们的意见，解答他们的疑难，及时反映存在的问题；针对部分退役军人提出的饭菜不适应、住房不够用、房间物品损坏、心理不适应等问题，逐一与团（镇）领导交换意见，尽最大努力帮助解决。通过交流谈心，进一步坚定他们扎根支援服务新疆建设的信心。

三、经验启示

选送优秀退役军人赴疆维稳戍边和就业创业意义重大、影响深远，受到社会各界关注和广泛欢迎，产生良好社会反响。一是首因效应。招聘退役军人赴新疆担任辅警对于河北和第 2 师都是首次，大家心里都没有底，对报名和最后结果期望值都不高。经过认真细致工作，结果出乎意料，不仅报名踊跃，而且录用质量也相当好，对组织者和退役军人群体产生了积极的正面效应。二是虹吸效应。第 2 师广袤的土地、优质的农产品资源、飞速发展的服务业、较少的人才数量特别是高技能人才短缺等条件，为河北向第 2 师输送优秀退役军人提供了虹吸效应。三是引领效应。招聘退役军人赴疆工作的成功，对其他行业和地区进一步加强内地与新疆的紧密合作产生引领效应。河北一些地市已经谋划，将根据第 2 师吸纳当地退役军人及家属数量，在第 2 师团（镇）建立退役军人村或特色人才小镇，吸纳更多的人员赴疆创业就业。同时谋划在第 2 师建立河北省退役军人就业创业基地，使之成为跨省退役军人就业创业的范例，在支援新疆建设和拓展退役军人就业创业方面取得双赢。

在工作中体会到，做好退役军人工作一要紧紧围绕党和政府工作大局，始终为大局服务，才能抓住工作的着力点；二要注重工作多重效应，力争实现多赢。此项工作做到了党委政府满意、退役军人满意、退役军人家属满意、退役军人事务部门满意、用人单位满意，实现了社会效益多赢的局面；三要善于创新工作方式，拓宽思路和视角，把促进退役军人就业创业放在全国范围特别是支持边疆建设的战略部署来考量，有利于实现新突破。

供稿：河北省退役军人事务厅

辽宁省命名首批10个退役军人创新工作室

一、背景情况

2月中旬，辽宁省退役军人事务厅联合省总工会命名了首批10个退役军人创新工作室，并给予每个退役军人创新工作室10万元补助资金，主要用于工作室师资、购置教材教具、改善基本设施、运营费用等。

二、主要做法

一是高位推动，增强示范引领。省退役军人事务厅党组始终带着使命、带着感情、带着责任，强力推动做好退役军人就业创业工作。为充分调动退役军人在新的领域、新岗位上干事创业，省总工会和省退役军人事务厅决定联合开展退役军人创新工作室推荐活动，推荐、命名10个辽宁省退役军人创新工作室。省退役军人事务厅联合省总工会印发了《关于推荐辽宁省退役军人创新工作室的通知》，强调切实把符合条件的优秀推荐对象选拔出来，把给予退役军人的尊崇和优待落到实处，好事办好。推荐评选过程坚持优中选优、群众公认原则，严格筛选把关、注重质量第一，使推选过程成为吸引广大退役军人广泛参与的过程，成为推动创业创新的过程。在市级退役军人部门和工会初审推荐、省级退役军人部门和工会审定的基础上，遵循“主体清晰、注重导向、示范引领、优中选优”的原则，对各市推荐的退役军人创新工作室进行了现场考察和审核打分、审定，一大批价值鲜明、成果突出、

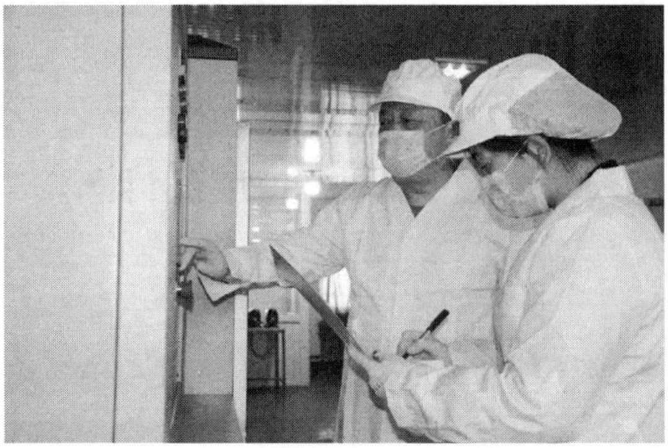

“杨俊杰退役军人工作室”负责人杨俊杰与工作室人员研究课题项目

鞍山添舜集团董事长、“张铭怀退役军人工作室”负责人张铭怀与工作室人员研究攻关课题

事迹感人、影响力大的退役军人创新工作室脱颖而出，最终确定了韩大东等10个退役军人创新工作室为“辽宁省退役军人创新工作室”，并颁发牌匾。二是创新激励，促进成果转化。张铭怀是鞍山添舜集团董事长、二级保安师，公司创新工作室的带头人，以他名字命名的“张铭怀退役军人工作室”当选为辽宁首批退役军人创新工作室。张铭怀介绍说，工作室成立于2014年，确定了8人为成员的核心团队，其中4人为退役军人。在工作室他们强调团队的力量，激发每个人的创新热情。成立5年多来，整个工作室共同完成了10多项重点技术创新项目。其中研发的“一键式”报警器，一经推出就受到各方使用者的推崇，填补了鞍山市“物联网现代服务”的空白。本溪军创动漫科技创新有限公司创始人石隆卿，2018年退出现役后成立了这家公司，拥有了自己的创新团队。作为本溪市退役军人创业孵化基地的入驻企业，享受基地提供的工作室及水电、网络等基础支持，他表示：“创业起步爬坡阶段，工作室得到的10万元补助资金犹如雪中送炭。”创新激励，激活一池泉水。下一步，辽宁省将进一步加大退役军人创新工作室创建活动的覆盖面，不断加强退役军人创新工作室规范化建设，把退役创新工作室建成技术创新的“孵化器”、成果转化的“中转站”，加速营造人人崇尚创新、人人希望创新、人人皆可创新的浓厚氛围。

三、经验启示

退役军人创业群体是一支充满朝气和活力的队伍，蕴藏着无穷的创造力。氛围浓，则活力增。通过命名首批 10 个退役军人创新工作室，将充分发挥退役军人创业群体的典型引领作用，调动他们干事创业的积极性、主动性和创造性，引导广大退役军人积极投身“大众创业、万众创新”实践，建设知识型、技术型、创新型退役军人队伍。

供稿：辽宁省退役军人事务厅

不忘勉励　再谋新篇　黑龙江省佳木斯市退役军人就业服务工作不断创新发展

一、背景情况

黑龙江省佳木斯市适应退役军人就业创业工作新形势、新要求、新变化，积极应对，勇于创新，积极探索“权威推荐+自主就业”新路子。根据民营企业党建工作的迫切需要和自主择业军转干部实现就业的期盼，2007年，佳木斯市委组织部、佳木斯市人事局、佳木斯军分区政治部等12家单位联合下发了佳组联〔2007〕4号文件《关于选派自主择业军转干部担任非公有制经济组织党建指导员的意见》，开始深入挖掘退役军人人才队伍潜力，选派自主择业军转干部到民营企业担任党建指导员，建立了行之有效的非公有制经济和新社会组织（简称“两新”组织）党建工作运行模式。他们的做法多次在全国自主择业军转干部工作会议上介绍。新华社《内参选编》《解放军报》国务院军转办《转业军官》《军转信息》和国防、党建网站多次给予报道和转发，赢得了社会各界好评。选派自主择业军转干部到非公企业和社会组织担任党建指导员这一做法，受到党、国家和军委领导人的高度关注和肯定。

佳木斯市退役军人事务部门成立以来，认真贯彻落实习近平总书记的重要批示指示精神，为确保总书记当年的重要批示落地扎根，借鉴过去经验做法，创新工作模式，动员全社会力量，积极促进新时代退役军人就业创业，扎实有效地开展向民营企业选派自主择业军转干部担任党建指导员工作。2019 年 10 月，佳木斯市委组织部、佳木斯市退役军人事务局联合下发《关于调整选派自主择业军转干部和退休处级党员干部到非公企业和社会组织任党建工作指导员的通知》，新选派 30 名自主择业军队转业干部指导 56 家企业，党建指导员工作持续升级，有效促进退役军人就业服务工作向前发展，实现了军队、民营企业和自主择业军转干部“三满意”。

二、基本做法

黑龙江省佳木斯市退役军人事务局成立以来，深入贯彻落实习近平同志重要批示指示精神，把适应民营企业党建工作迫切需要和自主择业军转干部就业迫切愿望作为重中之重，围绕助力民营企业党组织建设，积极促进新时代退役军人就业创业工作，创新工作举措，勇于探索实践，搭建起了“四位一体”促进退役军人就业创业工作平台，加大了选派党建指导员培训指导工作力度，扎实推进选派党建指导员工作持续健康开展，提升了退役军人就业创业工作整体水平。

1. 选派与选聘相结合，确定“人才库”。自主择业军转干部退役后，由市退役军人事务局统一服务管理，在充分调查了解的情况下，选派政治素质比较高、熟悉和热心党务工作的党员干部担任党建指导员，报组织部门审核备案后，统一派遣。同时，坚持民主择优、公开招聘等方式选聘自主择业军转干部担任党建指导员，录用后，统一签订聘任书，实行合同式管理。近年来，先后选派 500 余人次自主择业军转干部到非公企业和社会组织担任党建指导员，得到了企业的普遍欢迎。

2. 培训与帮带相结合，丰富“智囊团”。为确保选派的指导员更好更快地融入非公企业和社会组织工作环境、掌握工作技巧，确保到了就会干，我们坚持做到扶上马送一程。市退役军人事务局与组织部门一道，精心设计培训内容，力求培训工作富有指导性、针对性、有效性。培训期间，专门邀请政府相关职能部门、党务工作模范、下派的优秀党建指导员，就如何开展党建工作业务、市场经济形势、企业经营管理等相关理论知识进行培训，提高党建工作指导员履职尽责能力。近年来，市退役军人事务局共举办了10余期全市选派党建工作指导员岗前培训班，培训自主择业干部和退役军人服务中心（站）400多人。

3.考核与奖励相结合，筑牢“防火墙”。党建工作指导员每年考核一次，由选派单位组织实施，重点对组织建设、党员发展和教育管理、队伍建设、开展活动等方面内容进行考核。根据企业和个人实际情况、检查考核结果对指导员进行动态管理，对不适合的进行调整，确保有工作能力、有工作业绩的人留在非公企业和社会组织工作。选派的自主择业军转干部考核称职的，按照每人每月1000元标准发放工作补贴，从而形成了一套科学、规范、有序、有章可循的党建指导员管理体系。2019年9月，市退役军人事务局按照市委《关于做好2017年选派“两新”组织党建指导员聘任期满考核工作的通知》要求，会同四个城区委组织部、市非公党工委、市高新区党工委，利用3天的时间，对市委2017年向非公有制经济组织和社会组织选派的17名自主择业军转干部党建指导员进行聘任期满考核。经综合考评，17名自主择业军转干部党建指导员中，16人考核结果为优秀，考核组分别征求了个人续聘意愿，16人均有强烈的续聘意愿继续担任党建指导员工作。同年12月，佳木斯市退役军人事务局召开全市党建指导员对接会，重新选派39名自主择业军转干部到56家非公企业和社会

与黑龙江省人力资源厅等部门联会举办“2020年春风行动暨就业援助月”启动仪式暨现场招聘会

自主择业转业军官创新创业座谈会

组织担任党建指导员。

4. 示范与引领相结合，带动就业创业。随着选派党建指导员工作的有序开展，全市涌现出了多名有成绩、有特点的先进典型。他们不仅企业党建抓得好，深受企业的信任，企业管理能力也使企业达到一个新的高度。现累计有 170 人次自主择业军转干部发生了从党建指导员到企业中层力量再到就业创业引路人的角色转换。自主择业军转干部于涛，通过担任党建指导员的经历，利用学习、观察到的企业管理的相关经验，创立了佳木斯广源拍卖有限责任公司，自任董事长兼总经理，带动 10 余名战友到其企业担任相应职务。自主择业军转干部、力佳集团人力资源部部长宋献怀通过掌握的相关政策，为力佳集团降税 30 余万元，给企业带来了实实在在利益。通过广泛宣传，企业在同等条件下，更愿意招聘退役军人到企业中工作。2019 年，佳木斯市通过送政策、举办退役军人专场招聘会，帮助 1480 名退役军人实现了就业，帮扶 9 名退役军人完成了创业，形成了社会、企业、退役军人共赢的良好局面。

三、经验启示

（一）发挥退役军人事务部门引领作用，是落实习总书记关于退役军人重大部署的硬核之举。佳木斯市退役军人事务局通过向民营企业选派自主择业军转干部担任党建指导员，既是落实习总书记关于退役军人重大部署的重要之举，也是宣传推荐退役军人就业创业有效办法，更是坚持思想引领，大力宣传正面典型，着力讲好优秀退役军人党员的故事，积极开展优秀退役军人学习宣传的实际行动，引导广大退役军人在各个岗位、各条战线上，始终不忘初心、爱国奉献、忠诚担当、奋发有为，始终发扬革命军人的优良传统，保持退役军人的光荣本色。

（二）精准推荐自主择业军转干部到基层为经济社会服务，是退役军人事务部门的一项长期任务。佳木斯退役军人事务局把退役军人中的自主择业军转干部作为特殊群体，作为党和国家的宝贵人才资源，根据他们具有对党忠诚担当、执行力强、勇于奉献的优秀品格和各自的特点，通过举办专场招聘会、参与社区网格化管理等方式，努力为其创造适合展现风采的平台。向民营企业选派党建指导员工作，就是通过党建指导员那种退役军人的报国情怀和赤诚奉献，感染身边人，唱好爱国歌，增强退役军人勇于面对新环境、新挑战的自信心，激发退役军人积极投身经济社会的必胜信念。

（三）拓宽自主择业军转干部就业渠道，是推进退役军人工作提质增效的具体检验。佳木斯退役军人事务局一直把自主择业军转干部服务管理工作作为关系改革、发展、稳定和国家长治久安的一项政治任务，通过组织协调社会各方力量，坚持开展“送政策、送岗位、送项目、送技能、送温暖”等“五送”活动，切实抓好各项政策落到实处，始终将退役军人“满意不满意”作为检验工作成效的唯一标尺。

供稿：黑龙江省佳木斯市退役军人事务局

选好用好“兵支书”培育乡村振兴“领头雁”

——山东省临沂市选拔退役军人到基层任职的实践探索

临沂是全国著名的革命老区、沂蒙精神发源地，素有拥军爱军的光荣传统，现有退役军人31万名，其中党员16.44万名，分布在7229个基层党组织，有1706人担任基层党组织书记、5773人担任“两委”成员，是打造乡村振兴齐鲁样板沂蒙高地的重要力量。

一、背景情况

退役军人历经军营的淬炼，听党指挥、纪律严明，吃苦耐劳、作风顽强，视野宽、资源广，综合素质在农村基层较为突出。着眼加强基层党组织建设，推动乡村振兴战略实施，临沂市充分发挥退役军人作用，引导他们投身基层建设最前沿、转战脱贫攻坚新战场，在新岗位上葆本色建新功。2018年以来，按照山东省委指示要求，聚焦“选配、扶持、激励、教育”四个环节，选拔退役军人优秀党员担任基层党组织书记，着力强化“鲶鱼效应”、打造“头雁方队”，为基层建设注入源头活水。

二、主要做法

（一）精准定村选人

按照“先行试点、趟出路子、总结推广”三步走的思路，把优秀退役军人党员选出来、推上台。

1. 加强领导。市、县党委成立了由书记任组长的领导小组，组织、退役军人等部门负责人共同参与，统筹协调选配改革工作。制定出台《关于开展村党组织书记选配改革试点激励优秀人才服务乡村振兴的指导意见》，明确了标准程序、服务管理、保障激励等 18 条措施。

2. 探索路子。聚焦农村干部“选人难”、后进班子“整治难”、村级矛盾“化解难”、落后村庄“发展难”等“四难”问题，先期确定在蒙阴、兰陵 2 个县先行先试，探索物色考察、公开考选、择优选派、精准定位等方式，第一批选择 41 个村庄开展试点，其中 24 名退役军人当选村支部书记。

3. 精准选配。结合打赢整瘫治乱“主攻战”，全市选取党组织空缺或无合适人选、村级信访矛盾突出、党组织软弱涣散等 5 类 546 个村庄，综合退役军人特点定人定村，选

费县兵支书张培华向参观人员介绍烟草技术

山东省临沂市兰山区兵支书侯民与参加建军节活动老兵合影

山东省沂南县南村社区兵支书李凤德深入群众征求意见建议

配“兵支书”155名、占比达到28.4%，做到人尽其才、人村相适。蒙阴县北关社区安置房建设分配成为棘手事，经考察选任的退役军人秦健到岗后，带领“两委”成员多方协商、凝聚心气，短期内解决了资金缺乏难题，公开组织选房分房，做到了上下满意、群众服气。

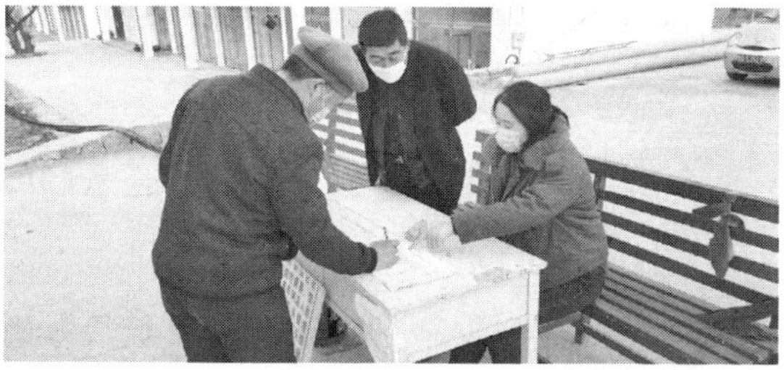

山东省沂水县院东头镇女兵支书王成成疫情期间值守监控点位

莒南县兵支书赵祥卿疫情缴纳特殊党费

4. 加强储备。以县区为单位，按照每村不少于2人的数量，建立村党组织书记后备人才库。实行专项推荐制度，由县区人武部、退役军人事务局从新退役人员中择优推荐一批，纳入村党组织书记后备人才库。2019年全市新增储备人才13300余名中，退役军人占比达到1/4。

山东省蒙阴县组织退役军人选拔党组织书记考试现场

（二）加强培育扶持

借鉴第一书记工作经验，在“扶上马、送一程”上下功夫，以务实管用措施，扶持他们干事创业。

1. 多层次培训。依托沂蒙乡村振兴学堂、新农人培训中心等，每年开展“三个一”活动：一次进党校专题培训、一期到省内外先进地区实地见学、一轮先进党组织书记巡回宣讲，帮助“兵支书”开阔视野、强化能力。

全国模范退役军人、费县新庄镇原归仁村党支部书记张培华，通过切身感受解疑释惑，帮助新任书记调整心态、积累经验。

2. 结对式帮带。建立“2＋1”联系制度，由2名乡镇党委成员结对1名“兵支书”，进行重点指导。每村安排1个县区直部门结对帮包，落实“镇村吹哨、部门报到”制度，定期解决亟须办理的民生实事。沂水县采取以老带新、先进带后进的形式，帮助新任“兵支书”适应工作节奏，掌握工作方法。“女兵支书”王成成，在县退役军人事务局指导下，确定了“挖资源、强基建、改场所、惠民生”工作目标，打开了工作局面，赢得了群众信任。

3. 持续型支持。对新选任村，县级财政连续两年每年每村拨付不少于20万元经费，重点扶持改善村级活动场所、完善基础设施和发展集体经济。县管党费按照每村每名党员每年不低于100元的标准下拨培训经费，保障党员教育培训和开展党的活动。莒南县退役军人李路杰回村任职后，积极争取政策支持，依托驻地红色文化支撑、天然卧佛自然禀赋，大力推进民宿改造工程，让小山村成为体验田园生活、回味乡愁记忆新去处。

（三）强化激励保障

着力构建物质保障、晋位奖励、政治激励“三位一体”的保障体系，有效解除“兵支书”后顾之忧。

1. 落实报酬补助。新选配村支部书记享受村干部标准，任职满1年后，符合参加居民养老保险条件的，在个人缴费的基础上，每年按照基本报酬总额20%的比例给予补贴，所需资金统一纳入县级财政保障。郯城县启动村党组织书记专业化管理工作，首批确定395名村党组织书记参照乡镇事业单位人员标准落实补贴报酬，有效激发了积极性和主动性。

2. 实行晋位奖励。对实绩突出、任职村年度考核由后进变先进的，县乡财政按照不低于1万元标准发放一次性奖金。对发展村集体经济作出突出贡献的，按集体经营性收入增量10%的比例予以奖励，最高不超过5万元。兰陵县退役军人王国梁，担任村支部书记后，改厕改水安路灯、整地修路搞绿化，发展酒业文化产品，大力促进集体增收，村子发展驶入快车道。

3. 强化政治激励。年度考核为优秀等次的，优先作为各级“两代表一委员”和优秀共产党员、劳动模范、先进个人等推荐对象，优先推荐进入乡镇领导班子。莒南县“兵支书”赵祥卿，坚持党建引领，探索了村庄管理“祥卿工作法”，让过去的“穷窝、烂村”变成远近闻名的示范社区，被评为“全省担当作为好书记”，并选聘为朱芦镇副镇长。

（四）加强教育管理

坚持关注在平时、督导在经常，确保“兵支书”队伍坚强过硬。

1. 强化管理措施。实行县乡两级双重管理模式，要求每月在村工作不少于 20 天。遵照《临沂市从严管理村干部若干规定（试行）》和廉洁履职有关规定，全面规范履职行为。市县退役军人部门结合退役军人“结亲连心”活动，对“兵支书”任职村进行重点联系，起到了良好约束作用。

2. 加强跟踪督导。对“兵支书”“兵委员”履职情况进行台账管理，由退役军人部门跟踪掌握，对表现优异、成绩突出的进行重点培养。蒙阴县实行“半月调度、季度观摩、半年评比、年度考核”制度，根据工作实绩列出光荣榜，激发了争先创优热情。

3. 做好典型选树。以带领群众致富的乡村振兴带头人为重点，在市级媒体开设《走出军营的日子》，报道优秀退役军人 19 期，推荐 2 人被评为全国模范退役军人，3 人被评为全省优秀退役军人，20 人被表彰为沂蒙最美退役军人，为退役军人树立了良好示范。疫情防控期间，1706 名“兵支书”闻令而动，坚守任务第一线，为打赢疫情防控阻击战发挥了重要作用。

三、经验启示

临沂市紧紧围绕乡村振兴战略需要，充分发挥退役军人身处基层、来自群众的天然优势，建功立业、开拓奋进的强烈愿望，让他们走上基层党组织重要岗位，在历练中展现军人风采、体现过硬素质，为新时期激励退役军人扎根农村、奉献基层积累了宝贵经验，具有很好的借鉴意义。

1. 认清优势、加强储备，让退役军人闪光在基层。退役军人是党和国家的宝贵财富。临沂市打造“储备、培养、选拔、激励”全链条，改变了以往自我发展的粗放模式，让他们学有标杆、干有榜样，树立了退役也有大作为的良好导向，营造了全社会尊重退役军人的浓厚氛围。

2. 注重培养、强化帮带，让退役军人奋进在基层。临沂市根据退役军人党组织书记年龄、知识、特点，完善多层次、多样化教育培训体系，开展结对帮扶、携手共建活动，满足了基层实际需求，有助于他们强化自身能力，胜任本职工作，带领群众闯出新天地、干出新业绩。

3. 加强关怀、典型激励，让退役军人建功在基层。临沂市坚持以保障生活基础、拓展发展空间为着力点，完善待遇、保险、扶持等有效措施，积极选树退役军人先进典型，让他们有盼头、有干劲，让基层成为拴心留人的舞台，有效激励他们在基层建设中勇当排头兵。

供稿：山东省临沂市退役军人事务局

重庆市武隆“兵支书”发挥先锋模范作用勇挑经济社会发展重担

我区深入贯彻落实习近平总书记关于退役军人工作的重要论述和指示精神，坚决落实市委、市政府关于退役军人工作的安排部署，持续深入推进军地两用人才队伍建设走深走实，竭尽全力打造一支退伍不褪色的“兵支书”队伍，“兵支书”在推动我区经济社会发展中勇挑重担，切实发挥先锋模范作用，特别是有力助推了我区基层党组织、地方稳定、脱贫攻坚等工作再上新台阶。2019 年，我区“兵支书”集体被中央军委国防动员部列为重大宣传典型，《中国国防报》等中央和市区媒体进行专题宣传报道，充分肯定“兵支书”在推动经济社会发展中起到先锋模范作用。

一、武隆区“兵支书”背景概况

我区“兵支书”总体概况是全覆盖、站位高、能力强、敢担当，形成了以点带面、一域服务全局的战略格局。武隆共有 30 个社区、185 个行政村，共有“兵支书”201 人。从职务分布看：驻村第一书记和工作队员 24 人，占比 11.94%。村（社区）党组织书记 34 人、占比 16.92%。村（社区）主任 19 人，占比 9.45%。下设支部书记 14 人、村（社区）副主任 7 人、村（社区）“两委”成员 30 人、专职干部 12 人、本土人才 4 人、村民小组长 57 人，占比 61.69%。从文化水平看：大学专科及其以上学历 50 人，中职高中 82 人，占比 65.67%。从年龄来看：最小年龄 24 岁，最大年龄 70 岁，平均年龄 49

岁。从任职时间看：最短任职3个月，最长任职34年，平均任职8.39年。从服役情况看：服役2年的40人，超过2年的161人，平均服役年限4.45年。

二、主要做法

（一）做到整体谋划，系统推进“兵支书”工作。一是领导重视。区委、区政府有关领导的大力支持，将“兵支书”群体作为提升全区基层党组建设水平的重要手段来抓，纳入区领导调研课题开展了专题调研。区委书记黄宗华就“兵支书”工作作出批示，要求以“新起点、重培养、高要求、广宣传”来谋划部署相关工作。二是加强军地协同。我局联合区人武部定期召开“兵支书”工作专题会议，整合各单位现有资源优势，集中发力，形成“兵支书”工作军地协同、共推共建的新格局。三是加强部门合作。我局联合区人武部，积极争取区委组织部支持，印发了《关于在基层党组织建设中充分发挥退役军人作用的通知》，在全区营造了高位推动“兵支书”工作的积极导向。

（二）抓好政策落实，推进“兵支书”队伍建设。一是建立台账。全覆盖摸排掌握辖区内退役军人文化程度、技能特长、就业创业等基本情况，建立了全区“兵支书”台账、“兵支书”后备人才台账、村（社区）退役军人台账。二是注重人才培养。将有发展潜力的退役军人列为所在村（社区）的后备干部予以培养，落实党委班子成员、第一书记、优秀村干部等开展“一对一”

传帮带，让“兵支书”后配人才全面掌握政策村情、熟悉农村工作，迅速成长，对于达到条件的及时启用。三是壮大“兵支书”队伍。选拔一批优秀退役军人到“两委”班子任职锻炼，提升“兵支书”群体在基层的覆盖面和影响力。对于能干事、想干事的“兵支书”主任、委员、专干，积极向乡镇党委推荐，直接担任村（社区）党组织书记。

（三）加强激励关怀，彰显“兵支书”榜样作用。一是加强关心激励。我局定期对离任“兵支书”召开座谈会，主动为“兵支书”排忧解难，对生活确有困难的要按照有关规定给予帮扶慰问，做到离任不离关心。二是用好保障政策。用好、用活退役军人就业创业优惠政策，利用“兵支书”微信群、QQ 群，及时将相关优惠政策下发给“兵支书”群体。加强与相关部门的沟通力度，针对“兵之书”群体积极开展银贷合作和项目扶持。三是增强“兵支书”品牌影响力。大力挖掘了一批“兵支书”在脱贫攻坚、疫情防控等工作方面的先进典型，加强对我区“兵支书”群体作用发挥的宣传报道，在全区营造了积极向上的“兵之书”正能量，让“兵之书”荣誉感、归属感、自豪感得到极大提升，“兵支书”品牌影响力、知晓度、认可度得到明显提高。

三、经验启示

（一）强化基层党组织建设，兵支书两肩“挑重担”——充分发挥示范引领作用。充分发挥“兵支书”作为退役军人服从组织领导、统筹协作能力强、甘于付出奉献的优良作风，带动村级班子队伍工作作风持续转变，打造勇于担当、敢于挑战的班子队伍。加强支部党员管理，发挥党员带动作用。基层党组织工作执行力、战斗力显著提升。接龙乡两河村“兵支书”徐斌，作为一名参战退役军人，任职以来，狠抓基层党组织队伍建设，实现支部书记、村主任、综合服务专干 100% 为退役军人。推行党员设岗定责，履职情况每月评比，全面带动作用发挥。通过抓队伍、促党员，两河村基层党组织建设进一步夯实，实现了“后进变先进”，促进了两河村产业和基础设施发展，已投入资金100万元打造青龙嘴美丽乡村示范点1个。

（二）认真抓矛盾纠纷化解，兵支书敢立“军令状”——充分发挥军人优良作风。成立由“兵支书”任组长的村级矛盾纠纷排查工作专项组，亲自抓矛盾纠纷化解，以“军令状”形式层层与村社干部签订了矛盾纠纷责任书，对重点人群、重要时段，以作战图形式，实行“日调度、周研判、月分析”，落实管控措施。组建了由“兵支书”为主要成员的退役军人联络员，加强感情沟通联系，及时掌握思想动态，正面引导和化解退役军人的矛盾信访问题。后坪乡白石村“兵支书”黄华杰，借助市司法局帮扶“优势”，联合第一书记成立了“让一让”调解工作室，创设了“四步调解工作法”，共调处化解各类矛盾纠纷100余件，重大疑难矛盾纠纷18件，防止民转刑矛盾纠纷2件，实现到市、进京非访“零目标”。白石村“让一让”调解工作室被评为“重庆市优秀人民调解委员会”。

（三）打赢打好脱贫攻坚战，兵支书勇当“领头雁”——充分发挥产业帮扶作用。发挥“兵支书”作为退役军人雷厉风行、敢打硬仗、善于攻坚的战斗作风，鼓励一批“兵支书”带头发展产业，吸引周边贫困户积极参与，对贫困户开展产业发展指导和规划，发挥“兵支书”在全村产业发展中的“领头雁”作用，形成“兵支书+贫困户+产业”机制。引导一批有经济实力的“兵支书”发展村集体经济、乡村旅游、高山蔬果种植等，让贫困户以土地或资金方式入股，形成利益共同体，解决贫困户就近就业，增加贫困户收入。黄莺乡黄莺村“兵支书”刘其发，利用外出创业积攒的资源，大力发展产业带动贫困户增收。吸引18户贫困户共入股3.6万余元入股水产养殖，按照每年5%进行保底分红，4户贫困户直接参与经营管理，15户贫困户实现养殖基地务工增加收入。同时，刘其发按照众筹模式，在武隆城区开了一家黄莺生态鱼庄，吸引8名贫困户入股1.2万元。

（四）聚焦工作退役不褪色，兵支书再当“服务员”——充分发挥服务基层作用。“兵支书”与退役军人经历相似、交谈投缘，“兵支书”通过交谈将退役军人各项政策落实到辖区内各个退役军人家庭，做到对退役军人的服务保障精准、政策解读精准、困惑化解精准。同时，以“兵支书”为抓手，村级退役军人服务站建设得到进一步夯实，有力助推了退役军人“信息采集”“光荣牌”悬挂、就业创业、走访慰问等退役军人事务相关工作的有力开展。凤山街道红豆社区“兵支书”彭小兵，针对辖区 189 名退役军人建立了村干部“1 对多”联系服务机制，建立了联系服务事项清单，定期走访退役军人，将服务送到退役军人家中，共张贴“退役军人联系服务明白卡”130 余张；建立外出退役军人联系服务微信群，发放“退役军人联系服务电子明白卡”50 余张；共帮助 50 余名老兵完成身份认证，悬挂“光荣牌”189 张，宣传退役军人相关政策 500 人次，解决退役军人民生难题 20 余件。

供稿：重庆市武隆区退役军人事务局

引领“兵支书” 建功新时代

——贵州省安顺市发挥退役军人村干部作用助力脱贫攻坚和乡村振兴

近年来，贵州省安顺市结合打赢脱贫攻坚战和实施乡村振兴战略，主动探索实践，从优秀退役军人中培塑了一批牢记宗旨、感恩奋进的“兵支书”（退役军人担任村党组织书记、村委会主任及村支“两委”委员的统称），在脱贫攻坚主战场和乡村振兴中发挥了积极作用。

一、背景情况

党的十九大召开后，为深入学习贯彻习近平新时代中国特色社会主义思想和党的十九大精神，安顺市牢牢把握历史方位和时代脉搏，挖掘开发退役军人作用，本着“政治品格领先、纳入地方党建、全程精准培育、突出脱贫攻坚、坚持实事求是”的原则，采取军地共育的方式，着力建强“兵支书”队伍、发挥“兵支书”作用、打造“兵支书”品牌，退役军人作用发挥更加明显，军民融合发展更加深入。目前，安顺市有退役军人村干部 661 人，其中担任村支书和村主任的 206 人，他们奋战在 309 个同步小康村，为脱贫攻坚和乡村振兴作出了突出贡献。

二、主要做法

（一）育强选优“兵支书”，让“兵”的战位向新的“堡垒”延伸

1. 下好人才储备“先手棋”。控好征兵关、入伍关、返乡关“三个关口”，及时发现储备优秀人才。以县为单位，每年逐乡逐村开展退伍军人情况统计分析，动态掌握退役军人学历结构、职业技能、就业创业等情况，对熟悉农村工作、有带领群众致富本领的及时纳入村级后备干部人才库。目前，安顺市“兵支书”人才库已储备 35 岁以下、高中以上文化的优秀退役军人 379 人。

2. 打好系统培育“组合拳”。结合“兵支书”特点制定培养流程图，系统实施学历升级、专题培训、跟岗实训，打造体系完备的能力升级平台。从 2019 年开始，在学历偏低中的“兵支书”中实施“学历提升 3 年行动”，组织百余名“兵支书”进行了学历提升。分批选派 163 名“兵支书”到乡镇部门、脱贫攻坚、重大项目等一线岗位锻炼，全方位提高带富本领。2020 年，组织 214 名退役军人到平坝、普定“军地实践中心”开展实地观摩，强化参与地方建设、投身地方建设意识。

3. 开通选拔使用“直通车”。以市委退役军人事务工作领导小组文件下发《关于进一步发挥优秀农村退役士兵引领村级发展作用的建议方案》，把经过组织考察的“兵干部”及时选拔到村党组织书记岗位上来。由市委组织部牵头，坚持“一好双强”标准，2020 年 3 月底前，建制县（区）按不低于 15 名、非建制县（区）不低于 5 名的比例，从目前在村农村退役士兵中遴选一批进入村“两委”班子。2020 年 6 月底前，各建制县（区）新培塑 3 个以上“兵支书”示范村，非建制县（区）新培塑 1 个以上“兵支书”示范村。

（二）引领用好“兵支书”，让“兵”的优势在新的“团队”展现

1. 培塑基层党建“领头人”。突出党建引领，组建退役军人党员先锋队，划分网格联系服务群众。围绕“党性原则、脱贫攻坚、服务群众、廉

安顺市平坝区白云镇平元村党总支书记肖正强在田间工作场景

安顺市普定县白岩镇韭黄村党委书记杨守亮走访群众工作场景

安顺市召开“兵支书”工作培训会

洁自律、法规掌握、基层党建”6项履职要点，建立“兵支书”工作责任清单，推行“兵支书”公开践诺，对照责任清单提出任期目标和拟办实事计划，通过党员大会和村民代表大会向党员群众作出公开承诺，培塑一大批扛着党旗带领村民致富的好党员。

2. 培塑脱贫攻坚“引路人”。充分发挥“兵支书”在脱贫攻坚战场上“领头羊”的作用。鼓励“兵支书”领办或创办农村合作制经济组织，健全与群众特别是贫困户利益联结机制，团结带领群众抱团发展产业，带动群众脱贫致富。截至2019年底，4个已摘帽县区脱贫成果持续巩固，关岭自治县已通过省级专项评估检查，紫云自治县各项工作有序推进，全市超额完成省定减贫目标任务。

3. 培塑抗击疫情“带动人”。新冠肺炎疫情发生后，以市委退役军人事务工作领导小组办公室名义下发了《关于号召全市“兵支书”和广大退役军人积极参与疫情防控的通知》。全市“兵支书”和广大退役军人响应召号，共 8438 人次参与到疫情防控工作中，在疫情防控工作中发挥了积极作用。

4. 培塑和谐稳定“维护人”。广泛发挥“兵支书”在基层党委政府与退役军人、基层群众之间沟通联系的桥梁纽带作用，创新设置“老兵议事会”，通过“老兵管老兵、老兵帮老兵”，建立退役军人反应困难问题和倾诉交流平台，更好地维护退役军人合法权益，有效助推军民团结，维护社会和谐稳定。2019 年，安顺市群众安全感和满意度分别排名全省第三位和第二位。

5. 培塑退役军人“榜样人”。目前，安顺市已有 85 名“兵支书”被推荐为党代表、人大代表和政协委员，4 名“兵支书”通过招考进入乡镇行政事业单位工作，10 名“兵支书”享受副科级待遇，77 名“兵支书”获得县级以上表彰。安顺军分区、市委宣传部、市退役军人局在全市范围内评选出 10 名“安顺市最美退役军人”（其中“兵支书”占 5 名），并组织在全市各县（区）巡回宣讲，营造立足岗位做贡献、建功立业新时代的新风尚。

（三）军地共助“兵支书”，让“兵”的价值在新的“战场”彰显

1. 加强军地协同指导。建立健全在党委退役军人事务工作领导小组的统一领导下，各级组织、民政、退役军人和军队等部门各司其职、密切配合的工作机制，按照“共育、共选、共管、共促”原则，加强对“兵支书”队伍建设的指导和支持。2020 年以来，先后两次召开市新时代军地实践中心（“兵支书”）工作推进会，不断推动“兵支书”建设发展壮大、拓展延伸。

2. 加大政策扶持力度。依托“鸿雁归巢”“春晖使者”“农业专家服务‘三农’”等计划行动，抢抓贴息贷款、东西部扶贫协作、黔货出山进军营等政策，推动建立退役军人创业孵化基地和创业园，在产业、资金等方面予以支持。为实绩突出、群众公认的优秀“兵支书”拓宽成长通道，建立健全报酬增长机制，获得市级以上表彰、连续两年获得县级表彰的享受副科级经济待遇。

3. 加大跟踪管理力度。按照定期考评、跟踪督评的方式，县级组织部门牵头，退役军人事务部门配合，采取“双述双评”的方式，指导乡镇党委对“兵支书”履职情况开展考核评议。建立“兵支书”动态研判调整机制，结合考核评议结果和践诺考核情况，对履职表现好的，加大激励表彰力度；对履职表现一般的，因人施策抓好教育督导；对不胜任、不称职的，及时进行回炉改造或进行组织调整。

三、经验启示

做好“兵支书”工作，发挥好退役军人在脱贫攻坚和乡村振兴中的作用，是服务经济社会发展、服务国防和军队建设的有力举措，对于开发退役军人宝贵人力资源、为推进中国特色社会主义伟大事业继续贡献力量具有重要意义。

（一）引领退役军人建功新时代，高位组织推动是基础。安顺市委市政府是“兵支书”建设的组织者、推动者，在“兵支书”的建设中起着关键作用。成立了以市委书记为组长，市委常委、市委秘书长为常务副组长，相关市领导为副组长，市各相关部门、各县区党委负责人为成员的安顺市新时代军地实践中心（“兵支书”）工作领导小组，确保了工作高起点展开、高标准推进、高质量落实。

（二）引领退役军人建功新时代，人力资源开发是支撑。退役军人群体庞大，在部队中培养多年，整体素质较高。安顺市按照体系化思维，持续推进“发现苗子、持续跟踪、培养成才、推荐岗位”的工作步骤，健全完善优秀退役军人担任村（居）“两委”干部的闭合培养链条，“孵化”出一大批素质过硬、表现突出的优秀退役军人。

（三）引领退役军人建功新时代，典型示范引路是方法。抓点带面、典型引路，是开展“兵支书”建设工作的有效方法和重要手段。安顺市积极探索在农村基层党组织、非公企业、党政机关和经济社会发展各领域等各行各业中选塑和培育一批“兵支书”“兵老总”“兵经理”等涌现出来的退役军人典型，形成了“培养一人、带动一批、示范一片”的良好效应。

供稿：贵州省安顺市退役军人事务局

选拔优秀退役军人当村干部
鼓励投身乡村振兴主战场

——陕西省延安市在优秀退役军人中遴选培养村（社区）“两委”后备力量工作纪实

延安市退役军人事务局依据退役军人事务部《关于促进新时代退役军人就业创业工作的意见》中“选派退役军人参与社会治理、稳边固边、脱贫攻坚等重点工作，鼓励退役军人到党的基层组织、城乡社区担任专职工作人员”相关精神，牢固树立以退役军人为中心的理念，科学践行全心全意为退役军人服务的根本宗旨，借助延安得天独厚的政治优势，创新工作方法，积极主动作为，联合市委组织部，确定在优秀退役军人中遴选培养村（社区）“两委”后备力量，在2020年村（社区）“两委”换届中充实到基层农村干部队伍，为实施乡村振兴战略提供人才支撑。

一、背景情况

延安是中国革命老区，有近6万名退役军人，农村藉退役军人占有很大的比例。他们生在农村、长在农村，有着建设农村、改变家乡面貌的内在动力，是实施乡村振兴战略的生力军。退役军人经受过部队锤炼，具备政治坚定、吃苦耐劳、勇于奉献的优秀品质，有很强的组织性、纪律性，是一支召之能来、来之能战、战之必胜，富有担当精神和家国情怀的特殊的力量。特别是新冠肺炎疫情发生以来，延安市8217名退役军人第一时间响应号召，组成退役军人先锋队，设立退役军人先锋岗，协助社区、村组守路站岗，战斗在疫情防控最前沿。全市各行各业的退役军人，勇担社会责任，纷纷慷慨解囊，累计捐款 27.3 万余元和数以万计防疫物资，以实际行动诠释了新时代退役军人永葆本色的优秀品质。在优秀退役军人中遴选、培养村（社区）两委后备力量，鼓励退役军人竞选村干部，为退役军人提供一个可以施展才华的舞台，既为加强村级政权建设注入了新鲜血液，也帮助退伍军人实现理想抱负，更影响带动广大青年参军入伍，对政府、个人和国防是一举三得的好事。

二、主要做法

为扎实做好在全市退役军人中遴选、培养一批优秀退役军人进入村“两委”后备力量工作，延安市退役军人事务局联合组织部门结合基层党组织现状和退役军人综合表现，科学制定实施方案，在全市 6 万余名退役军人中遴选出 600 余名公道正派、锐意创新，有较强致富带富能力，热心村上工作，群众口碑较好的优秀退役军人，作为村（社区）“两委”后备力量建立信息台账。与组织部门成立联合调研组，采取实地查看、座谈了解和个别谈话等方式，围绕村（社区）党组织建设、“两委”干部队伍

延安市退役军人事务局赴各县（市、区）调研在优秀退役军人中选拔培养村“两委”后备力量工作

现状、担任“两委”干部的退役军人作用发挥情况、符合进入“村两委”后备力量条件退役军人的现实表现、各级党组织对退役军人担任村（社区）“两委”后备力量的意见和培训课程设置的建议等内容，深入 13 个县（市、区）的镇街、村社进行深入细致的调研。通过召开座谈会，实地查看村集体经济和退役军人产业，走访党员、村民代表，准确了解掌握退役军人担任村（社区）两委相关情况的第一手资料，为下一步在优秀退役军人中遴选、培养（社区）两委后备力量工作展开提供了科学的依据。

延安市退役军人事务局就关于在优秀退役军人中遴选培养村（社区）两委后备干部工作同延安市委组织部进行座谈交流

三、经验启示

在退役军人中遴选、培养村（社区）“两委”后备力量，对于实施乡村振兴战略和做好退役军人事务工作具有很强的时代特色和实践意义。

1. 组织认可，作用发挥明显。在调研的 8 个村（社区）中，其中有 5 名退役军人担任村“两委”干部，他们在各自的工作岗位上都取得了很好的成绩。志丹县委组织部副部长罗有军在座谈会上说：“担任村（社区）‘两委’干部的退役军人在解决好‘三农’问题上发挥了生力军作用，特别是在发展壮大农村集体经济，促进农民持续增收致富，打赢脱贫攻坚战，巩固和扩大脱贫攻坚成果，加强农村生态环境治理，改善农村人居环境，加强农村社会建设，提升农民生活质量等方面做了大量富有成效的工作，得到了各级党委的充分肯定。”在优秀退役军人中遴选、培养村（社区）“两委”后备力量，是“领头羊”工程的探索和创新，也是做好全市退役军人工作的有效举措。

子长市郝家川村党支部书记郝凤达，1983年入伍，1987年复员后被分配到财政系统工作，2008年被选举为郝家川村党支部书记。担任村支书13年来，始终保持军人本色，牢记党员身份，带领广大群众硬是在脱贫攻坚的道路上闯出了一片新天地，在村里建成了以川道大棚、台地葡萄、山地夏桃、油用牡丹、淡水养殖和沟洼地粽叶为主体的多元化产业结构。2019年，该村人均收入1.6万余元，是子长市有名的先进村和示范村。一排排平房错落有致，一座座产业大棚整齐排列，一条条道路四通八达……走进子长市余家坪镇郝家川村，就像走进了一幅美丽画卷。谈起村里的变化，村民刘海梅高兴地说："我们村真是大变样。30多年前，我嫁到村子的时候，这里都是土路，吃水要走到几里外去挑，也没通电，去种地要踩着石头过河，遇到下雨河水上涨时，过都过不去。现在好了，在郝书记的带领下，村上有了柏油路，6座桥将我们村民的生活区和产业区连到了一起，开着车、骑着三轮车都能到地里干活，现在的生活真好！"

2. 群众满意，工作实绩突出。在与党员、村民代表座谈的过程中，从大家朴素的话语中能真切地感到人民群众对现任退役军人村"两委"干部的信任与期待。安塞区周石尧村原党支部书记白士尧深有感触地说"让他们担任村'两委'干部老百姓放心。"退役军人在部队经受过长期正规的思想政治教育，很多都是党员，对政策、规定的认识更加全面深刻，面对复杂的工作形势和面临的困难更能正确对待，能够准确把握国家的方针政策，不会走错路、走弯路。安塞区招安镇党委书记杨海东说："基层工作的主要环节就是落实，把各级的精神和各类制度落在实处。虽然退役军人进入村'两委'工作，可能适应起来有一些困难，但是有着过硬的军旅经历做基础，一定会不打折扣地贯彻执行，让他们担任村'两委'干部组织放心。"安塞区枣湾村党支部书记高玉红，1984年出生，2004年入伍，2009年退伍，2019年1月任枣湾村党支部书记。上任一年多来，该同志解放思想、实事求是、胆大心细、因地制宜，通过积极协调，为枣湾村改造沙土石子地200余亩，建成蔬菜大棚12座、拱棚50座。积极协调帮扶单位发展壮大村集体经济，栽植葡萄80余亩、冬桃20余亩、核桃120余亩，修建村广场、候车厅，安装照明灯，硬化水泥路，解决饮水难等实际困难，为新农村建设做出了积极的贡献，得到了老百姓的广泛称赞。

3. 素质全面，胜任农村工作。在与符合“两委”后备力量条件退役军人交流的过程中不难发现，广大退役军人经过部队这个“大熔炉”多年培养、锻炼，与普通的群众相比，具备明显优势。经过部队历练，对国家大政方针、发展目标方向等较为了解。在服役期间经过部队的锻炼，作风纪律都比较过硬，这既是干好工作的基础，更是退役军人受到尊重信任的底气。志丹县退役军人事务局局长高永和谈道：“特别是在部队担任过班长等职务的退役军人，在管理上有着丰富的经验和独到的方法。很多人也有着较好的学历、能力、经历优势，无论是学习创新还是交流沟通，工作起来都不会感到陌生。这些相对于其他村干部来说，有着‘先人一步’的经验优势。”退役军人强烈的集体意识和团结协作精神，可以齐抓共管抓好村务管理工作，汇集各方力量取得群众支持，能更好地促进乡村发展。进入村（社区）“两委”后备力量的退役军人代表高尔录，1981 年出生，1997 年参军，2000 年退伍。2012 年高尔录返乡创业，把工作 12 年攒下的钱一次性投入 240 亩土地建苹果园。为储备肥料 2014 年养殖山羊 140 只，2014 年成立了志丹县硕果种养殖农民专业合作社，在高尔录的带动下，侯市涌现出了马伟明、白小磊、李地林、安永峰、高占宇等返乡创业的典型，影响带动果园周围 400 多户 3200 多亩苹果园实施精细化管理，带动侯市 3 户贫困户发展苹果产业。6 年来，高尔录不断学习，在实践中摸索，成为侯市便民服务中心苹果种植技术能手和主导产业带头人，便民服务中心新建苹果园达到了 14000 余亩。

虽然退役军人担任村干部有很多优势，但也存在一些不足：一是政策理论水平有待加强，退役军人离开部队多年，长时间没有参加系统的理论学习，与实际工作需求还有一定差距；二是退役军人虽然有干好工作的信心和决心，但由于缺乏岗位历练，还存在经验不足的问题。

四、努力方向

结合退役军人具备的优势和不足，延安市退役军人事务局为确保在优秀退役军人中遴选、培养村（社区）两委后备力量工作顺利展开，2020 年 6 月份，联合组织、民政等部门制定出台《关于做好优秀退役军人村“两委”后备力量培养使用工作的实施意见》《关于进一步做好在优秀退役军人中培养村（社区）组织带头人的意见》等相关政策，鼓励广大退役军人积极投身到社会主义新农村建设；7 月份，以“五讲”（讲延安精神、讲创新理论、讲政策法规、讲关心温暖、讲典型风采）活动为抓手，依托市委党校的教学优势，组织村（社区）“两委”后备力量进行系统培训，不断提高政策理论水平，进一步提升指导实践的能力；8 月份，组织村（社区）“两委”后备力量进行岗位历练，科学搭建工作平台，搞好传帮带工作，将遴选、培养的优秀后备力量充实到“两委”工作岗位上进行见习锻炼，不断提升工作能力，为 2021 年村（社区）“两委”换届选聘工作打下坚实基础。

供稿：陕西省延安市退役军人事务局

青海省号召广大退役军人开展“我为社区（村镇）做点事”活动

为推进“思想政治工作年”活动往深里走，往实里做，引导广大退役军人“不忘初心、牢记使命”，传承人民军队光荣传统，回应社会关心关爱，在精神文明、生态文明建设以及民族团结进步创建、和谐社会建设、美丽乡村建设中发挥积极作用，展现退役军人良好精神风貌。

2020 年 5 月开始至 11 月底，由各级退役军人服务中心（站）具体负责，按照社区（村镇）所需、居民所急、退役军人所能的原则，组织辖区内受到国家及省上表彰或本地评选推荐的优秀退役军人、最美退役军人，以及有意愿参加活动的军转干部、退役士兵、优抚对象开展“专长式”“点单式”“组队式”“网络式”服务，包括扶贫帮困、助老助残、关爱农民工子女和留守儿童、开展环境卫生整治、文明劝导、治安巡逻，邻里纠纷调处、安全隐患排查等多方面工作。引导鼓励退役军人主动搜集社情民意，掌握事关居民（村民）生活的困难问题，发挥特长优势，为群众办实

青海省退役军人志愿服务队授旗仪式

西宁市城西区志愿服务队

西宁市城西区退役军人志愿服务队开展保环境、抗疫情主题活动

事、办好事。

青海省退役军人事务厅组织广大退役军人开展“我为社区做点事”活动，是开展“思想政治工作年”的有效抓手。活动立足退役军人工作生活实际，暨满足了退役军人为社会继续做贡献的愿望，引导退役军人不褪色、建功新时代，又调动了退役军人支持地方发展、服务人民群众、参与社会治理的积极性，在体现尊崇中持续回报社会，巩固和发展军民关系。

供稿：青海省退役军人事务厅办公室

体系队伍建设

吉林省在机关、群团组织、事业单位设立退役军人管理保障工作领导小组努力扩大管理保障覆盖面

吉林省为进一步延伸退役军人管理保障工作触角，扩大退役军人管理保障覆盖面，结合全省实际，在机关、群团组织、事业单位设立退役军人管理保障工作领导小组。

一、背景情况

近两年来，按照党中央部署，吉林省成立了省市县三级退役军人事务工作领导小组，省市县三级人民政府分别设立退役军人事务部门，省市县乡村五级分别设立退役军人服务中心（站），退役军人管理保障体系初步建成。但是，通过调研发现，现有的退役军人管理保障体系还没有实现退役军人工作全覆盖。例如，各级机关、群团组织、事业单位均有一定数量的具有退役军人身份的干部职工，他们在军队服役多年，对军队国防建设有着深厚感情，对发挥自身作用有着强烈愿望，对参与退役军人活动有着迫切需求。为了回应上述退役军人的呼声，真正实现退役军人管理保障全覆盖，吉林省退役军人事务厅在认真调研、广泛征求意见的基础上，向省退役军人事务工作领导小组提出要在机关、群团组织、事业单位设立退役军人管理保障工作领导小组的建议。2020 年 5 月 7 日，省退役军人事务工作领导小组 2020 年第一次全体会议审议通过了《关于在党政机关、人民团体、事业单位设立退

役军人管理保障工作领导小组的意见》（以下简称《意见》）。现已将《意见》印发给各地、各部门。2020年6月底前，全省机关、群团组织、事业单位全部建立退役军人管理保障工作领导小组及办公室。

二、主要做法

（一）设立退役军人管理保障工作领导小组。在驻吉中直国家机关、省直机关、群团组织、事业单位设立退役军人管理保障工作领导小组，组长由单位主要领导兼任，相关副职领导兼任副组长。办公室、人事、机关党委（党办）、后勤等部门负责人为成员。退役军人管理保障工作领导小组下设办公室，办公室依托本单位机关党委（党办）或者人事部门设立。机关党委（党办）或者人事部门负责人兼任办公室主任。办公室设1名联络员，负责与本级退役军人事务部门联系。

（二）退役军人管理保障工作领导小组职责任务。机关、群团组织、事业单位退役军人管理保障工作领导小组主要负责本单位退役军人管理保障工作。具体职责如下：1. 负责贯彻落实习近平总书记关于退役军人工作重要论述；2. 负责贯彻落实党委、政府和退役军人工作部门关于退役军人工作的安排部署；3. 负责维护退役军人合法权益；4. 负责开展具有军地特色的政治文化活动；5. 负责退役军人信息采集。

（三）退役军人管理保障工作领导小组管理体制。机关、群团组织、事业单位退役军人管理保障工作领导小组属于议事协调机构，不增加人员编制，不增加领导职数。退役军人管理保障工作领导小组在本单位党委（党组）领导下开展工作，受同级退役军人事务部门指导。下步，吉林省还将推动在全省国有企业和大型非公企业建立退役军人管理保障组织。

三、经验启示

在全省机关、群团组织、事业单位建立退役军人管理保障工作领导小组及办公室，是针对现有的退役军人管理保障体系存在的薄弱环节和不足，对加强各级机关、群团组织、事业单位退役军人管理保障工作进行了具体部署，具有很强的针对性、实效性。

一是更能体现退役军人工作的重要地位。《意见》明确，退役军人管理保障工作领导小组属于议事协调机构，在本单位党委（党组）领导下开展工作，组长由单位主要领导兼任。《意见》首次以文件的形式使退役军人工作成为党委（党组）工作的重要内容，为贯彻落实习近平总书记关于退役军人工作重要论述、做好退役军人管理保障工作提供了坚强的组织保证。

二是更能增强做好退役军人管理保障工作的实效性。《意见》明确，退役军人管理保障工作领导小组下设办公室，办公室依托本单位机关党委（党办）设立，使得以往散见于各部门的退役军人工作归集到机关党委（党办）。同时，《意见》进一步明确了退役军人管理保障工作领导小组的职责任务，有利于各单位抓好退役军人管理保障工作落实，更好地维护退役军人合法权益，增强退役军人的荣誉感、幸福感、获得感。

三是更能促进退役军人参与社会经济发展。机关、群团组织、事业单位拥有大量退役军人身份的干部职工。通过成立退役军人管理保障工作领导小组，一方面使这部分退役军人的合法权益得到维护；另一方面通过调动他们的工作积极性，能够出台更多的退役军人利好政策，更好地服务保障退役军人，为退役军人参与经济社会发展提供平台，为吉林高质量发展贡献力量。

供稿：吉林省退役军人事务厅

双周微党课：找准“小切口” 创出“大成效”

——上海市崇明区退役军人事务局机关党建工作一览

一、背景情况

机关党建是党的建设的重要组成部分，肩负着把握方向、服务中心、建设队伍、引领群众的重要责任。加强机关建设必须首先加强机关党的建设，深刻认识和充分发挥机关党建对机关建设的重要法宝作用。

上海市崇明区退役军人事务局于2019年3月按照机构改革要求组建，自组建之日起，局系统就高度重视党建工作，及时成立局党总支部、局机关党支部，坚持把党建工作贯穿各项业务工作全过程。面对退役军人事务工作系统政策多、工作人员新的特点，局系统各党支部创新学习形式，打造党支部“双周微党课”活动，为党员打造一个政策学习、业务交流、心得互动的平台。

二、主要做法

党支部“双周微党课”活动，有别于传统意义上的党课，主要是将内容切细、时间切短、形式放大、效果放强，达到随时开讲、人人能讲的目的。从时间上看，一般在双周周五下午开讲，时长约一小时，若出现重要业务工作安排冲突时，时间也可以灵活调整。从内容上看，可以学《党章》的某个章节、某项党内法规、习近平总书记系列讲话中对退役军人工作的某个论述等，抑或是交流对时事政治、红色文化的心得认识，还可以是对自身所在岗位业务上的交流、自身所好事物的分享。从形式上看，主讲人由党支部党员轮流担任，鼓励入党积极分子、团员青年参与互动。正是因为时间短又灵活、内容实又聚焦、形式上是众人拾柴火焰高，将工与学进一步有效地融合，使党员参与有乐趣、交流有激情、学后有收获。

一是从被动听到主动讲，以“变”求实效。以往的支部学习，往往是支部书记一人讲，全体党员一起听，听完就算完成学习任务，有时只会流于形式，党员学习积极性不高，学习效果并不理想。为改变这一被动局面，局党支部通过变“听”为“讲”的方式，列出全年计划，由支部党员轮流讲党课，有效促进了党支部党日活动常办常新。通过党员轮流讲党课的方式，创新了支部学习形式，丰富了党支部党课活动内容，促进了党员间的思想碰撞，提高了党员参与的积极性。截至2020年4月底，区退役军人局机关支部组织“双周微党课”活动17次，党员讲授内容不仅仅局限于规章制度、政策解读，还同自身实际工作、时事政治等相结合，

从不同的角度和内容，谈自己的想法，分享各具特色的学习心得和学习经验，有效激发了全体党员的学习热情，提振了全系统党员干部干事创业的精气神。

二是从书本学到实地行，以“军”促心志。局党支部开展“双周微党课”活动，采取“2+N”模式，设置党章党规、业务知识两大常规板块，采用集中学习形式，学习党章党规、退役军人工作最新理论。“N”指在做好上述“规定动作”基础上，按照退役军人事务系统“军”的特色以及对党员干部队伍建设的需要，组织党员赴李白烈士纪念馆、区烈士馆、区国防教育基地、驻崇部队等学习参观。此外，新冠肺炎疫情期间，局系统利用“双周微党课”活动平台，组织全系统党员、退役军人中的党员代表成立“退役军人抗疫突击队”，赴沪陕高速道路出口第一线，协助当地工作人员做好体温检测，为疫情防控贡献退役军人力量。

三是集中学到分散学，以“赛”提能力。疫情防控期间，为减少人员聚集，区退役军人局考虑特殊情况，采取学习强国视频会议、微信群等线上方式组织党员加强党课学习。依托“互联网+”便捷、实时、互动的优势，通过图片、语音、视频等多种形式，让学习内容时时有、处处见。在此后的“双周微党课”活动，局机关支部在集中学习的基础上，鼓励支部党员通过学习强国、上观新闻等手机APP上自主学习。与此同时，支部定期在支部会议、微信工作群公布积分排名，每季度对排名前三位的党员在局公示栏“光荣榜”公布表彰，并邀请排名第一的党员交流分享学习经验。局系统将学习教育与坚决打赢疫情防控阻击战和服务退役军人结合起来，形成了“比学赶帮超”的浓厚氛围，提高了党员干部运用科学理论武装头脑、指导实践、推动工作的能力。

三、经验启示

崇明区退役军人事务局在党员学习教育中开设“双周微党课”活动，引导党员用最质朴的语言敢于讲、主动讲，以此满足党员经常性、个性化学习需求，增强党员教育的有效性，促使了党员们在学习中找到差距，在差距中获得动力，借动力推动自己，加强学习，不断进步，促进退役军人工作迈上新台阶。从中，我们可以得到两点启示：

第一，加强基层党建工作，需与业务工作深度融合。习近平总书记指出，只有围绕中心、建设队伍、服务群众，推动党建与业务深度融合，机关党建工作才能找准定位。这一重要论述不仅指出了机关党建工作发挥作用的着力点关键点，而且阐明了发挥作用的途径和方式，为做好新时代机关党建工作指明了方向。崇明区退役军人事务局在党员教育中创造性地引入“双周微党课”活动，将理论学习与业务工作有机融合，开启了党员教育管理新模式，激发了党员干部参与支部活动的积极性，调动了党员干部干事创业的热情。

第二，加强基层党建工作，需要发挥红色基地、互联网等平台优势。通过参观区烈士馆、区国防教育基地等红色基地，重温红色记忆，坚定理想信念，从而将老一辈无产阶级革命家浴血奋战的英雄事迹转化为做好退役军人事务工作的强大动力，转化为攻坚克难、干事创业的实际成果。以互联网为代表的信息网络技术的迅猛发展，要求基层党建工作充分运用信息网络，不断拓展工作的内涵和空间。崇明区退役军人事务局“双周微党课”活动不拘泥于集中学习形式，采取学习实践结合、线上线下共进的方式，虽然时间微、形式微、内容微，但坚持下来，成为人人参与、人人受益、效果并不“微”的“大讲堂”，受到了局系统党员干部的欢迎，为全区退役军人工作行稳致远提供了坚实的思想、政治和组织保障。

供稿：上海市崇明区退役军人事务局

不忘初心担使命　退役军人立新功

——福建省坚持四个导向，打造特色品牌实践活动

一、背景情况

福建是红色圣地，是人民军队的重要发祥地，更是习近平新时代中国特色社会主义思想的重要孕育地和实践地。为深入贯彻落实习近平总书记重要讲话指示批示精神和党中央、国务院决策部署，巩固拓展“不忘初心、牢记使命”主题教育成果，深化“思想政治工作年”和“基层基础基本建设年”活动安排，福建省在全省退役军人事务系统组织开展“不忘初心担使命、退役军人立新功”实践活动，全力抓重点、破难点，补短板、建机制，激励和引导全系统和广大退役军人奋进新时代、建功新福建，在更高起点上开创退役军人工作新局面。

二、主要做法

一是坚持目标导向，着力形成新态势。活动明确提出四个目标任务：初心使命更加牢固。建立落实“不忘初心、牢记使命”长效机制，把制度优势转化为治理效能，推动不忘初心、牢记使命这个加强党的建设的永恒课题和全体党员、干部的终身课题常抓不懈，更好地叩问初心、守护初心，坚守使命、担当使命。工作态势更加主动。坚持为经济社会发展服务、为国防和军队建设服务的方针，积极适应国家治理体系和治理能力现代化的新要求，适

应经济社会发展新形势，适应广大退役军人对美好生活的新期待，建立健全省退役军人事务组织管理体系、工作运行体系、政策制度体系，为打赢疫情防控人民战争、总体战、阻击战，为新时代新福建建设作出积极贡献。作用发挥更加明显。深入开展“思想政治工作年”和“基层基础基本建设年”活动，不断增强退役军人和其他优抚对象的获得感、幸福感、荣誉感，充分调动他们干事创业的积极性、主动性、创造性，引导广大退役军人珍惜荣誉、永葆本色，在全方位推动高质量发展超越中发挥生力军作用。尊崇氛围更加浓厚。秉承弘扬习近平总书记在福建工作时的创新理念和探索实践，认真把其贯穿到退役军人工作的每一个环节、每一个方面，把各行各业退役军人先进典型发掘出来、宣传开来、使用起来，努力在八闽大地营造尊崇尊重军人、退役军人的浓厚氛围。

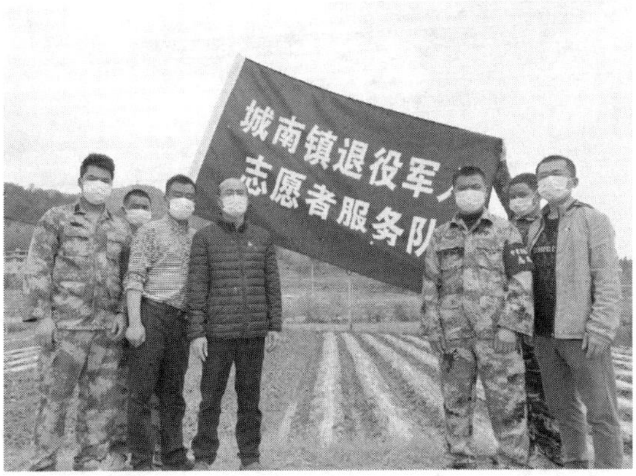

2019 年 3 月份以来，省退役军人事务厅选派 4 名党员干部到对口支援县，与当地干部群众一起，统筹抓好疫情防控、春耕生产和脱贫攻坚工作，在基层一线展现退役军人工作者的使命和担当

疫情期间，龙岩市长汀县退役军人志愿者积极参与当地防疫抗疫工作

二是坚持基层导向，着力激发新动能。在 2019 年全系统开展“打牢基础、任务攻坚”年基础上，进一步抓紧抓实“基层基础基本建设年”活动，继续以“扣好第一粒扣子”要求，促进基层建设过硬、基础工作过硬、基本能力过硬。加强基层建设，深化省委“三四八”贯彻落实机制，与省委组织部、编办、财政厅等5部门联合出台《关于进一步推进全省退役军人服务保障体系标准化规范化建设的通知》，在全省18128个服务中心（站）中实施“标准化、制度化”建设，着力打造一批枫桥式“退役军人之家”。在全国率先实现由省级财政对23个扶贫开发工作重点县4431个村（社区）退役军人服务站补助基础上，继续探索推进各级财政对基层服务站工作经费、人员经费落实力度。夯实基础工作，强化基础资料、基础数据、基本制度管理规范，出台《福建省退役军人事务厅机关管理制度汇编》，加快《2019年工作年鉴》修编，全面加强安全保密、人民防线、文电档案、政务信息、预算绩效、财务管理、干部人事等基础性工作制度建设。探索“互联网＋退役军人服务”模式，加快建设一套覆盖省、市、县三级视频会议系统，全面提升我省退役军人工作信息化综合能力。提升基本能力，设立“军民情”讲坛，坚持传统型、创新性、特色型相结合的学习模式，着力打造新思想的学习平台、抓业务的交流平台、正能量的传播平台、好干部的成长平台，全力建设学习型机关。制定实施《2019—2022年全省退役军人事务系统干部教育培训规划》，开展系统大培训大练兵。编印《优抚褒扬纪念工作法规政策选编》，提高干部政策运用能力。

三是坚持问题导向，着力开创新局面。引领全系统持续发扬“特别讲政治、特别能团结、特别能战斗、特别勇担当”的作风，敢于斗争、攻坚克难。抓重点、破难点，突出做好退役军人思想政治、就业安置、服务保障、教育管理、权益维护等各项工作。其中在部分退役士兵社保接续工作中，在2020年4月份组织开展“攻坚推进月”行动，一个月时间，全省退役士兵养老保险缴费率由3月31日的33%提升至84%，共提升了51个百分点，全国排名第一；全省退役士兵养老保险办结率由3月31日的35%提升至95%，共提升了60个百分点，全国排名第三。同时，在2019年推进“退役军人矛盾问题攻坚化解”基础上，进一步摸清底数，精准施策，研究制定《2020年我省退役军人事务领域重大风险防控工作方案》，成立专项工作小组，针对性提出防控措施，全力“遏增量、去存量、防变量”，更好地服务全省社会大局稳定。补短板、建机制，重点围绕建立健全“三个体系”，勇于探索创新。建立健全组织管理体系，充分发挥党的领导核心作用，进一步理顺行政部门、服务体系、社会力量的职能定位，推动这“三驾马车”同向发力。建立健全工作运行体系，坚持和完善军地协作、部门协同、上下联动机制，推动政策落地落实。建立健全政策制度体系，持续推进中央关于加强新时代退役军人工作的意见和省委若干措施等政策文件落实，有序推进“十四五”退役军人事业发展规划编制工作，科学谋划未来五年退役军人事业发展目标、重点任务、重大政策、重要措施、重点工程项目。

四是坚持结果导向，着力担当新使命。自觉“跳出”单纯业务的观点，着力引导退役军人在经济社会建设中争做模范先锋，发挥退役军人村干部在脱贫攻坚中的“兵支书”作用，发挥退役军人企业家在创新创业创造中的带动作用，“最美退役军人”等先进典型在社会各界的榜样作用，退役军人群体在“学雷锋志愿服务”中的引领作用，让“退役军人”这一称谓充满阳光与担当。特别是在新冠肺炎疫情防控中，我们积极发挥体系优势和功能作用，全省共组织20多万名退役军人直接投身疫情防控和复工复产，捐款捐物2000多万元，多个先进典型和工作被《人民日报》、央视、新华社等主流媒体报道。我们将继续统筹推进常态化疫情防控和退役军人工作，突出抓好荣军院、光荣院、军休服务管理机构和烈士纪念设施保护管理单位等特殊场所的疫情防控，做到慎终如始；立足实际，扎实做好“六稳”工作，全面落实“六保”任务，用好“五个云”服务平台，主动服务复工复产大局，推动退役军人就业创业，为实现经济社会发展目标多做贡献。

三、经验启示

本次实践活动，以深入学习贯彻习近平新时代中国特色社会主义思想为主线，把理论指导与实践探索结合起来，把服务保障与发挥作用结合起来，探索了“不忘初心担使命，退役军人立新功”的有效途径，为做好新时代退役军人工作提供了有益启示。

启示一：党的领导是关键。本次实践活动将党的领导贯穿全过程，各地充分发挥党领导的政治优势、体制优势、制度优势，加强系统谋划，融入日常，做到边学习、边研究、边指导、边探索、边推进，确保党中央各项决策部署在我省退役军人工作领域全面贯彻和有效执行。

启示二，服务中心是根本。本次实践活动围绕更好地服务经济社会发展大局，聚焦中央决策部署、重大方针政策、重点难点问题等根本性全局性工作，搭建干事平台、丰富实践载体，进一步激发了退役军人的积极性、主动性、创造性。

启示三，改革创新是动力。本次实践活动适应新形势新要求，立足当前解决突出问题，着眼长远加强系统谋划，进一步解放思想、深化改革，加快理念思路、政策制度和方式方法创新，进一步完善了退役军人工作体制机制。

启示四，合力推动是保障。本次实践活动大力弘扬军政军民团结优良传统，坚持上下贯通衔接，促进部门协调协作，加强军地沟通联络，汇聚社会各方资源力量，努力将政治优势、制度优势转化为工作胜势，实现新时代新福建退役军人工作政治、社会、军事效益叠加提升。

供稿：福建省退役军人事务厅

广东省不忘初心担使命　法律竞赛练本领

为全面贯彻党的十九大精神和习近平总书记关于全面依法治国及退役军人工作重要论述，省退役军人事务厅围绕推进退役军人事务领域治理体系和治理能力现代化目标，以组织普法竞赛强化学习培训为切入，2019 年 9 月至 12 月联合省司法厅、省普法办开展“不忘初心担使命　牢记职责练本领”退役军人系统法律法规知识竞赛，全面提升系统工作人员业务素养，提高各级机关依法行政能力和水平。

一、背景情况

（一）干部队伍服务能力和水平有待提升。全省退役军人事务部门和服务机构组建时间不长，底子薄、力量弱、任务重。尤其人员成分新，系统干部职工来自多个部门，不少同志以前从未接触过退役军人工作，在开展来访接待、讲解普及政策法规、协助维护权益、做好帮扶援助等方面还有所欠缺，与上级要求和现实客观需要仍有差距，迫切需要加强学习培训、岗位练兵、竞赛交流、实践历练、提升履职尽责能力。

（二）退役军人法律意识有待进一步强化。部分退役军人法律意识薄弱，信访不信法，对新机构抱有较高期望，迫切想通过上访、缠访、闹访的方式来解决个人反映的各种问题，而且部分退役军人群体之间存在攀比思想，对政策理解有偏差，不理解有关政策或对政策规定不满，不结合自身和本地区实际情况，一味地与待遇较好的地区、外省退役军人群体比较，片面追求自身利益最大化，不断上访要政策要待遇，迫切需要通过退役军人工作宣传平台，针对退役军人普遍关心关切的热点法律问题迅速回应，正确解读，强化退役军人法律意识，引导他们依法依规表达利益诉求，维护合法权益。

二、主要做法

（一）周密部署，广泛发动。省退役军人事务厅发挥牵头单位作用，于 2019 年 9 月初联合省司法厅、省普法办向全省 21 地级以上市退役军人事务局、司法局、普法办及时下发《关于开展“不忘初心担使命　牢记职责练本领”法律法规知识竞赛的通知》《法律法规知识竞赛活动规则》等文件，迅速部署、广泛发动。同时联合南方新闻网、南方＋等新闻媒体单位，对竞赛活动相关信息，集中开展线上线下宣传，营造浓厚氛围，倍受社会各界关注。

2019 年 9 月，省退役军人事务厅、省退役军人服务中心组织编写的《退役军人法律法规知识问答》题库和《赛事指南》

点击上方蓝字关注我们！
注意啦
今日起至2020年1月，
广东省退役军人事务厅官方微信将推出
法律法规知识线上有奖竞赛活动，
活动期间共开展6期抽奖，
参与者有机会赢取50元话费！

创新使用线上 H5 互动模式开展有奖竞赛活动——“轻松变‘法律达人’一起答题赢话费”栏目

（二）精心设计，编制题库。2019 年 9 月上旬，省退役军人事务厅成立法律法规题库编写组，围绕涉及退役军人工作现行法律、法规、规章和规范性文件，紧扣退役军人普遍关切的热点法律和易误解政策内容，精准确定考查范围和切入角度，精心选择材料、设置问题、编制参考答案，精细设计题型、编制题库。题库内容涵盖了《宪法》《兵役法》《烈士褒扬条例》《安置条例》《广东省退役军人应急救助资金管理暂行办法》等17项法律法规。根据赛事需要，题型设为选择题（单选和多选）、填空题（单项和多项）、判断题、案例分析题等。经过严谨收集、编写、检选、校对、审核，1300多题的《退役军人法律法规知识问答》题库于2019年9月底编制完成，连同制定的《赛事指南》一起印发1000多套，供基层学习和练习，同时将题库上传网络系统，创新使用线上H5互动模式开展有奖竞赛活动。

2019年10月28日，茂名市退役军人事务系统法律法规知识竞赛活动现场

2019年10月29日，广州市退役军人事务系统法律法规知识竞赛活动现场

2019年11月15日，省退役军人事务系统退役军人法律法规知识竞赛半决赛现场

（三）层层甄选，激烈角逐。此次法律法规知识竞赛活动共分四个阶段，分别是地市初赛，省级初赛、半决赛和总决赛。其中地市初赛参考半决赛、总决赛形式，各地市自行举办，选拔3名优秀选手组成代表队参加省级赛；省级初赛通过各地市遴选出的21支优秀队伍抽签分成三组进行（每组7进4），决出晋级省级半决赛12支队伍；省级半决赛通过抽签分成两组进行，12支队伍中得分前6名进入省级总决赛；省级决赛于12月3日（第六个国家宪法日前夕）下午举行，由省退役军人服务中心承办，历经各地市初赛、省级初赛和半决赛层层选拔的6支优秀代表队晋级省总决赛，按抽签序号入座参赛，按综合成绩排名决出一等奖1名，二等奖2名，三等奖3名，另设最具人气团队奖1名，最具人气个人奖1名和优秀组织奖。整个竞赛过程，包含个人必答题、团队必答题、抢答题、风险题、案例题等多个环节。

2019年12月3日，省退役军人事务系统退役军人法律法规知识竞赛总决赛现场

2019年12月3日，省退役军人事务系统退役军人法律法规知识竞赛总决赛时，深圳代表队风采展示

2019年12月3日，省退役军人事务厅、省司法厅、省普法办、省退役军人服务中心领导们与退役军人法律法规知识竞赛决赛获奖人员和单位合影

（四）实时报道，深入宣传。本次法律法规知识竞赛活动历时3个月，自发动之日起，全省各级退役军人事务部门和同级新闻媒体密切配合，用图文、视频直播等方式开展实时报道，通过各类新闻客户端精准推送，动态宣传竞赛活动生动内容、进展情况、举办效果等，尤其省级决赛时，南方新闻网、南方+现场直播角逐赛情，紧张刺激、扣人心弦，赛后还将“直播回顾”发布到各级退役军人工作宣传平台进行长效宣传，引起全省各界广泛关注，引发广大退役军人热烈反响。

三、经验启示

（一）前瞻谋划、周密部署是前提。退役军人工作事关改革稳定大局、事关国防军队建设全局、事关广大退役军人切身利益。自2018年11月广东省退役军人事务厅挂牌成立以来，高度重视基层能力建设，针对机构新、人员新、服务弱等问题，审时度势、调查研究、精心谋划、超前布局、积极主动地策划部署全省退役军人系统法律法规知识竞赛活动，期间结合我省退役军人工作实际，做出一系列富有前瞻性、指导性、操作性的指示，精心制定活动方案，明确责任分工，认真组织实施，最终于2019年9月至12月，成功举办了该项知识竞赛活动，达到抓基层、打基础、强基本，切实提高服务水平的目的，活动成效显著，进一步夯实了服务工作基础。

（二）以赛带学、以学促用是核心。一是氛围好。本次法律法规知识竞赛活动，主题鲜明、组织周密。参赛部门积极响应、广泛动员，参赛队员热情饱满、认真备战、严格训练、积极参与，迅速掀起学习退役军人法律法规及相关业务知识的热潮。二是趣味浓。赛题设计活泼，将枯燥的理论知识和活泼的比赛形式完美地结合起来，使大家在积极参与过程中巩固学习成果，理论更加入脑入心。三是实用强。研讨式、案例式、情景式竞赛方式，巧妙地把所学法律法规知识转化为实际工作中解决问题的一个个具体行动，真正使干部职工入角色、长才干、上手快，切实提高法治意识和法治思维，增强依法行政履职能力。

（三）创新方式、宣传引导是关键。此次法律法规知识竞赛活动，突出“党”的要求、“军”的色彩、“新”的元素，让更多人了解退役军人相关政策法规，对退役军人加大了法制宣传引导力度。一是方式新颖。创新使用线上H5互动模式开展有奖竞赛活动，把答题库和省退役军人事务厅公众号中的“轻松变‘法律达人’一起答题赢话费”栏目有机结合，充分利用网站、微信公众号等新媒体在全社会广泛宣传，鼓励更多退役军人加入知法、用法、守法的行列，切实引导他们明法于心、践法于行。二是设计巧妙。结合退役军人法治工作实际创新设计题型，按照必答、选答、抢答、“亲友团”助力、观众点评等多种方式竞争，每个环节由易到难、逐层递进、环环相扣，集知识性、趣味性和竞争性于一体。在激烈活泼的比赛中生动诠释了法治精神。三是宣传广泛。活动开展过程中，全省各级退役军人事务部门通过同级主流媒体、门户网站、微信公众号等平台对竞赛活动进行实时宣传报道，持续扩大活动影响力，有效提高社会关注度，深入引导退役军人尊法学法守法用法。

“法者，治之端也。”站在新的历史起点上，广东省退役军人事务厅不忘初心、牢记使命，把法律服务作为一个重要抓手，强化队伍能力建设，全面提升退役军人事务领域治理体系和治理能力现代化水平，奋力推动广东退役军人工作走在全国前列。

供稿：广东省退役军人服务中心

突出“四抓四促”牵住机关党建“牛鼻子”

——四川省扎实推进机关党建与业务共融共建的探索实践

党建和业务“两张皮”是困扰机关党建的一大难题。四川省退役军人事务厅组建以来，深度聚焦新时代机关党建“抓什么、怎么抓”的问题，以“四抓”破题，用“四促”固本，推动机关党建与业务有效融合、同步推进，在努力建设让党中央放心、人民群众满意的模范机关，推动机关党建与业务共融共建上探索出了一条具有自身特色的路子。

一、背景情况

四川省退役军人事务厅于2018年11月正式挂牌组建，内设10个职能处（室），下辖8个直属事业单位，共有工作人员1200余名，基层党组织44个，厅直机关党员626名。组建之初，面对组织架构不全、业务分工不清、职能定位不明等问题，厅党组充分履行全面从严治党主体责任，把机关党建牢牢抓在手上，及时研究部署组建4个临时党支部、任命党组织负责人，并在“三定”规定下发后，赓即建立完善厅直机关党组织架构体系，夯实基层组织基础。但在运行中，一些机关党建中的“老大难”问题也逐渐暴露出来，特别是作为新组建部门，如何找准机关党建与退役军人业务工作的结合点、发力点，如何围绕中心、建设队伍、服务群众，推动机关党建走在前、做表率，成为最迫切、最急需解决的问题。

二、主要做法

坚决跳出“就党建抓党建”的思维定势，在找准抓手上注重建立机关党建与业务的“连接点”，坚持把机关党建纳入年度绩效目标考核和评先评优范围，与业务工作同部署、同落实、同考核，努力构建机关党建与业务工作互融互促、正向循环的大党建工作格局。

（一）抓思想建设，促进政治素养提升。只有思想建设抓实了，机关干部的政治素养才能有效提升。只有机关干部政治素养提升了，一切业务工作才有基础、有支撑。四川着力抓好思想建设，在党性修养锤炼和思想品格塑造上狠下功夫。一是以中心组学习“头雁”带动。出台《党组理论学习中心组学习规则》，按专题制定年度学习规划，层层推动各级党组织通过支部会、党员大会、青年小组会等形式全覆盖开展学习。定期邀请专家开展党性教育和形势政策分析辅导报告，拓宽思路视野，统一思想认识，让全体党员干部增强做好新形势下退役军人工作的决心和信心。二是以主题党日活动系统牵引。常态化开展主题党日活动，组织党员干部赴夹金山、泸定桥等革命教育基地，通过集体参观革命旧址、重温入党誓词、微党课、重走红军路等方式深入开展革命传统教育。三是以先进典型教育示范引领。先后组织厅直机关党员干部参加“就业创业之星”发布仪式、“四川省优秀退役军人”先进事迹巡回报告团宣讲等教育活动，以先进典型感召引导厅直机关党员干部对标先进、践行初心、勇担使命。

（二）抓组织建设，促进堡垒作用发挥。夯基固本是机关党建工作贯穿全局的主线，是推动中心工作落实的前提和基础。四川牢固树立党建引领的系统思维，充分发挥好领导班子的“火车头”作用和基层党组织的“动车组”作用，助推业务工作上台阶、提质量。一是建立完善组织架构，及时完成第一届直属机关党委和机关纪委选举，规范直属单位党支部设置，出台20余项制度机制力促厅直各级党组织规范化建设。二是搭建助推发展的有效框架，主动聚焦中央、省委和退役军人事务部关于退役军人工作的部署要求，聚焦落实省委“一干多支、五区协同”“四向拓展、全域开放”、成渝地区双城经济圈建设等战略部署，将党建工作主动融入中心任务工作的决策体系中，主动融入退役军人事务领域治理体系和治理能力现代化以及基层治理制度创新和能力建设的大局中，一体谋划、一体部署、一体推进。三是建立党建与业务深度耦合的督查督办督促机制，比如在推进全省服务保障体系建设中，协调推动省委编办出台文件“明确每个乡镇（街道）退役军人服务站核定 1 至 2 名编制”，督促督办基层抓落实，为中心工作提供基本人才保障。又如在推动“两活动一制度”重点任务落地落实中，专设“推动落实组”在机关纪委，派出“明察暗访小组”到市县开展调研督导，针对突出问题，采取工作通报、专项整治等方式，有效推动各级党员领导干部履职尽责、狠抓落实。

厅党组召开专题会议研究部署廉政风险防控工作

召开迎接建党 99 周年表彰大会，发挥先锋模范示范带动作用

（三）抓队伍建设，促进干部能力提升。干部能力是决定业务工作质量的关键要素。四川从全省退役军人事务系统组建不久，就启动实施“3532”干部能力素质提升工程，有重点、有节奏、有步骤开展各类专题培训、示范培训、业务培训，迅速打开工作局面。2019 年 9 月与省委组织部联合举办“全省退役军人事务工作领导干部专题培训班”，实现了省委退役军人事务工作领导小组成员单位负责人、分管市（州）长、市县局长全覆盖培训。在灵活运用

"学习强国""融学""再启航"等学习平台的基础上，持续举办全省系统"新时代新担当新作为先锋大讲堂"，设置"党建和纪检、士兵安置、转业军官安置、政策法规、应急信访、就业创业、褒扬纪念"等课程，通过线下和线上融合方式，设立"1个主讲堂+N个分讲堂"，实现省市县乡村五级全覆盖培训。出台《新进机关工作人员到信访岗位实践锻炼办法（试行）》等制度机制，推动年轻干部深入基层一线，经历急难险重，持续增强本领、砥砺成长，为推动全省退役军人工作上新台阶提供了强有力干部人才支撑。

（四）抓廉政建设，促进纪律作风转变。作风形象犹如一扇窗，可以窥见一个部门的素养水平。四川始终坚持职责下探，着眼推动全省退役军人事业稳步健康发展，每年召开全省系统党的建设暨党风廉政建设工作会，制度化开展新任职处级领导干部"任前廉政谈话"和"任前廉政知识测试"，及时出台《落实"两个责任"实施意见》《落实"一岗双责"实施办法》《领导干部抓党风廉政建设纪实制度（试行）》《规范化监督制度》等多项制度机制，并将所在党支部党风廉政建设情况与支部负责人评优评先挂钩，以"关键少数"为重点，倒逼责任落实，培养纪律自觉。开展"警示教育月"活动，邀请专家进行实案剖析，以身边事教育身边人。定期组织干部赴省法纪教育基地开展"警示教育主题党日活动"，实地参观监区、听取现身说法，做到警钟长鸣。持续完善"退役军人事务特邀监督员"制度的同时，以做实"廉政体检""廉政工作纪实""廉政风险排查防控"为重点，创新开展厅直单位"综合巡察研判"，强化内部审计及结果运用，不断织密监督网络，有效构建科学、规范的风险动态评估管控体系，以良好的纪律作风推动系统业务高质量开展。

三、经验启示

（一）擎旗定向、纲举目张，坚强有力的政治引领是匡正事业的根本。退役军人事务机构首先是政治机关，我们的工作要突出政治机关属性，始终体现党的领导，不断增强"四个意识"、坚定"四个自信"，自觉把"两个维护”作为最高政治原则和根本政治规矩。四川省厅协调省委组织部，以学习贯彻习近平新时代中国特色社会主义思想，特别是习近平强军思想和习近平总书记关于退役军人工作重要论述精神为核心内容，与组织部联合举办的“全省退役军人事务领导干部专题培训班”，有效提升了参训干部把握大势、把握全局、保持定力、驾驭风险的能力，为全省退役军人事业的高质量发展匡正了方向。

（二）见微知著、有的放矢，系统全面的调查研究是破解难题的关键。“没有调研就没有发言权。”为了及时发现和解决工作进展中出现的问题和矛盾，倒逼责任落实，四川结合“不忘初心，牢记使命”主题教育，先后部署开展了“综合巡察研判”“廉政风险点排查”和覆盖全系统的“大学习、大调研、大走访、大落实”活动，又聚焦“两活动一制度”、服务保障体系建设和实施干部能力提升工程等内容，从推进退役军人事务领域治理体系和治理能力现代化的大局考量，针对急难险重问题，认真选取研究课题，深入基层一线、深入退役军人，沉下身子开展研究，为精准发现和解决问题提供了关键支撑。

（三）正气充盈、邪不可干，风清气正的政治生态是行稳致远的保障。实践告诉我们，政治生态好，人心就顺、正气就足；政治生态不好，就会人心涣散、弊病丛生。退役军人系统权力运行风险客观存在，要营造良好生态、有效化解风险，必须在加强监督、完善制度的基础上，进一步加强作风涵养。退役军人事务机构背靠军营，应该发挥好这个优势，充分体现军的特色，认真学习军队严明的组织纪律观念、无私奉献的精神，彰显军人坚毅务实、敢于拼搏、忠诚担当的好作风，为事业的长远发展奠定坚实基础。

供稿：四川省退役军人事务厅

实施“3532”工程推动干部能力素质大提升

——四川省推进退役军人事务系统干部教育培训的探索实践

退役军人工作政治性、政策性很强，高质量做好这项工作，必须要锻造一支政治过硬、业务过硬、作风过硬的干部队伍。四川省退役军人事务厅转隶组建以来，深入学习贯彻落实习近平强军思想和习近平总书记关于退役军人工作重要论述，始终坚持把提升全省系统干部能力素质摆在突出位置，聚焦干部队伍思想认识不到位、工作磨合不够、战斗力发挥不足等问题，大力实施“3532”干部能力素质提升工程，通过搭平台、强措施、明主体、建机制，努力探索加强新时代全省退役军人事务系统干部能力建设的新思路、新方法、新路径，形成了具有四川特色的干部教育培训有效模式。

一、背景情况

四川省是全国兵员大省、安置大省、优抚大省和驻军大省，现有退役军人和其他优抚对象300余万人，退役军人工作的服务对象多、涉及行业领域广。管理保障好如此多的服务对象，切实把好事办好办实，对全省退役军人事务系统的干部队伍来说是一个不小的挑战。特别是作为新组建的部门，工作头绪繁多、事项纷杂，而干部队伍又来自多个部门，有的之前从未接触过退役军人工作，干部履职能力、岗位匹配度等都还不够强。从对各地干部队伍情况的调研摸底看，干部队伍能力建设中也存在一些普遍问题：一是思想观念转变不到位。一些干部在面对退役军人的诉求时首先想到的是“找政策将其拒之门外，而不是找政策帮助维护其合法权益”，以退役军人为中心、满腔热忱为退役军人服务的工作理念没有完全树立起来；一些干部习惯于过去的思维定式和“老套路”来应对，在与时俱进、因时而变做好退役军人工作上思路不清、观念不强。二是职责定位把握不准确。一些干部简单地认为退役军人事务部门的主要作用就是信访维稳，对其在权益维护、移交安置、拥军优抚、就业创业、褒扬纪念等方面的职能定位认识不到位，对退役军人工作在服务经济社会发展、服务国防和军队建设、维护政治安全稳定中的重要作用理解不深刻。三是专业知识能力不够强。面对新时代退役军人工作新形势、新任务、新要求，干部明显出现“本领不足”“本领恐慌”等问题，干部知识更新不足，缺乏系统性专业知识学习，对退役军人工作的政策把握能力和依法履职能力明显不足，较真碰硬缺乏专业“底气”，亟待解决。四是干事创业精神不够足。机构新组建一年多，一些基层干部工作主动性积极性没有充分调动起来，“钻”劲不够，“挤”劲不足，工作缺乏“钉钉子”精神，“工学”矛盾也比较突出。一些深层次问题研究思考不够深入，破题的措施不够有力，干部专业精神的涵养有待加强。针对这些问题，迫切需要通过加强干部教育培训来切实解决。

二、主要做法

结合四川工作实际，聚焦干部队伍能力建设短板，全力推动实施“3532”干部能力素质提升工程。“3”即建设三大干部教育培训平台，“5”即开展涉及系统干部能力建设的五项教育，“3”即抓好三个重点的培训对象，“2”即建立两项教育培训工作机制。

（一）综合打造“一网一中心一讲堂”三大培训平台，推动线上线下培训有机融合

传统的干部教育培训多是依托各级党校（行政学院）、干部学院等平台，四川在此基础上更加注重挖掘自身平台资源，利用系统优势，打造具有四川特色的教育培训平台。一是建强网络培训平台，充分利用在全国率先

建好的应急指挥视频系统和welink平台开展线上培训，同步推进“四川军地人才培训网”、手机APP等应用端建设，开发干部教育培训大数据“云管理”综合网络平台，统筹、引导全省系统干教资源深度融合，推动教育培训从封闭走向开放、从一元走向多元。二是打造“四川省退役军人培训中心”，并于2019年在西昌市委党校设立“四川省退役军人培训基地”，探索与党校联合办学新模式，建立完善“干部教育培训师资库”，采取“走出去”“请进来”模式，构建更开放的教育培训格局，打造更具四川特色的精品课程，使培训内容更贴实际，培训方式更具活力。三是开办全省系统“新时代新担当新作为先锋大讲堂”，每月1次以现场和视频或网络直播方式开设“1个主讲堂＋N个分讲堂”，师资以全省系统处级以上领导干部、业务骨干为主，外邀专家学者、优秀退役军人为辅，打造多元化师资人才队伍，常态化开展政策解读、业务培训、案例分析、经验交流，实现干部教育培训常态化、系统化和科学化。目前已举办11期，参训1.2万余人次。

（二）全面开展“政治理论和党性、国防意识、军旅文化、专业知识、党风廉政”五项教育，提升系统干部综合能力

四川立足系统特点，突出自身特色，坚持缺什么补什么、什么能力弱就重点培训什么。一是开展政治理论和党性教育，多次邀请国内省内知名专家开展党的理论教育和习近平新时代中国特色社会主义思想、习近平强军思想等专题辅导，“以会代训”方式召开“全省系统党建工作视频会”，切实提高政治站位。二是开展国防意识教育，专门邀请国防大学教授为全系统领导干部讲授中国面对的战略围堵等，组织到国防教育基地参观学习，引导系统干部充分认识退役军人工作在国防建设中的重要意义。三是开展军旅文化教育，先后组织开展了“送政策法规进军

四川省退役军人事务厅举办全省系统“新时代新担当新作为先锋大讲堂”

四川省退役军人事务厅组织开展“机关干部走边防”活动掠影

营”“走边防、进哨位”、体验式军旅采风等系列活动，让干部进入军营、了解军人，涵养军的作风，用心倾情为退役军人服务。四是开展专业知识教育，坚持综合培训和业务培训相结合，每年常态化开展政务服务、移交安置、就业创业、拥军优抚、应急维稳、褒扬纪念等方面专业培训，不断提升履职本领。五是开展党风廉政教育，从转隶组建伊始就把廉政教育牢牢抓在手上，连续2年召开全系统党风廉政工作会，邀请省纪委监委有关同志为系统干部作专题辅导，每年组织干部赴法纪教育基地开展警示教育主题党日活动，“一把手”为全体党员干部上廉政党课，筑牢思想防线。

（三）紧紧抓住“领导干部＋业务骨干＋年轻干部”三个重点对象，大力实施有针对性的教育培训

要想短时间内提升系统干部能力素质，就不能“眉毛胡子一把抓”。四川在推进全覆盖提能培训中，更加注重对领导干部、业务骨干等重点对象的提能培训，力求通过培训一个带动一片。在领导干部这个“关键少数”上，2019年9月，与省委组织部联合举办“全省退役军人事务工作领导干部专题培训班”，一次性将省委退役军人事务工作领导小组成员单位负责人，全省21个市（州）党委或政府分管负责人，21个市（州）、183个县（市、区）退役军人事务局局长全覆盖培训了一遍。在业务骨干这个“重点对象”上，分层分类举办各类业务培训40余期，培训干部5000余人次，实现了对省、市、县三级干部的全覆盖培训。在年轻干部这个“重点对象”上，出台年轻干部到信访岗位顶岗锻炼等办法，省厅已选派8名优秀年轻干部在基层一线实践锻炼。

（四）注重健全“培训规划+效果评估”两项工作机制，实现远景规划与短期计划兼顾、知识传递与效果评估兼重

加强干部教育培训，顶层制度机制设计是关键。四川在边探索边实践过程中，逐步健全了干部教育培训规划和效果评估两大机制。在培训规划方面，研究制定了全省系统2020—2023年干部教育培训规划，每年结合实际制定年度培训计划，2019年、2020年省级层面分别确定了12个、10个培训班，并坚持问题导向，通过训前问需、训中问计、训后问效，探寻解决问题之道。在效果评估方面，一改以往“一训了之”的培训模式，每次培训班都组织学员对授课教师教学效果进行评估，评估结果作为全省师资队伍建设的重要参考，同时探索开展“年终业务知识大测试”，利用自有网络培训平台每年底组织开展1次对全省系统干部的知识大测试，考核结果与干部年度考核、单位评先评优挂钩。

三、经验启示

从2019年起，四川启动实施的“3532”干部能力素质提升工程，整体联动、系统推进，有效扭转了全省系统干部思想观念，实现了思想大解放、能力大提升、作风大转变。四川在推进系统干部教育培训上的探索实践，值得学习借鉴。

（一）始终聚焦新时代新要求，把持续加强政治能力建设作为干部教育培训的头等大事。退役军人事务部门首先是政治机关，讲政治是系统干部的首要政治品质。四川紧紧围绕新时代退役军人工作新要求，坚持把习近平新时代中国特色社会主义思想、习近平总书记关于退役军人工作重要论述作为干部教育培训核心，切实引导系统干部增强“四个意识”、坚定“四个自信”、做到“两个维护”，夯实了政治理论基础。

（二）始终坚持服务退役军人，把推进治理能力现代化作为干部教育培训的重中之重。管理保障好退役军人，是推进退役军人事务领域治理体系和治理能力现代化的必然要求。四川坚持以退役军人为中心，通过开展军旅文化教育、国防意识教育等“五项教育”，全方位提升了系统干部能力素质，引导各级干部理解、尊重退役军人，更加用心用情开展服务，夯实了推进治理能力现代化的基础。

（三）始终突出实践实用导向，把提升专业知识与技能作为干部教育培训的基本要求。退役军人事务系统干部必须能打胜仗，具备过硬本领。四川坚持把提升干部实战能力作为重点，跳出“填鸭式”教育培训模式，更加注重专业知识培训中的互动交流、案例分析、经验分享，有效提高各级干部政策业务水平，增强了干部应对风险挑战和解决复杂问题的能力。

供稿：四川省退役军人事务厅

建设“四个机关” 打造“模范机关”

——贵州省退役军人事务厅全面加强机关自身建设

2019年以来，贵州省退役军人事务厅始终把党的领导贯穿退役军人工作全过程，深入开展政治机关、行政机关、保障机关、服务机关“四个机关”建设，努力打造“让党中央放心、让人民群众满意的模范机关”。

一、背景情况

2019年2月，党中央印发《关于加强和改进中央和国家机关党的建设的意见》，对加强机关党的建设作出部署。2019年7月9日，习近平总书记出席中央和国家机关党的建设工作会议并发表重要讲话，强调中央和国家机关必须牢固树立政治机关的意识。退役军人事务部组建以来，全力把退役军人事务部打造成增强“四个意识”、坚定“四个自信”、做到“两个维护”的政治机关，坚决落实党中央和国务院决策部署的行政机关，有力维护退役军人合法权益的服务管理机关。为深入贯彻习近平总书记在中央和国家机关党的建设工作会议上的重要讲话精神，落实新时代党建工作要求，紧跟退役军人事务部“三个机关”建设步伐，贵州省退役军人事务厅以建设“四个机关”、打造“模范机关”为具体抓手，努力建成政治过硬、运行高效、保障有力、服务优质的退役军人事务部门，奋力开创新时代全省退役军人工作新局面。

二、主要做法

（一）建设树牢“四个意识”和践行“两个维护”的政治机关

1. 抓实“三个层级”政治理论学习。推开党组理论学习中心组“月学习、季研讨”，严格落实机关基层党组织“三会一课”制度，积极开展“青年理论学习小组”学习，系统学习习近平新时代中国特色社会主义思想，习近平总书记对本地区和本系统重要指示精神，党中央和省委重大决策部署和重要会议精神，引导党员干部增强“四个意识”、坚定“四个自信”、做到“两个维护”。

2. 推进支部标准化规范化建设。研究制定《贵州省退役军人事务厅党支部标准化规范化建设工作方案》，区分机关、事业、离退休党支部，细化基本组织设置、基本队伍建设、基本制度运行、基本任务落实、基本保障配套5个方面36条建设标准，开展达标认定、星级晋升、示范申报，营造浓厚创先争优氛围，使每个支部都成为党旗高高飘扬的战斗堡垒。

“贵州省最美退役军人”先进事迹报告会

贵州省退役军人事务厅召开厅机关第一次党员大会安排部署“四个机关”建设工作

3. 开展“三个一”主题实践活动。即：主题党日活动，每月固定一天围绕贯彻上级决策部署、决胜脱贫攻坚、推进重点工作，组织党员开展党性锻炼；“政治家访”活动，深入党员干部家中拉家常、解难题，主动送温暖、送关怀；“政治生日”活动，开展集中宣誓、赠送书籍、畅谈感悟等，促进党员筑牢初心、牢记宗旨。

贵州省退役军人事务厅深入开展“百千万行动”

4. 推开“主题党课轮流讲、主责主业大家谈”。以讲“微党课”、分享经验体会、研究破解难题、弘扬创先争优为主要内容，每月至少开展两次，组织人人上台、轮流讲课，倒逼党员干部加强党性锻炼，党建工作与业务工作深度融合。

（二）建设坚决贯彻落实中央重大决策和省委省政府安排部署的行政机关

1. 落实“两要点两清单”。以政策法规、“三定”方案为依据，紧扣上级决策部署、单位职能职责，明确工作任务，细化职责清单，形成覆盖全部门和全岗位的权责一致、分工合理、执行顺畅、监督有力的管理体制。

2. 强化台账督办作用。对中央、国务院和省委、省政府重大工作部署，厅党组会、厅长办公会重要安排，领导交办事项，实行台账督办、对账销号制度，逐步形成交办、督导、汇报工作机制。制定闭环式管理方案，厅党组会、厅长办公会会前通报工作落实情况，督促工作落实，确保各项决策部署不折不扣落实。

3. 用好目标考核“指挥棒”。创新目标考核机制，分解考核职权，实行“负面清单”制度，强化比学赶超、创先争优的主体意识。探索创新公务员（事业人员）考核形式，将目标考核与公务员（事业人员）年度考核有机结合起来，作为干部业绩评定、奖优罚劣、选拔任用的重要依据，督促干部发挥能动性、种好“责任田”。

（三）建设有力维护退役军人和优抚对象合法权益的保障机关

1. 着力完善政策制度。为解决我省退役军人工作的现实问题，对现行退役军人工作法律政策进行了一次全面清理，共计梳理了国家法律法规政策111项，省级政策措施30项。坚持尽力而为、量力而行和因地制宜、继承创新，制定完善了19个政策文件，研究出台了28个工作制度，促进机关工作依法推进。

2. 大力实施“百千万”行动。大力实施动员百名省市县退役军人事务厅（局）长、千名省市县乡退役军人服务中心（站）主任（站长）、万名村（居）退役军人服务站站长，整体推进蹲点领题大调研、退役军人大走访、政策落实大督查、矛盾问题大化解、脱贫攻坚大帮扶，把难题化解在基层、解决在基层。

3. 建立两项工作机制。出台《贵州省退役军人党员教育管理服务实施办法》，教育引导退役军人党员始终牢记共产党员的“第一身份”。制定《贵州省退役军人事务领域常态化服务联系退役军人工作机制》，明确全省系统干部与困难退役军人“一对一”“多对一”6项常态化帮扶和常态化联系工作措施，把广大退役军人紧密团结在党组织周围。

（四）建设用心用情和优质高效的服务机关

1. 推进服务保障体系标准化建设落地。按照“五有”标准，采取“1+2+3+4”工作法，分层级制定了省市两级“16个一”、县乡两级“26个一”、村级“21个一”的“16+26+21”全省退役军人服务中心（站）建设基本标准，通过召开专题推进会、实地调研、统一标准、试点化推广等形式，全力推进全省退役军人服务保障体系实体化运转、高效率发挥作用。

2. 升级就业创业平台。出台《关于促进退役军人就业创业工作的实施意见》《贵州省高职扩招专项工作实施方案》等文件，创新开展退役军人走进职业院校、职业教育走进部队军营“双走进”活动，2019年全省退役军人到职业院校就读1.2万余人，比2018年“暴增”157倍。

3. 广泛开展综合性激励表彰。遴选表彰了60名模范退役军人、40个退役军人工作模范单位、20名退役军人工作模范个人，推荐的7名全国模范退役军人、2个全国退役军人工作模范单位、1名全国退役军人工作模范个人受到全国表彰。开展“贵州省最美退役军人”学习宣传活动和巡回报告，大力宣传党中央对退役军人工作和退役军人重视关爱的“好声音”。

三、经验启示

总结一年来的工作，贵州省退役军人事务厅紧紧围绕建设“四个机关”、打造“模范机关”，交出了一份凝结着辛劳汗水、服务对象普遍点赞的答卷。主要有以下几个方面启示：

（一）必须紧盯政治过硬抓建设。习近平总书记指出，中央和国家机关首先是政治机关。加强退役军人机关建设，必须坚持以习近平新时代中国特色社会主义思想为指导，认真学习领会习近平总书记关于退役军人工作重要论述，提升政治站位、把握政治标准、落实政治要求，把党的政治建设抓细抓实抓出成效。

（二）必须紧盯运行高效求突破。作为新组建的部门，平地起楼首先是制度夯基。必须紧盯贯彻落实上级决策部署，坚持制度牵引，完善工作制度，定好责任清单，量化目标考核，开展督办督查，认真研究推动工作和解决问题的有效方法，全面提高退役军人事务系统行政效能。

（三）必须紧盯保障有力打基础。维护和保障退役军人合法权益，是做好退役军人工作的重点任务。必须着眼解决好现役军人的后顾之忧，建立健全坚强有力的组织管理体系、顺畅高效的工作运行体系、系统完善的政策制度体系，着力固根基、扬优势、补短板、强弱项，全力打牢服务退役军人工作基础。

（四）必须紧盯服务优质促发展。新机构组建以后，广大退役军人和其他优抚对象充满期待。必须牢固树立以服务退役军人为中心的理念，工作理念要从解困优抚型向褒扬激励型转变，工作领域要从接收安置工作“一阵子”向服务保障管理“一辈子”转变，方式方法要从粗放型工作方式向精细化服务管理转变，让每一名退役军人都能得到用心用情的服务。

供稿：贵州省退役军人事务厅

西藏自治区持续推进“五共五固”试点

一、背景情况

近年来，在以习近平同志为核心的党中央坚强领导下，自治区党委政府把学习贯彻党的十九大精神、中央第七次西藏工作座谈会精神、习近平总书记关于治边稳藏重要论述、中央关于边境地区发展与守边固边的决策部署结合起来，准确把握总书记关于“加快边疆发展，确保边疆巩固、边境安全”的重要指示精神，加快边境地区发展，确保边疆巩固和边境安全，让边民群众生活更加幸福安康。

二、主要做法

（一）创新共建

我区军地部门创新工作方式，将山南市隆子县玉麦乡和林芝市米林县南伊乡琼林村作为边境一线军地基层党组织结对共建试点，建立了“共学党的理论固信仰信念、共建基层组织固一线堡垒、共促民生改善固脱贫成果、共树文明新风固民族团结、共守神圣国土固边境安宁”机制，按照“建设先软后硬、活动先小后大、对象先选后全、机制先试后推”思路，不断推进试点建设。

——组织上，成立了市委副书记任组长的军地联合领导小组，多次召开联席会议，细化制定实施方案，强化末端指导督导。玉麦乡组建了编外军地联合党组织，琼林村互聘“党建指导员”“编外顾问”，共同签订结对共建协议。

部队指导员为军地党员上党课

助力脱贫上，采取了“1 名部队军官联系 1 个建档立卡户”“在精准扶贫 4 对 1 结对帮扶的基础上，部队官兵主动包联 N 个建档立卡户”的模式，来果桥边防连 5 名官兵结对帮扶琼林村 5 户 25 名建档立卡户贫困群众，深入开展走访摸底数、入户帮生产和指导疫情防控工作。

军地基层党组织开展共学党课

边防管控上，建立军地联合维稳值班执勤制度。玉麦乡成立了基干民兵护边分队，组织党员边民与玉麦边防连一同参加颇章错武装巡逻。琼林村和来果桥边防连建立“连管线、村管片、常通联”边管机制，15 名村民结合抵边生产参加连队边防行动。玉麦军民应急突击队成功排除多起雪崩、塌方等险情，联合保障了边防道路安全通畅。

军民共升国旗

（二）存在问题

在“五共五固”试点和推进上，尚存在一些问题：一是人才帮扶需加强。72.3% 的边境村（居）干部是小学及以下文化，语言不通矛盾突出。二是产业帮扶需加强。70 个边境村是集体经济空壳村，内生动力不足、

七一组织军地党员开展党建知识竞赛活动

经济基础薄弱。三是基础建设需加强。边境通信设施建设滞后，边民季节性抵边生产缺乏保障设施，应对突发风险能力不足。四是氛围营造需加强，军地双方宣传报道力度有待加大。

（三）下步工作

针对存在的问题，召开了“五共五固”工作联席推进会，进一步明确了下步重点工作。一是组织领导要再加强。自治区和军区层面要成立联合领导小组，健全联合会商机制，组成联合工作组赴山南玉麦和林芝琼林现场检查指导试点推进情况。二是共建内容要再创新。结合边境红色党建工程联手打造爱国主义教育站点，抓实“双培双带”强化党建扶贫，遴选精通藏汉双语官兵加强智力帮扶，适当吸纳边民参与边境基建，采取上山送诊、建设基站等方式服务抵边生产、保障巡逻执勤。三是试点成果要再拓展。利用内部渠道及时反映试点经验，突出民族团结主题适当加强宣传报道，同步向全区边境一线推开军地结对共建，不断扩大试点成果。

卫国戍边英模“杨祥国”为军地党员宣讲两会精神

玉麦村党支部书记为军地党员宣讲回信精神

卓嘎央宗为军地新发展党员佩戴党徽

组织军地党员瞻仰将军崖

三、经验启示

根据边境特殊条件，发挥边防驻军优势，从试点开始着手边境军地党组织共建，形成联合机制。在试点共建过程中查找问题，细化工作内容，提出解决措施，进而推动共建发展。通过不断推进试点共建工作加快我区边境地区的发展，确保边疆巩固边境安全。

供稿：西藏自治区退役军人事务厅

甘肃省退役军人事务厅构建以“清单管理”为支撑的督导考核机制

一、背景情况

为维护军人军属合法权益，加强退役军人服务保障体系建设，建立健全集中统一、职责清晰的退役军人管理保障体制，让军人成为全社会尊崇的职业，按照《深化党和国家机构改革方案》部署，组建了退役军人事务部门。由于组建时间较短，转隶人员来源较为复杂，业务基础相对薄弱，工作督导落实还缺乏有效抓手，有些工作落不深、落不细。鉴于此，建立健全强化督导落实的机制就十分必要和迫切。省退役军人事务厅积极探索实践，将摸索出的一些有效做法及时总结提炼，逐步上升固化为制度机制。

二、主要做法

（一）高度重视，强化顶层设计。省退役军人事务厅始终站在健全退役军人组织管理体系、工作运行体系和政策制度体系，构建退役军人服务管理新模式的高度，认真谋划制度机制，制定了《甘肃省退役军人事务厅机关督查工作办法（试行）》，明确了督什么、怎么督、谁来督等问题。重点建立厅系统《工作和责任清单》，既成为抓落实的重要依据，更为抓督查提供了明确的内容，使督查工作由“虚”变“实”、由“粗”变“细”。同时，正在逐步探索建立以“清单管理”为支撑的可追溯的督导考核机制。

（二）清单管理，明晰工作任务。结合贯彻落实《省委十三届十一次全会暨省委经济工作会议主要任务分解方案》《省委贯彻落实党的十九届四中全会精神〈实施意见〉主要任务分解方案》《省委常委会2020年工作要点任务分解表》和省政府《关于分解落实2020年全省经济社会发展主要指标和重点工作任务的通知》，制定了《中共甘肃省委退役军人事务工作领导小组办公室　省退役军人事务厅关于分解落实省委省政府有关工作任务的方案》，对20项共性任务、11项配合任务、4项牵头任务和1项参加任务，逐一分解到处室；详细制定了领导小组和省厅《2020年度任务和责任清单》，共梳理出重点任务153项，逐项细化分解并明确了承办人、责任人、协作部门和配合处室、完成时限、责任领导，作为抓工作落实的具体计划和督查考核的重要依据。

（三）对账销号，确保落实见底。建立“月督导、季通报、年考核”机制，按照“清单管理”的制度设计，各处室和直属单位每月向厅办公室报送清单任务完成情况，按期完成对账销号，逾期未完成的加强督办，每月印发《督办通报》；每季度印发《重点工作推进情况通报》；年底对完成情况全面考核，以省委退役军人事务工作领导小组办公室或省退役军人事务厅的

甘肃省退役军人事务厅构建

名义进行通报，与评先选优挂钩，进一步严肃工作纪律，强化问责监督。

三、工作启示

（一）实施清单管理是促进工作落实的高效机制。退役军人事务工作政策性强，涉及服务管理对象的切实利益，抓不好落实有可能成为不稳定因素。实施清单管理，能够清晰地梳理出全年要干哪些事、近期要干哪些事、哪些事谁具体干以及干到什么程度，使责任工作人员、处室负责人和厅领导心里都有一本“清晰账”。

（二）区分不同任务性质是抓好任务落实的有效方法。共性任务是省委退役军人事务工作领导小组办公室秘书处、厅机关各处室和厅直属各单位都需要共同完成的任务，将这些任务融入日常工作，贯穿于全年，与具体业务同部署、同落实、同总结、同汇报。具体任务都是明确由领导小组办公室和我厅牵头、配合或参加的事项，需要切实担负起牵头或配合的责任，做好任务分解，有利于做到“大事不误、小事不忘”，特别是对于牵头的任务，提醒相关处室要高度重视、统筹谋划，明确阶段性完成的目标，不遗余力推动落实；对于配合和参加的任务，提示相关处室和单位要积极主动与牵头部门衔接协调。

（三）“月督导、季通报、年考核”是推动科学管理的长效机制。建立这一制度的根本目的，在于形成抓落实的长效机制，特别是“月督导”，是督导落实的基础，也是推进工作的基础，如果阶段性的任务完成不好，就会日积月累，成为一种被动抓落实的状态，影响落实的效果和群众的感受。“季通报”是对重点工作进展情况的通报，对于厅领导宏观把握工作节奏具有重要的作用，有利于集中精力抓好大事难事，从整体上推进各项工作。

供稿：甘肃省退役军人事务厅

军地合力　夯实基础
全面开创全市退役军人工作新局面

——宁夏回族自治区中卫市退役军人工作军地合力创新案例

中卫市退役军人事务局组建以来，深入学习贯彻习近平总书记关于退役军人工作重要论述，坚持以政治建设为统领，以服务保障退役军人为中心，以健全组织管理体系、工作运行体系、政策制度体系为抓手，强化基础固根本，完善机制保运行，突出党建促发展，着力构建服务保障管理退役军人全新格局，广大退役军人荣誉感、获得感、幸福感不断增强，2019 年 10 月，被宁夏回族自治区党委退役军人事务工作领导小组评为“全区退役军人工作先进集体”。

一、背景情况

宁夏中卫市成立于 2004 年 4 月，地处宁、甘、内蒙古三省区交界地带，全市国土面积 1.7 万平方公里，辖沙坡头区、中宁县、海原县和海兴开发区，共有 40 个乡镇 448 个行政村 47 个社区，常住人口 116.8 万。近年来，先后荣获“迪拜国际改善居住环境最佳范例奖”“国家园林城市”和“全国双拥模范城市”“民兵预备役政治工作先进单位”等殊荣。

中卫市共有退役军人 15794 人（沙坡头区 7339 人，中宁县 4867 人，海原县 3588 人），现役军人家属 2556 人；享受各类定期抚恤补助人员 3879 人（沙坡头区 1556 人，中宁县 1120 人，海原县 1203 人）。其中：参战人员 192

人，参加核试验 183 人，带病回乡退役军人 205 人，伤残退役军人 189 人，烈士遗属、病故军人遗属、因公牺牲军人遗属（简称“三属”）200 人，60 周岁以上烈士子女 25 人，60 周岁以上农村籍退役军人 2792 人。

面对退役军人事务部门成立之初人员新调整、业务新手多、遗留问题杂、工作压力大的实际，如何更好地服务好、保障好、管理好广大退役军人，切实维护他们的合法权益，真正让军人成为全社会尊崇的职业，是摆在各级退役军人事务部门的首要之责。对此，中卫市退役军人事务局结合“党政机关作风建设年、干部队伍素质提升年”“矛盾纠纷化解攻坚年”“不忘初心、牢记使命”主题教育等活动，从调查研究、走访慰问入手，由局负责同志带队，组织全体干部职工分赴全市三个县（区）、42 个乡镇（社区）和部分村（居）开展调研走访，进家入户，了解实情，掌握了大量的第一手资料。从调研情况看，制约退役军人工作发展的首要问题是退役军人部门机构不健全、人员编制少、工作经费不足、业务能力欠缺等实际问题，尽快建立健全各级退役军人事务组织领导机构、配备人员编制、核定工作经费成为摆在各级退役军人事务部门面前首要问题。

二、主要做法

针对市县乡村四级退役军人工作中存在的短板和不足，中卫市退役军人事务局坚持把抓基层、打基础、强基本作为做好退役军人服务保障管理工作的固本之举，坚持军地合力，夯实基层基础，报请市委退役军人事务工作领导小组研究出台了“三项措施”，强力推动全市退役军人工作迈上新台阶。

一是加强组织保障。成立以党委主要领导为组长的市县乡退役军人事务工作领导小组和村级 3 人工作组，把退役军人工作列入重要议事日程，市委市政府主要领导多次召开专门会议研究退役军人工作，层层压实责任，逐级传导压力，统筹推进各项工作任务落实。

二是加强人员保障。将乡（镇）退役军人服务站与武装部合并运行，武装部部长兼任退役军人服务站站长，全市 541 个服务机构全部挂牌运行。

在保持现有人员不变的基础上，采取政府购买服务方式公开招聘退役军人专干68人，为每个乡（镇）服务站配备专职工作人员1—2名、为县（区）服务中心配备2—3名，确保了各项工作正常推进。

三是加强经费保障。将退役军人工作经费纳入年度预算，市、县（区）两级退役军人部门分别按照每年不低于60万元、50万元列支工作经费，乡（镇）根据退役军人数量的多少分别按3—8万元列支工作经费。同时，每年安排专项资金专门用于困难退役军人临时救助。

2019年，退役军人事务部办公厅、自治区党委办公厅、自治区退役军人事务厅办公厅就中卫市强化基层基础、军地合力做好退役军人事务工作的做法先后予以转发。

三、经验启示

做好退役军人工作，领导重视是关键。中卫市委、市政府高度重视退役军人工作，市委常委会、市政府常务会先后多次专题研究解决退役军人工作中的困难和问题，压紧压实各级党委和政府工作责任，纳入年度目标管理考核，凝聚起强大工作合力。市委退役军人事务工作领导小组及时研究解决全市退役军人工作重大问题，加大指导督查力度，推动退役军人服务体系建设机构、编制、人员、经费、场地“五落实”。在完善信息数据库和硬件设施建设的基础上，探索构建“互联网＋退役军人服务”模式，打造综合服务管理平台。指导两县一区建立远程视频接访系统并规范化运行，实现了服务事项“一网通办”，以信息化推进退役军人管理服务现代化。中卫市军地合力做退役军人工作的做法，成为全国军地合力现场会“宁夏经验”的重要组成部分。

做好退役军人工作，夯实基础是前提。全市540个服务机构按照“五有”（机构、编制、人员、经费、场地）和“四化”（工作标准化、制度化、规范化、信息化）建设目标，努力实现“五统一”。统一场地面积：市、县（区）级服务中心分别按照不少于200平方米和100平方米设置；乡镇（街道)、村（居）分别按照不少于30平方米和16平方米设置。统一窗口设置：市县（区）服务中心设置“一厅四室六窗口”（服务大厅，来访接待室、心理咨询室、谈心谈话室、档案室，受理登记、政策咨询、权益保障、帮扶救助、就业创业服务、法律援助窗口），乡镇（街道）、村（居）服务站统一开设办事窗口，为退役军人提供“一站式”服务。统一制度建设：服务中心（站）的工作职责、制度、流程、人员信息及服务承诺全部上墙公开。统一氛围营造：各级服务中心（站）政治文化环境建设突出党的领导和“军”的元素，办公场所规范悬挂图片的内容和规格。统一人员培训：采取多种方式，对服务中心（站）工作人员进行全方位培训，打造业务过硬的队伍。

做好退役军人工作，军地合力是保障。实践证明，做好退役军人服务保障工作，可以有效激励现役官兵安心服役、投身国防建设。中卫市退役军人事务局从军地共建入手，建立健全双拥工作机制，加强双拥宣传教育，广泛开展群众性双拥共建活动。在全区率先对服役期满留队套改士官和服役期满一年被团级以上单位评为各类先进和立功人员，以宣传彩页形式发布现役军人“光荣榜”并寄送至现役军人所在部队和家属，在军地引起了强烈反响；打造双拥主题公园、拥军一条街、红色记忆双拥展、退役军人之家等，宣传优抚政策和退役军人先进典型。在媒体开设“最美退役军人”“老兵风采”专栏，走访慰问重点优抚对象，表彰“全市最美退役军人”和双拥工作先进集体、先进个人。开通“中卫军人之家”微信公众号、抖音、快手等新媒体，广泛宣传退役军人先进事迹，营造全社会尊崇军人浓厚氛围。探索利用中卫军分区现有场地及设施资源，建立军警地三方共建共享机制，将公安特警训练、民兵训练和退役军人服务管理职能进行有效整合，打造军警地共建基地，进一步巩固双拥创建成果。

供稿：宁夏回族自治区中卫市退役军人事务局

新疆生产建设兵团退役军人事务局以思想理论武装推动作风建设提升干部队伍整体素质

为巩固深化主题教育成果，提升党员干部队伍整体素质能力，自2020年4月以来，兵团退役军人事务局党组，利用每周三和周五下午下班前的1个小时，组织全局党员干部，集中学习党的理论和业务知识，把抓党的建设和开展业务工作统筹推进，促使党的建设和业务工作深度融合，推动兵团退役军人事务工作高质量发展。

一、目标要求

一是用习近平新时代中国特色社会主义思想武装头脑，旗帜鲜明讲政治。深入学习习近平新时代中国特色社会主义思想，特别是学习习近平总书记对退役军人工作的重要论述，坚持以学习贯彻新时代新思想为主线，以科学理论武装全局党员干部头脑，激发干事热情。始终把坚定理想信念作为根本问题来抓，自觉运用党的创新理论“补钙强骨”，从思想上领会新时代党的治疆方略和对兵团的重要指示，围绕兵团中心工作主动实践。

二是推动党中央治疆方略和对兵团的定位要求入脑入心见实效。理解“六个进一步”的深刻内涵，结合疫情常态化防控以及新的国际形势，提高思想认识，提高政治站位，从更高层次理解把握维稳戍边的政治要求，做到完整准确贯彻新时代党的治疆方略，牢牢把握新疆工作总目标。推动退役军人工作与兵团发挥“三大功能”“四大作用”深度融合，在更好发挥退役军人作用上发力。

三是以思想作风建设带动干部队伍建设。针对机构新、人员新、业务新的特点，坚持作风建设初始即严、一严到底，以思想作风建设带动干部队伍建设水平整体推进。针对新入职人员大部分是刚毕业的内地大学生的实际，遵循政治与业务融合的工作思路，持续深化对新疆和兵团历史的学习，以政治的高度认识退役军人事务工作的重要性，用政治标准衡量工作取得的实际成效。

二、主要做法

一是周密计划，落细落实。局办公室制定每月学习计划，提交局党组研究审核。谁来组织，时间、地点和参加人员等，具体每次学习什么文章，都翔实可操作。目前为止，学习了《矛盾论》《实践论》《关于建设马克思主义学习型政党》《新疆的若干历史问题》《新疆生产建设兵团的历史与发展》等，举办了国家安全保密教育讲座，组织学习观看保密安全知识影视等。

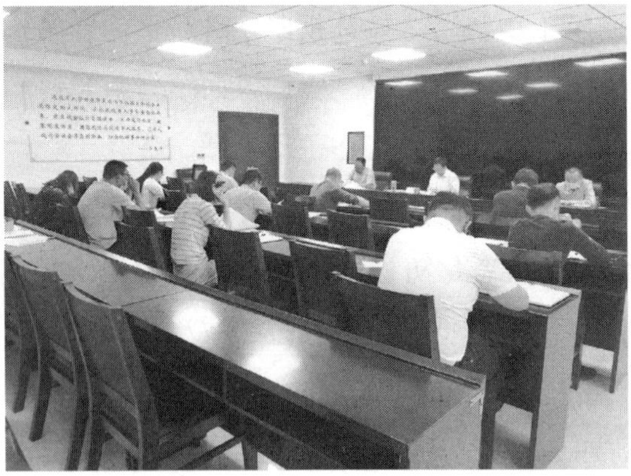

二是领导带头，认真备课。学习计划提前下发，领学的局领导针对所学篇章，认真备课，参加学习的人员提前预习，为提高学习效果做足功课。

三是形式活泼，克服教条。局领导边领读边解读，结合亲身经历，讲解新疆工作总目标的由来，通过自身参与的实践，谈兵团深化改革前后的变化，还时不时地提出问题，与听课人员互动，提高了学习的效果，加深了对讲课内容的理解。

四是自学为主，集中为辅。倡导和督促开展自学，学习的材料按照计划发放到每个人的手中，充分利用学习强国平台开展相关自学，提倡自学时发声朗读。要结合工作、结合兵团深化改革进行思考，学习的成效要体现在工作实践中。

五是查漏补缺，跟进学习。对照习近平新时代中国特色社会主义思想和党中央决策部署，对照党章党规，对照兵团广大退役军人新期待，查找差距，及时跟进学习，在思想认识上与党中央保持高度一致。坚持学干结合、实践引领，落实落稳兵团党委决策部署。

三、取得的初步成效

一是思想认识进一步深化。通过学习，全局党员干部认识到只有用习近平新时代中国特色社会主义思想，加强武装、改造主观世界，才能凝聚共同意志，贯彻落实好党中央治疆方略和对兵团的定位要求。

二是整体素质逐步提升。全局干部特别是新进人员，围绕兵团党委中心工作，在实践基础上进行思维的能力得到提升，自觉在大局下行动的意识明显增强。

三是作风建设成效逐渐显现。通过一个阶段学习教育，全局工作秩序、业务建设、保密意识、学习氛围等日常工作制度得以强化和巩固，作风建设成效与实际工作正悄然融合，全局干部精神振作，工作效率得到进一步提升。

供稿：新疆生产建设兵团退役军人事务局